HISTOIRE
DE
LOUIS-PHILIPPE D'ORLÉANS
ET DE
L'ORLÉANISME

PARIS. — IMP. SIMON RAÇON ET COMP., RUE D'ERFURTH, 1.

HISTOIRE
DE
LOUIS-PHILIPPE
D'ORLÉANS
ET
DE L'ORLÉANISME

PAR

J. CRÉTINEAU-JOLY

TOME SECOND

PARIS
LAGNY FRÈRES, LIBRAIRES-ÉDITEURS
6, RUE DE MÉZIÈRES, 6
—
1863

Tous droits réservés.

HISTOIRE
DE
LOUIS-PHILIPPE D'ORLÉANS
ET DE
L'ORLÉANISME

CHAPITRE PREMIER

LES DÉBUTS DU RÈGNE

Nouveau rôle de Louis-Philippe. — La révolution à l'extérieur. — Les nationalités opprimées et la fraternité orléaniste.— Les réfugiés espagnols au Palais-Royal. — La Fayette, éditeur responsable des munificences orléanistes. — Les réfugiés espagnols à la frontière. — Déroute de Mina.— Insurrection de Belgique.— La Belgique en quête d'un gouvernement. — Affaissement moral des rois de l'Europe. — Le principe de non-intervention mis en avant pour la première fois. —Politique de l'Angleterre à l'égard de Louis-Philippe. — Metternich proteste contre le nouveau droit des révolutions. — L'empereur Nicolas et ses plans. — La Pologne insurgée. — Ce que c'est au vrai que la Pologne révolutionnaire. — Le grand-duc Constantin et les Polonais. — La révolution de Pologne accueillie par Louis-Philippe avec transport. — Il négocie secrètement avec le tzar. — Mission du duc de Mortemart en Russie. — Entrevue de l'ambassadeur français avec les chefs polonais. — Fausse lettre attribuée à Louis-Philippe. — Attitude de la France pendant la guerre de Pologne. — Fausse nouvelle d'une grande victoire polonaise sur les Russes. — Note de lord Palmerston. — La Pologne condamnée à un héroïsme improductif. — Napoléon et les Polonais. — Louis-Philippe et les révolutionnaires italiens. — Origine des proclamations et adresses aux peuples. — Ils lui demandent de l'argent. — Leur correspondance entre eux. — Maroncelli à Paris. — Le premier martyr de l'indépendance italienne. — Louis-Philippe veut des soulèvements en Italie, mais pas à Rome. — Motifs de cette politique catholique. — Bayle et l'orléanisme. — Napoléon et Louis-Bonaparte dans l'insurrection. — Tactique des Carbonari à leur égard. — Politique de Louis-Philippe à l'intérieur. — La misère et la banqueroute. — Prêts et avances au commerce et à l'industrie. — Ce qui en advient. — Benjamin Constant meurt de désespoir. — Lutte dans les conseils du Palais-Royal entre les diverses fractions du ministère. — Les fêtes nationales et la liberté de l'Église. — La Cour des pairs et les ministres de Charles X. — Destitution de la Fayette. — Un trône entouré d'institutions républicaines. — Sac de Saint-Germain l'Auxerrois et de l'archevêché de Paris. — Louis-Philippe et ses armoiries de famille. — Proscription des lys. — Chambre des pairs viagère. — L'anarchie et Casimir Périer. — Son portrait. — Son attitude envers Louis-Philippe et les puissances étrangères. — La conférence de Londres et le prince de Talleyrand. — Léopold de Cobourg, roi des Belges. — Enquête judiciaire sur la mort du prince de Condé. — Le peuple a déjà fait l'instruction du procès. — Madame de Feuchères au Palais-Royal. — Complaisante amitié de Louis-Philippe pour elle. — Les témoins et les interrogatoires. — Madame de Feuchères devant la commission d'enquête. — Ses explications et les démentis reçus. — Le rapport de M. de La Huproye, conseiller instructeur. — Madame de Feuchères va être mise en accusation. — Le procureur général chez M. de la Huproye. — La cour royale ne rend plus des arrêts, elle rend des services. — Intervention des princes de Rohan. — Madame de Feuchères et le duc d'Aumale. — Hennequin et Philippe Dupin. — Le legs du prince de Condé aux enfants des soldats de la Vendée militaire déclaré immoral et illégal. — Madame de Feuchères plaidant contre Louis-Philippe. — Elle veut accepter pour son propre compte la formation d'un collège condéen. — Les royalistes refusent. — Louis-Philippe aux Tuileries. — Il ne veut pas qu'un de ses fils habite le Palais-Royal. — Causes secrètes de cette politique — Les fusils Gisquet. — La surprise d'Ancône. — Le mémorandum et l'Europe. — Les emplois publics et la fonctionmanie. — Louis-Philippe et Casimir Périer.

— La famille d'Orléans et le choléra. — Le peuple et les excitations contre les riches. — Les calomnies de la préfecture de police. — Mort de Casimir Périer. — Origine de la réforme électorale et du suffrage universel.

A peine roi, Louis-Philippe s'attribue un nouveau rôle. Dans l'intérêt de sa dynastie naissante, il se fait un devoir ou plutôt un calcul de renoncer à courir les aventures révolutionnaires pour son propre compte. Il est fatigué de son éternel noviciat de rébellion. Un de ses premiers soins fut de rejeter au dehors les éléments perturbateurs qu'il accumula autour du Palais-Royal afin de battre en brèche la monarchie légitime. Après s'être dit avec Tacite[1] « que dans les troubles et dans les discordes, la force est aux scélérats et que la sagesse ne prévaut que dans la paix et l'ordre, » il veut pacifier la France à son profit, et, tout en marchant à pieds joints sur les principes, faire tourner à son avantage l'agitation qu'il va provoquer en Europe. Le nouveau souverain a semé les vents, il craint de récolter les tempêtes. Pour se les épargner, il les dissémine sur les royaumes étrangers, en commençant timidement à inaugurer la doctrine que ce ne sont plus les armées qui doivent se battre entre elles, mais les nations. Cette doctrine, il l'a puisée dans la vieille pharmacie du libéralisme ; il ne l'abandonnera plus.

Les souverains intelligents ne pouvaient et ne devaient voir qu'avec une répugnance mal déguisée

[1] Tacit., *Hist.*, IV, 1.

un complot de famille aboutissant à l'usurpation du trône et à une crise sociale. Ce guet-apens dynastique, tendu avec aggravation de respects hypocrites et de reconnaissance menteuse, était pour les diverses branches de race royale éloignées du trône un stimulant, un défi et un exemple. On pouvait espérer qu'à l'aide d'événements concertés avec prudence, il serait facile d'arriver à un double résultat. Chacun s'arrangea dans les conseils du Palais-Royal pour préparer les insurrections dont la royauté nouvelle éprouvait l'indispensable besoin. Il entre dans les plans de la Révolution d'abâtardir et de ruiner l'Europe; on lui inocule le virus constitutionnel.

Par ses ministres, par ses ambassadeurs, par ses envoyés extraordinaires aux diverses cours, par ses lettres surtout, Louis-Philippe offrait d'humbles garanties d'amitié et de tranquillité. Brûlant du désir d'entrer dans la famille des rois, même par la porte basse, il prenait les engagements les plus insolites, il faisait les promesses les plus exagérées. Dans le même temps, les hommes de sa confiance, les instruments ou les serviteurs de sa fortune organisaient à côté de lui le vaste mouvement de propagande auquel il applaudit du geste et de la voix, mais que néanmoins il se réserve la faculté de nier, le cas échéant.

Cette révolution menace de prendre, sous le patronage de son gouvernement à bon marché, les nationalités prétendues opprimées qu'elle veut ressemeler. En inventant le principe de non-intervention elle aspire à exercer son monopole d'émeutes au sein des États présumés trop faibles pour résister à un coup de main ou à une surprise; puis on la voit accueillir à Paris les réfugiés de tous les pays. Après avoir ouvert un compte courant en faveur des révolutions,—compte qui n'est peut-être pas encore fermé,— elle distribue le baiser de fraternité aux conspirateurs de tous les régimes, aux émissaires de toutes les sociétés secrètes, se créant des vieilles nations un peuple neuf fabriqué en douze heures, ainsi qu'une machine destinée à faire l'expérience des abstractions constitutionnelles. L'Orléanisme leur dicta pour devise la parole du psalmiste [1]: « Rompons leurs fers et rejetons leur joug loin de nous. » L'Espagne, la Pologne, la Belgique, l'Italie, la Suisse elle-même, ont au Palais-Royal des mandataires officieux. C'est la lune de miel des insurrections et de la royauté bourgeoise. Ces mandataires y viennent prendre le mot d'ordre et préciser les ressources financières dont chaque comité national aura besoin. Celui d'Espagne est le premier auquel Louis-Philippe laisse toucher sur sa cassette une somme de cent mille francs.

Ferdinand VII refusait de reconnaître Louis-Philippe pour roi de France. Louis-Philippe, cédant à un sentiment de colère ou à une haine de famille, s'emporte jusqu'à dire, dans un conciliabule tenu au Palais-Royal sous forme d'audience accordée à Mina, à Mendizabal, au duc de Rivas, à Isturitz, à Martinez de la Rosa, à

---

[1] *Psalm.* II, 3.

San Miguel et au comte de Toreno : « Quant à ce qui concerne Ferdinand VII, on peut le pendre si on veut, c'est le plus grand coquin que je connaisse. »

Au lendemain de l'assassinat du dernier Condé, cette allusion à l'espagnolette de famille a quelque chose de sinistre. Louis-Philippe, qui se la permettait, en jugeant si sévèrement un de ses proches, ignorait sans doute la grande parole inscrite au fronton du temple de Delphes, le Γνῶθι σεαυτόν (connais-toi toi-même), que chacun est en droit de lui appliquer.

Les réfugiés sont auprès du roi de Juillet pour faire les affaires de la Révolution. Ils croient le flatter en disposant de la couronne d'Espagne en faveur du duc de Nemours, son second fils. Ces rêves de changement de dynastie, que les exilés ou démagogues offrent à la porte de tous les palais comme l'acquit des subsides qu'ils soutirent, ces rêves ne devaient pas exercer une bien grande influence sur l'esprit de Louis-Philippe. Aspirer à un trône étranger, lorsque celui de France était encore ébranlé sur sa base, lui parut chose aussi périlleuse qu'impossible. Il lâchait bien la corde aux réfugiés, mais il n'osait se compromettre à aucun prix. Aussi, même dans ce premier marché, le voit-on établir toutes ses mesures pour rester à l'écart des événements. Il avait sous la main des hommes de bonne volonté, toujours prêts à endosser la garantie d'une pareille transaction. Le général la Fayette se proposa.

Le patriotisme sénile de ce thaumaturge d'insurrection aimait à causer politique avec la révolte. On le voyait le jour et la nuit rajuster d'un air bénévole des complots et des attentats. Il se complaisait à leur accorder les grandes et petites entrées de son hôtel. Il se fit l'éditeur responsable des munificences orléanistes et, le 26 août, il notifia sous forme de lettre au ministre de l'intérieur cette singulière décharge : « Vous savez, mon cher collègue, qu'il y a une révolution probable en Espagne, tout à fait étrangère à la nôtre, non moins étrangère au gouvernement du roi des Français, *concertée avec moi* bien avant les dernières folies de Charles X. J'ai récemment cherché à la suspendre ; mais elle ne dépend d'aucun individu, elle aura ou n'aura pas lieu, très-indépendamment de nous. Ce que j'ai à vous dire ne se rapporte qu'à une question de cette situation générale.

« Les chefs du mouvement ne sont pas sortis d'Espagne, ou s'y sont rendus ; d'autres personnages des Cortès, San Miguel, Quiroga, Galiano, etc., arrivent à Paris, mais il en arrive de moins considérables. Ceux-ci ne demandent que des passe-ports et ne refuseraient pas de l'argent, si quelques amis étrangers au gouvernement leur en donnaient. Ils se plaignent des délais qu'on leur oppose, quoiqu'ils ne se présentent que comme voyageurs ordinaires. Est-il de notre intérêt français de les laisser à Paris, ou de faciliter leur écoulement ? Je suis de la seconde opinion... Plus nous évacuerons Paris, et mieux ce sera, et, je le répète, vous n'avez pas à croire que le mouvement espagnol en soit avancé ou retardé d'un seul jour ; les principaux ressorts ne sont pas là. »

Éparpiller la Révolution afin de rester maître du terrain, était le plan et le suprême désir de Louis-Philippe. La Fayette qui s'improvise tout à la fois le courtisan du prince et le Nestor d'une république idéale, coopère à son œuvre sans réfléchir qu'il sera bientôt lui-même une éclatante victime de cette ingratitude. « Plus nous évacuerons Paris et mieux ce sera, » écrivait le naïf vieillard, ne s'apercevant pas que dégarnir le centre de l'insurrection, c'est, à un moment donné se priver de ses forces vives. Louis-Philippe avait insinué cette combinaison à la Fayette qui, maître apparent des destinées de la France et de l'Europe, s'amuse, en face du roi-citoyen, à prendre l'attitude d'un citoyen-roi, espèce de maire du palais ou de lord protecteur. Les comités franco-espagnols ont des armes, de l'argent, des chefs et l'appui tacite du gouvernement de Juillet. Il ne leur manque que des hommes et le concours des populations. Mina arrive à la frontière, attendant impatiemment l'ordre de lever le drapeau de la révolte. Cet ordre doit venir de Paris ; la diplomatie l'arrête au passage. Mina et ses complices s'imaginent qu'en brusquant les choses et qu'en tirant un seul coup de fusil ils mettront l'Europe en feu. La France et l'Espagne laissent ces libérateurs payés à la journée agir aux risques et périls de leur vie. Quelques-uns succombèrent à la tête ou à la suite d'une obscure guérillas ; les autres rentrèrent sur notre territoire. Au lieu de l'asile promis et dû, ils n'y trouvèrent qu'un tombeau, car, au mépris du droit des gens, les troupes royales violèrent le sol français et punirent de mort les insurgés qu'elles poursuivaient. Le Palais-Royal ferma les yeux sur cette audace qu'un autre gouvernement n'aurait jamais tolérée. En reconnaissance d'un pareil abandon, Ferdinand VII daigna, par le conseil des puissances, faire dire à Louis-Philippe : qu'il n'avait plus de répugnance à le subir et à l'accepter en bon frère. Les exilés espagnols n'eurent qu'à enterrer leurs morts et à panser leurs blessures. Le gouvernement de Louis-Philippe ne s'occupa d'eux que pour les blâmer et les interner. Ce gouvernement était si peu habitué à recevoir quelque marque de respect ou d'estime, qu'il accueillait et faisait enregistrer par ses journaux comme témoignages de sympathie et de royale fraternité le plus banal compliment, la moindre politesse ou la plus insignifiante lettre de naissance, de mariage ou de décès. Avec le même empressement, la France interprétait la chose en raillerie ou en insulte adressée à son roi-citoyen.

Ce premier échec des réfugiés avait une pénible signification ; personne n'en tint compte. Louis-Philippe, n'ayant jamais l'art de commettre des fautes qui auraient pu lui faire honneur, se prêtait des vertus qui le déshonoraient aux regards du peuple. Sans savoir si son commerce en gros ne réussira pas, il détaille sa popularité à la livre. Le règne des tristes expériences s'inaugure, et le roi de Juillet, le plus cruel ennemi de ses amis, ouvre à la Belgique l'ère des révolutions. Il a tout à côté de lui, auprès de lui, au-dessus de lui une propagande, qui déborde d'activité et d'imprudence. Cette propagande, entourée des majestés de la borne et des gloires du ruisseau, s'agitait dans un lit plein de songes, toute tremblante de la fièvre des révolutions. Ses chefs, selon la parole de Cicéron[1], « pensent beaucoup moins à changer le gouvernement qu'à le détruire, » et ils n'ont jamais aimé à servir que par parenthèse. Sous un roi incertain de son pouvoir, ils sentent qu'il n'y a rien de plus instable et de plus mobile dans les choses humaines comme l'éclat d'une puissance qui n'a pas sa force en elle-même. Tacite[2] avait formulé cette maxime; ils l'appliquaient. Puisqu'il y avait eu péril à commencer le crime, les Orléanistes croient qu'il y aura profit à l'achever. Ils s'y préparent avec Louis-Philippe, et souvent malgré lui.

La Belgique et la Hollande, unies sous le sceptre de la maison de Nassau, formaient le royaume des Pays-Bas. Afin de se populariser auprès de la révolution et de se présenter à elle en esprit fort, libre de tout préjugé, le roi Guillaume avait fait un accueil plein d'une affectation de bienveillance au moins impolitique aux régicides chassés de France en 1815. Protestant appelé à régner sur des contrées foncièrement catholiques, Guillaume s'est persuadé que la

---

[1] Cicér., *de Offi.*, II, 1.
[2] Tacit., *Annal.*, XIII, 19.

Révolution lui saura gré de toutes les tracasseries qu'il suscitera à l'Église. La Révolution, qui se fit un bouclier de l'indépendance nationale et personnelle, entreprend tout pour être libre seule contre la liberté de tous. Elle sera sans cesse, il est vrai, disposée à se précipiter dans l'arbitraire; mais ce n'est pas à la suite des rois légitimes qu'elle veut tenter cette expérience. Elle a poussé le souverain des Pays-Bas sur une pente fatale; à l'heure décisive, elle l'y abandonne. Un pacte intervint entre les Catholiques et les Libéraux; puis, l'insurrection de juillet aidant, Catholiques et Libéraux veulent à leur tour faire la contrefaçon des glorieuses journées. Chaque peuple était censé jaloux d'avoir les siennes. La propagande du Palais-Royal fournit à la Belgique les principaux éléments de ses troubles intérieurs. La Belgique se lance, tête baissée, dans de nouvelles épreuves. Elle eut, elle aussi, ses volontaires, ses dévastations, ses combats et ses héros. Mais, quand elle fut lasse de jouer à l'émeute et à la victoire, il fallut rassurer les intérêts compromis et se mettre en quête d'un gouvernement.

Les rois n'étaient plus solidaires. Ils semblaient abdiquer devant les insurrections triomphantes cette large paternité qui constitua l'Europe. Ils commençaient à n'avoir plus foi en leur autorité, et à se laisser entraîner à tout vent de doctrine. L'énergie seule leur était interdite. Ils se liaient les mains, afin que la Révolution pût leur lier les pieds avec plus de facilité. Dans un siècle qui a le culte trop constant des choses matérielles, les princes n'ont plus des pensées dignes d'un prince. N'osant pas encore applaudir à toutes les ruines, ils les laissent s'amonceler autour de leurs trônes, et ne paraissent aimer la justice que dans la maison d'autrui. Sans dire aux peuples avec Bossuet[1] : « C'est une punition de Dieu pour un État lorsqu'il change souvent de maître, » ils frappent tout, parce qu'ils craignent tout. Se couvrant les yeux d'un voile, ils ne sont pas trompés, ils se trompent eux-mêmes ; puis, avec leurs grands noms et des vertus souvent égales à leurs noms, ils assistent à ce prologue de décomposition sociale, sans en avoir la prescience ou sans oser en signaler le péril. Ils essayaient dans cette tempête de fonder leur trône sur des expédients et non sur des principes, sur des fragments et non sur un bloc. L'époque apparaissait flottante et indécise ; les rois, oubliant le précepte de Bossuet: « Rois, gouvernez hardiment, » se laissèrent traîner à sa remorque. Comme si le pouvoir de la fortune eût été supérieur à celui de la vertu, ils se mirent à diviniser le hasard. Ils étaient semblables à cet homme dont parle Dante en son *Purgatoire*[2], qui, au milieu des ténèbres, porte derrière lui la lumière, et, ne s'en servant plus, sert de guide à ceux qui le suivent.

L'Europe devenait déjà la proie des médiocrités qui, après l'avoir longtemps tiraillée en sens contraire, finissent par l'abandonner aux empiriques. Elle ne

---

[1] Bossuet, *Politiq. tirée des Saintes Écritures*, tome I, page 351.
[2] Dante, *Divina Commed.*, Purgat. XXII.

produisait plus un homme de génie pour la sauver ; elle aura la honte de ne pas même susciter un homme de génie pour la perdre. Elle succombera sous une défaillance universelle, car la bassesse était déjà dans l'air.

Rien n'allait mieux à l'esprit de Louis-Philippe que son caractère. Aimant à tirer parti des hommes immoraux, et n'ayant pas l'instinct du vrai, il comprit qu'en secondant cet affaissement avec des paroles chaudes d'hypocrite sympathie, il endormirait la vigilance des souverains, paralyserait leur mauvais vouloir, et se préparerait tôt ou tard une petite place à côté de leurs trônes, qu'il se vanterait de n'avoir pas ébranlés. La révolution de septembre, en Belgique, et les conséquences internationales qu'elle allait provoquer, servirent admirablement cette politique d'égoïsme, mais qui, dans les circonstances, fut pour l'Europe une lamentable sécurité. La formation du royaume des Pays-Bas avait été, dans la pensée des signataires du traité de 1815, moins un arrangement territorial qu'une digue propre à retenir la France en deçà de la Meuse. C'était une vaste tête de pont, hérissée de citadelles, et ouvrant la route de Paris à l'Angleterre et à l'Allemagne. L'Angleterre seule, la respectable aïeule de toutes les révolutions nées ou à naître, s'était désintéressée de cet appareil inquisitorial. Seule, et pour des motifs plus personnels, c'est-à-dire plus marchands, elle avait reconnu et acclamé le roi de Juillet ; Louis-Philippe pouvait donc, sans danger, la suivre sur ce nouveau terrain. Prendre la France à sa suite et marcher à la découverte d'un principe dont l'élasticité ne serait jamais constatée que par ses déplorables résultats, était une bonne fortune pour le cabinet de Saint James. En lui offrant l'Orléanisme comme auxiliaire, il lui permit d'étendre sur tous les points du globe son influence directe, et d'y exercer cet appui que, par antiphrase sans aucun doute, le cabinet de Saint-James appelle moral.

Le système de non-intervention sortit de ces événements et de ce calcul.

Au milieu des hommes qui méritèrent de Louis-Philippe une confiance absolue, on remarquait sans surprise l'ancien satellite d'Égalité, le ministre de tous les régimes, depuis le Directoire de Barras jusqu'à la monarchie de Louis XVIII. Le prince de Talleyrand a servi et trahi, après Dieu et l'Église, la royauté de Louis XVI, la République, l'Empire et la Restauration. Rompu et corrompu dans les affaires, pour lui appliquer un jugement du cardinal de Retz[1], il n'est resté fidèle qu'à une idée; il l'apporte au Palais-Royal en don de joyeux avénement. Cette idée était depuis longtemps, pour Louis-Philippe, une flatterie dynastique et un souvenir de famille. L'alliance anglaise est de fondation populaire au Palais-Royal : Talleyrand la présente sous un jour nouveau et dans des termes plus favorables que jamais aux impulsions révolutionnaires. Les fourberies de ce Scapin mitré de la diplomatie, faisant le mal

[1] *Mémoires du cardinal de Retz*, tome IV, page 39.

avec délices et le bien avec un spirituel étonnement, étaient odieuses à tous les partis. Il fut accueilli par l'Orléanisme comme une conquête inespérée. Le 5 septembre 1830, par un coup d'autorité assez peu constitutionnel, Louis-Philippe nomma Charles-Maurice de Talleyrand ambassadeur extraordinaire près le roi de la Grande-Bretagne.

L'Angleterre et l'Orléanisme avaient découvert le principe de non-intervention. Avant de l'appliquer, le gouvernement britannique fit ses conditions ; il exigea des arrhes. Il fallut que la France renonçât de prime abord à s'annexer la Belgique et à se l'incorporer indirectement par l'élection d'un prince de la famille d'Orléans. La France se soumit, en outre, à la double obligation de ne rien changer au tracé des frontières et de laisser les grandes puissances régler d'un commun accord la reconstitution de la Belgique. Le léopard anglais avait saisi le coq gaulois dans ses griffes, il ne le lâchera plus qu'après l'avoir étouffé.

Faire du principe de non-intervention la base de sa politique extérieure, c'est proclamer qu'on n'admet pas plus pour une autre puissance que pour soi-même le droit de s'ingérer dans les affaires intérieures d'une nation. C'est s'engager à ne jamais prêter l'appui de ses armes aux révoltes, mais leur promettre un concours moral dont l'efficacité soutiendra les efforts des conspirateurs de pacotille ; c'est assujettir l'indépendance des gouvernements, tenir en échec toutes les alliances, et insinuer aux apôtres de la souveraineté du but et aux précurseurs du tour de main que leur liberté sera respectée et affirmée; c'est enfin jeter du combustible sur le brasier. Pour les besoins ultérieurs de sa politique, l'Angleterre concevait cette idée, féconde en déceptions populaires, en désastres monarchiques et en contradictions de toute espèce. Louis-Philippe, à peine sorti des barricades, ne put que l'adopter, offrant ainsi au cabinet de Saint-James un gage de son humble déférence.

Quand ce nouveau droit de révolution fut promulgué, l'Europe, qui n'osa pas vouloir la guerre, comprit qu'elle entrait dans une fausse voie. Le prince de Metternich, son interprète, protesta avec énergie « contre la prétention étrange du gouvernement français d'introduire, pour sa convenance, un nouveau droit des gens, dont on n'avait jamais entendu parler, et qui était purement et simplement le renversement de toutes les règles qui avaient jusqu'alors présidé à la politique des États européens. » Ce fut le ministre de Louis-Philippe à Vienne qui, par une dépêche de septembre 1830, transmit au Palais-Royal cette protestation verbale du prince de Metternich. La Prusse s'est émue, elle aussi, des insurrections faites à l'image de celle de Paris, et dont le contre-coup retentit dans la plupart des villes d'Allemagne. On échauffe, on tente d'agiter les populations, et des émissaires de l'Orléanisme jettent partout des brandons de discorde. Ils parlent de rénover l'humanité et de vouer le monde au progrès indéfini, ce bonheur paradoxal des générations à naître, car, ainsi que le dit si justement Montaigne[1] : « Nous ne sommes jamais chez nous, nous sommes toujours au delà. » Certains de l'impunité, plus certains encore de trouver aide et protection auprès des agents britanniques accrédités dans chaque État, ils annoncent que *la Marseillaise*, hurlée sous le drapeau tricolore, doit affranchir les peuples, et que la liberté va faire le tour du monde si l'Angleterre daigne viser son passe-port.

Ces provocations, auxquelles l'Europe n'était plus habituée depuis 1793, parurent un outrage prémédité ou un appel au privilége de révolte, enfin défini et consacré dans la langue diplomatique. La non-intervention le garantissait ; mais les armées restèrent fidèles, et l'orage de juillet passa d'Aix-la-Chapelle à Copenhague, des provinces rhénanes en Hongrie, sans laisser d'autres traces que des ruines éparses çà et là, et un désordre intellectuel qui ne devait porter ses fruits que beaucoup plus tard.

En Pologne, il n'en fut pas malheureusement ainsi. L'empereur Nicolas de Russie, dans tout l'éclat de la jeunesse, de la beauté et de la force, affecte un rare dédain pour ce roi de Juillet, qu'un guet-apens fit sortir de son tas de pavés. C'est un de ces princes plus faciles à admirer qu'à louer, et qui restent debout sur les ruines des trônes. Au milieu de tous les souverains d'alors, se rapetissant devant la Révo-

---

[1] *Essais de Montaigne*, liv. I.

lution afin de se faire oublier par elle, Nicolas est comme un géant dans un entre-sol. Peu disposé à se vouer au culte des faits accomplis, on le voit appliquer dans sa rigueur sublime cet adage politique :

Et mihi res, non me rebus submittere conor.

Lui que Dieu a rendu responsable du pouvoir, il ne veut pas laisser introduire au sein des dynasties légitimes une famille que la nature paraît avoir douée d'une absence héréditaire de sentiments monarchiques. Il ne cache ni sa pensée ni ses projets. Puisque la Révolution menace tous les sceptres, lui se fait fort d'être le vengeur armé de tant d'insultes à la Majesté souveraine.

Au milieu des défaillances royales dont l'Europe subit l'humiliation, cette audace à froid a de très-grandes chances de succès. Louis-Philippe ne se les dissimule pas. Les prières, les protestations et les obséquiosités secrètes ont échoué auprès du czar, qui, publiquement défié, veut venir, à la tête d'une coalition formidable, ramasser sur le Rhin le gant que la Révolution lui jeta. Louis-Philippe charge l'émeute de conjurer le péril. L'armée de Pologne était l'avant-garde naturelle de la Russie; dans une nuit, l'armée de Pologne est tournée contre l'empire.

En 1830, la Pologne n'était une nationalité opprimée que pour mémoire. Ce peuple de batailleurs et de brouillons féodaux, sans conviction, mais non sans caractère, n'a point su vivre libre et indépendant; il ne peut supporter dignement la défaite. Ce n'est pas plus pour le progrès social que pour un rêve humanitaire que l'*Association patriotique* conspire, en organisant, dans les villes et dans les campagnes, de vastes sociétés secrètes où l'on enrégimente, où l'on discipline les impatients du joug moscovite. L'*Association patriotique* a un but plus polonais. L'amour du luxe et des plaisirs, l'ambition de promener sans cesse leur fastueuse oisiveté à travers le monde, le désir inassouvi d'abuser de leurs anciens priviléges, et d'arriver, couverts de leurs armes, dans la plaine de Wola pour livrer l'élection d'un roi aux caprices du *liberum veto*, sont peu en harmonie avec les grands principes de 1789. Ils ne procèdent guère de cette charte de 1830, passant le niveau sur toutes les distinctions, et confondant toutes les classes en une théorie d'égalité. La Pologne est un nom retentissant, une espèce d'histoire légendaire que la bourgeoisie française et les journaux du libéralisme rattachent plutôt au cheval de Poniatowski, se noyant dans les flots de l'Elster, qu'aux suprêmes combats de Kosciusko.

L'ignorance parisienne et départementale n'a jamais pris la peine d'étudier ce peuple de gentilshommes chasseurs et vantards qui, ne tenant nul compte de l'industrie, des affaires, du commerce et des professions ouvrières, absorbe dans la noblesse toute la force politique et toute la grandeur intellectuelle de la nation. A la suite de Paris, et pour sauvegarder son émeute, la Pologne court aux armes. Paris n'en demande pas davantage; Louis-Philippe non plus. L'esprit de révolte est le dieu du siècle; ce dieu se contente des vœux en attendant l'hécatombe. Alexandre Ier, empereur de toutes les Russies, avait, de son propre mouvement, aboli le servage et amélioré la condition des paysans. Aux yeux du noble Polonais, cet affranchissement progressif fut une calamité nationale; il devint la cause première des conspirations. Lorsqu'elles éclatèrent, le libéralisme n'y vit qu'un sublime exemple d'indépendance. Alexandre et Nicolas ont accordé pour vice-roi à la Pologne un prince qui, par ses vices comme par ses vertus, doit plaire à ces amateurs d'aventures chevaleresques. Constantin était le dernier barbare. Fantasque, excessif, mêlant les plus nobles qualités du cœur et de l'esprit aux penchants les plus grossiers, il a, pour épouser une jeune Polonaise, renoncé à tous ses droits sur le diadème moscovite qui devait lui appartenir. Il a créé et formé une redoutable armée, son orgueil et celui de la Pologne, mais, à l'aide des Sociétés secrètes, la trahison s'est peu à peu glissée sous le drapeau. Lorsque le signal d'insurrection fut donné de Paris, les troupes polonaises passent avec armes et bagages dans ses rangs.

Une fièvre d'imitation s'est subitement emparée de la jeunesse des écoles. En France, où l'histoire contemporaine s'aligne et se caporalise en vue du cirque Olympique ou de l'Hippodrome, on a prêté de colossales proportions aux faits et gestes de certains élèves de l'École polytechnique. On a hissé sur un piédestal des étudiants en médecine, en droit ou en pharmacie, et cette manie de Panthéon exalta l'imagination de tous les jeunes gens. Ceux de Varsovie ne durent pas échapper à l'épidémie démagogique. On les a depuis longtemps affriandés au rôle de héros. Cadets ou élèves de l'école des porte-enseignes, étudiants d'université ou enfants libres de soins, tous sont obsédés de la vocation d'être, ainsi que dans la *Parisienne,*

<blockquote>De vieux généraux de vingt ans.</blockquote>

Ils le furent ; et, dans la nuit du 29 novembre 1830, le complot, dont ils n'étaient que le bras, éclate sur le palais du grand-duc. L'assassinat est inévitablement le premier droit de la rébellion. Ces jeunes gens tuent pour paralyser la résistance ou pour semer la terreur. Lorsque cette surprise nocturne eut rallié les conjurés, disséminés dans les rues ou sur les places publiques, on proclama la victoire et le règne du peuple, ne faisant tout simplement que changer de maître. La révolution s'est accomplie comme un coup de théâtre.

Constantin a montré dans ces événements aussi peu de vigueur que de sang-froid. Sa faiblesse, qui fut probablement une inspiration polonaise ou un dernier espoir de réconciliation, ne servit qu'à donner à l'émeute une fatale prépondérance. Les généraux et les officiers qui, pour trahir, attendaient que la fortune eût déserté leur drapeau, se firent un prétexte ou une excuse de l'abandon dans lequel ils s'étaient trouvés. Croyant sauf l'honneur militaire, ils redevinrent patriotes, soit pour négocier avec la Russie, soit pour se préparer à une lutte désespérée, mais d'avance reconnue impossible. Ils allaient se battre aussi glorieusement que stupidement, afin de laisser à l'Orléanisme le temps d'arranger ses propres affaires.

Le peuple français est toujours un peu comme le peuple romain qui, au dire de Florus[1], « ne dominait au dehors qu'à condition d'être esclave chez lui. » Il sera, dans tous les temps, cet âne de la fable qui porte des fruits au marché et ne peut jamais y toucher sous peine d'avertissement corporel. A la nouvelle que la Pologne a suivi l'exemple de Paris et qu'elle s'insurge pour briser ses fers, un cri de joie s'échappe de tous les clubs; il retentit dans les cœurs. Personne ne réfléchit aux conséquences d'une pareille équipée; on ne voit que la Pologne libre, la Pologne ressuscitée, la Pologne tendant ses bras vers la France. Quoique dépassé dans ses souhaits, l'Orléanisme ne veut pas, ostensiblement du moins, rester en arrière du mouvement escompté par lui. La Pologne était la seule préoccupation de la France. L'Orléanisme encourage ces transports; il se fait un titre de gloire de partager cette ivresse. Mais, sous main, il se hâte, pour attendrir l'autocrate en faveur de sa dynastie, de prendre ses précautions contre les justes soupçons qu'il provoquait. Afin de savoir à quoi s'en tenir sur

---

[1] Florus, lib. I, page 32.

les manœuvres de Louis-Philippe ou sur celles des agents de la Fayette, autorisées par le gouvernement français, l'empereur Nicolas n'a pas besoin de consulter ou d'écouter le roi-citoyen. Le double jeu est évident; et, malgré la partialité notoire du comte Pozzo di Borgo à son égard, les dépêches secrètes des agents russes ne laissent planer aucun doute sur la participation du Palais-Royal à cette sanglante imprudence.

Quand le coup fut porté, lorsque les Polonais, craignant tout excepté la mort, eurent, à travers de sombres palinodies et de cruelles réactions, pris la résolution unanime de mourir en combattant, Louis-Philippe ne se dissimula point que les déclamations des clubs, les chants de victoire des poëtes, les burlesques prières de l'Église française et les prosopopées de tribune ne conjureraient jamais le danger qu'il entrevoyait à l'horizon. Pour lui, ainsi que pour Tibère, « le parti le plus glorieux [1] fut toujours le parti le plus sûr. »

La nationalité polonaise ne devait pas, ne pouvait pas périr. Ce pompeux mensonge qui, à tout au moins deux fois l'an, reviendra dans la discussion de chaque adresse parlementaire et servira de champ de bataille à tous les arrangeurs de métaphores patriotiques, n'est à ses yeux qu'un hors-d'œuvre. Mais, en 1831, la question se présentait grosse de calamités prochaines. La Pologne était condamnée aussi bien par Louis-Philippe

[1] Velleius Paterculus, lib. II, page 110.

que par tous les hommes sensés, et ce n'est déjà plus sur cette victime sacrifiée que l'Orléanisme songe à s'apitoyer. Louis-Philippe en portait très-facilement le deuil dans son cœur; néanmoins il s'inquiète — et non sans motifs — des résultats de cette campagne. La Pologne sera domptée un peu plus tôt ou un peu plus tard. Alors l'armée russe, victorieuse et campée sur l'Oder, peut opérer sa jonction avec les Autrichiens et les Prussiens. Un même besoin de sécurité et de paix dirige la conduite des puissances. Résisteront-elles à la tentation d'en finir avec l'idée révolutionnaire? Ne seront-elles pas heureuses de céder aux objurgations de l'empereur Nicolas?

Au milieu des inextricables difficultés s'accumulant autour de la maison d'Orléans afin de lui donner un avant-goût des expiations à elle réservées, ces éventualités ont quelque chose de si menaçant qu'elle veut s'en délivrer à tout prix. Le cardinal de Retz a dit avec raison[1] : « La plupart des hommes ne font les grands maux que par les scrupules qu'ils ont des moindres. » Dans l'espoir de se préserver lui-même, Louis-Philippe a tendu un piége sanglant à des peuples dont il aime à exalter le patriotisme jusqu'à l'insanité. Jaloux de calmer le courroux du czar, il cherche, par des subterfuges ou par des moyens dilatoires, à ne se faire que le complice indirect des révoltes. Le nœud de la situation était à Pétersbourg; c'est là qu'il essaye de le délier. Pour remplir cette mission aussi laborieuse que

---

[1] *Mémoires du cardinal de Retz*, tome II, page 240.

délicate, il fait choix du duc de Mortemart, dernier ambassadeur du roi Charles X auprès de l'empereur Nicolas. Espérant qu'il lui sera donné de jouir du bénéfice de la prescription, Louis-Philippe, qui, comme au premier livre du poëme de la *Pharsale*, touche *parvi Rubiconis ad undas*, va renier ses tendances ambitieuses, cette traînée de poudre qui mit le monde en feu. Prêt à voler au secours du vainqueur, il se montre disposé à tout dire, sinon à tout signer. Le duc de Mortemart avait un faible pour le pouvoir en exercice. Louis-Philippe, flatteur par instinct, fit miroiter aux regards du plénipotentiaire de Charles X le bâton de maréchal de France qu'un service rendu allait lui mériter. D'Orléans et Mortemart s'étaient déjà rencontrés à l'heure la plus solennelle de la crise de Juillet. Mortemart fut trompé ou vaincu. Il ne prit pas sa revanche à quelques mois d'intervalle, et le 6 janvier 1831, il se laissa nommer ambassadeur extraordinaire en Russie.

Cette mission, préparée de longue main entre le comte de Nesselrode et Louis-Philippe, ayant Pozzo di Borgo pour intermédiaire, doit puissamment agir sur l'opinion publique, car elle fait supposer que le czar ne se montre plus aussi inflexible que dans les premiers jours. Elle révèle, en outre, une tendance de rapprochement des hommes politiques de la Restauration. Fier du titre de roi de France, titre glorieux jusqu'au moment où il lui appartint, Louis-Philippe avait pour principe de vivre au jour le jour, inaugurant le règne des bouts de ficelle et l'avénement des expédients constitutionnels ou diplomatiques. Il ne s'éleva jamais jusqu'à l'honneur d'être haï; il se contentait d'être méprisé et de se fabriquer du mépris une arme tour à tour offensive et défensive, selon l'adversaire. Les instructions tracées au duc de Mortemart sont une garantie de paix. Le roi de Juillet, rompant en visière à la Révolution, s'annonce comme l'implacable ennemi de toute propagande antimonarchique; il promet d'étouffer dans un bref délai tous les appels à la sédition. La sédition dominait à Varsovie. La France n'a rien à voir ou à faire dans une révolte contre l'empereur et roi, suscitée par les Polonais, ses sujets. Au moment de la répression, quand les armes auront cédé le pas à la justice, Louis-Philippe se réserve le plaisir d'implorer la clémence du vainqueur et de se faire, par la même occasion, amnistier des vœux publics qu'il forme en faveur de la Pologne. Moteur secret et pivot de l'insurrection, Louis-Philippe la désavouait par ses actes ; il la favorise par ses paroles.

Les Polonais mettent du mélodrame partout, dans les prières ainsi que dans les entrevues. Ils aiment à faire résonner leurs titres dans le monde et leurs éperons sur le pavé de l'exil. Ils choisirent, pour s'aboucher avec le duc de Mortemart, une forêt couverte de neige et minuit, l'heure des fantômes. Dans cette scène, aussi bizarre que lugubre, il s'échangea de tristes confidences et de pénibles révélations. Mortemart avait expérimenté Louis-Philippe ; il le connaissait. Par un louable sentiment d'humanité, il eut à cœur de le faire apprécier. Les Polonais le jugeaient aussi sainement ; mais, placés en sentinelles perdues par la Révolution, ils se font un point d'honneur, une sorte de chevaleresque franc-maçonnerie, de n'être relevés que par elle ou pour elle. Et, avec une naïveté poussée au sublime de la niaiserie, ils ajoutaient : « La Révolution c'est le d'Orléans, bon gré, mal gré. » Il lui voyaient jouer tant de rôles, ils recueillaient tant de langages divers, que la persistance polonaise pouvait, après s'être créé une illusion, devenir une réalité. Mortemart n'a pas pu les éclairer, mais il ne les trompa point. Son ambassade auprès du czar n'était qu'une prière ou une confession ; le czar accueillit l'une et l'autre avec un insultant dédain. L'opinion publique se préoccupa si vivement de cette attitude que bientôt un bruit étrange circula en Europe. On disait, on affirmait que, pour gagner les bonnes grâces de l'autocrate, Louis-Philippe lui avait adressé une lettre par laquelle il s'engageait à rendre à Henri V exilé la couronne de France, à l'époque de sa majorité ou au terme que l'empereur Nicolas désignerait lui-même.

Cette lettre n'a jamais été écrite, par conséquent jamais reçue. Elle ouvrit cependant la voie à de malveillantes insinuations et à des hypothèses absurdes, mais que leur absurdité rendra plus vraisemblables. Pour tous ceux qui ne se laissaient étourdir ni par le bruit des journaux ni par les fanfares de la tribune, la mission du duc de Mortemart était limitée à l'abandon pur et simple de la Pologne. La Pologne n'avait plus à répéter sa vieille plainte que Dieu est trop haut et la France trop loin. Dieu ne veut pas toujours exaucer les souhaits de la Révolution; la France refuse de se rapprocher pour les seconder. Néanmoins, Louis-Philippe aidant, elle prononce si bas son dernier mot que ce dernier mot, mal entendu ou mal interprété, peut aussi bien être pris pour une complicité que pour une trahison. Les Polonais avaient dans la Révolution une alliée de tous les pays et de toutes les heures. La Révolution était triomphante dans la rue et sur la plupart des trônes. Les Polonais s'imaginent qu'en s'immolant pour elle, ils recueilleront autre chose qu'une stérile gratitude et une gloire plus stérile encore; ils combattent sans désemparer. Abandonnés du ciel ainsi que des hommes, ils cherchent à racheter, par le donquichottisme de leur bravoure, le crime d'une impuissante révolte.

La France, pâle d'émotion ou muette d'effroi, assiste à ce duel à mort de deux peuples longtemps rivaux, et que la conquête a fini par changer en vainqueurs et en vaincus. Elle verse des larmes sur le sort de ces victimes d'une confiance si mal placée. Dans le même moment, afin de couvrir son deuil par une ostentation d'hypocrisie, le Palais-Royal trouve moyen de profaner même sa douleur. Un certain abbé Châtel, prêtre apostat devenu épicier et novateur en faillite, avait établi une Église française; il s'accommodait un culte français dans un bazar quelconque. C'est à ce bazar que le Palais-Royal va demander une parodie de prières et un simulacre bouffon de cérémonie funèbre pour honorer les Polonais morts au service de la liberté et de l'indépendance nationale. Personne ne doit prétexter cause d'ignorance, et Casimir Delavigne, le poëte lauréat du Palais-Royal, est chargé de traduire en vers orléanistes les strophes du *Dies iræ*. Le général la Fayette, les aides de camp privilégiés et les ministres de l'intimité viennent, sous le regard d'une foule ébahie, offrir à l'agonie de la Pologne le tribut dérisoire d'une piété sacrilége.

A cette Pologne qui réunit tous les contrastes et qui, entre deux combats, sait aussi humblement que dévotement élever son cœur vers Dieu et réciter le chapelet avec ses généraux, Louis-Philippe laisse accorder d'aussi scandaleuses momeries. Quand l'anniversaire des mémorables Journées de juillet, comme celui de 1831, ne s'annonce pas sous d'heureux auspices, lorsque la garde nationale n'a pas été chauffée au degré d'enthousiasme voulu, on invente pour Louis-Philippe des victoires théâtrales et de fabuleux courriers. Inondés d'une sueur et d'une poussière apocryphes, ces courriers tombent de lassitude aux pieds du roi en affirmant un nouveau succès, en proclamant un triomphe décisif de la Pologne. Et la France, toute sous les armes ce jour-là, s'enivre de pleurs de joie et de vin de Champagne, en l'honneur d'une bataille qui, le lendemain, se transforme en suprême défaite.

La Pologne fut tout simplement pour le Palais-Royal un prétexte à négociation et un paratonnerre.

La Grande-Betagne ne se montra ni plus sincère ni plus généreuse à l'égard de ces ouvriers en héroïsme qu'on glorifiait là où ils n'étaient pas, qu'on laissait immoler là où ils étaient. Au dernier moment, lorsqu'il fut bien démontré que la Pologne allait être rayée du nombre des nations, elle obtint la sympathie diplomatique de lord Palmerston. Le choléra et l'artillerie ont décimé tous les régiments de cette armée. Les insurrections tentées sur divers points pour attirer les troupes russes échouent devant l'impassibilité frondeuse des paysans. Le trésor est vide; les emprunts forcés ne sont pas mieux couverts que les impôts extraordinaires. Ces calamités prévues amenèrent la discorde; l'anarchie se fit jour au milieu des désastres. Les soldats assassinent ou maudissent leurs généraux qui, s'accusant de trahison ou se dénonçant réciproquement, donnent sous le drapeau l'exemple de la plus folle insubordination. La démagogie des clubs et des journaux, sans cesse prête à se jeter dans les excès, règne au milieu de la diète et sur les places publiques. Bientôt des scènes sauvages renouvellent à Varsovie les massacres de septembre 1792. La Révolution était déchaînée; elle avait léché un peu de sang, elle veut s'en rassasier à tout prix. L'idée humanitaire s'est abattue sur la Pologne, elle en fait ce qu'au témoignage des saintes Écritures le désordre social fera toujours d'un pays : « la peau vide et sanglante d'une victime offerte en sacrifice. »

En face d'un pareil spectacle, Louis-Philippe et

l'Angleterre n'osèrent plus menacer de la Pologne et mentir au nom de la Pologne; ils intercédèrent pour elle. Lord Palmerston, toujours habile dans l'art de faire des dupes et de se créer des ennemis, adressa au prince de Talleyrand la dépêche suivante, triste commentaire de sa note du 20 juin 1831 :

« Le soussigné, etc., etc., en réponse à la Note que lui a présentée l'ambassadeur de France, à l'effet d'engager le gouvernement britannique à intervenir, de concert avec la France, dans les affaires de Pologne, par une médiation qui aurait pour but d'arrêter l'effusion du sang et de procurer à la Pologne une existence politique et nationale ;

« A l'honneur d'informer S. Ex. le prince de Talleyrand que, malgré tous les désirs que pourrait avoir le roi de la Grande-Bretagne de concourir avec le roi des Français à toute démarche qui pourrait consolider la paix en Europe, surtout à celle qui aurait pour effet de faire cesser la guerre d'extermination dont la Pologne est aujourd'hui le théâtre, Sa Majesté se voit forcée de déclarer :

« Qu'une médiation toute officieuse, vu l'état actuel des événements, ne pourrait pas manquer d'être refusée par la Russie, d'autant plus que le cabinet de Saint-Pétersbourg vient de rejeter les offres de ce genre qui lui ont été faites par la France; que, par conséquent, l'intervention des deux cours, pour être effective, devrait avoir lieu de manière à être appuyée en cas de refus.

« Le roi d'Angleterre ne croit devoir adopter aucunement cette dernière alternative ; l'influence que peut avoir la guerre sur la tranquillité des autres États n'est pas telle qu'elle doive nécessiter ces démarches, et les relations franches et amicales qui existent entre la cour de Saint-Pétersbourg et Sa Majesté ne lui permettent pas de les entreprendre. Sa Majesté Britannique se voit donc forcée de décliner (*to declin*) la proposition que vient de lui transmettre S. Ex. le prince de Talleyrand par sa note du 20 juin, jugeant que le temps n'est pas encore venu de pouvoir l'entreprendre avec succès, contre le gré d'un souverain dont les droits sont incontestables.

« Pourtant Sa Majesté charge le soussigné de témoigner à S. Ex. l'ambassadeur de France combien son cœur souffre de voir tous les ravages qui ont lieu en Pologne, et de lui assurer qu'elle fera tout ce que ses relations amicales avec la Russie lui permettront pour y mettre fin, et que déjà des instructions ont été données à l'ambassadeur de Sa Majesté, à Saint-Pétersbourg, pour déclarer qu'elle tiendra à ce que l'existence politique de la Pologne établie en 1815 ainsi que ses institutions nationales lui soient conservées. »

La Pologne est jugée et condamnée par ceux qui lui mirent les armes à la main. Aux cris de : Malheur aux vaincus ! on la livre à la sévérité des lois martiales. Quand Varsovie, broyée et méconnaissable au milieu de ses propres ruines, fut tombée au pouvoir des vainqueurs, le général Sébastiani, le ministre de la confiance de Louis-Philippe, monte à la tribune. D'une voix calme et indifférente il annonce, le 16 septembre 1831, le désastre qui, pour les entrepreneurs de juillet, est la plus irréparable des fautes, le Waterloo de toutes les espérances démagogiques ; puis il conclut en prononçant ces mots d'une effrayante naïveté : « Enfin, aux dernières nouvelles, la tranquillité régnait dans Varsovie. »

La Révolution découvre en ces malencontreuses paroles une ironie ou un défi. Elle avait besoin d'un prétexte pour s'indigner ; elle le saisit. On la voit se lancer dans une stérile effervescence de regrets factices et de douleurs étudiées. La Pologne avait vécu. Comme toutes les nationalités qui doivent avoir une fin, elle va se faire un exil tapageur et un métier de condottière à la suite de toutes les insurrections. A dater du jour où elle succomba, elle devint la Niobé temporaire des orateurs de la rue et des poëtes de cabaret. Chacun eut sa couronne de métaphores sentimentales à déposer sur ce tombeau creusé par la main des révolutions, et, dans cette multiplication à l'infini de dithyrambes larmoyants ou guerriers, personne ne songea, Louis-Philippe moins que tout autre, à suivre le sage exemple légué par l'empereur Napoléon.

Ce grand destructeur de républiques et de royaumes croyait peu, il travaillait encore moins à la résurrection des nationalités mortes ou opprimées. Quand les songe-creux de la politique l'entretenaient de la régénération d'une race à moitié éteinte, il était sans cesse prêt à répéter ce que, de son temps, Caton l'ancien écrivait déjà : « Un jour, raconte le Censeur romain, que je revenais du fond de l'Asie, je me mis à considérer au loin tant de pays détruits et de nations ravagées. Égine était ici, Mégare était là. J'avais le Pirée à ma droite et Corinthe à ma gauche, et de tant de cités florissantes, je vis qu'il ne restait que des ruines. Alors je fis un retour sur moi-même et je compris la vanité de ces conseillers des peuples qui n'empêchent ni les villes de tomber ni les hommes de mourir. »

Napoléon, à l'apogée de sa gloire, en est là, aussi lui. Et lorsqu'il traite froidement de puissance à puissance, même des intérêts de la Pologne, il ne se laisse point entraîner par la séduction des souvenirs ou par la fantasmagorie des ombres. Le 20 octobre 1809, il enjoint à Champagny, duc de Cadore, son ministre des affaires étrangères, de mander ce qui suit au cabinet de Saint-Pétersbourg : « Sa Majesté approuve que le nom de Pologne et de Polonais disparaisse, non-seulement de toute transaction politique, mais même de l'histoire. »

Conséquent avec cette idée, qui ferme le livre de vie sur la Pologne, l'empereur Napoléon, le 4 janvier 1810, fait signer au général Caulaincourt, duc de Vicence, son ambassadeur en Russie, une convention secrète qui stipule et porte :

Art. 1er. — Le royaume de Pologne ne sera jamais rétabli.

Art. 2e. — Les hautes parties s'engagent à veiller

à ce que les dénominations de Pologne et de Polonais ne s'appliquent jamais à aucune des parties qui ont précédemment constitué ce royaume et disparaissent pour toujours de tout acte officiel ou public. »

Ce traité, que des événements ultérieurs reléguèrent dans les catacombes des archives, et qu'il est bon de restituer à l'histoire, ne fut jamais que tacitement et timidement invoqué par la Russie. Elle aurait eu le droit de s'en prévaloir ; les empereurs Alexandre et Nicolas se plurent à le regarder comme lettre morte. Ils désiraient laisser la Pologne s'incorporer et se fondre peu à peu dans l'empire ; les révolutions n'eurent ni la prévoyance de Napoléon Bonaparte ni la sagesse des czars. De temps à autre, ainsi qu'en 1830, la Pologne galvanisée se réveille en sursaut pour fournir à des insurrections cosmopolites son contingent d'hécatombes. Façonnée et asservie par les Sociétés secrètes, elle en viendra, comme tous les démagogues de France, d'Allemagne et d'Italie, à troquer son épée de combat contre un stylet d'assassin vulgaire. Elle passera sous ce niveau de sang, et l'homicide en guet-apens sera sa dernière étape.

Dans la prévision que ce malheureux pays, privé de tout secours et réduit à ses propres forces, ne pourra pas lutter bien longtemps contre les armées impériales, Louis-Philippe s'est ménagé un autre point d'appui. L'Italie était, comme la Pologne, un champ clos ouvert à toutes les extravagances. La catastrophe de 1830 trouve le Carbonarisme et les Sociétés secrètes au port d'armes. Cependant les Italiens, plus perspicaces ou moins belliqueux que les Gascons du Nord, ne consentent à se mettre sur un pied d'héroïsme qu'après avoir touché leur indemnité d'entrée en campagne. Chaque carbonaro implorait des subsides; chaque affilié d'une haute vente formulait ses exigences pécuniaires. Ce sont les hirondelles de l'insurrection, mais des hirondelles qui ne veulent pas s'astreindre à vivre des moucherons qu'elles attrapent au vol. De tous les coins de la Péninsule ces Carbonari accourent à Paris pour faire leurs conditions et débattre eux-mêmes le salaire de leurs triomphes futurs. Ils avaient le sabre traînant, les épaulettes étincelantes, le verbe haut et l'éloquence sonore, car le jugement porté par Ovide sur la Grèce dégénérée est encore plus vrai appliqué à l'Italie moderne. Sans crainte de commettre une injustice, on peut toujours caractériser ces citoyens révolutionnés par le vers du poëte des *Métamorphoses* :

..... Facundum sed male forte genus.

En date du 2 janvier 1831, Menotti écrivait de Modène à un certain Misley, son agent auprès du Palais-Royal : « Le seul élément dont nous manquons c'est l'argent, et avec l'argent, croyez que nous pourrions effectuer le mouvement quand nous voudrions. Les vieux libéraux qui en ont n'en veulent pas donner. N'importe. Cela ne nous découragera pas et ne ralentira point notre activité. »

Le 19 du même mois, Menotti mande encore à

Misley : « Avant-hier j'ai vu l'ami... par son entremise, j'espère un crédit de 9,000 francs qui est garanti sur hypothèques. C'est très-bien que d'Orléans nous protége, et c'est aussi avec le plus grand plaisir que j'apprends la bonne intelligence qui existe entre toi et la Fayette. »

Vis-à-vis des réfugiés et des conspirateurs venant prendre langue au Palais-Royal, et voulant faire sortir la liberté de la fumée que produira l'incendie de l'Europe, la Fayette est l'interprète juré de l'Orléanisme. L'Orléanisme lui passe parole, sauf à désavouer par une réticence ou par un demi-sourire ses excès de zèle et ses tendresses toujours juvéniles à l'égard des mécontents du monde entier. On se boudait ; on ne s'entendait déjà plus sur la politique intérieure. Malgré ces divergences enfantines, dès qu'il s'agit de manipuler des complots étrangers, Louis-Philippe et le général savent assez facilement se mettre d'accord. L'un dispense les subsides d'une main parcimonieuse, l'autre, plein d'une béate confiance en sa monomanie d'insurrection, le plus saint des devoirs depuis 1789, prodigue à tous et à chacun les plus magnifiques espérances de coopération. Ce commerce en partie double a déjà fait de nombreuses dupes en Espagne, en Belgique et surtout en Pologne. Mais, en Italie, à l'exception de certaines incandescences tragi-comiques, on ne rencontrait pas des natures aussi bien disposées à appliquer les grands principes de 89 par le désintéressement.

Le désintéressement n'est pas plus leur lot que la

véracité. Ces pourfendeurs, armés de toutes pièces de rhétorique, mendient pour la patrie dont ils se constituent les héritiers; puis ils rédigent en son honneur de brûlantes proclamations et des adresses à tous les peuples conviés à suivre leur exemple. C'est de cette époque que date l'usage, devenu depuis si banal en Italie et ailleurs, de tirer la plume en guise d'épée, et de croire qu'on incendie le monde avec un bout de papier que des journaux complaisants reproduisent comme l'expression de la volonté nationale. La proclamation aux villes, aux royaumes et aux empires, l'adresse aux étudiants, aux hommes libres, aux femmes et aux soldats, a pris naissance dans ces jours de trouble. Quelques Italiens, amoureux d'emphase et passés maîtres en fait de métaphores, avaient inventé ce mode de déclamation; ils l'ont perfectionné, mais leur zèle a besoin d'un plus solide aliment. Il fallut compter avec ces gagne-petit du mouvement insurrectionnel, et, dans une lettre de l'un d'eux, on découvre les motifs de leurs hésitations et le tableau de leurs perplexités :

« ... Depuis que je suis dans cette capitale, écrit le 16 janvier Melegari à un certain Armandi, général au service des Sociétés secrètes, je marche de déceptions en déceptions. J'ai vu et entretenu la Fayette, qui m'a fait obtenir une audience particulière du duc d'Orléans. Ce prince, très-épris de notre cause et tout feu pour nous voir courir aux armes, m'a répondu d'une manière assez évasive aussitôt que j'ai franchement abordé la question du nerf de la guerre;

il en a été de même lorsque j'ai parlé des Bonaparte. D'Orléans s'est à l'instant même renfermé dans une réserve à laquelle j'étais bien éloigné de m'attendre. Il est évident que ce jeune homme ne voudrait pas voir d'autres jeunes gens, ses rivaux de trône, profiter de son concours et se créer un nom avec son argent. Il y a là une difficulté qu'il faudra tôt ou tard aborder ou résoudre, soit pour, soit contre.

« Le roi Philippe a essayé de décliner toute entrevue, même secrète. Il se basait sur la multiplicité des affaires, mais me faisait prodiguer les assurances du plus cordial concours. J'ai insisté pour avoir avec lui une conversation qui m'a enfin été accordée. Après de très-longs pourparlers et une défense que je puis bien caractériser de l'épithète d'héroïque, je suis parvenu à tirer vingt-cinq pauvres mille francs, « le denier du « père de famille, » m'a-t-il dit avec un sourire de désespoir. Les comités d'insurrection ne sont guère plus généreux; tous sont épuisés par des sacrifices sans fin. Ce qui les ruine, c'est l'émeute qu'ils veulent en permanence à Paris. Si nous n'obtenons pas un plus large crédit, je ne vois pas bien comment nous pourrons diriger la chose, et, l'entreprise une fois commencée, de quelle manière nous procéderons. Ces Français ne doutent de rien, et ils ne se mettent jamais à la place de ceux qu'ils exposent au danger. »

Sur ces entrefaites, l'arrivée à Paris de Pietro Maroncelli vint dissiper les doutes peu généreux que le Palais-Royal nourrissait à l'égard des Italiens, se complaisant dans l'hypocrisie et la trahison, comme les femmes turques dans le bain. Maroncelli, à peine gracié par l'empereur d'Autriche et sorti des prisons du Spielberg, était acclamé le premier martyr de l'indépendance italienne, la plus touchante victime des barbaries du despotisme autrichien. Charles-Albert, roi de Piémont, et le bombardeur Félix Orsini, ne paraissent qu'au second rang. Compagnon de captivité de Silvio Pellico, Maroncelli allait recevoir, dans le romanesque épisode de *Mes Prisons*, une auréole qu'il lui sera permis à lui-même d'arranger autour de sa tête, car Maroncelli, fut le collaborateur et l'annotateur de l'ouvrage. Louis Blanc raconte [1] « qu'il s'était vu traîner dans un pays étranger où on lui avait donné pour prison une basse-fosse humide et sombre, pour nourriture du pain noir trempé dans de l'eau chaude, pour lit une planche nue, pour vêtement l'habit des galériens. Sa jambe gauche, engagée dans un anneau de fer auquel pendait une chaîne d'un poids de vingt livres, s'était gonflée au point qu'une amputation était devenue nécessaire, de sorte qu'il suffisait de sa présence pour dénoncer la barbarie de ses bourreaux. La publicité donnée à ces détails dans un moment où tous les cœurs battaient pour l'Italie produisit une impression universelle et profonde. »

Ce n'est pas nous qui mettrons en doute l'impression universelle et profonde que constate l'historien démocrate. Nous y ajoutons même une foi entière.

[1] *Histoire de dix ans*, tome II, p. 320.

N'en avons-nous pas vu bien d'autres? Ne connaissons-nous pas tous les engouements irréfléchis que la Révolution inocule? Les larmes que Silvio Pellico fit répandre et qu'il répandit lui-même au récit des souffrances de son ami, nous les croyons très-sincères; car Maroncelli fut, ainsi que tous les régénérateurs de l'Italie moderne, un grand artiste en mensonges. Il avait besoin d'un piédestal; il se l'éleva de ses propres mains. Il lui fallait des louangeurs, des amis et des contribuables : sa jambe coupée, cet éloquent, cet irrécusable témoignage des cruautés autrichiennes, — et coupée dans des circonstances et avec des détails à faire frémir, — lui ouvrit toutes les portes, lui donna accès chez tous les puissants. Laffitte et Béranger l'accablèrent de leur admiration la plus démonstrative; la Fayette, le prisonnier d'Olmutz, s'attendrit avec lui sur des maux qu'il avait connus; le duc d'Orléans l'accueillit comme un frère et le présenta lui-même à sa famille. Maroncelli reçut l'honneur assez banal d'une invitation à la table royale. Louis-Philippe l'entretint des malheurs et des espérances de l'Italie; il se laissa même aller jusqu'à délier les cordons de sa bourse et à lui expliquer, entre deux poignées de main, sa politique de mauvaise tête. En très-peu de jours, Maroncelli fut le symbole de l'héroïsme libéral, symbole qu'avec le même succès et la même audace il ira plus tard exploiter en Angleterre et aux États-Unis, où des arcs de triomphe lui seront élevés comme à Garibaldi, à toutes les comédiennes et à Kossuth. On s'imaginait lire dans ses traits maladifs les douleurs de la captivité. On épiait sur ce front flétri et sur ce corps mutilé la trace des tortures endurées. On buvait à longs traits les pleurs qu'il versait sur ses compagnons de misère, sur Gonfalonieri, Andryane, Tonelli, Trivulzio Pallavicini et les autres. Il ne vint à personne l'idée de contrôler ces tourments et de rechercher dans les profondeurs de cette âme le remords qui devait la déchirer.

Après tout, ce Maroncelli ne fut peut-être pas aussi intéressant qu'il se plaisait à l'affirmer; et s'il faut s'en rapporter à des pièces originales que nous avons eues entre les mains, Maroncelli ne serait pas tout à fait digne des émotions qu'il inspira. On fut, sans aucun doute, obligé de lui faire en prison l'amputation de la jambe gauche; mais un document, émané de Maroncelli lui-même, apporte à la version de cette chaîne d'un poids de vingt livres un démenti assez significatif. Maroncelli se plaint d'un dépôt, d'une tumeur lymphatique dans la cuisse, et il avoue que cette tumeur pourrait bien être la conséquence de quelque péché de jeunesse [1], ce qui, au point de vue de la vé-

---

[1] On trouve dans les archives secrètes de la cour de Vienne des documents épistolaires qui jettent un grand jour sur tous ces martyrs des plombs de Venise ou des cachots du Spielberg. Après les avoir lus, on s'étonne de la discrétion du gouvernement impérial, qui, pouvant confondre tous ses adversaires ou ses calomniateurs, a préféré se renfermer dans un mutisme inexplicable ou dans une charité chrétienne par trop impolitique. Ces documents, émanés de Silvio Pellico, de Maroncelli, du comte Gonfalonieri, de Tonelli et de leurs compagnons de captivité, forment un curieux dossier où la reconnaissance la plus expansive ne

rité historique, modifie assez singulièrement la palme du martyre décernée à cet homme.

Et ce n'est pas la seule auréole qui va tomber de son front. Dès 1819, Maroncelli s'était constitué, dans le royaume lombardo-vénitien, le promoteur des Sociétés secrètes. Ce fut lui qui initia au Carbonarisme les principaux adeptes de la secte, et il compta parmi ses disciples la plupart des hommes de Juillet, dont Louis-Philippe fit ses ministres ou les professeurs de son gouvernement. Maroncelli était un conspirateur dangereux ; il devint suspect, fut arrêté en flagrant délit, jugé et condamné à mort. La peur de l'échafaud le détermina très-volontairement à un acte encore plus

cesse de célébrer tantôt le prince de Metternich, tantôt le comte Sedlnitzki, ministre de la police.

Pour attendrir ceux dont ils espèrent un adoucissement, une faveur ou la liberté, des prisonniers peuvent très-bien feindre la gratitude et couvrir de leurs bénédictions intéressées le pouvoir qui les tient sous ses verrous. Mais, ce qu'il y a de vraiment inconcevable, c'est de voir Silvio Pellico, Gonfalonieri et Maroncelli surtout, une fois libres et hors de l'empire autrichien, continuer d'adresser par écrit des remerciments pour tous les soins paternels qu'on leur prodigua au Spielberg. Maroncelli avait témoigné le désir d'avoir une jambe artificielle suppléant à celle qui n'avait pas été gangrenée par la fantastique chaîne d'un poids de vingt livres. L'Empereur, ayant eu connaissance de ce vœu, donne des ordres pour qu'il fût immédiatement exaucé. Par une lettre qui n'est pas perdue, Maroncelli exprime sa reconnaissance en termes pleins d'enthousiasme et prend à témoin son repentir pour jurer que, dans la nouvelle vie ouverte devant lui, il se fera un devoir de renoncer à jamais aux complots en faveur de l'Italie une et aussi indivisible que la vieille République française. Son voyage à Paris, sa réception au Palais-Royal, la comédie de larmes et de pitié à laquelle il se prêta si bénévolement, attestent avec quelle fidélité ce martyr de l'indépendance italienne savait tenir un serment volontaire blâmable. Pour racheter sa vie il offrit d'être le délateur de ses complices. Il dénonça le comte Porro, son bienfaiteur, Silvio Pellico, son meilleur ami, et ceux dont le nom lui était le plus familier. La chancellerie autrichienne avait promis à Maroncelli un silence absolu; elle lui tint parole. Le martyr, ou plutôt le bourreau du Spielberg y vécut pendant dix années, partageant avec ses victimes la captivité à laquelle il les avait vouées.

Ces révélations, se produisant pour la première fois, n'ont rien qui doive surprendre. Quand on a pénétré dans les arcanes des Sociétés secrètes, on a palpé bien d'autres trahisons; on a pu approfondir d'affreux mystères. C'est toujours cette Italie dont parle Tacite[1], *velut infimam nationum*, la dernière des nations, et Maroncelli, lâche et traître, n'est ni le plus odieux ni le plus criminel. Après ces dix années de suprême hypocrisie n'amenant sur ses lèvres aucune parole de douleur, aucun épanchement de repentir, Maroncelli, représentant de la révolution italienne, était bien digne de venir féliciter la révolution de juillet 1830. Il la félicita, il la mit à contribution en la personne de son roi et en celle de ses plus hauts fonctionnaires.

La France, qui gagne des batailles par habitude, était, pour le salut de l'Orléanisme, obligée de rester l'arme au bras, assistant, impassible, aux émeutes qu'on encourage et qu'on dirige en son nom. Elle n'a

---

[1] Tacit., *Annal.*, XIII, 30.

que la faculté de se pourvoir de principes de rechange. Dans le but de se faire tolérer par les rois, Louis-Philippe avait bien consenti à donner aux peuples le signal d'une prise d'armes; mais c'est dans un intérêt purement égoïste qu'il accorde ou retire à la liberté les subsides nécessaires. Il n'ose voler au secours de la Pologne de peur de se briser contre l'Allemagne et la Russie. L'attitude menaçante de l'Autriche et les paroles pleines de fermeté du prince de Metternich ne lui permettent d'appuyer le mouvement italien que par une propagande d'émissaires, de conseils et de vœux. Au mois de janvier 1831, le prince de Metternich avait déclaré, en effet, au maréchal Maison, ambassadeur à Vienne, « que, pour établir le droit d'intervention des souverains, il était prêt à s'exposer à l'intervention des peuples, parce qu'alors la question, nettement posée, deviendrait une question de force; qu'il aimait mieux périr par le fer que par le poison; car, les armes à la main, il avait du moins une chance que le poison ne lui laissait pas; qu'en un mot, si l'intervention de l'Autriche en Italie devait amener la guerre, il était prêt à l'accepter. Péril pour péril, il préférait un champ de bataille à une révolution. »

Ce langage, qu'une dépêche de son ambassadeur transmit au Palais-Royal, était peu rassurant pour l'établissement de Juillet. La paix à tout prix lui devenait nécessaire; et lorsque, pressé par ses promesses ou par les événements, il est forcé d'exécuter un temps de recul, il ne trouve pas d'autre échappatoire que de faire plaider par ses avocats la doctrine du : « Chacun chez soi, chacun pour soi. » En outre, la question italienne se compliquait inévitablement de questions religieuses, et Louis-Philippe s'en préoccupait d'une manière toute spéciale. Il affectait souvent de n'avoir pour toute croyance que le voltairianisme, mis à la mode par les Libéraux. Indifférent, sceptique même ou railleur à ses moments perdus, avec une saveur de bonhomie gauloise, il n'aurait jamais été prince à dire comme saint Louis à son fils aîné[1] : « Cher fieux, je t'enseigne que tu soies tozjors dévot à l'Église de Rome et au souverain évesque, nostre père ; c'est le pape, et li porte révérence et onneur, si comme tu dois fère à ton père espirituel. » Mais, en lui passant les préjugés de son siècle, il y avait au fond de cette âme un sentiment de respect ou de crainte qui ne lui aurait pas permis de travailler à l'amoindrissement du Siége apostolique. Né dans un temps et dans un palais où la Religion n'était guère plus honorée que la vertu, il a toujours cherché sur le trône à ne produire aucun témoignage ostensible de piété. Aussi n'est-ce pas sans heureuse surprise que l'on découvre dans le journal du duc de Chartres, à la date du 25 décembre 1790, les aveux suivants : « Je me suis confessé hier matin... après le souper, rentré dans ma chambre pour dire quelques prières. J'ai été à la messe de minuit à Saint-Eustache ; j'ai fait mes dévotions à cette

---

[1] *Annales du règne de saint Louis*, par le sire de Joinville (édition royale), page 333.

messe. » Le 23 janvier 1791, en pleine révolution, quand Louis-Philippe s'est résigné au rôle d'huissier du club des Jacobins, il minute : « Dîné jeudi à Mousseaux ; le lendemain, levé à midi, dit mon office et mes prières. » Puis, le 22 mai, un accès de sensibilité, un cri du cœur s'échappe de la poitrine de ce jeune homme ; il se traduit par un acte de reconnaissance envers sa mère et envers Dieu : « Je souffre beaucoup, écrit-il dans son *journal*... O ma mère ! que je vous bénis de m'avoir préservé de tous ces maux, en m'inspirant des sentiments de religion qui font ma force... sans cela, je succomberais et me livrerais à tous les déréglements de la jeunesse. »

L'âge mûr, l'ambition, les convoitises de toute espèce avaient bien pu modifier ces premiers élans de ferveur, consignés chaque soir sur le papier plutôt comme un souvenir intime que comme témoignage d'une hypocrisie alors inutile et compromettante au plus haut degré. Mais la soif du pouvoir et cet immense amour de l'or que Tacite appelle l'auxiliaire de la passion de régner [1], *cupido auri immensa quasi subsidium regno* ne parvinrent jamais à étouffer le germe de sa foi.

Il était resté un peu Bourbon par ce seul côté, et il se garde bien de s'en vanter à ses amis. Assez expérimenté pour savoir que toute pensée irréligieuse est une pensée impolitique et tout attentat contre le Catholicisme un attentat contre l'ordre social, il a des

---

[1] Tacit., *Annal.*, XII. 7.

ostentations obligées de dernier voltairien comme des accès de fièvre révolutionnaire. Ainsi que la plupart de ses contemporains, il est ami platonique de la liberté et amant passionné de la puissance. Néanmoins il n'aurait pas sciemment tendu des pièges à l'Église, mis des entraves à l'exercice du pouvoir pontifical ou prêté la main à un acte spoliateur. Jamais, comme Paul avant sa conversion [1], « il ne respira que carnage et menaces contre les disciples du Seigneur. » Cette résolution était si bien arrêtée dans son esprit, qu'un jour, en 1836, au milieu des effusions de sa correspondance avec le pape Grégoire XVI, il révéla le secret de sa conduite.

C'était d'abord à sa piété filiale envers la Chaire de Pierre et ensuite à une lecture des œuvres de Bayle, le patriarche de l'incrédulité, que Louis-Philippe confessait être redevable de son abstention prévoyante. Le texte de Bayle est cité de mémoire dans cette lettre. Le Souverain Pontife avait, en fait d'intrigues, toute l'innocence des honnêtes gens et l'heureuse *bêtise* de beaucoup de gens d'esprit. Il se faisait du roi-citoyen un portrait de fantaisie ne manquant ni d'à-propos ni surtout de charité. Curieux de connaître cet extrait de Bayle qui exerça tant d'influence sur l'esprit d'un d'Orléans, il consulte l'ouvrage et lit [2] : « On ne saurait considérer sans étonnement qu'une Église qui n'a, dit-elle, que les armes spirituelles de la parole de

---

[1] *Act. Apost.*, IX, 1.
[2] Bayle, *Dictionnaire historique*, tome II, page 602, note B.

Dieu, et qui ne peut fonder ses droits que sur l'Évangile, où tout prêche l'humilité et la pauvreté, ait eu la hardiesse d'aspirer à une domination absolue sur tous les rois de la terre ; mais il est encore plus étonnant que ce dessein chimérique lui ait réussi. Que l'ancienne Rome, qui ne se piquait que de conquêtes et de la vertu militaire,

Excudent alii spirantia mollius æra,

ait subjugué tant d'autres peuples, cela est beau et glorieux selon le monde ; mais on n'en est pas surpris quand on y fait un peu réflexion. C'est bien un autre sujet de surprise, quand on voit la nouvelle Rome, ne se piquant que du ministère apostolique, acquérir une autorité sous laquelle les plus grands monarques ont été contraints de plier : car on peut dire qu'il n'y a presque point d'empereur qui ait tenu tête aux papes, qui ne se soit enfin très-mal trouvé de sa résistance. Encore aujourd'hui (1695), les démêlez des plus puissants princes avec la cour de Rome se terminent presque toujours à leur confusion. Les exemples en sont si récents qu'il n'est pas nécessaire de les marquer. »

Ainsi, la piété filiale de Louis-Philippe envers le Siége apostolique s'était corroborée d'un salutaire sentiment de crainte. La crainte encore une fois devenait le commencement de la sagesse ; et, en montrant aux adversaires de ce prince la lettre que nous avons souvent lue au Vatican : « Vous voyez bien, répétait le Pape avec son meilleur sourire, qu'il ne faut jamais désespérer même des plus incrédules, ils ont un reste de bon. »

Le roi des Français le prouva dans cette circonstance. Les Sociétés secrètes, qui n'avaient point dit leur dernier mot, ne parlent pas plus de renverser le Saint-Siége que d'unifier l'Italie. Ce rêve d'affranchissement temporel et d'émancipation idéale germe à peine dans le cerveau de quelques obscurs sectaires, possédés d'orgueil et passant tous à l'état d'idoles d'eux-mêmes. Le mazzinisme ne sort pas de ses langes humanitaires. La génération de 1830, plus préoccupée d'inimitiés politiques que d'abstractions antisociales, se révolte plutôt pour le plaisir d'imiter Paris que pour renverser des trônes. Il était de mode alors de réclamer la liberté de la presse, la liberté de la tribune et toutes les réformes découlant du progrès constitutionnel, comme si la plus haute liberté d'un peuple ne se résumait pas dans le choix d'un esclavage qui lui convienne. Les remuances et nouvelletés du temps, signalées par Montaigne, s'arrêtent si bien à ce terme que le 26 septembre 1830, quand Joseph Bonaparte, l'ex-roi absolu, le *rey netto* d'Espagne, connaît aux États-Unis la révolution de juillet, il s'empresse d'écrire au général Lamarque [1] : « Le temps des gouvernements représentatifs est arrivé. Liberté, égalité, ordre public ne peuvent naître tant que les gouvernants seront d'une espèce différente que les gouvernés. »

---

[1] *Mémoires et correspondance du roi Joseph Bonaparte*, tome X, page 360.

Ses deux neveux, Napoléon et Louis, faisant leurs premières armes dans ces équipées orléanistes ou libérales, tiennent le même langage. L'aîné même, qui va bientôt mourir de la rougeole à Forli, se laisse imposer par un prétendu comité national de Terni et signe une lettre au Pape Grégoire XVI, qui serait un outrage, si elle n'était une puérile fanfaronnade de rhétoricien réformateur[1].

Pour avoir, elle aussi, ses glorieuses journées et s'acheter de l'héroïsme à bon marché, l'Italie daignait déjà compter sur l'appui des armées françaises. Elle avait bien sous son drapeau quelques gentilshommes perdus d'honneur, s'improvisant tribuns ou doctes économistes, des apprentis Sylla, dont la détresse fera la principale audace, des princes descendant de leur père par l'escalier de service, des volontaires se nommant d'emblée colonels ou généraux, et des jeunes gens que la famille, trompée par

---

[1] Cette lettre, dont il a été si souvent fait abus par la confusion qu'on cherche à établir entre les deux frères Napoléon et Louis, est une œuvre d'écolier échappé du collége. Dans le *Récit de mon Passage en France en* 1831, page 128, la reine Hortense la juge en ces termes : « Cette dépèche, inconsidérée sans doute et qu'on a tant reprochée à mon fils, mais que le sentiment qui l'avait dictée devait faire juger moins sévèrement. » Nous croyons que le jeune Bonaparte ne fit que signer par complaisance ou par obsession un pareil libelle épistolaire, et la preuve la plus convaincante que nous puissions apporter de notre croyance, c'est qu'il est écrit dans cette lettre « que les forces organisées qui s'avancent sur Rome sont invincibles. »

Des Italiens, très-déterminés à ne pas combattre et qui se garderont bien d'en venir aux mains, pouvaient seuls se délivrer un brevet d'*invincibles*.

la maturité de leurs vices, émancipa beaucoup trop tôt. Mais, en face des populations regardant défiler avec indifférence ces solennelles parodies d'insurrection, chacun reste convaincu de l'avortement d'une folle tentative. Louis-Philippe apprend que deux Bonaparte se sont, avec l'étourderie de leur âge, jetés dans cette échauffourée; il saisit ce prétexte dynastique pour décliner toute assistance.

Les Carbonari, précurseurs des révolutionnaires unitaristes, ont pour principe et pour politique de mener les hommes plutôt où ils veulent que là où ils doivent aller. Ces Carbonari, dont chaque rêve est un complot et qui conspirent, même quand ils sont immobiles, soufflaient l'enthousiasme de la guerre. Ils affirmaient à Napoléon et à Louis-Bonaparte que leur nom si retentissant produirait instantanément des miracles. Ce nom était tout pour eux; mais la gloire que les hommes se donnent réciproquement passe vite. Les Italiens, qui, au milieu de leur exaltation la plus pompeusement démonstrative et de leur héroïsme invariablement prêt à se vouer à la mort, sont les gens les moins disposés à courir un risque quelconque, n'avaient pas compté sur ce scrupule, légitimant ou excusant un refus. Ils n'auraient pas été trop contrariés en voyant une armée française leur déblayer le terrain et les conduire d'étape en étape au Capitole, dont eux seuls, après le succès, auraient fait la radieuse conquête. L'armée française ne paraissait pas au sommet des Apennins. La tendresse pour les

Bonaparte se refroidit tout à coup. Les jeunes généraux du matin ne sont plus le soir que des volontaires embarrassants, il faut se priver d'eux sans retard. On les supplie assez lestement de ne plus se compromettre, ce qui, dans le langage des Machiavels inédits, équivaut à l'idée et à l'expression de ne pas compromettre les autres. L'Italie s'empresse de décliner la coopération de Napoléon et de Louis.

Ces diverses insurrections, ayant la même origine et produisant le même résultat, créèrent bientôt pour le gouvernement français une cause incessante de dépenses et de troubles. Le réfugié passa à l'état de corps, constitué et renté; il eut son petit coin au soleil du budget. Ce qui s'était vu depuis Thémistocle et Coriolan, les grands exilés, jusqu'aux Huguenots, bannis par la révocation de l'édit de Nantes, aux Jacobites anglais et aux Émigrés français, se renouvela pour tous les Espagnols, Polonais et Italiens qui crurent amortir le péril en fuyant leur patrie, et qui ne firent que le déplacer. Ces réfugiés, pour qui l'exil ne fut pas une peine, mais un état et quelquefois un métier, étaient encore tels que ceux dont parle Commynes[1] : « Ung jour vivaient en espérance, aultre au contraire. » Ils suscitèrent des haines implacables contre le gouvernement de leur pays; ils devinrent les pionniers de tous les complots, car l'exil n'a pas seulement ses douleurs, il a aussi ses fascinations. Au bout d'un certain nombre d'années, tout proscrit perd le sens

[1] *Mémoires de Commynes*, liv. VII, page 301.

des choses de sa patrie. Ses impressions, ses jugements sont datés du jour de sa proscription ; la blessure emportée saigne toujours et corrompt jusqu'à sa raison. Les réfugiés furent, sous Louis-Philippe, un danger et une puissance. Répandus sur l'Europe, ils acclimatèrent partout le besoin et le droit d'insurrection. Car, ainsi que le dit si justement Montaigne [1] « en ces maladies populaires on peut distinguer sur le commencement les sains des malades ; mais quand elles viennent à durer comme les nostres, tout le corps s'en suit et la teste et les talons. Aulcune partie n'est exempte de corruption. »

Faire la part du feu était déjà la seule tactique du Palais-Royal. En chargeant ses commis-voyageurs de se déguiser en missionnaires des nationalités, il avait cru entreprendre à forfait le sauvetage de leur indépendance. Ainsi préservé de l'orage européen, Louis-Philippe ne s'en était pas moins vu exposé à des tribulations intérieures de plus d'une sorte. Mû par une implacable férocité d'ambition, il avait tout mis en œuvre pour échanger son bonheur de prince et ses joies de famille contre les soucis du rang suprême. Il était prêt à s'écrier avec le poëte Lucain : [2] « Les crimes me plaisent à ce prix. »

« . . . . . Scelera ipsa nefasque
Hac mercede placent. »

Tout lui avait souri dans l'opposition ; tout lui de-

---

[1] Montaigne, *Essais*, liv. III, chap. ix.
[2] *Pharsale*, liv. I.

venait hostile dans l'exercice du pouvoir. Ainsi que le Galba de Tacite [1], « il parut au-dessus d'un particulier tant qu'il joua un rôle secondaire, et tout le monde l'aurait jugé digne de succéder aux Césars s'il n'avait jamais régné. » Ses désirs furent vastes comme l'enfer. La Révolution le punit en le rendant insatiable comme la mort, et, dans l'amertume de ses déceptions, il dut souvent s'avouer que la prudence humaine est toujours courte par quelque endroit.

En jetant sur l'Europe son trop plein d'émeutiers, le roi de Juillet avait espéré qu'il pourrait, sans secousses, procéder à l'inventaire de la monarchie légitime et se substituer à ses aînés dans toutes les gloires de la majesté souveraine. Narquois, fin et même un peu finaud, il s'était fait un jeu d'accommoder les principes avec les intérêts et, quoique Bourbon, de servir de pis-aller entre la République et l'Empire. L'expérience lui eut bientôt démontré qu'en répondant au fou selon sa folie, c'était lui devenir semblable. Chaque jour, chaque heure amenait à Paris son émeute et son danger. L'insurrection est descendue au premier étage, elle ne veut plus remonter dans son grenier. Tout est sujet de méfiance ou d'alarme. Les causes de misère ou d'agitation naissent à chaque pas. La Révolution a subitement tari les sources de la richesse publique et de l'industrie privée. La banqueroute anéantit les fortunes les mieux établies. Il n'y a plus de travail, plus d'affaires, et la confiance, ce

---

[1] Tacit., *Hist.*, liv. I, page 49.

puissant moteur du commerce, disparaît dans la ruine générale. Les ouvriers sont sans pain, les fabriques sans ouvrage. De cette première détresse gouvernementale sortit l'idée des *ateliers nationaux*, dont la révolution de 1848, fille et bourreau de l'Orléanisme, développera si tristement le germe. En 1830, on parque déjà les artisans dans le Champ de Mars. On leur assigne, comme tâche patriotique, la terre des talus à remuer avec une consciencieuse nonchalance; puis l'État se fait prêteur sur gages. Il vote trente millions pour conjurer les désastres de l'industrie. Ces avances artificielles, que les pouvoirs aux abois ne distribuent en primes électorales qu'aux intrigants et aux entrepreneurs de zèle, produisent rarement d'heureux résultats; elles ne rentrent jamais au trésor que par fractions très-minimes. La fabrique vit par les commandes; le haut et le petit commerce par les acheteurs; et tous les revenus de l'État ne peuvent que s'évanouir en pure perte lorsque la Révolution les applique sans discernement. De pareilles prodigalités sont peut-être pour quelques privilégiés un cas de fortune; pour l'État, elles seront infailliblement une cause de ruine.

Au milieu de cette crise sociale où tout est livré à l'imprévu, où tout se dirige au hasard, Louis-Philippe doit avoir à compter avec ses ennemis, et par-dessus tout avec ses amis. La reconnaissance est pour ses épaules un trop lourd fardeau; les ministres, qui se sont choisis entre eux, ne lui permettent l'ingratitude qu'envers les autres. Après avoir trompé leurs contemporains, ces hommes auraient voulu dérouter la postérité, qui s'étonnera de les prendre au sérieux. Dans un moment où il ne s'agit que de gouverner, tous demandent la parole à la fois. Pas un ne se juge « impropre au discours continu », ainsi que Montaigne. Tous parlent au peuple, à l'armée, aux ouvriers, aux vainqueurs principalement. Tous se coalisent tantôt pour, tantôt contre. Tous se jalousent; tous se défient les uns des autres; tous portent dans les conseils du monarque l'esprit d'insubordination qui souffle encore des barricades.

Benjamin Constant, le tribun rhéteur, ayant encore plus de dettes de toute nature que de mobilité dans ses opinions, meurt à la fin de 1830 sous l'insulte d'un bienfait de deux cent mille francs reproché par Louis-Philippe. Les derniers jours de Benjamin Constant, assombris par une détresse incroyable et par le spectacle de tant de calamités auxquelles il coopéra si activement, s'écoulèrent dans un abattement voisin du désespoir [1]. L'homme, ruiné par le jeu ou par l'incurie, était une

[1] Ce polémiste, qui eut beaucoup plus d'esprit que de convictions et qui servit l'Orléanisme, sans parvenir à l'estimer, écrivait, peu de jours avant sa mort, à Népomucène Lemercier : « Accablé à la fois de trois maladies, d'une faiblesse qui me force à prendre trois douches par jour, d'une multiplicité d'affaires qui cadre mal avec cet état de santé et, ce qui est le pire de tous les maux, d'une nuée de sauterelles appelées pétitionnaires, arrivés comme des furieux des quatre coins du royaume pour moissonner ce que d'autres ont semé. »

C'est la dernière lettre de Benjamin Constant, c'est la peinture la plus fidèle de la curée des places, telle que le Libéralisme et les d'Orléans l'avaient rêvée pour le bonheur et la plus grand gloire de la France.

charge pour l'Orléanisme, aussi peu reconnaissant que prêteur indiscret. Le tribun mort devint une occasion d'étaler toutes les pompes des deuils officiels. On entoura d'un grand appareil de larmes peintes, de tambours voilés, de phrases douloureuses, de drapeaux et de crêpes funèbres, le cercueil de celui qu'on avait laissé mourir de misère ; puis les passions, qui ne s'étaient pas calmées sur cette tombe entr'ouverte, continuèrent à s'agiter autour du Palais-Royal. Louis-Philippe était en butte à toutes les hostilités les plus opposées, car la destinée d'un usurpateur est d'avoir pour ennemis, et ceux qui lui livrèrent la couronne et ceux auxquels il l'enleva.

Dupont (de l'Eure) et Laffitte, que leur vaniteuse insuffisance devrait placer dans les limbes, à côté des enfants, luttent contre Sébastiani, Broglie et Guizot, qui ont la secrète pensée du maître. Des avocats de tous les barreaux, des officiers de tous les grades, des marchands de toutes les catégories, n'ayant jamais su que servir ce qu'ils combattaient et perdre ce qu'ils voulaient sauver, s'associent pour proscrire. Ils discutent, argutient, s'imposent, se démettent et protégent avec des formes si étranges et un laisser-aller si bourgeois, que Louis-Philippe lui-même songe à s'en offenser intérieurement. Comme le fond de Mazarin, celui du roi de Juillet « étoit [1] proprement de ravauder, de donner à entendre, de faire espérer, de jeter des lueurs, de les retirer, de jeter des vues et

---

[1] *Mémoires du cardinal de Retz*, liv. IV.

de les brouiller; » mais ses atermoiements, ses intrigues, ses ruses, ses paroles dorées, ses perfidies et ses caresses ne pouvaient plus dissiper les tempêtes ou maîtriser les fureurs déchaînées comme elles.

Il n'y a de véritables fêtes nationales que les fêtes où la Religion vient librement mêler ses prières et son encens. Nos ancêtres l'avaient si bien compris que l'Église était toujours de moitié dans les solennités publiques. L'État, depuis le roi jusqu'à l'armée et au plus humble fonctionnaire, se faisait gloire de participer aux pompes religieuses. Le Libéralisme, se portant fort pour la liberté de conscience et stipulant en son nom, avait amèrement censuré cette antique union. Le prêtre, officier salarié de police morale seulement, devait se confiner dans son sanctuaire désert, et ne plus avoir à s'occuper que de baptiser, de marier ou d'enterrer ceux qui auraient encore la faiblesse de se soumettre au cérémonial catholique. Après 1830, la Révolution, qui aime à se bercer de l'espoir qu'un jour elle détrônera le bon Dieu et fera danser la carmagnole au Clergé, voulut le contraindre à se mêler aux mascarades patriotiques dont elle décréta la célébration. Les autorités orléanistes organisent, à Paris et dans les départements, la persécution contre le sacerdoce. Elles procèdent à la nouvelle ère par le renversement des croix et par des proscriptions d'évêques ou de curés.

Dans les temps de trouble, il y a un moyen toujours facile de perdre ses ennemis, c'est de les rattacher au parti vaincu et de les affubler d'un nom qui les rend coupables de tous les crimes. Le titre de Carlistes fut imposé à tous les hommes d'ordre et de piété. Ignorant que le cœur rétréci de l'impie ou du sophiste n'est pas assez vaste pour se mesurer avec la grandeur et la majesté de la Religion, l'Orléanisme a la plus détestable des incrédulités, celle de l'hypocrisie légale. Il supprime toutes les cérémonies publiques du culte. La procession de la Fête-Dieu, cette solennité du peuple ; la procession du 15 août, qui consacre la France à la sainte Vierge, sont rayées du calendrier national. On veut même que le viatique ne soit porté aux agonisants qu'à la dérobée.

Mais la Révolution a le mot pour rire à ses heures. Elle se précipitait dans les églises afin d'imposer le chant du *Domine salvum fac regem Ludovicum Philippum ;* elle exigeait des vœux et des bénédictions pour son drapeau. Quand il lui plaisait d'en demander par menace ou par blasphème, sous peine d'émeute et de tout ce qui s'ensuit, la garde nationale, avec ses aristocrates d'ordre légal, se sentait atteinte de prêtrophobie dévote ; elle faisait du libéralisme conciliateur en poussant des cris de haine et de rage sacrilége. L'Orléanisme prenait l'ivresse pour la puissance et les écarts de la déraison pour le progrès. Il singeait le patriotisme afin d'arriver plus vite à l'arbitraire. De l'église Sainte-Geneviève il fabriquait un temple de la Gloire, espèce de panthéon bâtard ouvert aux invalides de la tribune et aux dupes des insurrections.

M. Victor Hugo martela une cantate officielle en leur honneur. Ces dupes héroïques furent

<blockquote>Ceux qui pieusement sont morts pour la patrie.</blockquote>

Des questions de vie ou de mort se mêlent incessamment aux questions personnelles. On les voit se débattre à tous les carrefours : elles s'agitent à tous les foyers, elles envahissent la tribune de tous les clubs. S'amoncelant autour du trône comme pour l'emporter dans une nuit de sang ou pour l'avilir à tout jamais aux yeux du peuple, elles enveniment les colères; elles prêtent à la pitié des airs de raillerie. Un jour, c'est la tête des ministres du roi Charles X que la Révolution sollicite; le lendemain, c'est sur l'assassinat du dernier Condé qu'elle verse des larmes avec des prières se transformant en défi de justice.

Le 15 décembre 1830, la Cour des Pairs ouvre de solennelles assises. Quatre signataires des ordonnances de juillet, MM. de Polignac, de Peyronnet, de Chantelauze et Guernon-Ranville, sont au banc des accusés. Moins par cruauté que par un sentiment de dédain envers Louis-Philippe, la Révolution veut dicter un arrêt de mort. Elle n'a pas les instincts barbares de sa devancière ; elle est seulement loquace à l'exemple du roi de ses entrailles. Mais les meneurs, déjà en perspective évincés du pouvoir, ont saisi ce prétexte pour disposer des multitudes. On leur prépare des scènes sauvages, et la garde nationale, divisée en deux camps, temporise avec la Fayette, son général. La

Fayette a rêvé avec Louis-Philippe l'abolition de la peine de mort. Plutôt prêt à exposer sa vie que sa popularité, le héros des deux mondes essaye de se faire l'arbitre de tous les partis. Il se porte médiateur non armé entre eux et les flatte de belles paroles. L'insurrection a établi son quartier général autour du palais de la Chambre des pairs ; elle voit à sa tête des délégués des écoles, cette puissance nouvelle éclose au soleil de l'émeute. La Fayette et Odilon Barrot, préfet de la Seine, sentent le besoin de compter avec elle. Les délégués des écoles, qui doivent bientôt être effacés par les délégués de la force ouvrière, sont convoqués au Luxembourg ; ils s'y rendent. Tour à tour factieux ou impitoyables, ils donnent aux dépositaires du pouvoir le secret de leur attitude. « Il ne s'agit pas des accusés, disent-ils ; nous n'avons pas plus soif que vous de leur sang. Il s'agit d'un gouvernement qui a trahi la Révolution. L'occasion de le renverser se présente, nous la saisissons. »

Et ils s'en emparaient avec tant de magistrale turbulence, que la Fayette et Odilon Barrot ne craignirent pas de se ranger de leur côté. Ce fut ce jour-là, 19 décembre, que le général en chef, dans un manifeste, révéla ce qui s'était passé à l'Hôtel de Ville, et qu'il publia le texte du programme de juillet. Au milieu des éloges et des couronnes de chêne qu'il se décerne à lui-même, la Fayette écrit : « Un trône populaire entouré d'institutions républicaines, tel fut le programme adopté à l'Hôtel de Ville par un patriote de 89, devenu roi-citoyen. Peuple et roi me trouveront fidèle à ce contrat. »

L'humanité de Louis-Philippe se croyait mal engagée et surtout mal récompensée. Ce trône populaire entouré d'institutions républicaines n'est pas plus son lot que son fait. Après les promesses dont il a bercé la Révolution, Louis-Philippe s'imagine qu'il y aurait vertu de sa part à les violer. Sous le coup de la nécessité, le royal patriote de 89 ajourne donc sa réponse, c'est-à-dire sa vengeance. Tout avait été arrangé et combiné avec les juges et les accusateurs publics pour sauver la vie des ministres. Le concours de la Fayette était indispensable; on le ménagea, on l'obtint, même au delà des prévisions. Trois jours après le jugement rendu, quand le tumulte est apaisé, le général la Fayette se voit subrepticement enlever, par un croc-en-jambe législatif, son titre et ses fonctions de commandant en chef des gardes nationales du royaume. Il s'était placé dans la catégorie des obstacles; on l'ensevelit sous des roses de rhétorique.

Ainsi Louis-Philippe s'apprêtait à échapper à la tutelle de la Révolution, qu'il veut rester seul à développer et à exploiter. Plus maître du terrain par cette ingratitude assez bien justifiée, il pouvait dire, en sûreté de conscience, à l'ambassadeur anglais : « J'ai encore deux médecines à rendre. » Dupont (de l'Eure) et Laffitte ne doivent pas, en effet, tarder à rejoindre sur les bancs de l'opposition le vieux la Fayette, dont la carrière s'achèvera entre l'espérance et le désenchantement d'une insurrection éclatant chaque matin et se dispersant chaque soir.

Les ministres que la Révolution fournit à son roi, et que ce roi caresse jusqu'au moment où il peut s'en débarrasser par une fourberie constitutionnelle, n'ont pas su et n'ont pas voulu dominer ce mouvement d'opinion publique; il menace d'asphyxier la dynastie de Juillet sous les lambris de son Palais-Royal. Louis-Philippe ne prétend lutter avec l'émeute que par procuration; mais l'émeute, qui règne et gouverne à la manière du désordre et du tourbillon, multiplie ses coups afin de rendre impossible toute autorité. Elle n'a pu, dans le procès des ministres, faire de sa tapageuse barbarie une occasion de s'emparer du pouvoir. De l'agitation des écoles, elle descend à l'agitation des colléges; puis, le 14 février 1831, elle attend, à Saint-Germain l'Auxerrois, le signal d'un saccagement promis et convenu d'avance.

C'est l'anniversaire de l'assassinat du duc de Berry. Pour les royalistes, ainsi que pour les cœurs honnêtes, c'est un jour de larmes et de deuil. Seule, la famille d'Orléans, qui a reçu son âme en vain, n'a pas le droit de s'associer à ces regrets, et, ainsi que parlerait saint Paul [1], « elle ne fait pas le bien qu'elle veut, mais elle fait le mal qu'elle ne veut pas. » Le gouvernement n'ose pas mettre officiellement obstacle à ce désarroi. Il demande à la Révolution son appui conditionnel; il l'obtient et le tourne contre la prière.

---

[1] *Epistol. ad Roman.*, VII, 19.

Au moment où s'achevait le service, une image de Henri V fut attachée sur le catafalque par une main inconnue. Des soldats, dont le nom resta toujours un mystère, vinrent faire toucher leurs décorations à la couronne d'immortelles suspendue au drap funèbre. Ce crime de respectueuse fidélité ou de provocation orléaniste serait passé inaperçu ; mais le Palais-Royal croit avoir intérêt à frapper un grand coup contre les Légitimistes.

Sa bourgeoisie, sa police et son peuple, élargissant leur conscience à mesure qu'ils arrondissent leur fortune, s'étaient réunis sur la place. Le récit d'un pareil fait s'enrichit de commentaires et se répand dans cette foule dynastique. Elle a pu constater de ses propres yeux ou savoir de source certaine l'absence de toute action légale, de toute force armée ; elle en profite. Le pillage du presbytère et de l'église est consommé par des bourgeois en habit noir et par des étudiants faisant là leur stage de juges de paix.

La pire excitation des plus scélérats était la douleur des bons. Le vieux monument de la piété de nos pères fut livré au cynisme en goguettes. On le dépouilla de ses ornements, on brisa le tabernacle où Dieu est toujours présent dans son adorable humanité. On mutila ses statues, on détruisit l'autel, on se fit des habits sacerdotaux un déguisement de carnaval. Tandis que cette foule, à deux pas de la demeure du roi-citoyen, dansait en hurlant et en blasphémant, un apothicaire, officier municipal, nommé Cadet-Gassicourt, intimait l'ordre d'abattre la croix qui s'élève au-dessus du temple. Ce fut la seule autorité dont la présence et l'action furent constatées sur les lieux.

Le lendemain, l'insurrection a changé d'hommes et de plan : elle allait se ruer contre le Palais-Royal, entouré de ses baïonnettes intelligentes. Les avenues en étaient soigneusement gardées par la troupe de ligne. L'insurrection hésitait ; d'habiles recruteurs lui persuadent de « donner une bonne leçon à l'archevêque de Paris. » Monseigneur de Quélen est bien coupable en effet. Ouvrier irréprochable, selon les les saintes Écritures, sachant traiter droitement la parole de vérité, et imitant l'exemple de Simon, fils d'Onias, souverain pontife, il monte à l'autel pour orner et honorer le saint habit qu'il porte. Monseigneur de Quélen a sagement refusé de se prêter à ce service commémoratif. Un mandat d'amener n'en fut pas moins décerné contre lui, que l'Orléanisme désignait ainsi à la vindicte des siens. Le Palais-Royal n'a plus rien à redouter ; ses favoris, ses confidents, ses ministres et ses officiers assistent en souriant à ce spectacle de dévastation.

Le *Moniteur* et le *Journal des Débats* avaient excusé et presque encouragé les fureurs que, dans leur style officiel, ils appelaient la légitime indignation du peuple. Ce peuple se sent les coudées franches ; on lui passe pour son mardi gras les ornements sacrés, les livres précieux, les tableaux historiques et les archives de l'archevêché. Il brûle, il jette à l'eau, il met en pièces tous ces trésors d'une science séculaire. Le pillage consommé, il laisse à l'Orléanisme et à ses gouvernants le soin de s'accuser entre eux. Tous étaient coupables de complicité ou d'apathie ; tous s'accablaient des reproches les mieux mérités ; tous ne rencontrèrent au Palais-Royal que des éloges et des récompenses.

L'incrédulité bourgeoise venait d'abattre les croix, symbole de l'affranchissement universel et de la régénération chrétienne ; la Révolution veut, elle aussi, régler avec Louis-Philippe son compte du jour. Elle a calculé jusqu'à quel abaissement descendra une royauté qui, après avoir glorifié la semaine de juillet, s'accorde, à moins de sept mois d'intervalle, une autre semaine plus éloquente de dégradation sociale. La Révolution exige que les fleurs de lis disparaissent de l'écusson royal et des armoiries de la famille. Louis-Philippe se résigne à cet outrage que son père, tout citoyen Égalité qu'il fût, n'avait jamais consenti à subir. Égalité renonça volontairement à ses armes ; son fils, roi, s'en laisse piteusement dépouiller par quelques blouses représentant le peuple souverain. Après un pareil exploit, la Révolution prend à forfait de décréter que les lis sont un emblème séditieux et qu'ils ne doivent plus fleurir en France. Le Christ, dans le sermon sur la montagne, avait dit[1] qu'ils ne travaillaient pas, qu'ils ne filaient pas et que pourtant Salomon, dans toute sa gloire, n'avait jamais été vêtu comme

---

[1] *Evang. secund. Matth.*, VI, 28.

l'un d'eux. Malgré ce témoignage du Sauveur, la Révolution s'oppose à ce que les lis des champs croissent en liberté. Par autorité de justice, Louis-Philippe les empêchera de pousser. On proscrit la fleur française de tous les jardins, à commencer par celui des Tuileries. Dans plusieurs provinces il y eut des citoyens déclarés coupables de fait et d'intention, parce qu'ils ne s'étaient pas prêtés à cette constitutionnelle, mais extravagante mutilation des parterres.

On mutilait tout alors ; la Chambre des pairs à son tour. Elle prépara sciemment la chute du trône. Avec un empressement dont la résignation eut quelque chose de lugubre, elle se soumet aux faits que la Révolution accomplit sans elle, en dehors d'elle et contre elle. Puis, ce grand corps de l'État qui, sous les rois Louis XVIII et Charles X, avait pris des allures libérales et fait trembler les ministères Villèle et Martignac, vint tendre le cou aux chaînes que lui fabriquait l'égalité constitutionnelle. D'héréditaire que la Restauration l'avait établie, la Chambre des pairs accepte le viager, c'est-à-dire la ruine et la mort. Le régime de Juillet passe le niveau sur cette institution ; la Chambre des pairs contre-signe, sans sourciller, son acte de décès.

Au fond de ce pêle-mêle de saturnales, de ridicules, de mensonges et de condescendances, Louis-Philippe, quoique souvent écarté de son but, y revenait néanmoins par la force même du principe monarchique. Il l'oblitère, il le vicie, il le déshonore; mais par tous les artifices de son esprit il s'efforce de convaincre les autres de sa nécessité. Cette lutte, hommage dissimulé de l'usurpation, a sans aucun doute ses alternatives de succès et de revers. Elle n'en existe pas moins au milieu des réputations usurpées, des paroles vendues, des silences soldés, des consciences tarifées et des dévouements au rabais. La nomination de Casimir Périer à la présidence du conseil des ministres en sera la preuve la plus évidente.

Casimir Périer n'aimait pas, peut-être même il n'estimait pas Louis-Philippe. Cependant, en face de l'anarchie, dont les pouvoirs publics sont aussi déplorablement travaillés que les multitudes, il veut léguer à son pays l'exemple d'un utile sacrifice et d'un héroïque combat. Cet homme, superbe d'audace, et qui, selon la parole du Psalmiste, haïssait la Révolution d'une haine parfaite, a été accusé de porter l'énergie jusqu'à la violence. Il fut sans doute impérieux et inflexible; il aima trop l'éclat de la domination et le futile plaisir d'écraser un papillon sous une roue. Effrayé de la subite désorganisation sociale et des calamités que sa puissante intelligence lui fait entrevoir, Périer adopta tous les moyens extrêmes. Il se fit de grands ennemis et une grande renommée. Pour régenter hardiment cette majorité des chambres, tourbe ignorante, mercenaire et servile, inconstante dans ses principes et toujours constante dans sa flatterie, il ne crut pas devoir s'appuyer sur l'autorité en restant esclave de la rue. Il avait devant lui un prince et des fonctionnaires de tout ordre, se souvenant sans cesse qu'ils ont une place à conserver, et oubliant très-facilement qu'ils ont une réputation à perdre. Casimir Périer leur enseigna, par son exemple et par ses reproches, le respect dû à leur dignité. Pour servir, il ne craignait point de déplaire. Il fut le plus énergique ministre, qui ait jamais songé, sous une monarchie de raccroc, à établir que l'idée des droits ne pouvait pas être séparée de celle des devoirs. Le triomphe de son incorrigible honnêteté fut, en tenant tête à l'anarchie, d'avoir discipliné Louis-Philippe et mis au pas cette royauté allant vers le mal par amour et ne commettant le bien que par calcul.

Un pareil homme s'imposant dans un pareil moment, c'était une victoire morale dont l'Orléanisme va recueillir les fruits. Par ses dispositions, par son attitude et par son langage, Casimir Périer rassure l'Europe, se défiant des tergiversations de Louis-Philippe et ne comptant sur ses promesses que lorsqu'il aurait intérêt à les tenir. Le principe de non-intervention, tel que la Révolution entend l'appliquer, se résume à professer par sous-entendu que tout peuple, que toute fraction même de peuple insurgé contre le pouvoir qui le régit, a droit aux bons offices de la France. Arborer le drapeau de la révolte sur un point quelconque du globe, c'est, par le fait même, exiger que nos trésors et notre sang soient prodigués pour cette cause.

D'après la théorie de non-intervention expliquée

par l'idée démocratique, la France aurait mission d'empêcher les souverains et les armées de se prêter un mutuel secours. Elle doit veiller, de concert avec l'Angleterre, à ce que rien ne vienne troubler les espérances et les joies de l'émeute. Néanmoins, il n'est pas interdit à ces deux puissances de favoriser diplomatiquement les agitateurs et de les seconder au besoin. C'est même le but final du droit nouveau, qui, de conséquence en conséquence, en arrivera à mettre toutes les Royautés aux genoux de toutes les Révolutions. Casimir Périer le comprenait bien de la sorte. Aussi, à peine maître des affaires, ose-t-il, en face des apôtres de la fraternité universelle, formuler son système : « Nous soutiendrons, s'écrie-t-il, à la Chambre des députés [1] le principe de non-intervention en tous lieux par la voie des négociations. Mais l'intérêt ou la dignité de la France pourront seuls nous faire prendre les armes. Nous ne cédons à aucun peuple le droit de nous forcer à combattre pour sa cause, et le sang des Français n'appartient qu'à la France. »

Du premier coup, Casimir Périer abdiquait, au nom du gouvernement, ce patronage si longtemps exercé de compte à demi sur les réfugiés et les conspirateurs par la Fayette et les d'Orléans. La parole du ministre, tranchante comme un glaive, ne permet ni les faux-fuyants du Palais-Royal, ni les emphases de tribune. Le roi Casimir, ainsi que l'appelaient dans leurs privés les commensaux de la dynastie et le duc d'Or-

---

[1] *Moniteur* du 19 mars 1831.

léans lui-même, le roi Casimir avait parlé ; Louis-Philippe se soumit, faisant en cela plutôt acte de prudence que de volonté. Absorbé par l'esprit dominateur de son ministre, il accepte, avec une cauteleuse gratitude, les services rendus à la monarchie ; puis, sentant bien qu'en France les mépris du peuple sont plus funestes que sa haine, le roi de Juillet aime à se retrancher derrière le rempart de cette vigoureuse initiative. Jusqu'à ce jour, le gouvernement, harcelé et ballotté en sens contraire, a été comme un de ces esprits pauvres et bornés, s'appliquant à de chétifs projets qui le déshonorent s'ils échouent et ne lui font aucun honneur s'ils réussissent. La parole et le bras de Casimir Périer s'efforcèrent de le relever de cet abaissement; mais ce n'était pas plus le travail d'un jour que celui d'un seul homme.

Les droits ainsi que les devoirs ont été méconnus par Louis-Philippe. La France et l'Europe, témoins et victimes de l'attentat, subissent le châtiment de leur incomparable poltronnerie. La Belgique, n'ayant plus de roi, en quémande un à la porte de toutes les maisons princières et même parmi ses citoyens [1]. Par un assis et levé de son Congrès national, elle se vote pour souverain le duc de Nemours. Elle apporte en grande

---

[1] Le prince de Ligne avait une fraction de parti dans le pays. Ce parti lui proposa la couronne. On raconte que le prince déclina cet honneur et que, pour excuser son refus, il aurait répondu avec une spirituelle espièglerie digne de son grand-père : « Je ne puis, messieurs, accepter le trône que vous m'offrez. Je suis déjà chambellan de l'empereur d'Autriche. »

pompe au Palais-Royal le résultat de ce scrutin, et, sachant très-bien que l'Angleterre empêchera Louis-Philippe d'y adhérer, la Belgique s'obstine dans son vœu. Elle se voit aux prises avec des calamités de toute nature et des excès de toute espèce. Elle est sans ressources financières, elle n'a plus d'armée, plus de pouvoirs publics, et les Hollandais menacent d'envahir son territoire. Pour ne pas trop laisser à la Révolution le soin de faire elle-même ses propres affaires, les cinq grandes cours ont établi à Londres, sous les auspices du cabinet britannique, une conférence qui a mission de régulariser le désordre et de sanctionner la violation des principes. Dans cette complication de protocoles diplomatiques et de périls sociaux, il faut confectionner à tout prix un gouvernement à la Belgique. Elle est émancipée, mais ne sait mettre à profit ses premières heures de liberté que pour se livrer à des duels d'amour-propre, à des bravades superflues et à des paniques sans fin. La diplomatie procède avec lenteur, sinon avec maturité. Elle lui cherche un roi, et c'est la Grande-Bretagne qui le désigne.

Léopold de Saxe-Cobourg, veuf de la princesse Charlotte d'Angleterre, a déjà couru les trônes vacants. En 1829, il est venu à Paris afin de solliciter le roi de France et d'obtenir qu'il fût favorable à ses projets. Dans ce temps-là, Léopold briguait la souveraineté hellénique et la main de Mademoiselle Louise d'Orléans. Charles X, qui aime et qui estime le prince de Cobourg, n'a pas vu d'obstacle à ce double vœu. Il lui était même propice, et se charge d'en faire part à Louis-Philippe. « Ah! sire, s'écrie le duc d'Orléans en plaçant la main sur son cœur, ma fille et moi nous serons toujours heureux d'obéir aux ordres de Votre Majesté; mais que le Roi me permette une seule observation. Une fille de la maison de Bourbon peut-elle épouser un aventurier, qui n'est même pas catholique? » Ce refus paternel, basé sur un motif religieux, devait être concluant aux yeux de Charles X. A deux années d'intervalle, l'Angleterre lève l'appareil des scrupules de Louis-Philippe ; et Léopold, qui a changé de position sans changer de culte, devint le gendre du roi des Français.

Dans ses rêves de propagande, la Révolution s'est imaginée qu'elle fera de ce dernier prince l'épouvantail de l'Europe. La Conférence de Londres trouve le moyen d'en faire son gendarme. Une armée française pénètre dans la Belgique, envahie et battue par les Hollandais. Après une campagne de dix jours, promenade militaire qui ne fut pas troublée, même par un coup de fusil, l'armée française retourne dans ses garnisons, ne comprenant rien au mouvement qu'elle opéra et au recul qui en est la suite. Le sort de la Belgique était entre les mains des puissances. Elles ne subissent Louis-Philippe qu'à leur corps défendant; l'Angleterre, sa seule amie, ne désire pas lui faire la partie trop belle. Le cabinet britannique négociait avec lui et pour lui ; mais il le tenait à distance, en quarantaine, pour ainsi dire, afin de le rapetisser et d'amoindrir le pays. Cette tactique, dont l'Orléanisme fut le martyr sans en être un seul instant la dupe, se renouvelle dans toutes les cours. On ne croit pas à la stabilité d'un pareil régime ; on ne lui ménage donc ni les défis, ni les outrages. La France lui imputait tous ses malheurs ; on le rend responsable de tous les scandales ; on lui fait supporter le poids de tous les crimes.

La mort du duc de Bourbon était présente à l'esprit de chaque Français. Malgré les tumultes de l'époque et les divisions de parti, l'opinion avait été unanime pour repousser à première vue l'idée d'un suicide, faisant disparaître, dans un acte de lâcheté, cette héroïque maison de Condé. Le sentiment de la famille, le respect de soi-même, l'honneur de l'histoire, tout vient apporter une conviction morale sur ce tombeau si fatalement ouvert. L'instinct de la multitude ne s'est laissé égarer par aucun sophisme médicalement officiel. Les paradoxes de la presse orléaniste restent impuissants devant les manifestations de la douleur publique. Chacun a dressé son enquête ; chacun a formé son jugement ; chacun le résume par ce mot du peuple : Le pauvre prince, ils l'ont fait se tuer !

Et dans ce drame d'où la vérité jaillit par une intuition providentielle, le nom de Louis-Philippe n'échappe pas plus aux soupçons qu'à l'anathème. Les plus indulgents, après s'être apitoyés sur le sort du prince de Condé, qu'ils comparent à celui du duc d'Enghien, son fils, se disent avec Florus[1] : « *Fascinus intra gloriam fuit* : La gloire effaça le forfait. » Cette dernière excuse ne sera jamais admise lorsqu'il s'agira du crime trop réel de Saint-Leu, porté au compte d'un suicide impossible.

La baronne de Feuchères était restée la commensale et l'amie de la famille d'Orléans, de cette famille où les enfants des enfants ne sont pas la couronne des vieillards et où les pères ne deviennent jamais la gloire des enfants. Les relations entre le Palais-Royal et la Feuchères, jugées si indécentes durant la vie du dernier Condé, épouvantaient après le mystérieux attentat. L'on doutait de tout, même de la justice humaine. L'on pleurait de honte en contemplant ce spectacle que l'Orléanisme étalait à tous ses grands jours, spectacle qui renouvelle les scènes de *Macbeth*, moins la terreur, la pitié et le repentir. Par malheur, la justice ne trompa point cette insolente sécurité. Madame de Feuchères était libre et comblée d'honneurs ainsi que de petits soins au Palais-Royal. Elle marchait la tête haute et bravait l'indignation publique. Se prodiguant partout et partout insultée, tantôt du geste ou du regard, tantôt même de la parole, elle accepte ces outrages avec une audace qui sera un scandale de plus. Elle se croit, elle se dit protégée par d'augustes amitiés. Et il faut bien qu'il en soit ainsi, car les morts les plus soudaines, arrivées par elle, pour elle

---

[1] *Florus*, liv. 1, page 16.

ou auprès d'elle, n'éveillent jamais l'attention de la magistrature ou la curiosité de la police.

Un de ses neveux, un jeune Anglais, nommé James Dawes, à qui le prince de Condé fit don de la baronnie de Flassans, à laquelle il emprunta son titre, suit madame de Feuchères dans un voyage à Londres. Fier de sa nouvelle fortune, ce jeune homme a revu ses anciens camarades; il les a réunis dans un banquet. Là, racontant aux convives le drame de Saint-Leu et révélant des détails alors ignorés, il s'écrie : « Cette nuit du 26 au 27 août, je l'ai passée à Paris. Sans cela je me verrais accusé comme ma tante. » Madame de Feuchères, avertie de cette incartade dont le vin était peut-être la seule cause, prend ses mesures en conséquence. Le baron de Flassans, devenu dangereux ou suspect, débarque à Calais pour retourner à Paris. Pendant la nuit, il meurt d'une attaque d'apoplexie, d'une colique néphrétique ou de tout autre mal imprévu.

Cette mort fut entourée d'un certain mystère comme tout ce qui concernait la baronne, mais les préventions publiques étaient surexcitées. Pour expliquer un crime patent, on cherche des crimes imaginaires. On raconte la disparition de deux ou trois complices plus ou moins avoués; puis, de cet ensemble de récits, il ressort jusqu'à la certitude que l'assassinat du prince de Condé est attribué à madame de Feuchères. Livré à lui-même, le peuple a rarement tort dans ses opinions; dans ses sentiments, il ne se trompe jamais. Il croyait d'instinct à un attentat. L'Europe entière partagea cette conviction, elle la proclama. Voyons ce que la justice fit pour arriver à la découverte du crime et à la punition des coupables.

Afin d'égarer les magistrats, ou peut-être seulement par un inconcevable oubli des convenances judiciaires, trois médecins, attachés à la cour et à la personne des d'Orléans, furent chargés de se transporter sur les lieux et de rédiger en toute hâte les premiers procès-verbaux qui devaient agir sur l'opinion. Ces médecins ne s'adjoignirent pas ceux du prince défunt; ils ne réclamèrent l'assistance d'aucun de leurs confrères dont l'impartiale neutralité aurait eu tant de poids dans le débat. L'Orléanisme a livré le terrain aux Orléanistes; ils affirment le suicide. D'autres médecins, plus indépendants, plus véridiques par conséquent, et d'une renommée au moins égale, tels que les docteurs Gendrin et Dubois (d'Amiens), interviennent avec l'autorité de la science et celle d'une incontestable délicatesse. Ils renversent l'échafaudage officiel concluant à dire : Nous pensons qu'il (le prince de Condé) a probablement succombé à une asphyxie par strangulation. Ce probablement qui, de toute évidence, est une concession faite à la pudeur publique, n'avait rien de décisif; il ne pouvait, dans aucun cas, absoudre ou condamner. La science dynastique a répondu vaille que vaille; la justice, qui possède d'autres éléments de vérité et qui ne se renseigne point par approximation, va parler à son tour.

Après de longues hésitations, l'Orléanisme a senti qu'il ne lui est plus possible d'éviter l'éclat. Il s'efforce de l'amoindrir en utilisant le zèle d'un de ses familiers. M. Vatout se met à la peine. Il publie sur ce tragique événement un pamphlet qui, s'il n'était pas à la hauteur de toutes les consciences, se trouve du moins à la portée de toutes les bourses. Annoncé au prix de 2 fr. 50 c., il fut distribué à cinq sous sur les quais et sur les boulevards.

En présentant au chapitre royal de la basilique de Saint-Denis le cœur de ce malheureux Condé, persécuté même après le trépas, l'abbé Pélier de Lacroix, son aumônier, avait dit : « Le prince est innocent de sa mort devant Dieu. » Pour le prouver, il s'adresse, le 10 octobre 1830, au roi des Français :

« Ayant vainement attendu que je fusse interrogé sur la mort de Son Altesse Royale Monseigneur le duc de Bourbon, dont j'avais l'honneur d'être l'aumônier, et voyant qu'il ne se fait aucune enquête sur une fin aussi extraordinaire, je viens supplier Votre Majesté de vouloir bien m'entendre un instant. J'aurais l'honneur de déposer entre ses mains ma déclaration écrite. Je la crois d'une trop haute importance pour la consigner seulement dans l'histoire que j'écris ; et tout ce que j'apprends d'ailleurs m'inspire le devoir de m'adresser au roi, que je crois surtout intéressé à connaître les preuves de l'horrible assassinat commis sur la personne de son infortuné parent. Venger sa mémoire, rendre à l'honneur le dernier des Condés, ne saurait être une chose indifférente à sa famille. »

Deux jours après, l'abbé Pélier reçut du baron Fain, secrétaire du cabinet, la lettre suivante :

« Palais-Royal, le 12 octobre 1830.

« J'ai l'honneur de répondre, monsieur, à la lettre que vous avez écrite au roi le 10 de ce mois. Si vous avez des révélations à faire, je suis chargé de vous engager à vous adresser à M. le garde des sceaux, qui sera toujours prêt à vous entendre. Peut-être feriez-vous mieux et plus immédiatement de vous adresser à M. le procureur général près la cour royale de Paris, dont l'office est de poursuivre sur les moindres indices qu'on fournit à la justice. »

La maison d'Orléans a l'honneur de plus d'une parenté avec la maison de Condé. Le duc d'Aumale est l'héritier universel du dernier de cette race qui, de guerre lasse, a légué ses biens, mais qui refusa fièrement et obstinément de profaner son nom. Les d'Orléans ne l'usurperont qu'à la seconde génération, et le fils aîné du duc d'Aumale s'appellera prince de Condé, comme s'il ne s'agissait que de prendre un titre pour faire revivre une grande famille éteinte. La mémoire du bienfaiteur récalcitrant, mais pendu, est livrée aux disputes des hommes; et Louis-Philippe, qui ne sait rien, qui ne veut rien savoir des accusations portées contre madame de Feuchères, des rumeurs et des soupçons qui remontent jusqu'à son trône, ose répondre que « l'office du procureur général est de poursuivre sur les moindres indices qu'on lui fournit. » A l'aspect de ce cadavre si cruellement outragé, si traîtreusement conspué par ses obligés, une formidable clameur de haro retentit dans le monde entier. Louis-Philippe fait le revêche, car, lorsque le vase n'est pas bien net, tout ce qu'on y verse s'aigrit. Sa cupidité a tellement été surexcitée qu'il s'aveugle lui-même, et ne veut pas apprendre que, lorsqu'un prince se montre dépourvu des sentiments qui honorent la multitude, ce prince compromet quelque chose de mille fois plus important que les richesses ou la réputation d'homme d'esprit et de capacité.

Une enquête, une instruction furent pourtant ordonnées d'assez mauvaise grâce. On tenta de circonvenir les magistrats, d'intimider les témoins, d'évoquer, sous forme d'arguments irréfragables, des circonstances tellement insignifiantes qu'aujourd'hui, en parcourant ce vaste dossier, où l'avarice s'est faite l'auxiliaire de l'assassinat, l'historien s'étonne d'avoir à signaler une hésitation là où la vérité se manifeste aussi éclatante que terrible. Cette enquête, ouverte le 15 novembre 1830, à Pontoise, et, à Paris, le 25 février 1831, était dirigée par M. de la Huproye, conseiller à la cour royale.

Les témoignages, les détails, les informations se déroulèrent avec une précision mathématique. Les dépositions étaient unanimes, les charges accablantes. Après avoir fait l'autopsie du cadavre, la justice procède à l'autopsie de l'existence physique et morale du prince. On interroge ses domestiques, ses gentilshommes, ses amis, les autorités locales, les indifférents, tous ceux enfin qui peuvent, sur un point quelconque, fournir des renseignements ou des indications.

Tous n'ont plus rien à craindre, plus rien à espérer de la victime. Dernier de son nom, le prince n'a laissé personne pour prendre soin de sa mémoire. Ses légataires sont ses premiers, ses seuls accusateurs; et, dans un temps de troubles civils, de passions politiques et d'ambitieuses convoitises, chacun peut se croire exposé à un péril, à une menace, à une insinuation ou à des promesses. Rien n'est épargné; tout est mis en œuvre. Les témoins sont en présence d'héritiers tout-puissants et d'une femme altière, dont le courroux est implacable. Cette femme affiche, comme moyen d'intimidation, le haut patronage qui la couvre avec un scandaleux éclat. Elle l'offre à tous les serviteurs du mort, qui peuvent à leur gré passer au service du vivant ou se ménager de larges récompenses, dissimulées en pensions de retraite. Et, chose à remarquer et qu'il est bon d'enregistrer à l'honneur de l'humanité, pas un de ces témoins obscurs ou titrés ne faillit à son devoir; aucun ne se prête à trahir sa conscience.

Les uns décrivent les lieux; les autres énumèrent les impossibilités matérielles du suicide. On avait fait grand bruit d'un verrou fermé intérieurement et qui anéantirait l'hypothèse d'un assassinat. Les habitants du château démontrent, par une simple expérience, que ce verrou cède à la plus légère pression d'un ruban ou d'un lacet placé du dehors. On s'était autorisé de quelques fragments à moitié brûlés de l'écriture du prince pour conclure au suicide. Il reste bientôt démontré à tous, par l'évidence même, que ces fragments de proclamation aux habitants de Saint-Leu sont complétement étrangers à l'événement. On affirmait que le prince avait très-bien pu lui-même se faire le nœud fatal et se pendre à l'espagnolette. Le comte de Quesnay, le baron de Saint-Jacques et la comtesse de la Villegontier déclarent en termes identiques « qu'il leur paraît impossible que le prince se soit pendu lui-même. Depuis une chute à la chasse, par suite de laquelle il avait eu la clavicule gauche cassée, il ne pouvait élever la main gauche au niveau de sa tête. En 1793, il reçut à la main droite un coup de sabre qui lui coupa les tendons de trois doigts. Quoique parfaitement guéri, il éprouvait beaucoup de gêne de cette main. Ainsi il lui aurait été impossible de faire les nœuds. »

Ce nœud de tisserand, qui suspendait le prince à l'espagnolette, était si solidement établi que, lorsque le valet de pied Romanzo fut chargé de le détacher, il n'y parvint qu'avec beaucoup de peine. Le rapprochement de ce nœud si artistique et de l'impuissance notoire de la victime, même à nouer les cordons de ses souliers, devint une manifestation.

On demande au chirurgien Bonnie quel était le plus grave motif des préoccupations et de la tristesse du prince de Condé. Bonnie répond : « Il paraissait singulièrement affecté de la position de Charles X et de la famille royale. Souvent il lui est arrivé de renvoyer son valet de chambre et de me garder seul. Il me disait en fondant en larmes : — Que deviendront-ils? Mais lorsqu'il apprit que Charles X était arrivé à destination, il recouvra sa sérénité et se disposait à reprendre ses habitudes. »

Le comte de Choulot révèle à son tour les projets dont il fut le confident. « Le prince avait eu avec moi plusieurs entretiens depuis les événements de juillet jusqu'à sa mort; il y était question de quitter la France. Je ne peux dire si le prince avait pris des mesures à cet effet; le matériel des voyages ne me regardait pas; il avait dû charger son valet de chambre Manoury de ce soin. Je devais l'accompagner avec Manoury; nous étions seuls dans la confidence. »

Il songeait à se dérober au spectacle d'une révolution nouvelle et non pas à se tuer, car, au témoignage de François, un de ses valets de pied : « Le prince avait horreur du suicide. On parlait un jour, devant lui, d'un général qui s'était brûlé la cervelle, et l'on exaltait son courage. — Du courage ! dit-il, il n'y a que de la lâcheté. Notre vie ne nous appartient pas, nous ne devons pas en disposer, et, dans quelque circonstance que nous nous trouvions, il est de notre devoir de supporter l'adversité avec courage. »

Hostein, son chirurgien-dentiste, confirme par un autre fait la déposition de François. Il raconte : « Dans une conversation que j'eus avec le prince sur l'arrestation de M. de Polignac, ayant dit qu'à sa place je me serais brûlé la cervelle, le prince me dit d'un ton pénétré : — Est-ce bien vous qui osez tenir un pareil langage ! Apprenez, monsieur Hostein, qu'un homme d'honneur ne se donne jamais la mort ; il n'y a qu'un lâche qui puisse le faire. Quel exemple pour la société ! Je ne vous parle pas comme chrétien, quoique j'eusse dû commencer par là. Vous savez qu'aux yeux de la religion le plus énorme des crimes est le suicide ; et comment se présenter devant Dieu, quand on n'a pas eu le temps de se repentir ? »

A la veille de la catastrophe, tels étaient sur le suicide les sentiments du chrétien, du gentilhomme et du Condé. Étudions de quelle façon il va passer ses dernières heures sur la terre. Le comte de Cossé-Brissac interrogé, répond : « Qu'il est arrivé à Saint-Leu le 26 août à deux ou trois heures, pour parler d'affaires de service. — Il est reçu avec affabilité. Il ne fut pas question des événements du jour. Le prince lui demande s'il avait vu Charles X, et lui témoigne l'intérêt qu'il prenait à ses malheurs. Sans s'appesantir sur les événements politiques, il engage avec bonté M. de Cossé à séjourner quelques jours à Saint-Leu, puis à y coucher au moins une nuit ; et, sur le désir témoigné par celui-ci de retourner à Paris le jour même, il l'invite à dîner. Il fait appeler

M. Lambot, et le charge de s'entendre avec M. de Cossé, relativement à quelques personnes du service qu'il avait protégées et auxquelles il désirait encore s'intéresser. Une demi-heure avant le dîner, M. de Cossé passe chez M. Lambot pour lui remettre les notes relatives aux personnes dont il s'agit. Le prince y vient et veut signer deux papiers présentés par M. Lambot. M. de Cossé ne se rappelle pas s'il fut dit quelque chose à cet égard.—On se rend au salon; le dîner se passe comme à l'ordinaire. — Après le repas, M. de Cossé reste dans le salon jusqu'à neuf heures et demie ; le prince se fait lire un article de journal, et prend part à la conversation avec sa liberté d'esprit habituelle.

« A neuf heures et demie, M. de Cossé part pour Paris ; le prince le reconduisit jusqu'au vestibule. »

Le comte de Cossé-Brissac parti, le prince se met à son whist, « qui dura, selon le baron de Préjean, jusqu'à onze heures et demie. Il me fit observer que j'avais fait une impasse qui était contraire aux règles, ce qui prouve qu'il avait toute son attention au jeu. Il perdit onze fiches et ne les paya pas, en disant : A demain. Il souhaita le bonsoir comme à l'ordinaire. »

Manoury, son fidèle valet de chambre, ajoute : « J'ai trouvé sur la cheminée son argent, le paquet de clefs qu'il portait habituellement dans son gilet, sur ses papiers, dans la même place qu'à l'ordinaire ; les deux montres étaient remontées. Je dois faire remarquer que le prince montait sa montre de chasse ;

le valet de chambre montait ordinairement la montre de ville.

« On a trouvé sous le traversin son mouchoir de poche avec un nœud ; c'était l'habitude du prince, quand il voulait se rappeler quelque chose, de faire un nœud à son mouchoir, qu'il plaçait sous son traversin. Cela m'a paru d'autant plus naturel, que la veille au soir, à sept heures moins un quart, le prince m'avait donné l'ordre d'expédier un courrier à M. le comte de Choulot, à Chantilly, pour qu'il vînt lui parler le lendemain matin à Saint-Leu ; j'ai dû croire que c'était pour se le rappeler que le prince avait fait le nœud à son mouchoir. »

Bonnie, le chirurgien de la victime, est plus explicite. Les magistrats instructeurs l'interrogent : « Vous croyez donc, lui demandent-ils, que le prince a été étouffé ? » Et Bonnie répond : « L'état des poumons semblerait l'indiquer, attendu qu'ils étaient infiltrés de sang et qu'ils représentaient la couleur de la substance de la rate ; dans cette hypothèse, tout s'explique, et les excoriations aux jambes comprimées pour ne faire aucun mouvement, et la contusion de l'avant-bras, et la rougeur derrière les épaules à la nuque. »

Tous les témoins désintéressés s'accordent pour affirmer et pour prouver que devant Dieu le prince est innocent de sa mort. Trois personnes seules viennent, la pâleur au front, attester qu'il n'en est pas ainsi. Madame de Feuchères a, dans le château de Saint-Leu, deux satellites qu'elle y introduisit de vive force. L'un est l'abbé Briant, mauvais prêtre bon à tout faire. Il lui sert de parasite, de secrétaire, de précepteur et d'aumônier à ses heures perdues. L'autre se nomme Lecomte, valet de chambre de service auprès du prince dans la nuit fatale.

La baronne de Feuchères a isolé le dernier Condé de toute sa maison. L'appartement qu'il occupe est mis sous la surveillance de cette femme, voulant que sa victime dorme au milieu de ses parents et de ses créatures à elle. L'abbé Briant et Lecomte occupent les chambres de faveur. Le prince ne cache à personne la répugnance qu'il éprouve pour ces deux hommes. Une répugnance aussi nettement accusée est plus qu'un titre à la confiance de madame de Feuchères. Le crime consommé, Briant se donne mission de l'expliquer par un suicide. Les magistrats instructeurs posent à Manoury la question : « N'est-ce pas l'abbé Briant qui, le premier, et seul, a répandu, le jour même de la mort, le bruit de la démence du prince? » Manoury déclare : « Je lui ai entendu dire : Ce vieux bonhomme a perdu la tête, et voilà pourquoi il s'est suicidé. Ici je dois faire observer que jamais à ma connaissance le prince n'avait donné aucun signe d'aliénation ; il a conservé sa présence d'esprit et la fraîcheur de ses idées jusqu'à l'instant de sa mort. »

La Villegontier et Bonnie confirment le fait.

Par une de ces intuitions qui échappent à toute analyse, le prince de Condé n'éprouve que pour deux hommes de son entourage un sentiment de répulsion.

Au jour de l'attentat, ces deux hommes sont au moins les complices secrets de madame de Feuchères. Lecomte a des remords. Sa conscience, qui n'est pas aguerrie comme celle d'un mauvais prêtre, éprouve un certain besoin d'épanchement et de repentir. On demande à Manoury : « N'avez-vous pas entendu dire à Lecomte : J'ai un poids sur le cœur? » — « Oui, répond Manoury ; deux ou trois jours après la mort du prince, Lecomte et moi nous faisions le service dans le salon où était exposé le corps de Monseigneur ; ce fut dans ce moment qu'il me dit : J'en ai gros sur le cœur. Je lui demandai l'explication de ce propos ; il ne me répondit pas. Quelques jours après, revenant de Chantilly avec Lecomte, Leclerc et Dupin, Lecomte nous donna l'explication du propos ci-dessus, en nous disant que madame de Feuchères lui avait fait perdre son établissement en le plaçant auprès du prince ; qu'il était lié par un traité avec son successeur pour ne plus reprendre son état de coiffeur à Paris. »

Dupin, autre valet de chambre, ajoute : « J'ai entendu moi-même Lecomte dire à Manoury : J'ai un poids sur le cœur ou j'ai quelque chose sur le cœur. Nous lui avons représenté qu'il était du devoir d'un honnête homme de décharger sa conscience et de dire ce qui était à sa connaissance. Les explications qu'il nous a données nous ont paru peu vraisemblables. Cela s'est passé, je crois, dans la voiture de deuil qui nous conduisait à Saint-Denis, le jour de l'enterrement du prince. »

Madame de la Villegontier, dans son interrogatoire, révèle ce que la maison du prince entendait par ce poids sur le cœur. Elle s'exprime ainsi : « En apprenant de la femme Colin, le 31 août, que Lecomte était le valet de chambre de service, je ne pus m'empêcher de m'écrier : ils l'ont assassiné ! »

Lorsque Sophie Dawes, baronne de Feuchères, comparut devant les magistrats instructeurs, M. de la Huproye lui fit entendre un langage sévère et qui déjà était un avant-coureur d'accusation. « La justice qui recherche avec tant de soin, lui dit-il, les causes d'une mort violente, parce que tout homme, par cela même qu'il existe, est utile à son pays, ne saurait demeurer indifférente quand il s'agit de la mort du dernier Condé, du dernier rejeton d'une famille féconde en héros, dont le nom se lie à toutes les pages de notre histoire, d'un prince que l'on proclamait le premier chevalier de son siècle, que les malheureux pleurent comme un père, et dont la perte sera, pour tous ceux qui s'étaient attachés à son service, une source intarissable de regrets. »

Ces paroles, qui ne manquaient ni de solennité ni d'à-propos, ne durent pas rassurer très-complétement madame de Feuchères. La position qui lui est faite dans le monde par les rumeurs publiques et par l'instruction, se déroulant peu à peu, commence à prendre un aspect inquiétant. Madame de Feuchères n'est pas un témoin qu'on interroge, qu'on confronte avec d'autres témoins. Dans l'idée de tous, elle passe déjà sur la sellette des accusés et, en la questionnant, les magistrats eux-mêmes ne peuvent dissimuler le sentiment qui les domine. Ils ont tout scruté, ils ont tout appris. Le témoin disparaît pour faire place au prévenu. Bonardel, ancien brigadier des forêts, avait parlé. « Dans le courant du mois de novembre, en 1827, du 10 au 15, autant que je puis croire, le prince était à la faisanderie qu'il venait de faire construire dans le grand parc à Chantilly ; il plantait en quelque sorte la crémaillère ; il y donnait un grand repas. J'étais à mon poste dans la faisanderie même entre le mur et la charmille. J'allais voir s'il n'y avait pas quelque bête de prise dans les assommoirs. Les feuilles n'étant pas encore tombées, et la charmille étant extrêmement épaisse, il était impossible de me voir. Madame de Feuchères se promenant dans le clos de la faisanderie, son neveu, M. James, depuis baron de Flassans, vint l'y trouver. Après s'être entretenus un instant des faisans, M. James demanda à sa tante si monseigneur ferait bientôt son testament, madame de Feuchères lui répondit qu'il en avait été question la veille au soir, et que cela ne serait pas long. Là-dessus M. James lui dit : « Oh ! il vivra encore longtemps. » Madame de Feuchères lui répondit alors : « Bah ! il ne tient guère ; aussitôt que je le pousse avec mon doigt, il ne tient pas ; il sera bientôt étouffé. »

A la question qu'on lui adresse : « Pourquoi n'avez-vous pas parlé, dans le temps, d'un propos si étrange?» Bonardel répond : «Je me serais bien donné de garde d'en parler. Madame de Feuchères était tant aimée de monseigneur, et exerçait dans sa maison un pouvoir si absolu, que, si je m'étais avisé de laisser même entrevoir ce que je savais, j'aurais été chassé comme un gueux. D'ailleurs, deux mois environ après, au mois de janvier 1828, monseigneur m'a nommé brigadier de ses forêts dans le marquisat de Nointel, près Clermont (Oise). Ayant appris à la fin d'août, le samedi 28, la mort de monseigneur, et ayant eu occasion d'aller quelque temps après à Clermont, chez M. de la Martinière, régisseur des forêts du prince, j'ai connu les détails de sa mort ; et comme l'on disait que le prince avait été étouffé, j'ai été frappé de la similitude de ce genre de mort avec le propos que j'avais entendu tenir à madame de Feuchères trois ans auparavant. C'est uniquement dans l'intention de rendre hommage à la vérité, et pour l'accomplissement du serment que je viens de prêter entre vos mains, que je fais la présente déclaration. »

Sous le poids de ces révélations, qui s'agglomèrent et forment un réquisitoire dont nous ne devons que saisir l'ensemble, madame de Feuchères n'a rien perdu de son arrogance. Entre elle et la famille d'Orléans il existe un pacte. Ses conditions, même les plus mystérieuses, se trouvent dévoilées par l'opinion publique. Ce pacte la protége contre les lois ; il la préservera des atteintes de la justice. Madame de Feuchères est si parfaitement convaincue de son droit à l'impunité, que, pour accréditer le suicide de son bienfaiteur, elle imagine des fables qui tombent l'une après l'autre sous les démentis des contemporains. Elle calomnie en ces termes :

« Je me suis rappelé spécialement ce que j'avais entendu dix fois de la bouche du prince, lorsque j'ai appris le genre de mort auquel il a succombé. J'ai entendu plusieurs fois le prince me raconter que se trouvant dans la Vendée, pendant les Cent-Jours, sa maison fut entourée par des gendarmes; il avait une paire de pistolets sur sa table : « J'ai conçu, disait-il « alors, l'idée de me détruire pour ne pas tomber « entre leurs mains. » Ces divers entretiens m'ont toujours fait tableau. »

A ce tableau, elle avait offert le plus épouvantable pendant; mais l'imposture ne doit pas subsister longtemps. Les faits inventés par la protégée du Palais-Royal s'anéantissent devant les amis ou les serviteurs qui suivirent, en Vendée, le duc de Bourbon, et qui, avec l'autorité de leur parole, nient les gendarmes, les pistolets, et surtout l'idée. L'invraisemblance d'un pareil mensonge, est si frappante, que, mieux conseillée, madame de Feuchères revint sur sa déposition. Elle avoue dans un second interrogatoire :

« Lorsque j'ai appris que le prince s'était suicidé, les conversations que je lui avais entendu tenir se sont retracées à mon esprit, et j'ai raconté, sans y attacher aucune importance, ce que je lui avais entendu dire, sans en tirer la conséquence que le prince s'était porté au suicide, sans même dire qu'il eût jamais exprimé devant moi le regret de ne pas s'être suicidé pendant les Cent-Jours. Mais je dois exprimer l'indignation dont je suis pénétrée en voyant que, par des insinuations perfides, on cherche à déverser sur moi tout l'odieux de cet événement. »

L'imposture reculait pour mieux se draper en holocauste ; nous allons entendre l'hypocrisie couvrir la famille d'Orléans de sa magnanime sollicitude. Son abbé Briant était signalé comme ayant pris toutes les peines imaginables pour découvrir, avant l'apposition des scellés, certains papiers qui importaient à madame de Feuchères, et dont le chancelier Pasquier, par sa lettre adressée au roi Louis-Philippe le 27 août 1830, constate déjà l'absence. On lui demande pourquoi elle intima de pareils ordres. Elle répond : « Je craignais que le prince, trompant les espérances de la maison d'Orléans, n'eût prit le parti de me tout donner. »

Une justification aussi accablante ne pouvait amener qu'une mise en accusation. Le Palais-Royal la pressent ; il s'acharne à l'empêcher par tous les moyens. Dans le but d'étouffer les rumeurs qui faisaient de l'Orléanisme le complice et le patron de madame de Feuchères, Louis-Philippe doit hautement et prudemment répudier une succession à laquelle s'attachent tant de cruels souvenirs. Puis, après avoir déchiré ce sinistre testament, il lui faut distribuer aux pauvres une fortune entrée dans la famille d'Orléans par la plus mauvaise de toutes les portes. Ce sacrifice consommé avec spontanéité aurait, sans aucun doute, fléchi et désarmé la conscience publique. Elle aime les expiations courageuses et sait y applaudir. Séparer sa cause de celle de madame de Feuchères, qu'un journal du temps appelait : « cette petite baronne anglaise qui ressemble à une espagnolette, » et la laisser se débattre en cour d'assises, c'était la seule voie honnête, la seule qui pût consoler la France de ses ruines et de ses opprobres. Ce fut la seule que l'Orléanisme oublia de prendre.

Le rapport de M. de la Huproye est rédigé ; il conclut à la mise en accusation de madame de Feuchères. Louis-Philippe apprend que ce rapport va être déposé. Alors ce roi, de qui toute justice émanerait, ce roi qui, du haut de son trône, devrait dissiper tout mal par son seul regard, conspire avec les gens de ses parquets pour amnistier les coupables et faire accuser l'innocence. Il n'avait pas appris que l'équité est l'affermissement du diadème, et c'est de lui que Isaïe aura dit avec toute vérité : [1] « Vos princes sont des infidèles ; ils sont les compagnons des voleurs. Tous ils aiment les présents, ils ne cherchent que le gain et l'intérêt. » Placé entre la scélératesse et l'avidité, Louis-Philippe n'hésite point. Ses lèvres étaient la ruine de son âme. Une démarche aussi mystérieuse qu'humiliante est tentée auprès de M. de la Huproye.

Pendant une nuit, le procureur général Persil se

---

[1] *Isa. proph.*, chap. ı, ỳ 23.

rend à sa demeure, rue Neuve-Saint-François : il notifie au magistrat instructeur que son rapport ne pourra jamais voir le jour parce que des raisons d'État s'y opposent. La Huproye résiste ; il veut combattre cette étrange doctrine, mettant la justice, qui est la vérité en action et le droit du plus faible, à la merci de la politique. Les motifs de conscience et d'honneur que le magistrat invoque sont repoussés. Il ne s'agit plus de la culpabilité ou de l'innocence d'une femme flétrie ; il s'agit de sauver la famille royale d'une funeste compromission, car, ce que les princes méditent ou font, il semble qu'ils le commandent. M. de la Huproye avait, sur la fin du règne de Charles X, demandé sa retraite, et, pour récompense de ses loyaux services, un siége de juge au tribunal de la Seine en faveur de M. Theurrier de Pommyer, son gendre. Tout lui est offert à l'instant même; mais il faut sa démission dans les vingt-quatre heures. La Huproye, qui jusqu'à ce jour fut l'œil de l'aveugle et le pied du boiteux, n'aurait pas cédé à l'injonction et à la menace. Les larmes de sa femme, les prières de sa fille, les appréhensions qu'on fit naître dans ce cœur de vieillard, troublèrent son esprit. A une époque où la Révolution et l'Orléanisme se faisaient concurrence dans la manipulation des émeutes et de l'arbitraire, la Huproye eut peur. Afin d'acheter la paix de ses vieux jours, il consentit à une faiblesse et signa sa démission. Alors il n'y avait personne qui parlât pour la justice et qui jugeât dans la vérité. La Providence permit néanmoins que le rapport et l'instruction fussent conservés comme acte d'accusation pour servir à l'histoire des sanglants héritages.

Quand les Athéniens de Paris et les dispensateurs de la renommée inventaient un bon mot, quand ils éprouvaient le besoin de mettre en circulation un sarcasme ou un coq-à-l'âne, on le portait tantôt au compte du prince de Talleyrand et d'Odry, le Bilboquet des *Saltimbanques*, tantôt à celui de l'avocat Dupin, devenu procureur général à la Cour de cassation. Le premier président Séguier avait la survivance de cette charge. Sous la Restauration, il s'était laissé prêter des paroles de Spartiate. La Cour royale de Paris et lui-même se plaisaient à entendre répéter une maxime passée en proverbe et qu'on s'empressait de nier sous main. « La Cour rend des arrêts ; elle ne rend pas de services. »

Telles étaient les fières paroles que la Cour se flattait d'avoir prononcées un matin par l'organe de son premier président. Comme tant d'autres de la même source [1] elles furent officieusement démenties, durant le règne de Charles X ; elles le furent d'une manière

[1] Nous trouvons, dans une lettre du 28 novembre 1826, adressée par le premier président Séguier au comte de Peyronnet, garde des sceaux, la preuve la plus positive de cette fabrique de mots et de démentis en partie double. On lit dans la lettre : « Monseigneur, le *Journal des Débats* et la *Gazette des Tribunaux* ont rendu fort mal, ce matin, ce que j'ai été porté à exprimer hier à l'audience. Là-dessus le *Journal des Débats* et la *Gazette des Tribunaux* ont fait un commentaire inconvenant et choquant... J'ai donc fait appeler le sténographe et rédacteur des articles judiciaires de ces journaux et je lui ai reproché la témérité de ses notes. Il m'a répondu franchement qu'il n'avait point recueilli mes paroles, mais les avait arrangées à son idée. Je vous prie, monseigneur,

plus tristement officielle au moment de cette déplorable affaire. Dieu couvrit d'un voile les yeux des juges. Il s'agissait de ne rendre qu'un arrêt : la Cour rendit plus qu'un service à huit clos, et le prince de Condé se trouva condamné au suicide à perpétuité par des magistrats qui ne pensaient pas avec Tite Live : [1] « *Leges rem surdam, inexorabilem esse.* » La loi est sourde et inexorable. Mais il vient des temps où certains fonctionnaires ne veulent être ni sourds ni inexorables. Ceux qui ne transigeaient pas sur ce point avec leur conscience furent destitués, comme le procureur du roi Foucher, ou, comme Gustave de Beaumont, chargés d'une mission pénitentiaire en Amérique. Il y avait unanimité dans le peuple pour croire à un attentat ; on s'arrangea pour qu'il y eût apparence d'unanimité légale dans les parquets. A la voix du peuple, qui est la voix de Dieu, on substitua celle des équivoques, des serviles ou des âmes damnées. L'autel de la justice se transforma en autel de l'oubli. Louis-Philippe et ses magistrats vinrent mentir au monde entier et furent accusés par la conscience du genre humain. Le 21 juin 1831, la Chambre des mises en accusation déclare qu'il n'est pas établi que

---

d'être convaincu du respect que je porte, et au besoin ferais porter aux ministres du Roi et particulièrement à Votre Grandeur. Je parle et j'agirais autant par le sentiment de mon devoir que par celui de vos bontés personnelles. Veuillez, monseigneur, agréer l'hommage de mon cordial dévouement. *Signé* le P. P. SÉGUIER. » — Le P. P. Séguier n'était-il pas le petit-fils du chancelier Pierre Séguier, « ce pierrot métamorphosé en tartuffe » dont parle Arnauld d'Andilly ?

[1] *Tit. Liv.*, II, 3.

la mort du prince ait été le résultat d'un crime[1].

Le roi-citoyen et la courtisane s'enrichissaient et triomphaient l'un par l'autre. Ils se félicitaient de leur double bonheur, lorsqu'un nouvel adversaire se lève avec l'autorité de son nom et de son droit. La famille de Rohan est l'héritière du sang ; elle va plaider l'assassinat du prince de Condé et demander l'annulation de son testament.

En matière criminelle, l'exercice de l'action qui naît d'un crime est essentiellement subordonné à l'exercice de l'action publique. Le procureur général Persil s'empresse d'adhérer à cette sentence, alors irrévocable par son fait; mais les princes de la maison de Rohan ne crurent pas que leur devoir, à eux, pût s'arrêter à une limite aussi commode. La voie civile leur reste ouverte : ils la prennent. Il y a chose jugée; il n'y a pas chose démontrée. La magistrature jette la mémoire du dernier Condé sur la claie des suicidés. Et tout le monde devine, tout le monde indique les motifs de

[1] Voici en quels termes, Hennequin l'avocat des princes de Rohan, parla des incidents et de toutes les étranges mesures prises pou étouffer la voix de la justice : « La cour, disait-il, a dû regretter, dans l'intérêt de la vérité, que la retraite de M. de la Huproye, au moment où la cour allait être appelée à prononcer, l'ait privée des indications précieuses que ce magistrat pouvait lui donner mieux que tout autre, et sur les détails de cette immense instruction, et sur le degré de confiance qu'elle pouvait accorder aux divers témoignages. On sent, en effet, qu'un nouveau rapporteur, quels que fussent son zèle et sa capacité, ne pouvait pas connaître aussi bien l'instruction, après un examen de douze à quinze jours, que celui qui l'avait faite et qui s'en était presque uniquement occupé depuis cinq mois. D'un autre côté, le geste, le ton et la physionomie des témoins laissaient au magistrat instructeur des impressions, et lui seul peut les rendre... »

ce spectacle inouï ; car la magistrature, qui doit tout faire pour la vérité, ne peut rien contre elle. Hennequin, l'avocat des Rohan, déchire le dernier voile.

Implacable dans sa modération, il montre d'un doigt vengeur de quel côté sont le crime et les criminels. Il évoque, il déroule l'horrible drame de Saint-Leu, qui, commencé par la cupidité, s'achève dans un déni de justice. Il éclaire, il passionne. Sûr de perdre son procès devant les tribunaux, plus sûr encore de le gagner devant la conscience publique, il fait si loyalement et si moralement descendre la Feuchères et Louis-Philippe au rang des accusés, que les brûlantes, que les honnêtes paroles de l'avocat deviennent le jugement de l'histoire. Madame de Feuchères était défendue par Lavaux ; Philippe Dupin porte la parole en faveur du jeune duc d'Aumale, patronnant de son innocence de mineur l'attentat dont il devra recueillir les funestes bénéfices. Entre ces trois hommes d'un rare talent, la lutte sera prodigieuse. Éludant ou tournant les difficultés que Hennequin aborde de front, les avocats de la Feuchères et du duc d'Aumale en appellent aux passions politiques. Quand les preuves de captation, de violence et de révoltante culpabilité éclatent et font frissonner la France entière, Lavaux et Dupin incriminent les vieux partis. Ils évoquent l'hydre de l'anarchie, afin de couvrir la retraite de leurs clients, qui accusent pour s'excuser.

Au milieu de ces débats, un homme, par sa position particulière et par l'élévation de son caractère, attirait tous les regards. Le baron de Surval, intendant général du prince de Condé, fut le confident de ses tortures et l'exécuteur testamentaire de ses dernières volontés. A ces deux titres, le baron de Surval s'est vu forcé de suivre la liquidation de la fortune du prince, et de veiller à l'exécution de ses ordres. Ce contact obligé, mais passager avec les d'Orléans, ne modifie ni les devoirs ni les principes de M. de Surval. Attaché de père en fils à la maison de Condé, vieux soldat de l'Empire, M. de Surval était un témoin aussi gênant que digne de foi. Convaincu de l'assassinat, il n'a jamais caché ses convictions. Les promesses le trouvaient sourd; les menaces détournées le laissent indifférent. On s'efforce de le mettre en contradiction avec lui-même. Par une lettre adressée à M° Lavaux, et datée du Palais-Bourbon même, 29 décembre 1831, le baron de Surval explique de quelle manière le testament fut arraché au père du duc d'Enghien. Nous lisons dans cette lettre :

« C'est ainsi que l'infortuné prince a toujours sacrifié son repos, sa tranquillité intérieure, et quelque chose de plus que je n'ose nommer ici, je le dis avec la plus grande affliction, à des considérations puériles. Tous les jours il déplorait sa faiblesse sans pouvoir la surmonter. *Video meliora proboque, deteriora sequor*. Ces six mots d'Horace écrits de sa propre main, que M. Borel de Bretizel, les autres personnes présentes à l'inventaire à Saint-Leu et moi trouvâmes dans ses papiers, n'en sont-ils pas encore une preuve? Je regrette et regretterai toujours avec amertume que le malheureux prince n'ait point eu la force de consentir à cette expulsion ; j'ai la conviction que, si elle eût eu lieu, il existerait. Oui, monsieur, il eût échappé au sort affreux qui lui était réservé. De deux choses l'une : ou monseigneur le duc de Bourbon a été assassiné : dans ce cas, la maxime *Is fecit cui prodest* a fait naître dans les esprits d'effroyables pensées ; ou il s'est suicidé. Eh bien ! monsieur, ce serait encore madame de Feuchères qui l'aurait tué ; oui, monsieur, tué, en le portant à cet acte de désespoir par ses affreux procédés envers lui. Attaquez-moi donc aussi, monsieur, traînez-moi en police correctionnelle ; faites que je sois confronté avec celle dont vous prenez si glorieusement la défense, je lui répéterai devant nos juges ce que je vous dis ici, parce que telle est mon entière conviction.

« Ce sera un tribut que je payerai à l'infortuné prince, dont j'aurais voulu prolonger les jours aux dépens des miens. Par la même raison, monsieur, toute ma vie, je regretterai d'avoir été l'instrument forcé de ce testament qui fait aujourd'hui la joie de madame de Feuchères, tant je suis convaincu que, d'une manière ou d'une autre, il a causé la mort du malheureux prince.

« Je fais cette profession de foi sans crainte, et je laisse à la raison à venir et aux sentiments élevés que monseigneur le duc d'Aumale professera par la suite, à apprécier les regrets que je manifeste à ce sujet. »

Ce langage était écrasant de modération et de vérité ; mais il y avait parti pris de ne rien entendre. Dieu, qui, selon la parole de Job[1], fait régner l'homme hypocrite à cause des péchés du peuple, ne permit pas que tant d'efforts de respectueuse pitié fussent, en ce temps-là, couronnés de succès. Il fallait hériter à tout prix : le duc d'Aumale hérita.

Par un article de son testament, le prince de Condé, qui laisse à M. le duc d'Aumale une fortune d'au moins soixante-cinq millions[2], lui a fait l'honneur de

[1] Job., liv. XXXIV, 30.
[2] Dans le but d'expliquer pourquoi M. le duc d'Aumale, héritier du prince de Condé, n'a jamais songé à remplir les dernières intentions du testateur, les d'Orléans et leurs amis affirmèrent, sous la monarchie de juillet comme depuis sa chute, que la fortune laissée par le *suicidé* malgré lui n'était pas aussi considérable qu'on se plaisait à le croire. Ils bâtirent sur ce thème des hypothèses de chiffres que très-peu de personnes se trouvent en mesure de contrôler. Nous avons voulu avoir le cœur net de tant d'assertions. Nous sommes donc remonté aux sources, c'est-à-dire aux procès-verbaux d'adjudication dans les études des notaires de la succession et aux autres titres de propriété. De ce travail consciencieux et de ce dépouillement fait avec une sévère exactitude, il résulte pour les années 1829, 1830 et 1831 un revenu de :

Année 1829.	1,926,276 francs.
Année 1830.	1,770,928 francs.
Année 1831.	1,655,726 francs.

La diminution de ces revenus s'explique tout naturellement par le fait de la révolution de 1830 et par les émeutes qui eurent un si fatal contre-coup sur la vente des bois. Néanmoins, en prenant pour base le produit commun de ces trois années, on approche de bien près du chiffre de 1,800,000 francs. Or, cette somme représente partout en terres un capital d'au moins 65 millions, et nous n'avons pas porté les bâtiments en ligne de compte.

On objecte que la succession était grevée de dettes et qu'il a fallu contracter des emprunts pour les payer. Ces dettes ont été un bénéfice

le charger de l'acquittement d'un legs de cent mille francs annuels pour la fondation d'un collége à Écouen, où seront élevés, d'après le vœu du testateur, les enfants des soldats de l'armée de Condé et de la Vendée militaire. L'idée première de ce projet a été conçue par l'empereur Napoléon ; le père du duc d'Enghien la réalise. Détacher deux millions d'un splendide héritage, coûtant si cher à l'honneur et à la dignité, c'était pour la famille d'Orléans un sacrifice qui aurait pris les proportions d'un attentat à la pudeur démagogique. Les tribunaux et le conseil d'État de Louis-Philippe vinrent au secours de ses perplexités. Il se rencontra des natures serviles, des complaisances exagérées jusqu'à l'effronterie, qui firent au roi-citoyen un devoir de refuser l'autorisation légale pour créer un établissement aussi suspect. Ces natures serviles, ces complaisances éhontées, qui aident le souverain à pousser la honte à l'état de prodige, lui démontrèrent avec toutes sortes d'arguments, péremptoires à ses yeux, que le

pour elle. Le prince de Condé aimait à acheter beaucoup de bois et il avait emprunté 8,500,000 francs pour couvrir d'anciennes acquisitions et celles qu'il ordonna de faire en 1829 et en 1830. Ces acquisitions, conclues à des prix très-modérés, ont nécessairement augmenté la fortune générale. Par la plus-value, elles deviennent une immense amélioration. Madame de Feuchères, désintéressée, et toutes dettes payées, M. le duc d'Aumale, légataire universel, a donc reçu du prince de Condé, une fortune d'au moins 1,500,000 francs de rente.

En laissant de côté les sentiments qu'inspirent et qu'inspireront toujours la déplorable mort de ce prince et les conséquences encore plus déplorables qui accompagnèrent cette mort, n'y a-t-il pas une mauvaise grâce mélangée d'avarice dans la persistance de dépréciation d'une fortune si chèrement acquise?

collége d'Écouen serait un outrage à la révolution de Juillet, révolution d'un prétendu droit contre la force. On lui fit saisir assez aisément, on déclara à la face du monde que ce legs était aussi anti national qu'immoral. Fort de ces décisions judiciaires et administratives, Louis-Philippe foule à ses pieds la dernière volonté du dernier Condé ; le duc d'Aumale s'est résigné jusqu'à ce jour à une silencieuse spoliation. Ainsi se vérifia cette parole sarcastique du prince de Talleyrand, qui, au récit de tant de lamentables avidités, ne cessait de murmurer : « Ne me parlez pas des pères de famille, ils sont capables de tout. »

Seule, madame de Feuchères, à qui apparemment il restait quelque sorte d'âme, ne veut pas s'associer à tant de fraudes entachées de boiteuse légalité. Mue par un secret remords ou par un inutile désir de réhabilitation, elle comprend qu'elle a choisi des amis tels qu'il y aurait vertu pour elle à les abandonner. Sophie Dawes, toute Sophie Dawes qu'elle est, intente un procès aux d'Orléans pour les contraindre à exécuter cet article du testament. Elle perdit sa cause par le fait des juges ; mais, il faut l'avouer à la décharge de cette femme, elle n'en persévéra pas moins dans son idée de réparation. Elle remua le ciel et la terre afin de triompher d'une cupidité si patriotique. Enfin elle offrit de prélever sur sa part d'héritage les deux millions tant disputés. L'auteur de l'*Histoire de la Vendée militaire*, alors rédacteur en chef de l'*Hermine* de Nantes, est appelé et consulté par elle. Il se chargea de communiquer sa proposition aux intéressés, qui la déclinèrent, parce qu'une belle action étonne plus qu'elle ne rassure, quand l'intention est suspecte. Madame de Feuchères n'avait plus rien à redouter de la justice des hommes ; elle s'était probablement arrangée pour ne pas trop s'inquiéter de celle de Dieu. Un indéfinissable sentiment de vengeance ou de mépris sera la dernière passion de cette femme, qui mourut à la fin de 1840. Elle plaidera contre l'Orléanisme, elle maudira l'Orléanisme, après avoir assassiné pour lui.

Le procès du *suicidé* a été, aux yeux de la France entière, une affaire de famille. Louis-Philippe s'en créa un de ces succès d'argent qui attestent la violation des devoirs moraux et politiques formant le lien des sociétés humaines. Il feignait d'ignorer que la ruse, si doctoralement combinée qu'elle soit, est semblable à la fausse monnaie. Elle peut avoir cours durant quelque temps, mais elle sera bientôt décriée. Sur ce point de l'assassinat du prince de Condé, comme sur beaucoup d'autres, Louis-Philippe ne devait pas tarder à en faire une dure expérience.

Tous ceux qui l'approchaient, le servaient, le défendaient ou l'admiraient, — car, lui aussi, il eut ses admirateurs et ses panégyristes, — sont frappés d'impopularité ou d'ostracisme. Louis-Philippe recevait à bras ouverts les chevaliers errants de l'émeute, les agents des Sociétés secrètes et les insurgés honoraires. Quand la Fayette lui présenta les condamnés politiques de la Restauration, faisant corps comme une magistrature quelconque, il lui dit : « Sire, ce sont mes complices.—Et les miens aussi, » ajouta vivement le roi de Juillet. Il ne pouvait donc pas souscrire au vœu du prince de Condé, dotant les fils des défenseurs de la Monarchie. Forcé de faire du bien aux méchants, ce roi se voyait destiné à faire du mal aux bons.

Tandis que ce drame lugubre provoque des injustices qui blessent le ciel et déshonorent la terre, Louis-Philippe émigre du Palais-Royal au château des Tuileries, où il espère se sentir plus roi. Le 1er janvier 1832, il y reçut les souhaits de bonne année. Mais, sachant que le commencement des malheurs est la sécurité, il se met en garde, même contre ses enfants. Afin de prêter un certain éclat au trône des barricades, on lui a insinué qu'il serait agréable à la classe bourgeoise de voir le Palais-Royal habité par un de ses fils, qui tiendrait ainsi une seconde cour au service des ambitieux et des intrigants de seconde main. Par l'expérience du passé et par la sienne propre, Louis-Philippe apprit que ce lieu est fatal.

Les mauvaises idées y germent avec les rêves ambitieux que les usurpateurs surnuméraires et les Césars en disponibilité s'y transmettent de race en race. C'est le champ d'asile où tous les littérateurs faméliques, tous les tranche-montagnes, prêtant leur grand sabre à usure, tous les irrités, tous les théoriciens de révolte intérieure et cosmopolite, tous les traîtres par pensée, par action ou par procuration, viennent s'inspirer de conseils pervers et d'exemples détestables. Un prétexte d'économie et la joie de vivre en commun cachent à ses affidés le motif réel de cette résolution dynastique. Les hôtes du Palais-Royal, qui ne firent pas qu'une seule sottise, mais qui recommencèrent inévitablement la même, se sont toujours entendu dire par le souverain et par le peuple[1] : « Vous êtes les fils du diable ; vous voulez accomplir les desseins de votre père. » Louis-Philippe, en bon chef de famille, ne veut pas consentir à appliquer à ses enfants la malédiction de l'Évangile. Le Palais-Royal fut aussi désert sous son règne que sous le premier Empire. Ce sont précisément les deux époques de l'histoire de France où il n'y eut pas de compétiteurs au trône, pas de rébellion oratoire, pas de mutisme provocateur, pas de voyages de plaisir présentés sous forme d'exil, pas de secrètes perfidies, pas de conspirations de palais, pas de prince rouge grimpant sur la Montagne ou en descendant à volonté, et surtout pas de dynastie grandissant à l'ombre d'une opposition théâtrale et cherchant à découvrir une planche pour arriver à pied sec au château des Tuileries.

Louis-Philippe s'est voué aux petits intérêts, aux passions mesquines, aux ridicules priviléges et aux glorioles boutiquières de la garde nationale. Les soldats citoyens sont pour lui des camarades. Tuffières du détail et Moncades du demi-gros, ne voulant rien savoir, rien valoir, mais aspirant à tout avoir, ils l'enveloppaient dans leur uniforme, cette camisole de

---

[1] *Evangel. secund. Joan.*, VIII, 44.

force des rois constitutionnels. Lorsqu'il passait au milieu de leurs rangs, comme cet empereur Othon dont parle Tacite [1], « il tendait les mains vers la foule, la saluant du geste, lui jetant des baisers et toutes les servilités accoutumées pour la domination. » Mais comme ce qui est en dehors du convenable devient suspect à quiconque a du sens, ces flagorneries de Louis-Philippe, prodiguées à satiété, ne tardèrent pas à paraître inutiles ou irritantes. Elles ne consolaient ni des honteuses complicités de Saint-Leu, ni des scandales que souleva l'affaire des fusils Gisquet, triste affaire où il sera démontré qu'un futur préfet de police s'attribue de frauduleux avantages pécuniaires, en allant acheter chez les industriels de la Grande-Bretagne des armes avariées que le gouvernement acceptera les yeux fermés.

Casimir Périer et le maréchal Soult étaient inculpés de connivence et de pots-de-vin d'un million. Ainsi que dans la plupart de ces affaires d'argent, on incriminait sans preuves probantes. Des ministres on remontait tout naturellement au souverain, lorsque Casimir Périer tenta, par un coup d'éclat, d'offrir un dérivatif à l'opinion. Le tempérament de Louis-Philippe ne s'accommode que de la gloire sans risques. Il ne faut donc pas plus songer à une descente en Angleterre qu'à une expédition de Russie, même en l'honneur de la nationalité polonaise, qui ne périra pas, selon la formule. Mais il existe au bord de l'Adriatique

---

[1] Tacit., *Hist.*, liv. I, 6.

une ville dormant sur la foi des traités. Neutre et protégée par toutes les puissances chrétiennes, filles ou amies du gouvernement pontifical, cette ville n'a rien à craindre que du Turc, n'étant pas assez fort pour l'assaillir ou l'inquiéter. Dans la nuit du 22 au 23 février 1832, une frégate française, qui, par dérision sans doute, se nomme *la Victoire*, jette quelques bataillons sur le rivage d'Ancône. La côte et la forteresse sont surprises, enlevées par un tour de main ; et c'est par le violateur de son territoire que le Pape en apprend la violation. Le cardinal Bernetti était le secrétaire d'État de Grégoire XVI. D'un mot il caractérisa cet attentat. « Non, dit-il en présence de tous les ambassadeurs et du sacré Collége, non, depuis les Sarrazins, on n'avait rien vu de semblable. »

En commandant ce coup de tête, Casimir Périer avait espéré mettre un terme à l'abaissement continu et systématique de la France. En ne le désapprouvant pas, Louis-Philippe offrait un nouveau gage à la Révolution. A force de tramer des complots dans l'ombre des sociétés secrètes, la Révolution s'est créée puissance; elle marche à l'assaut du Siége apostolique. Pour mieux cacher son jeu, elle met des pleureuses à toutes ses demandes de réformes administratives ; car, dans ce temps, Rome, capitale d'un royaume unitaire d'Italie, eût paru un rêve que les adeptes les plus fantastiques du saint-simonisme, de l'indifférence religieuse et du fouriérisme n'auraient pas osé concevoir. Alors on procédait par des vœux timides dont les ambassadeurs de l'Europe se firent les aveugles interprètes. Un premier échec n'a point découragé les Carbonari, n'ayant mission que de pousser les autres au combat. A quelques mois d'intervalle, ils ont essayé d'agiter les populations et de faire parader au soleil des émeutes quelques comparses de patriotisme et d'indépendance. Les ambassadeurs, réunis en conférence à Rome, jouèrent au *Memorandum*, qu'en sa qualité de ministre de Prusse et surtout de protestant, le chevalier Bunsen a été chargé de rédiger et d'imposer respectueusement au Souverain Pontife. Ce *Memorandum* fut le premier jalon placé d'une manière officielle contre la Papauté [1]. Il ne spécifiait, il ne déterminait aucune réforme. Il laissait seulement l'arène ouverte à toutes les révoltes. Dans l'ambiguïté de son style prussien, il permettait qu'on lût entre les lignes une promesse d'aide et d'appui. Modène et Parme, Florence et Venise, Naples et Milan furent abandonnées par les Sociétés secrètes, prenant la Chaire de Pierre pour point de mire.

A dater de cette heure, « la cour de Rome, qui, selon le témoignage du docteur Farini, historien libéral par métier et dictateur à l'occasion [2], la cour de Rome, qui sait se résigner à l'heure voulue, mais qui ne perd courage ni devant la force, ni devant la fortune, ni devant le temps, et qui ne se dément jamais, » fut en butte à toutes les calomnies de l'impiété. On s'avouait très-bien avec le même auteur « que la tra-

---

[1] *L'Église romaine en face de la Révolution*, par J. Crétineau-Joly, tome II, page 207 et suiv. (troisième édition).
[2] *Stato romano*, tome I, chap. i.

dition romaine est aussi puissante et aussi efficace dans l'ordre temporel que dans l'ordre spirituel; » mais annoncer chaque jour que l'Église invieillissable était frappée de cécité et qu'elle mourait de consomption sous la haine problématique des peuples parut aux Sociétés secrètes le plus beau de tous les programmes et le plus audacieux des mensonges à mettre en complot. On le fit accepter et circuler ; il porte maintenant ses fruits.

Le roi de Juillet éprouve une certaine répugnance à servir de pareils desseins. Pourtant, dans son besoin de tout concéder au détriment des principes, il n'ose pas manquer l'excellente occasion qui s'offre à lui. Il faut retremper dans un coup de maître sa popularité déjà ébréchée. A la demande du Saint-Siége, les Autrichiens viennent d'entrer à Bologne en alliés pacificateurs ; Louis-Philippe se jette sur Ancône en auxiliaire de la Révolution. La témérité vis-à-vis des puissances n'était pas dans les habitudes de l'Orléanisme. Le Saint-Père se plaint de la violation de son territoire; la Russie, l'Autriche, la Prusse, l'Angleterre elle-même blâment avec énergie une audace qui peut compliquer les difficultés de la situation. Louis-Philippe prodigue au Pape et à la diplomatie les assurances de son désir de paix à tout prix. Afin de s'excuser personnellement, il incrimine son ministre et fait peser tout le poids de ses apparentes irritations sur les exécuteurs immédiats d'un ordre mal formulé et mal exécuté.

Casimir Périer guerroyait depuis un an contre cette tortueuse politique ne s'affirmant ni pour le bien ni pour le mal. Heureuse de végéter dans son juste milieu, elle sacrifiait l'honneur de la France à des combinaisons dynastiques. Le roi de l'Orléanisme est, pour Casimir Périer, un perpétuel sujet de méfiance et d'inquiétude. Louis-Philippe, dégagé de tout principe, n'affecte de croire qu'aux intérêts. Aussi, dans son éloquente rudesse, entendait-on souvent Périer répéter : « C'est un homme chez lequel un ministre ne doit jamais entrer sans avoir son portefeuille tout prêt à lui jeter à la tête. »

Ce président du conseil s'était imposé la mission d'assouplir et de briser l'idée révolutionnaire. De longue date il en connaît les incorruptibles meneurs ; il professe à leur égard un de ces dédains mérités qui présagent la victoire. Mais, pour triompher d'eux, il faut au ministre l'appui sincère de l'autorité souveraine. Louis-Philippe ne l'accorda jamais loyalement, car il sent un rival et presque un maître dans ce Richelieu de la banque, dont les paroles aussi fières que les allures ne lui permettent, selon son expression, aucun tripotage diplomatique. Louis-Philippe prétend louvoyer entre les écueils et faire luire le soleil au milieu de la nuit. Il a déchaîné l'anarchie ; il s'ingénie à la museler avec un sourire ou une faveur rose. Voyant de plus loin et ne s'occupant qu'à son temps perdu de ce trône éphémère que tous les partis battent en brèche, Casimir Périer fut plus royaliste que le roi, plus monarchique que la monarchie de Juillet. La nécessité les avait temporairement réunis ; la mort les sépara avant que Louis-Philippe eût trouvé ou fait naître l'occasion de montrer encore une fois que l'ingratitude était son unique règle de conduite.

Jamais prince ne sacrifia moins que lui au prestige et à la gloire. Il ne professa que la religion du succès ; mais jamais prince aussi ne chercha avec plus de sordide persévérance à corrompre l'esprit et les mœurs du peuple. Entouré d'ambitions besogneuses pour qui le luxe était une nouveauté dont elles ne pouvaient se rassasier, Louis-Philippe s'est imaginé que régner selon la constitution, ce sera régner par la corruption. Le système inauguré par la Charte de 1830 tend à faire de tous les Français, contribuables ou patentés à deux cents francs, une nation d'électeurs privilégiés qui, à une heure donnée, tiennent entre leurs mains les rênes de l'État et la clef du trésor. C'est sur cette nation à part que Louis-Philippe base le principe de sa puissance. On développe chez elle l'amour de la fonction publique et de l'emploi salarié.

On surexite son féroce désir de se dévouer au service de la patrie, moyennant traitement plus ou moins élevé. On met les petites prétentions à la solde des grandes, et on se prend à envier certains hommes que la fortune offre parfois comme un objet d'émulation à des capacités légales nées dans la poussière. Personne ne s'oubliait, et l'on ne s'occupe des autres que par amour de soi-même.[1]. Les plus nobles fonctions ne sont plus que des métiers. On est tout fier de s'attacher au carcan de la glèbe bureaucratique et du servage administratif. On veut que la liberté et l'indépendance humaine succombent sous l'absorption de plus en plus menaçante de l'individu par l'État. L'État est un comptoir d'escompte. Il érige la cupidité en vertu nationale. On trafique des consciences et des places; on fait descendre la royauté jusqu'à l'appoint des bureaux de tabac et des demi-bourses dans les colléges d'où sortira cette plaie du baccalauréat ès lettres qui couvre la France de talents incompris, de génies déclassés, de vagabonds bourrés de toute espèce de sciences mal digérées, de paresseux aspirant à régenter la société selon les caprices de leur orgueil ou de leur ambition, et de niais qui pérorent très-sérieusement sur la fin providentielle du travail des siècles. Pour assurer le budget ou se préparer une liste civile et des dotations plus magnifiques, on demande au Directoire le secret de ses honteux marchés; puis, sans s'effrayer de la situation dans laquelle il laissa le pays au 18 brumaire, on marche sur ses traces comme si l'on ne devait pas aboutir à la même catastrophe.

[1] Un jour, sous le règne de Louis-Philippe, M. Matter, premier président de la cour de Bourges et député ministériel, entendait parler dans un salon d'une émeute qui venait d'avoir lieu et d'une insurrection qui allait éclater : « Ah çà! s'écria-t-il avec son spirituel cynisme, est-ce que ces gens-là s'imaginent qu'on va tous les ans faire une révolution pour porter un pauvre avocat tel que moi à une bonne présidence? mais ce qui ne sort qu'une fois par siècle, et encore... »

Un contemporain de cette première époque en faisait alors un tableau dont Louis-Philippe et ses ministres ont démesurément élargi le cadre. Mallet du Pan écrivait[1] : « Une profusion de nominations, d'élections, de fonctionnaires, de vacances continuelles a irrité la soif du commandement, tendu l'amour-propre, enflammé l'espérance des hommes les plus ineptes. Une grossière et farouche présomption a délivré le sot et l'ignorant de leur nullité. Ils se sont crus capables de tout, parce que la loi accordait les fonctions publiques à leur capacité. Chacun a pu entrevoir une perspective d'ambition. Le soldat n'a plus songé qu'à déplacer l'officier ; l'officier qu'à devenir général, le commis qu'à supplanter l'administrateur en chef, l'avocat d'hier qu'à se vêtir de pourpre, le curé qu'à devenir évêque, le lettré le plus frivole qu'à siéger au banc des législateurs. Les places, les états vacants par la promotion de tant de parvenus, ont offert à leur tour une vaste carrière aux classes inférieures. Le moindre office a présenté une dignité, la plus modique rétribution une fortune aux individus qui, dans une démocratie bien réglée, n'eussent jamais osé prétendre ni à des offices ni à des honoraires.

« Ainsi de proche en proche s'est opéré un déplacement universel. Ainsi l'on a transformé la France en une table de joueurs où, avec du parlage, de l'audace et une tête effervescente, l'ambition la plus subalterne a jeté ses dés.

[1] *Mémoires et correspondance de Mallet du Pan*, tome I, page 273.

« Qu'on évalue maintenant l'impulsion que reçoit du caractère national cette immense loterie de fortunes populaires, d'avancements sans titres, de succès sans talents, d'apothéoses sans vertus, d'emplois infinis, distribués par le peuple en masse et reçus par le peuple en détail. Qu'on examine l'incalculable activité d'une semblable machine chez une nation où la fureur d'être quelque chose domine toutes les autres affections, où l'amour de la dispute, de l'ergoterie et du sophisme a tué toute conversation sensée, où le marchand du coin est plus glorieux de son épaulette que le grand Condé ne l'était de son bâton de commandement, où l'on ne trouve que chez le petit nombre silencieux et retiré la gravité, la réflexion, la retenue, la modération d'esprit qui peuvent seules tempérer le délire d'une mauvaise démocratie. »

Cette peinture de main de maître ne s'appliquant qu'au Directoire n'est-elle pas la plus amère, la plus vivante satire de la dynastie de Juillet? N'explique-t-elle pas à tous les esprits la cause de son élévation et celle de sa chute? La Révolution et l'Orléanisme avaient rêvé de former un nouveau ciel et une nouvelle terre. En débordant à travers les lois et les mœurs, la Révolution et l'Orléanisme ne laisseront durer que les incertitudes et les périls de la société.

L'année 1832 s'était ouverte sous de funestes auspices, et la France, heureuse seulement dans les colonnes du *Moniteur*, pouvait murmurer avec le poëte[1]:

---

[1] *Horatii Epodon*, XI.

« Le second siècle de nos guerres civiles est donc commencé. »

Altera jam teritur bellis civilibus ætas.

La discorde régnait à Paris et dans les provinces, dans le gouvernement et dans l'armée, entre la Chambre des députés et celle des pairs, l'une votant, l'autre répudiant une loi pour établir le divorce. Au milieu de tous ces symptômes de décomposition sociale, on signalait avec effroi un prodigieux accroissement d'aliénations mentales. On constatait que les révolutions développent la folie, et ce phénomène, qui suit les grandes secousses, se manifestait surtout en France. Là, il terrassait des hommes de vingt à trente-cinq ans, dans toute la force des passions. Cette maladie, conséquence inévitable des ruines soudaines, des espérances déçues, des positions brisées ou des rêves ambitieux, se multipliait dans une proportion dont l'enseignement ne pouvait plus être nié [1]. Pour se distraire ou se consoler de ces malheurs individuels qui frappent les familles dans l'ébranlement de l'intelligence, le gouvernement se disposait à étourdir son peuple

---

[1] La Révolution de 1848 a produit en Europe le même résultat que celle de 1830; mais comme l'Orléanisme avait peu à bénéficier du 24 février 1848 et de ses œuvres, il s'attacha, dans *le Journal des Débats* du 12 mai 1850, à donner la statistique de l'aliénation mentale. L'Orléanisme prouva, par des chiffres tristement éloquents, qu'à l'hospice général des aliénés, à Vienne en Autriche, le nombre des fous variait, année commune, de cent cinquante à deux cent cinquante. A la suite des Révolutions de 1848, en 1850, ce chiffre s'élève à neuf cent quatre-vingts.

En France, en Prusse et en Italie, les mêmes recherches furent faites, elles eurent les mêmes conséquences.

par des fêtes administratives et par des bals nocturnes, lorsque tout à coup le choléra fit irruption, le 26 mars 1832, à travers les folles ivresses de la mi-carême. A Paris, où la joie est toujours à côté du deuil et où le rire fait si rapidement place aux larmes, le choléra avait acquis, par la chanson et par la caricature, une popularité assez peu sinistre. On l'avait charivarisé avant la visite. Quand il eut frappé ses premiers coups, lorsque des morts soudaines et toujours inexplicables furent signalées dans les divers quartiers, un effroi indicible succéda aux bravades. Le fléau passait partout, entrait partout, décimait partout. L'épouvante s'empare des imaginations. Les uns prennent la fuite, les autres meurent; mais, dans cette panique universelle, Louis-Philippe, qui sait que royauté oblige, se trouve roi par le danger et surtout par l'exemple.

En octobre 1831, au moment où le choléra sévissait à Moscou, l'empereur Nicolas n'a pas reculé devant le fléau dans sa plus mortelle intensité. Il est accouru pour partager le péril commun, il l'a conjuré par sa présence. Les bénédictions de tout un peuple ont accompagné le czar et le père dans ce pèlerinage de douleur et d'impériale pitié. La famille d'Orléans ne le cède à l'empereur de Russie ni en générosité ni en dévouement. Elle ne s'éloigne pas, elle ne se cache pas. Elle veut user de la prérogative la moins enviée du rang suprême; elle fait mieux. Les moribonds, entassés pêle-mêle dans les hospices trop étroits ou dans les ambulances provisoires, ont besoin d'encouragement, de secours et de consolation. Les jeunes princes se multiplient avec une intrépidité touchante. Le danger ne les effraye pas, la mort n'altère point leur calme. Tandis que, de concert avec leur père, ils prennent l'initiative d'une charité aussi royale que chrétienne, les passions que Juillet déchaîna ne se condamnent pas à un respectueux silence. Des écrits incendiaires sont répandus parmi les classes ouvrières. On a voulu en faire une force dans l'État; la Révolution se sert de la calomnie pour en faire une force contre le trône de 1830.

Le choléra confond les riches et les pauvres dans la même souffrance et dans les horreurs de la même mort. L'égalité s'établit à l'aspect de ce mal foudroyant; mais c'était un moyen de caresser les stupides instincts de la multitude. On lui inculque dans des placards un évangile sauvage, et elle lit : « Depuis bientôt deux ans, le peuple est en proie aux angoisses de la plus profonde misère; il est resté sans travail, sans pain, sans vêtements; il n'a plus ni feu ni lieu; il est attaqué, emprisonné, assassiné. Ce n'est pas tout : voilà maintenant que, sous prétexte d'un fléau prétendu, on l'empoisonne dans les hôpitaux, on l'assassine dans les prisons... Jamais gouvernement n'a été aussi coupable, aussi détesté; jamais gouvernement n'a levé autant d'impôts; jamais gouvernement n'avait commis autant de crimes et fait autant de malheureux. »

Une autre adresse, plus explicite dans sa crudité,

provoque au pillage, et, par un rapprochement assez juste, compare le 29 juillet 1830 au 10 août 1792.

Elle contenait des passages tels que ceux-ci : « Le choléra est un fléau moins cruel que le gouvernement de Louis-Philippe; mais c'est encore le peuple qui souffre. Que fait-on pour lui? Le voici : la police choisit exprès ce moment pour enlever à une classe de travailleurs une chétive ressource; et cependant ce n'est pas du choléra que meurent les pauvres, c'est de faim... Leurs maîtres opulents désertent les hôtels, c'est au peuple de s'y loger. A quoi servent donc ces palais de la liste civile? ces milliers de lits qui s'y trouvent? à quoi sert ce Palais-Royal où tu n'as laissé que quelques valets, ô Philippe? à quoi sert ce château que tu habites et où tu ne resteras pas? Il envoie son fils à l'Hôtel-Dieu pour voir de plus près la misère du peuple. Le peuple vous rendra vos visites comme au 10 août, comme au 29 juillet... Que le peuple se montre; qu'il aille, lui qui n'a rien, lever son impôt sur ceux qui ont tout; il est fort, pourquoi meurt-il de faim aux pieds de tant de riches sans pitié?... Ah! peuple, si tu voulais! »

Le saint-simonisme et le fouriérisme, mis en lumière par la Révolution de juillet, ont, pour régénérer le monde à force d'apostolat humanitaire, soufflé au cœur des classes indigentes l'amour de la dégradation et de l'infamie. Le Communisme est en germe dans toutes ces folles doctrines, il apparaît avec le choléra afin de faire cortége à cette royauté de hasard, dont, au milieu d'un péril commun, personne ne salue l'intrépide attitude. De généreux dévouements, de nobles émulations, de sublimes exemples sont offerts par toutes les classes et par tous les partis indistinctement. Au contact de tant de misères, la science de la charité chrétienne s'est révélée à leurs cœurs. Quelques municipaux orléanistes, Cadet-Gassicourt, l'apothicaire du sac de Saint-Germain l'Auxerrois, en tête, colportent seuls d'exécrables mensonges destinés à changer les tribulations en désespoir et les sacrifices en guet-apens. Gisquet, préfet de police, vint, par une instruction à ses subordonnés en date du 2 avril, accréditer les plus sinistres rumeurs; on y lisait : « L'apparition du choléra-morbus dans la capitale, source de vives inquiétudes et d'une douleur réelle pour tous les bons citoyens, a fourni aux éternels ennemis de l'ordre une nouvelle occasion de répandre parmi la population d'infâmes calomnies contre le gouvernement. Ils ont osé dire que le choléra n'était autre que l'empoisonnement, effectué par les agents de l'autorité pour diminuer la population et détourner l'attention publique des questions politiques. Je suis informé que, pour accréditer ces atroces suppositions, des misérables ont conçu le projet de parcourir les cabarets et les étaux de boucherie avec des fioles et des paquets de poison, soit pour en jeter dans les fontaines ou les brocs et sur la viande, soit même simplement pour en faire le simulacre et se faire arrêter en flagrant délit par des complices qui, après les avoir signalés comme attachés à la police, favoriseraient leur évasion et mettraient ensuite tout en œuvre pour démontrer la réalité de l'odieuse accusation portée contre l'autorité. »

Le sens moral fit toujours défaut à ce Gisquet, que, dans une crise pareille, Louis-Philippe avait élevé à la charge de son Tristan. Le peuple était resté assez insensible aux provocations de ses conseillers de carrefour; il se prit d'un effroyable vertige à la lecture de cette circulaire. Jusqu'alors il avait douté de l'existence des empoisonneurs; par une maladresse qu'inspira l'égoïste désir de toujours faire la part du feu, on lui persuade que ces empoisonneurs ne sont pas une chimère. On éveille les superstitieuses crédulités de la populace; elle voit un complot de meurtriers au fond de l'acte le plus indifférent. Elle se fait assassin dans les rues, assassin sur les places publiques, assassin partout. L'épidémie du massacre sert de corollaire à la contagion.

Les pairs de France, les députés, les oisifs avaient pour la plupart cherché un refuge loin de ce foyer pestilentiel, où le crime et la terreur se font une épouvantable concurrence. L'archevêque de Paris et le curé de Saint-Germain l'Auxerrois virent naguère leur demeure devenir la proie d'une émeute systématiquement organisée. Proscrits à l'intérieur, ils reparaissent dans la capitale au moment où l'effroi en chasse les cœurs timides et les esprits anxieux. Avec son magnifique élan de charité pour tout passe-port, l'archevêque s'installe dans les hospices et dans les ambulances. Il a entendu les lamentations de Rama. Les petits enfants demandent du pain, et l'archevêque sait qu'il n'y a personne pour le leur rompre. Il accourt au bruit des sanglots, plein de confiance et de sérénité. On le voit visiter les malades, s'asseoir au chevet des mourants, et, pauvre et dépouillé de tout, prodiguer à tous ses prières, ses soins et l'argent qu'il emprunte ou qu'il recueille. Le choléra l'a réuni à son troupeau; l'émeute ne l'en séparera plus [1].

Les ravages du fléau furent terribles. Chaque maison compte ses pertes; chaque ménage a son deuil. Et, dans ce deuil, que d'empoisonnements et de crimes! que d'attentats de famille dérobés à la justice des hommes, et n'ayant eu pour témoins muets que le regard plein de doute sinistre des médecins ou la silencieuse pitié du prêtre des derniers moments! Le choléra n'avait épargné personne; Casimir Périer fut une de ses victimes. Ce ministre emporta dans la tombe les regrets officiels de Louis-Philippe, la haine et l'estime des partis, et la conviction pleine de désespoir qu'avec le roi de Juillet on marchait aux abîmes. Pour lutter contre la Révolution dont les envahisse-

[1] Monseigneur de Quélen s'était un jour approché du lit d'un cholérique, et il le bénissait, il le consolait avec de religieuses paroles : « Retirez-vous de moi, murmure le moribond, je suis l'un des pillards de l'archevêché. » Quélen se pencha vers lui et répondit : « Mon frère, c'est une raison de plus pour moi de me réconcilier avec vous et de vous réconcilier avec Dieu. » Ce fut dans ces moments de terreur qu'il fonda l'œuvre des orphelins du choléra et que l'archevêque se fit le père et la mère des enfants qui n'en avaient plus.

ments alarmaient son patriotisme, Casimir Périer servit à contre-cœur une monarchie qui ne répondait à aucune de ses idées d'ordre public, de grandeur nationale et de stabilité héréditaire. Ainsi que tant d'autres ministres de Louis-Philippe, cet homme d'État ne put jamais se délivrer du poids de l'indignité morale qui pesait sur l'Orléanisme. Il mourut à la peine, laissant son pays dans une crise affreuse, conséquence naturelle et nécessaire de la Révolution de juillet.

Cette crise se développait de diverses manières. Elle prenait toutes les formes; elle réalisait toutes les utopies, en créant la réforme électorale et le suffrage universel. C'était alors le bon temps des associations. On s'associait pour repousser à tout jamais du territoire français les Bourbons de la branche aînée; on s'associait pour les rappeler. Il se rencontra, au numéro 4 *bis* de la rue des Beaux-Arts, deux ou trois sous-préfets, destitués par la dynastie de 1830. Ne sachant plus à quel saint vouer leur intelligence de bureaucrates, ces fonctionnaires, réduits au rôle de comparses d'opposition, eurent l'idée, pour embarrasser le gouvernement orléaniste, de créer l'association de la défense mutuelle. De cette création découlèrent le principe de la réforme électorale et celui du suffrage universel ou restreint à deux degrés, selon la circonstance.

Les inventeurs de cette arme à double tranchant qui frappera le peuple au cœur, après avoir frappé la monarchie à la tête, ne s'étaient vraisemblablement pas rendu compte de la puissance de cet élastique levier. Ceux qui le mirent en jeu, sous Louis-Philippe, ne le connurent que par la théorie. Ils en firent un ballon d'essai, une systématique espérance jetée au milieu du positif de la vie; mais ils ne songèrent jamais à l'appliquer.

Étayée sur des fractions de partis sans homogénéité, sans plan, sans intérêt commun, sans estime les uns pour les autres, la réforme électorale, allaitée de leur encre, nourrie au biberon de leurs journaux, fut un cri de guerre contre l'Orléanisme, un mot d'ordre donné en désespoir de cause. La ténacité de l'abbé Genoude et celle de Lourdoueix, directeurs de la *Gazette de France*, répandirent ce cri de guerre; elles popularisèrent ce mot d'ordre, qui sera une traînée de poudre. Ainsi que Mazzini, ces deux écrivains étaient tourmentés d'une idée fixe. Empiriques commençant à se convaincre eux-mêmes de l'infaillibilité de leur remède, ils l'offraient à tout bout de champ comme la panacée souveraine. Mais, hommes de discussion et de loyauté, il ne leur serait jamais venu à l'esprit que, pour acclimater cette idée, il fallait l'arroser de sang humain. Le poignard, les bombes et le poison étaient des arguments dont leur intelligente probité aurait peu aimé à se servir. Le gouvernement de Juillet était contraire à des systèmes imprégnés d'un levain de républicanisme et d'une espèce de parfum légitimiste. Ce fut pour ces systèmes une véritable bonne fortune.

Des arrangeurs de constitution taillèrent dans le vif, émondant, abrégeant, rendant moins obscur ce qui était abstrait, déguisant sous le patriotisme des mots ce que la raison publique refusait d'accepter. Puis, on finit par résumer cette doctrine dans l'axiome : que tout garde national soit électeur! que tout électeur soit éligible! la recette la plus incontestablement féconde en déceptions politiques et en révoltes sociales.

On rencontre assez facilement, à Paris comme dans l'ancienne Rome, des aruspices qui interrogent les entrailles des victimes, et qui, tout en rendant leurs oracles, ne peuvent se regarder sans rire. Louis-Philippe avait été parmi eux ou à leur tête. Il les connaissait de longue date.. La réforme électorale et le suffrage universel furent donc à ses yeux des machines de guerre destinées à battre en brèche son trône et son gouvernement.

La première fois que la France jouit du vote universel et produisit des millions d'électeurs, elle élut Marat, Robespierre et d'Orléans-Égalité. La Convention, qui inventa la Terreur et vit sa majorité d'avocats sans cause, de prêtres sans foi et de médecins sans malades, la subir à son tour, est issue d'un suffrage condamné à l'aveuglement ou manœuvré par le despotisme. C'est la Révolution en permanence, jugeant, déjugeant, et, sans autre raison qu'un caprice brutal, poussant ses coryphées du Capitole aux Gémonies par un engouement irréfléchi ou par un effet de bascule administrative. Cette chimère, selon le roi de

1830, ne s'adresse qu'aux ambitieux de village ; elle ne corrigera jamais les mœurs, les lois, les préventions, les haines et les passions. Il s'en défie non sans motifs ; et, convaincu que la réforme électorale ne peut que jeter la France dans les bras flétris d'une impossible république ou sous le joug d'un absolutisme que la fierté nationale repousserait avec la même énergie, Louis-Philippe laisse les esprits s'habituer à ce rêve qui sera une de ses pierres d'achoppement.

CHAPITRE II

LES PARTIS ET LES COMPLOTS

Le gouvernement de Juillet en face des insurrections. — Leur légitimité relative. — Le parti républicain. — Son attitude devant la dynastie de Juillet. — Mécontentement et misère du peuple. — Louis-Philippe songe à apaiser les colères républicaines. — La croix de juillet *donnée par le roi* et refusée par les combattants. — Les artilleurs et les étudiants. — Émeutes de jour et de nuit. — Conspirations des tours de Notre-Dame et de la rue des Prouvaires. — Insurrection des canuts à Lyon. — Les ouvriers maîtres de la ville. — L'armée hésite devant le peuple. — Pourquoi ces hésitations. — Tableau du parti républicain. — Tableau du parti légitimiste. — L'alliance carlo-républicaine. — Louis-Philippe du côté de la faction démagogique en haine des Légitimistes. — Leur attitude dans les premiers moments de juillet. — Les Vendéens et les patriotes. — Les révolutionnaires poussent le gouvernement dans la voie des réactions. — Perquisitions et inquisitions de l'Orléanisme dans la Vendée et la Bretagne. — La duchesse de Berry. — Enthousiasme des femmes. — La conspiration royaliste. — Comment l'honneur s'était retiré dans les camps. — Prise d'armes partielle de la Vendée. — Ordre et contre-ordre. — Les funérailles du général Lamarque à Paris, et le cloître Saint-Merry. — Louis-Philippe au milieu de l'insurrection. — État de siége levé à Paris en faveur des Républicains et maintenu dans la Vendée contre les Légitimistes. — Les partis vaincus et non découragés. — La duchesse de Berry se retire à Nantes. — Lettre de Marie-Caroline à Marie-Amélie. — L'aventurière de buissons ou la veuve Berry. — Politique de la duchesse de Berry. — Thiers et Deutz. — L'achat d'une femme. — Louis-Philippe et ses devoirs constitutionnels. — Le siége d'une maison. — La duchesse de Berry prisonnière. — La famille d'Orléans au Théâtre-Français. — La citadelle de Blaye. — Madame sera-t-elle jugée ? — *La séance aux aveux* à la Chambre des députés.

CHAPITRE II.

— Le général Bugeaud et Saint-Arnaud. — La duchesse de Berry enceinte. — Duels des Légitimistes et des Républicains. — Louis-Philippe geôlier et sage-femme par procuration. — Le mariage secret. — Indignation des partis. — Moyens d'un gouvernement dynastique. — L'Orléanisme en liesse. — Insurrection des Mutuellistes à Lyon et la rue Transnonain à Paris. — Les sociétés secrètes et l'insurrection Barbès. — Les journaux et l'Orléanisme. — La guerre civile faite par les écrivains. — La peine du talion. — Les d'Orléans et les ministres des d'Orléans attaqués par les journaux. — La liste civile et les dotations. — Le codicille de Louis-Philippe. — Ses ingratitudes de parti pris. — Les avocats et les factieux. — Les Saint-simoniens et les Fouriéristes. — La liberté couvre la France de prisons. — Les procès politiques de toute espèce. — Fieschi et sa machine infernale. — La cour des Pairs et son cher monsieur Fieschi. — Les lois de septembre. — L'attentat d'Alibaud. — Alibaud devant la cour des Pairs. — Sa profession de foi régicide. — Louis-Philippe s'appropriant les gloires de l'Empire. — La reine Hortense et Louis-Napoléon Bonaparte. — Ce qu'était alors le parti bonapartiste. — Louis-Napoléon à Paris. — Caractère de ce prince. — Ses *rêveries politiques*. — Les nobles et les émigrés repopularisant l'Empire et l'Empereur. — Louis-Napoléon au château d'Arenenberg. — Comment il se donne des partisans. — Bade et Strasbourg. — L'espion Conseil en Suisse. — Louis-Napoléon et les sociétés secrètes. — Complot de Strasbourg. — Arrestation du prince. — Son exil en Amérique et le procès de Strasbourg. — Conspiration de Boulogne. — Le *Capitole* et le *Commerce*. — La chasse aux canards. — L'aigle empaillé. — Louis-Napoléon à la cour des Pairs. — Louis-Philippe a créé le parti bonapartiste. — Acharnement de tous les partis contre la dynastie de Juillet.

Né d'une insurrection, le régime de Juillet doit vivre au milieu des insurrections et périr sous elles. Il les autorise par son passé, il les légitime par ses doctrines, il les sanctionne par son exemple. Cette dynastie, qui commence et finit par un gouvernement provisoire, s'est entourée du personnel des révolutions pour composer un gouvernement régulier. Essayant de fermer

le cratère du volcan avec un bouchon de liége, elle
végète entre les Légitimistes qu'elle déteste et les Républicains qui la font trembler. La violence des deux partis frappant des coups d'ennemis égalera leur faiblesse
et celle de l'Orléanisme. Cette faiblesse établit une sorte
d'équilibre qui, de temps à autre, singera l'ordre. La
France divisée n'a pas l'énergie d'entreprendre une
guerre civile sérieuse. C'est tout au plus si elle pourra
supporter le système de l'émeute permanente dans la
rue ou à la tribune ; n'osant pas s'avouer avec Montaigne [1] « de se tenir chancelant et mestis, de tenir
son affection immobile et sans inclination aux troubles de son païs et à une division publique, ie ne le
trouve ny beau ny honneste. »

Le parti républicain était entré le premier en ligne.
Composé de jeunes gens plus désireux de bruit que de
fortune, et d'écrivains ne faisant remonter l'histoire
de France qu'aux grands principes de 1789, élucidés
et commentés par les terroristes de 1793, ce parti, le
véritable combattant de Juillet, avait été mis à l'écart
avec tant de sournoiseries dynastiques, qu'il ne le
pardonna jamais aux usufruitiers des immortelles
journées. Ardents et convaincus, pleins de séve et d'audace, ces jeunes gens exerçaient un véritable prestige sur la portion la plus ignorante et la plus brutalement enthousiaste du peuple. Ils exagéraient à
plaisir les erreurs de la Monarchie ; ils faisaient des
procès de tendance à la Royauté ; et, pour en nier

[1] Montaigne, *Essais*, tome IV, page 163.

les avantages, ils formaient une horde de tyrans conduisant des troupeaux d'esclaves.

La Révolution laisse sans travail, sans ressources, sans pain, des multitudes d'ouvriers qu'une subite misère jetait à la merci de tous les agitateurs. Le fusil à l'épaule, et encore couverts de la poussière des barricades, ils errent dans Paris, ou, distribués en groupes menaçants, ils parquent autour du Palais-Royal et des ministères. Le tumulte est pour eux un passe-temps, une consolation et une vengeance. La bourgeoisie s'effraye bientôt comme son monarque d'une attitude qui recélait plus d'un danger. Des mesures maladroites furent adoptées : d'injustes préventions se firent jour. On en vint à suspecter la probité des classes pauvres qu'on glorifiait dans toutes les harangues et qu'on tenait à distance de toutes les faveurs. Le luxe avait été tué avec la monarchie; le commerce succombait sous le poids des faillites. L'amertume des remords doublait l'amertume des espérances déçues; et encore mieux qu'au temps de la Ligue on put adresser aux Parisiens ces paroles de railleuse colère que la vérité a consacrées dans les annales [1] : « Peuple misérable! qu'il faille toujours ou qu'il serve bassement ou qu'il soit sans mesure insolent dans la prospérité. Vous faites comme le sot mouton ; si l'un entre dans un gouffre, les autres l'y suivent ; et, avec une sonnette, un sifflet, un bruit de nouveauté, on vous assemble comme on fait les mou-

---

[1] *Apologie de maître André Maillard, conseiller du roi.*

ches autour d'un bassin... Bref, il n'y a aujourd'hui boutique de factoureau, ouvroir d'artisan ni comptoir de clergeau qui ne soit un cabinet de prince et un conseil ordinaire d'État. Il n'y a si chétif et si misérable pédant qui, comme un grenouillon au frais de la rosée, ne s'émeuve et ne s'ébranle sur cette connaissance. »

Experts en propagande, les Républicains songèrent à tirer parti de ces ouvriers tour à tour ivres de leur triomphe ou muets de désespoir. Ils leur apprirent la route des clubs. Là, sous la pression d'une éloquence sans frein et sans règle, il les endoctrinèrent, ils les fanatisèrent; après une rapide ébauche de démoralisation, ils en firent l'armée du Jacobinisme moderne. Les clubs se multipliaient sous toute espèce de vocables. Les associations patriotiques se créaient à Paris; elles s'étendirent bientôt dans les provinces, où les affiliés se transmettaient mystérieusement d'insignifiants mots d'ordre. Suppléant au nombre par la témérité, ou par la jactance, les associations patriotiques et nationales sont contre l'établissement de Juillet une machine de guerre qui ne tient pas plus compte des lois que des cours d'assises, de la royauté que de ses ministres. De toute accusation portée contre elles, on les voit à l'instant même se faire un jouet ou un piédestal. La magistrature s'inclinait devant ces arrogances de la rue; le jury, tremblant ou complice, s'empresse de leur donner gain de cause. Ces hommes nouveaux que le libéralisme orléaniste, leur flatteur en titre, avait gagnés au Palais-Royal, le compromettaient à plaisir par leur turbulence révolutionnaire ; et ainsi qu'au temps des guerres civiles de Rome chacun se trouvait en droit de s'écrier avec Cicéron [1] : « Ce sont les jeunes gens qui renversèrent les plus grands États et les vieillards qui les soutinrent ou les rétablirent. Que l'on fasse cette demande ainsi que dans la pièce de Mévius, et l'on ne manquera pas de répondre entre autres choses : Il arrivait des orateurs nouveaux, insensés et très-jeunes. »

Tout tend à faire croire que le sentiment monarchique était fort peu développé chez Louis-Philippe. Il paraît même n'avoir jamais très-clairement su que des droits seuls peuvent constituer des droits. Enfant de la Révolution et ayant toujours vécu révolutionnairement, ce prince est sans cesse prêt à humilier la dignité du pouvoir sous les arrogances de la place publique. On lui a conseillé ou il a eu l'idée de remplacer la vieille et glorieuse croix de Saint-Louis par une décoration spécialement réservée aux combattants de la grande semaine. Cette étoile à trois branches porte au centre la triple date : 27, 28 et 29 juillet 1830. Elle a pour légende : *Donnée par le roi des Français.* Ce roi offrait ainsi un gage à la Révolution, mais, après l'avoir trahie, il lui impose un serment d'allégeance. La souveraineté du peuple était mise en question par une souveraineté usurpatrice. Les Républicains appellent leur petit peuple de héros à délibérer et à voter.

---

[1] *De Senectute*, pages 567 et 568.

Un refus aussi insolent que motivé sort de la réunion. Les combattants de Juillet n'acceptent pas la légende. Avec un suprême dédain, ils repoussent la décoration et taxent de servilité tout acte qui les rapprocherait du trône. La distribution de ces récompenses royales ou nationales avait été un prétexte à une cérémonie dans laquelle Louis-Philippe aurait pu se répandre en métaphores d'un verbeux patriotisme. Dès qu'il fut démontré que le saint resterait exposé à une injure d'absences préméditées, on supprima la fête, et l'Orléanisme fut obligé de s'avouer vaincu.

Ces premiers succès enhardirent le parti républicain. Une bruyante protestation affichait leur hostilité contre le prince qui doit se croire au moins l'élu des héros de Juillet. On les vit tenter, par toute espèce d'émeutes, de manifestations et d'outrages, de paralyser l'action du gouvernement et de frapper Louis-Philippe d'impopularité. Ils feignaient de s'indigner, en voyant un homme descendre au rôle de roi ; et dans le secret de leurs âmes, ils aspiraient tous à la noblesse, ainsi que les égalitaires de 1793 devenus en 1804 chevaliers, barons, comtes, ducs ou princes par la grâce de l'Empereur.

Les complots succèdent aux complots : les nuits sinistres font place à des jours encore plus sinistres. Ici ce sont des étudiants en médecine et des artilleurs de la garde nationale, troupe d'élite, mais raisonneuse et indisciplinée, qui préparent un dix-huit brumaire dans les salles de la clinique. Ils veulent marcher résolûment sur la Chambre des députés, l'enlever par un coup de main qui deviendra un coup d'État, puis proclamer la dictature au nom de la liberté. Là, on découvre par hasard dans les tours de Notre-Dame une conspiration dont le but secret ne fut jamais bien approfondi. Au son du tocsin servant de signal à la révolte, des bataillons d'émeutiers disséminés dans les rues qui avoisinent les Tuileries, se réunissaient instantanément. La République devait assaillir le château et s'emparer de vive force de ses nouveaux hôtes. C'était le 4 janvier 1832 que cette aventure allait être tentée ; à peu de jours d'intervalle, elle est reprise en sous-ordre par des Légitimistes fraternisant avec les vétérans du bonapartisme. Le général Montholon, le fidèle de Saint-Hélène, a garanti leur dévouement et leur sincérité. Il doit prendre le commandement de toutes ces fractions d'insurgés. Ce n'est plus aux tours de Notre-Dame, c'est à la rue des Prouvaires qu'il faut demander le mot d'ordre. La police y alla sans doute ; elle fit échouer un projet dont la réussite paraissait immanquable. Des domestiques de l'Orléanisme ont livré à prix d'argent les clefs du château : d'autres faciliteront aux vieux soldats conjurés l'entrée du Louvre au moment où un grand bal rassemble autour de la famille d'Orléans tous les courtisans de son bonheur, tous les amis de sa fortune.

A quelque faction qu'ils appartinssent, le plan des conspirateurs était toujours le même. C'est à l'homme, au prince, au roi citoyen qu'ils en veulent.

Tous l'ont jugé traître, tous travaillent à l'exécution de la sentence. Louis-Philippe se sait, se voit dévolu aux complots; les Républicains ne lui épargneront ni les attentats ni les malédictions. Leur propagande a été aussi incessante que corrosive. De Paris, elle rayonne sur toute la France. Des révoltes éclatent à Nîmes et à Grenoble. Le pays en est sillonné; et Lyon, la capitale de l'industrie et des manufactures, entend ses innombrables ouvriers jeter leur cri de détresse et de provocation : Vivre en travaillant, ou mourir en combattant! Pour discipliner ces laborieux canuts et s'en créer une armée, la Révolution n'a point songé à leur souffler au cœur des haines politiques qu'ils n'auraient pas comprises et des préventions insensées qu'ils auraient dédaignées. Elle leur a expliqué à sa manière la question des tarifs et les causes de l'abaissement du prix des façons.

Par de captieuses suggestions, elle leur a prouvé l'insuffisance d'un travail qui nourrit à peine leurs familles et qui enrichit les maîtres fabricants avec tant de rapidité. On a répandu, dans les ateliers de la Croix-Rousse et dans les faubourgs de la ville, des manifestes incendiaires et des appels à la révolte, de sorte que le canut, qui croit s'être soulevé dans son seul intérêt, marche au combat pour renverser le trône de Louis-Philippe. La garnison a évacué la ville ; puis, retirée sur le mont Aventin, où elle installa son découragement, elle attend que le gouvernement règle sans elle ses différends avec le peuple.

Les généraux et l'armée étaient encore sous le coup de l'insurrection de juillet. On avait flétri l'obéissance et donné à l'accomplissement du devoir un air de prétorianisme. Dans cette réaction de la démagogie contre la fidélité au drapeau, Louis-Philippe s'est prononcé en faveur des hommes de désordre. Il était venu, avec une coupable imprudence, reprocher à la garde royale son dévouement au souverain et à l'honneur. Oubliant qu'un jour il pourrait lui-même avoir besoin de l'appui des baïonnettes, on l'a vu établir une ligne de démarcation entre les soldats qui conservèrent dans les rangs la foi militaire et ceux qui refusèrent de marcher contre la révolte. Irritée de sa défaite, encore plus irritée des étranges leçons qu'on lui inculqua, l'armée apprenait à réfléchir. Elle raisonnait son obéissance; et puisqu'on l'a punie dans ses chefs pour avoir tenu tête à l'insurrection, elle se montre dégagée de tout devoir. Les officiers, qui, en 1830, à Paris, ont, comme le capitaine marquis Turgot, brisé leur épée pour ne pas commander le feu sur des rebelles[1] se trouvaient couverts de lauriers et de bénédictions. On imposait à l'armée, en qualité de lieutenants, de fabuleux héros de juillet, tels que MM. de Morny, Edgar Ney, Feray, de Valabrègue, et beaucoup d'autres éclos à l'épaulette, ayant pour tout état de service présumé, mais heureusement non prouvé, d'avoir lâché un coup de fusil sur des soldats qui obéis-

---

[1] M. le marquis Turgot était ministre des affaires étrangères au 2 décembre 1851.

saient à leur consigne. Après avoir assisté à ces déplorables apothéoses de l'esprit d'insurrection, l'armée s'était prise à douter. A Lyon, la mollesse de sa résistance, le décousu des mesures adoptées par les généraux, et leurs singuliers pourparlers avec les chefs de l'émeute, révélèrent à tous les esprits le malaise des troupes et l'affaiblissement de leur caractère. Comme au temps de César[1] les soldats dans les guerres civiles consultent plus la crainte que le devoir. On leur avait fait expier par toute sorte d'outrages et d'injustices le prétendu crime de 1830. Ils se promettaient tacitement de n'en pas commettre un nouveau[2]. Rem-

[1] Cæs. *Comment.*, page 239.
[2] Les perplexités de l'armée, après 1830, ses hésitations et ses refus de concours sont maintenant de l'histoire. Cette histoire fut dans le temps dramatisée par un monologue de vieux troupier racontant ses incertitudes et tirant les conséquences de cette anormale situation. Le monologue, le voici :

« J'ai été en Égypte avec feu Napoléon, j'ai été en Allemagne, en Pologne, en Russie, j'en ai bien vu, et pourtant, quand je vois tout ce que je vois je commence à croire que je ne suis qu'un conscrit.

« Je voudrais bien savoir comment il faut manœuvrer quand les pékins se révoltent. Faut-il tirer sur eux, leur tendre la main ou la baïonnette ?

« Du temps de Jean de l'Épée, ça allait tout seul ; il disait : « *Faut taper* ; » on commandait de taper ; nous tapions ! tant pis pour ceux qui n'étaient pas contents. Gare de dessous, arrive qui plante ; on était sûr d'avoir bien fait, et l'empereur disait : C'est ça.

« Ce n'est plus ça à présent ; pour quelques mauvais coups de fusil lâchés il y a deux ans sur des farceurs qui voulaient mécaniser le gouvernement, on me met à la porte du régiment avec tout le régiment et de nous crier : — Fi ! tuer ses frères !

« Que le diable m'emporte si tous ces lapins-là étaient mes frères. On ne les aurait pas pris avec des pincettes tant ils étaient en guenilles ; mais c'est égal, va pour frères, quoique je sois de Metz, en Lorraine, et

plir quelques mois après les ordres du gouvernement qui les flétrissait dans ses actes et dans ses proclamations, leur parut un non-sens et une immoralité. L'incertitude était si profonde, que le colonel Magnan, aujourd'hui maréchal de France, se mit, quoique sous les armes, à négocier avec les ouvriers représentés par Rosset, un ancien complice de Paul Didier, de Grenoble. Rosset ne parlait plus de tarifs : il propose au colonel de prendre le commandement de l'insurrection. Le colonel était, ainsi que l'armée entière, incertain du présent, plus incertain de l'avenir; il se

que ce soient des Parisiens. Enfin, on me donne mon... veux-tu courir et moi, vieux soldat, qui ne sais plus d'autre métier que d'astiquer la giberne, me voilà sans pain ni pâte. Cependant, au bout de six mois je suis parvenu à rentrer en grâce, jurant de ne plus tirer que sur les Prussiens; va-t'en voir s'ils viennent..., Des badauds qu'on appelle républicains et carlistes font des farces à leur tour.

« — Bon !... que je dis, faut pas tirer, j'ai eu une leçon solide, six mois à me serrer le ventre. Apprêtez arme, — joue, — feu, que dit le lieutenant.

« — Bah ! que je lui réponds, c'est des frères de Paris.

« — Feu ! qu'il dit.

« Et moi que je lui dis :

« — J'ai bien reconnu le même chiffonnier à qui j'ai cassé un bras il y a deux ans à la barricade Saint-Antoine.

« — Feu ! crie encore le lieutenant.

« — Au diable ! que je dis... une poignée de main, frère chiffonnier...

« Maintenant, voilà l'affaire finie ; je suis à l'Abbaye et on va peut-être me fusiller pour avoir refusé d'enfoncer les badauds. On dit que tout ça c'est de la politique ; que les autres sont frères quand ils sont les plus forts, et rien du tout quand ils sont les plus faibles. Est-ce qu'on ne pourrait pas arranger les choses de façon que nous, troupiers sincères, sachions d'avance qui doit la gober des chiffonniers ou du gouvernement ? »

prêta à la discussion, il interrogea, il répondit. Enfin, peu convaincu du succès, il refusa de se prêter à une trahison. Sa mise en disponibilité fut aussitôt ordonnée, puis révoquée. Elle précéda de quelques jours le licenciement de la garde nationale, qu'on accordait aux troupes comme un hommage de gratitude et un encouragement.

Témoins de cette prostration, qui est tout à la fois une fatigue de l'âme et un dégoût des palinodies politiques, le duc d'Orléans et le maréchal Soult, envoyés en toute hâte par Louis-Philippe pour s'opposer au progrès du mal, tentent par des flatteries ou par des reproches, de rendre aux troupes la confiance qu'elles n'ont plus en elles-mêmes. Cette sévérité les étonna. Elles en saisissaient le but, sans en apprécier la portée. Les Républicains se chargèrent de ce soin fraternel.

En créant partout des embarras à la royauté nouvelle, en fomentant la discorde parmi les diverses classes de la société, les Républicains n'avaient qu'un intérêt politique. Pour le servir plus sûrement, il fallait s'emparer de l'armée par les sous-officiers et la rendre hostile au trône de Juillet. La doctrine que faire feu sur le peuple est un crime de lèse-majesté nationale, — doctrine que les Révolutionnaires maîtres de l'État savent répudier au besoin — était une thèse à soutenir et à exploiter pour une double fin. On l'acclimata dans les clubs ainsi que sous le drapeau. On établit une savante confusion entre les principes. On s'appliqua dans les Sociétés secrètes et dans les estaminets à pardonner, le verre en main, aux militaires tout surpris de cette recrudescence de tendresse. On passait de l'apothéose de l'ouvrier à l'apothéose du soldat.

Grâce à leur infatigable activité, les Républicains étaient maîtres de la situation. Dégagés de tout scrupule et fertiles en ressources de toute espèce, ils dominent la bourgeoisie et la magistrature par la terreur, l'Orléanisme par une complicité inavouée, le peuple par les grands mots d'indépendance nationale, de gloire et de liberté. Les lois, ces préceptes pleins de menaces, ne sont rien pour eux. Mais ce parti, si robuste en apparence, si violent en réalité, n'a pas de chef, il n'aura jamais de discipline. C'est un peu de crème et beaucoup d'écume. Il sera le tyran de la rue et l'esclave des clubs où se glissent de faux frères et des énergumènes. Ceux-ci, par de certaines motions extravagantes, tentent de compromettre ou d'affaiblir l'action des hommes sensés. Le joug de l'ordre et d'une sage direction était intolérable à ces natures éprises des coups de main et ne voulant jamais apprendre que le temps est nécessaire à tout. L'intolérance de leurs paroles, la bizarrerie de leur costume qui les fit désigner sous le nom de *bousingots*, la forfanterie de leur bravoure personnelle et l'excentricité de leurs doctrines créaient à chaque pas des obstacles ou des dangers. Intrépides pour l'attaque, ils n'étaient, par leur arrogance ou par leur indiscrétion, que des étourdis dont un gouvernement habile saurait bien à la longue comprimer ou lasser les passions aventureuses. Dans les factions, en effet, l'inquiétude et la turbulence sont une cause inévitable de ruine ; et, dès qu'on n'agit pas, les subalternes croient que tout est perdu. Afin de tout sauver, les Républicains éparpillèrent leurs forces et firent dégénérer la Révolution en émeute, ignorant peut-être qu'en politique il sera toujours sage de ne jamais faire la petite guerre.

En se jettant à la traverse de leurs projets, en leur déclarant une poursuite sans merci, Casimir Périer n'avait pas tardé à se convaincre de l'impuissance du parti démocratique. Après avoir fait d'autorité fermer ses clubs et disperser ses bandes, le ministre de Louis-Philippe put espérer une victoire décisive sur les Révolutionnaires. Sa mort leur rendit l'espérance, et aux 5 et 6 juin 1832, ils résolurent de confondre dans les funérailles du général Lamarque, les funérailles même de la monarchie de Juillet.

Un autre parti, moins entreprenant, moins actif, mais plus riche et plus considéré, sortait de sa réserve. Le cœur gros de toutes les trahisons dont il fut la victime, il allait demander à l'Orléanisme un compte sévère du passé et de l'avenir. Enivrés des effusions législatives de leur triomphe, on avait souvent entendu les orateurs et les folliculaires du Palais-Royal s'écrier avec une insultante ironie : « Où étaient-ils les royalistes dans nos grandes journées de Juillet? » Cette provocation, que l'Orléanisme n'aurait pas dû se permettre — car elle fait, par de justes représailles, songer au 24 février 1848, où Louis-Philippe partira sans être défendu, sans être même sérieusement attaqué — cette provocation était un outrage, une insolence et une mise en demeure. Les Légitimistes, irrités et défiés, ne voulurent pas laisser aux Républicains seuls l'honneur de battre en brèche la Charte, le trône, les institutions et les hommes de 1830. Ils se jetèrent à leur tour dans les complots ; ils n'y furent pas plus heureux que les démocrates.

Ces deux partis, les seuls extrêmes, les seuls ayant des racines dans l'histoire et une existence en dehors des usurpations ou des combinaisons passagères, par conséquent les seuls vrais, professaient pour l'Orléanisme une haine invétérée. Ils l'attaquaient avec les mêmes armes, presque sur les mêmes points. Mais, en sapant par la base l'établissement de Juillet, les Républicains ne trouvaient pas, tantôt devant eux, tantôt derrière eux, des adversaires inattendus, se constituant les champions de la dynastie. Par une erreur de logique véritablement inexplicable et inexcusable, on vit toujours ces champions se ranger du côté de Louis-Philippe, lorsque les Légitimistes l'attaquèrent les armes à la main. La République s'attribuait le monopole des hostilités et elle acceptait une levée de boucliers vendéens comme une déclaration de guerre à son adresse. Alors, aveuglée par le fanatisme ou par les remords de 1793, elle se mettait en campagne, après avoir vociféré que les Carlistes la provoquaient. Éclaireur, espion, juge, souvent même exécuteur des hautes et basses justices pour le compte des d'Orléans, elle les excitait à des vengeances et à des iniquités qui n'auraient dû être ni dans leur tactique ni dans leurs pensées.

Égaré dès le début sur cette voie, le parti républicain n'osa jamais en sortir. Entre le Palais-Royal et lui il y avait d'éternels points de contact, des rapprochements possibles, des crimes communs et un vote régicide. Néanmoins ils se connaissaient si intimement qu'ils ne purent jamais se résoudre à s'estimer. Les hommes d'ordre, les hommes de principes religieux et monarchiques étaient leurs ennemis naturels. Pour allécher les héritiers de la Convention et diviser ainsi ses adversaires, l'Orléanisme se plut à se laisser forcer la main. Quand il sévit avec de sanglantes rigueurs contre les légitimistes, il fut sans cesse amnistié par les démagogues. L'alliance carlo-républicaine, cette alliance monstrueuse, dont les usufruitiers de Juillet firent tant de bruit, n'exista donc jamais en réalité. Néanmoins, il faut le dire à la décharge du parti légitimiste, en aucune circonstance, il ne s'improvisa le satellite de Louis-Philippe. Dans sa chevaleresque loyauté, il ne lui servit pas d'auxiliaire ou de gendarme contre les Républicains.

Mû par un invincible sentiment de mépris et peut-être effrayé des calamités sociales qu'il entrevoyait dans l'avenir, le parti légitimiste n'aurait pas eu de répugnance à marcher, de concert avec les républicains honnêtes, à l'assaut des Tuileries. Il parlementa, il pactisa avec cette fraction modérée qui, après avoir confondu en un même oubli les Jacobins de l'an II et les Voltigeurs de Louis XV, aspirait à reconstituer sur une base inébranlable un gouvernement libéral, juste et tempéré. Cette tendance de rapprochement n'avait point échappé à l'Orléanisme. Afin d'en paralyser les effets, l'Orléanisme se fit de quelques enfants perdus de la république des agents de police ou des émissaires secrets, et il laissa peser sur les royalistes tout le poids de ses colères dynastiques, perdant trop vite le souvenir qu'en gouvernement justice veut dire : force et vertu.

Ce parti qui, toujours faible, a des hommes toujours fermes, s'était seul, en France, attaché au culte du passé, la piété filiale des nations. Après s'être créé du foyer de la famille un autel et des traditions paternelles une sorte de noblesse, il a vu, en moins de soixante-dix années, changer sept ou huit fois les opinions, les idées, les dynasties, les lois, les mœurs, les serments, la forme et les couleurs de l'État. Il a été spectateur ou victime de tous les excès de la liberté, de tous les excès de la servitude. Immuable à travers tant de mobilités, il reste tel que le principe souverain l'établit. Ainsi que les républicains de la vieille Rome, il aime à tout faire selon la coutume des ancêtres. La Révolution et le libéralisme, qui en sortit par la porte bâtarde, n'eurent pas de ces religieux scrupules. Tout innover sans réflexion, tout détruire sans examen fut leur volupté. Le parti légitimiste s'opposa à ce besoin de nivellement, car c'est une de ces pierres cachées dans les fondements et sur lesquelles repose tout l'édifice. Il sera bien aisé de fatiguer ce parti; on ne parviendra point à le vaincre. Mais sa pureté le réduit à une nullité relative. On se passera de lui pour renverser ; son concours est indispensable pour reconstruire. Les gouvernements honnêtes le trouveront toujours à l'œuvre dans cette occurrence.

Les Légitimistes ne savent pas naître apôtres. Néanmoins éternellement prêts à mourir martyrs, ils ne craignent point de répéter après Tacite[1] : « La terre sur laquelle nous vivons peut nous manquer, jamais celle sur laquelle nous pouvons mourir. » Odieux à un régime, qui croyait sans preuves et qui haïssait sans provocations, le parti légitimiste enveloppé dans sa douleur, se contenta d'abord de souffrir pour la justice. Le silence fut sa louange et sa loi, quoiqu'il ne soit pas exempt de cette vanité présomptueuse qui, au dire du bon La Fontaine, est proprement le mal français. Quand il s'aperçut que son deuil était mal interprété, quand il se trouva face à face avec les dangers que l'imposture triomphante le défiait d'affronter, et qu'il put se convaincre que l'ordre et la liberté ne sauraient jamais venir d'une source corrompue, le parti légitimiste se résigna à vivre dans les ruines. Elles valent quelquefois mieux que les reconstructions. Mais se piquant de plus de persévérance que la fortune, il n'eut et n'aura jamais l'habileté de dominer les événements, en sachant les apprécier et en paraissant

---

[1] Tacit., *Hist.*, liv. I.

s'y soumettre. Des ruines, il arriva sans transition à la guerre civile. Il était, il est, il sera toujours comme ces enfants de la sainte Écriture que leur bon ange sauva et que, dans la fournaise, le même ange rafraîchit d'une douce rosée.

Ce n'était point à Paris que les Royalistes pouvaient établir le centre de leurs complots. La Vendée militaire est pour la Monarchie un champ de bataille tout naturellement indiqué. L'Orléanisme l'a si bien senti que, frappé à ses propres yeux d'une infirmité originelle et incurable, il n'a jamais songé à rapprocher de son trône les royalistes les plus fervents. Cette dynastie de Juillet, qui mendie un menu suffrage ou un sourire d'approbation à la porte de tous les démagogues, éprouve pour la Vendée militaire une répulsion instinctive. Les Vendéens ne sont pas cette multitude dont parle le grand historien[1] « multitude qui n'a de courage qu'en paroles. » Ils ont combattu pour Dieu et le Roi, tandis que Louis-Philippe mettait son épée au service de la Révolution, ou plutôt de ses intérêts. Les Vendéens ont jadis refusé de l'admettre dans leurs rangs.

Afin de ne pas souiller leur conscience d'un parjure, ils aimèrent mieux, en 1830, renoncer aux modiques pensions que l'État leur servait. Ces nobles, ces bourgeois et ces paysans, dont le cœur était de l'or, savent, ainsi qu'en 1793, que les hommes aiment la consécration du temps. Avec leur foi aussi naïve qu'é-

[1] Tacit., *Hist.*, lib. III, 58.

clairée, ils se persuadent que le pouvoir gagne en puissance, en justice et en sagesse à mesure que sa personnification dans une même famille se légitime par la durée. C'est en effet dans l'ancienneté d'un gouvernement que se perdent les souvenirs ou les occasions d'un changement, car chaque mutation laisse des pierres d'attente pour une nouvelle. La probité des gentilshommes et des paysans, ne transigeant pas avec le besoin, aurait dû être honorée par tous les partis et notamment par les Républicains, qui, dans le même moment, se plaisaient à refuser la croix de Juillet à laquelle un serment et un témoignage de provenance orléaniste sont attachés. Les Républicains qui, dans l'Ouest, dissimulent ce nom sous celui de patriotes, n'eurent pas une intelligence aussi développée. L'Orléanisme leur dénonce les royalistes comme d'anciens adversaires et des ennemis actuels ; ces patriotes s'empressent de faire cause commune avec l'Orléanisme.

Louis-Philippe déjà apprécié et jugé par les révolutionnaires de la capitale était pour les vieux tenants du Libéralisme en province le roi citoyen, qui abattra la noblesse avec le clergé, et ne laissera pour toute caste privilégiée que les acquéreurs de biens nationaux et les fils de prêtres mariés. Il joignait l'humble insolence du commandement à toutes les formes obséquieuses d'une soumission impérative. Il ne rêvait pas, lui, l'apothéose de l'ouvrier par le droit au travail ou le couronnement de l'édifice par la blouse et la pourpre. Il se faisait une France fictive et un pays légal. Les censitaires étaient son peuple souverain. Il leur devait compte de sa conscience royale et de leurs petites affaires. L'un régnait égoïstiquement ; l'autre votait selon ses avantages personnels. De cet échange de bons procédés réciproques, il naquit un gouvernement débile et peureux. Ce gouvernement se prit à redouter ce qui gênait son pouvoir plutôt que ce qui allait le tuer.

Quand l'Orléanisme éprouvait le besoin de faire quelque chose en faveur de ses affidés, lorsqu'il ambitionnait, pour un motif dynastique ou pour une raison de fortune qui ne fut jamais une raison d'État, d'enguirlander les Républicains et de s'épargner leurs rudoiements, l'Orléanisme se précipitait à corps perdu sur les Carlistes. Les Carlistes devenaient les éternels ennemis des belles institutions et de la nombreuse famille, plus belle encore; puis, après avoir organisé et légitimé la persécution par la nécessité, l'Orléanisme marchait de conserve avec la République. Ce qui se pratiquait même à Paris dut évidemment au fond des campagnes s'opérer avec une recrudescence de zèle patriotique. Dans la Vendée militaire, des haines ardentes, des provocations réfléchies amenèrent bientôt les royalistes à penser que la guerre contre la dynastie de juillet était préférable au régime des arrestations préventives, des visites domiciliaires, des inquisitions nocturnes de la police et des intolérances administratives.

L'avénement de Louis-Philippe devait être la sanction des libertés politiques et individuelles. Tout Français allait enfin pouvoir penser de la Charte ce que lord Chatham affirmait de la Constitution de son pays. « Par la Constitution anglaise, s'écriait le grand lord au parlement, la maison de tout citoyen anglais devient son château, non pas qu'il soit entouré de forteresses ou hérissé de bastions, il peut n'être couvert que de paille, les vents du ciel peuvent frémir tout autour, et les éléments s'engouffrer de toutes parts ; le roi ne le peut pas, le roi ne l'oserait pas. »

Louis-Philippe n'aura jamais de tels scrupules. Malgré ses admirateurs d'outre-Manche, il ne se permettra pas ce religieux respect du foyer domestique dont l'éloquence de Chatham vient d'esquisser le tableau. Les royalistes ne sont pas seulement pour un tel roi des adversaires d'un jour ; ils sont le remords personnifié de sa dynastie et le reproche vivant de l'usurpation.

Louis-Philippe était homme de minuties, « ce qui, d'après le cardinal de Retz[1], est toujours signe, non seulement d'un petit génie, mais encore d'une âme basse. » Il se montrait si envieux de la gloire des Bourbons, si jaloux des témoignages d'affectueuse reconnaissance adressés à l'exil, qu'on était à peu près sûr de le faire mourir de colère, en disant du bien de ses aînés proscrits par lui, ou en regrettant leur gouvernement. La Vendée, où toute pierre rappelle une histoire, ne cache ni son amour ni ses répul-

[1] *Mémoires du cardinal de Retz*, tome IV, page 27.

sions. Elle sait qu'en France, où les niveleurs ont beaucoup détruit, il y a des choses qui résistent même à la destruction. Le trône de Louis XIV et l'échafaud de Louis XVI, la grandeur de l'un et le martyre de l'autre sont des titres inaliénables. La France n'y renoncera jamais.

Sous prétexte de délivrer les campagnes d'un petit nombre de réfractaires que l'amour du clocher natal, si tendrement défini par Dante, « la charité des lieux qui nous ont vu naître, » a toujours éloignés du service militaire, Louis-Philippe abandonne ces contrées à la merci des garnisaires et des patriotes. A cette époque de parjure, où l'on était maudit pour un acte de fidélité et où l'on vous conspuait pour un acte de courage, la Vendée ne reste pas muette spectatrice de tant d'opprobres. A la liberté promise et jurée on substitue la profanation des églises, le renversement des croix, l'arbitraire des coups de fusil, les joies féroces de la chasse aux hommes, ainsi que le régime de l'état de siége. Semblables à ces renards que les Juifs lançaient dans le camp philistin avec des étoupes enflammées à la queue, des agents provocateurs, guidés par Vidocq, parcourent les campagnes. A l'aide de vexations de toute nature, ils s'efforcent de désoler la patience des habitants. Louis-Philippe aimait mieux une sédition cruelle qu'une paix qui ne l'est pas moins. La sédition éclata.

Celui qui monte au trône par le crime ne peut s'y soutenir que par le sang : Louis-Philippe en fait verser. La peine de mort blesse ses sentiments d'humanité : l'échafaud politique lui est odieux ; il le relève dans la Vendée. Ne pouvant accorder des emplois à tous les patriotes, il leur offre pour dédommagement la satisfaction des supplices. La guillotine fut encore la paraphrase la plus vraie des tendresses civiques et des barbaries révolutionnaires.

Nous racontons ces événements à trente années de distance, lorsque la génération qui y participa est à peu près descendue dans la tombe. Nous parlons sans haine ; nous écrivons sans crainte, comme nous avons toujours écrit et parlé. Afin de ne pas être accusé par les générations nouvelles de jeter la pierre à l'arbre qui est tombé, nous croyons utile et de bonne guerre de reproduire le tableau, qu'en 1842 nous tracions des calamités gouvernementales sous lesquelles on opprima la Vendée militaire, et des libertés constitutionnelles qui lui furent allouées. Ce tableau, fait sur place et la preuve en main pour chaque détail, n'a pas soulevé une observation, un doute, une récrimination ou le plus timide démenti, même du temps de l'Orléanisme. C'est aujourd'hui de l'histoire ; il est sage quelquefois d'y avoir recours[1].

La Vendée militaire était infestée d'agents secrets dont Vidocq eut pendant quelques semaines la direction. Ces agents, choisis par Montalivet et par Casimir Périer, organisèrent un système de vexations qui

---

[1] *Histoire de la Vendée militaire*, par J. Crétineau Joly, tome IV, pages 585 et suivantes.

aurait épuisé la patience d'un martyr. On dessécha les étangs pour savoir si sous leurs eaux ils ne contenaient point des munitions de guerre. Les âtres des chaumières furent explorés en tous sens ; on fouilla tous les foyers, on démolit un grand nombre de fours sous prétexte de rechercher la poudre qu'ils n'avaient jamais contenue. Afin de se rendre compte des projets qui se tramaient, on brisa dans les manoirs les tables à ouvrages des femmes ; on scruta dans la soie et dans la laine qui leur servait à broder. Au fond des chaumières on fit une guerre acharnée au lin et au chanvre qui chargeaient les quenouilles. La conspiration était dans le cœur des villageois, on essayait par la violence d'arriver à sa manifestation.

Des hommes de police se plaçant à la tête de soldats français égarés poussaient encore plus loin ces provocations. Ici on contraignait les jeunes filles à se dépouiller de leurs vêtements ; parfois même on les leur arrachait avec d'impures brutalités, et sur le corps nu de la victime on s'imaginait dépister la trace d'un complot. Là de pauvres mères étaient arrachées de leur lit où elles auraient pu cacher un fils réfractaire. D'un côté on violait d'abord, on interrogeait ensuite les tombeaux ; de l'autre on déchirait les bandages qui couvraient les plaies des mourants, et, sans pitié pour tant de douleurs, on demandait à la mort si elle n'avait point conspiré.

En Bretagne, les monuments de Quiberon et de Savenay subissaient le contre-coup révolutionnaire :

on les dégradait. En Anjou, la statue du grand Cathelineau tombait sous la hache des libéraux, façonnés à la mutilation par les délégués du pouvoir. Dans le Bocage, la chapelle élevée à la mémoire de Charette était vouée au vandalisme. La colonne que le comte de Colbert avait consacrée à son garde-chasse Stofflet, dans la cour intérieure du château de Maulevrier, était menacée pendant la nuit par la fureur de quelques soldats. C'était, disait-on, pour éteindre jusqu'au dernier souvenir de guerre civile que l'autorité et la Révolution s'en prenaient à des monuments. Quand ces actes sauvages furent consommés, le gouvernement, au centre même du Bocage, à Bourbon-Vendée, laissa dresser une statue au général Travot. Comme si, par toutes les insultes, on eût cherché à désespérer les habitants de l'Ouest, on dénonça les ministres du culte; on renversa les calvaires, on tourna en dérision la piété du peuple ; on arrêta préventivement les hommes, les femmes et les jeunes gens que l'on s'arrangeait pour soupçonner.

Après les orgies du 15 février 1831, des visites domiciliaires sont ordonnées dans toute la Vendée militaire. Le colonel Louis Cadoudal s'était dérobé aux fouilles de la police. Un héros de juillet nommé Brémer, qui, après s'être battu au cri de : A bas les gendarmes! a été nommé à une lieutenance de gendarmerie, arrive chez madame Cadoudal. Pendant qu'il exécute son mandat, elle veut jeter un papier au feu. Brémer se précipite sur elle, et, au milieu de la lutte, il fait brûler la main de madame Cadoudal. A quatre heures du matin il était au château de Kerantré, annonçant au comte de Robien qu'il cherchait le colonel Cadoudal, et que s'il le trouvait il le ferait immédiatement fusiller dans la cour. Le lendemain il investissait le château de Keronic, et il répétait devant le comte de Saint-Georges les mêmes imprécations. Partout et à la même heure, des scènes semblables se renouvelaient. C'était la guerre au foyer domestique que le ministre Montalivet décrétait, la guerre aux châteaux ; mais, selon la formule patriotique, cette guerre ne laissait pas la paix aux chaumières. Les chaumières furent soumises, elles aussi, à cette réaction. La visite domiciliaire fut un mal qui se communiqua à tous les fonctionnaires sans distinction et qui frappa à toutes les portes de la Bretagne ; elle s'abattit aussi sur la Vendée.

Le château de Landebaudière était investi comme une place forte. La comtesse de La Rochejaquelein, après s'être dérobée aux perquisitions de la force armée, fut blessée d'un coup de baïonnette dans l'asile qu'elle avait choisi pour échapper à ce qu'on appelait alors la vindicte des lois. Félicie de Fauveau, la sublime artiste, se dévouait en faveur de son amie, et on la traînait en prison. Aymar de La Tour-Dupin, Jules de Beauregard et Henri de La Pinière étaient arrêtés. Un vieux gentilhomme, du Chillou, père d'un officier vendéen, se voyait obligé avec sa femme de servir de ses mains les soldats qui bivouaquaient dans son manoir. Au Courboureau on troublait par des coups de fusil la tranquillité des La Bretesche, et La Plissonnière, propriété du comte de Bagneux, était chaque jour une espèce de place prise par un nouvel assaut.

En Bretagne, les Royalistes étaient conduits à pied, de brigade en brigade, les mains chargées de fers. Les demeures des citoyens étaient ouvertes la nuit ainsi que le jour. Sans mandat, sans officier municipal, la force armée disposait de la liberté des individus et des secrets de famille. Ce système d'intimidation s'étendait dans les campagnes ainsi que dans les villes. La République, qui conspirait, ne voulait pas accorder ce même droit aux légitimistes de l'Ouest, et, afin de se montrer à son jour seule en face de Louis-Philippe, elle le sommait d'avoir à persécuter les Chouans. Du Doré est pris dans sa demeure et dirigé sur Nantes. La population révolutionnaire de cette ville veut se donner un souvenir des noyades. Du Doré traverse les ponts sous les cris de : A l'eau le Chouan ! qui retentissent à ses oreilles. Les enfants des noyeurs n'avaient pu accomplir leur vœu homicide ; quelques jours après on mit son château au pillage.

Pendant ce temps les réfractaires se voyaient l'objet des plus actives investigations. La chasse aux hommes était organisée sur un vaste plan. Les gendarmes d'un côté, les soldats de l'autre, ayant toujours les gardes nationaux ou les maires des communes en éclaireurs, parcouraient les landes, fouillaient les bois et tiraient sur ceux que le hasard amenait au bout du canon de leurs fusils. Il y eut alors bien des crimes commis, crimes que la Révolution amnistia de son oubli, et que souvent même elle glorifia.

Au hameau du Temple, non loin d'Ancenis, un réfractaire nommé Bernard tendait des collets pour prendre des perdrix. Il aperçoit les gendarmes; il fuit. Les gendarmes font feu. Bernard tombe, et, sous le coup de cet assassinat, les coupables rédigent un procès-verbal dans lequel il est avéré, selon eux, que le réfractaire avait osé les attaquer, et qu'ils l'avaient tué dans le cas de légitime défense. Le pouvoir et la Révolution avaient intérêt à laisser carte blanche aux exécuteurs de pareils ordres. Ils fermèrent les yeux; mais une lettre confidentielle du procureur du roi d'Ancenis au procureur général d'Angers ne laisse plus même la possibilité d'un doute.

« Il a été parfaitement démontré dans le temps, écrit le procureur du roi, qu'un gendarme avait tiré à dessein sur Bernard au moment où il s'enfuyait. Des poursuites, une instruction réglée auraient inévitablement conduit ce militaire à la cour d'assises; mais mon prédécesseur refusa son ministère à une action qui eût peut-être été plus fâcheuse que le mal qu'elle aurait vengé. Le gendarme en fut quitte pour une réprimande et un déplacement. Ainsi, monsieur le procureur général, Bernard a été tué par un gendarme, volontairement et à dessein, et cela dans un moment où il était sans armes et inoffensif. »

A la même époque, et c'est Orianne, homme de

juillet, juge d'instruction à Chateaubriant, qui le déclare, « un officier de l'armée française, se transformant en bourreau, pendit de sa propre main un habitant de Saint-Julien, parce que ce malheureux était soupçonné par lui de faire des guêtres aux Chouans. Il est de notoriété publique que cet officier, ayant fait appeler devant lui l'infortuné, lui passa, sans autre forme de procès, une corde au cou, l'entraîna ainsi dans un jardin voisin, et là le pendit à un arbre. Pendant l'agonie de cette victime, des soldats creusèrent une fosse. Heureusement la branche à laquelle le tailleur était suspendu se rompit, et il tomba pour ainsi dire sans vie aux pieds de son assassin. Alors, l'assassin, croyant remarquer un reste de vie, lui sauta sur le ventre et le bourra à coups de pied, au point de déterminer une hernie. Sur les représentations des soldats, que tant de cruautés attendrirent sans doute, l'officier abandonna sa victime, qui, plus tard, ayant recouvré la vie, vint à Chateaubriant demander grâce pour son assassin. Un bandage herniaire fourni au tailleur par l'officier fut le seul dédommagement accordé à ce malheureux, et la seule punition infligée à ce militaire. »

Charles de Bonnechose de Bois-Normand était un jeune homme qui sortait des pages. La Révolution de juillet avait vite mûri son expérience et calmé les effervescences de son imagination. En Vendée, comme partout, Bonnechose était appelé à jouer un beau rôle. A la nouvelle que la guerre peut éclater dans le Bocage, il y accourt. Il visite en artiste, en soldat peut-être, les lieux témoins des combats livrés en 1793, et en attendant l'heure de l'insurrection, il se retire près de Montaigu. Averti que des militaires rôdent autour de sa demeure, il va demander un asile à l'hospitalité de Gourreau, métayer à la Goyère. Mais les chasseurs d'hommes étaient sur les traces d'un Vendéen, car ils ne connaissaient Bonnechose ni de nom ni de figure. Ils avaient droit de vie et de mort. Ils cernent la maison. Gourreau paraît sur le seuil de sa métairie. Il interroge les soldats; il expire sous leurs balles. Au même moment Bonnechose s'élance pour sortir; il a entendu le coup de feu, et se voit en face d'un sous-officier qui l'ajuste. Bonnechose fait feu le premier, le tue, et cherche à escalader un échalier, lorsqu'une balle lui traverse la hanche.

A ces décharges successives la femme de Gourreau se précipite vers Bonnechose. « Vous vous trompez, disent les culottes-rouges; ce n'est pas à celui-là qu'il faut vous arrêter; votre mari est mort : nous venons de le fusiller. — Si vous avez tué mon mari, s'écrie la veuve, il est au ciel; je dois mes soins au blessé. »

Sans verser une larme, elle accomplit jusqu'au bout le devoir d'humanité que lui impose sa douleur contenue. Les meurtriers s'emparent de leur proie, ils la transportent à l'hôpital de Montaigu, et là ce noble jeune homme, tyrannisé même sur son lit de mort, mourut après dix jours d'intolérables souffrances que son pieux courage sut offrir au ciel en expiation.

Picard, capitaine au 43ᵉ de ligne, apprend qu'un réfractaire a passé la nuit chez son père dans le bourg de Pluvigner. Picard fait cerner ce bourg par un détachement de ligne, et tandis que le jeune homme s'échappe par les derrières de l'habitation paternelle, Picard commande le feu, et le réfractaire périt sous les yeux de sa famille.

A la même époque, un lieutenant de gendarmerie, nommé Lavène, s'écriait devant un jury qui, tout jury de l'Ouest qu'il était, venait d'acquitter des insoumis : « Ah ! quand nous les avons pris vous ne les condamnez pas ! Eh bien ! nous ne vous les enverrons plus que morts. »

Ce n'était pas assez de ces meurtres que des Français n'épargnaient pas à d'autres Français ; il vint des jours de sang où la Révolution dressa une meute de chiens pour aller à la chasse des réfractaires. On apprit à ces dogues à se jeter sur les paysans, à les terrasser et à les dévorer au besoin. On contraignit leur naturel déjà enclin à la cruauté, à devenir féroce par calcul politique ; on leur fit subir de longs jours de diète, puis on les envoya battre les campagnes. Proust, réfractaire du canton de Machecoul, fuyait sans armes devant des fantassins. Le chien est lâché ; il se jette sur ce malheureux, l'atteint, le renverse, le couvre de blessures, et l'abandonne à ses maîtres qui l'achevèrent. Celui qui avait tiré le premier reçut une prime de vingt-cinq francs et un grade ; telle était la récompense accordée.

Cette chasse se renouvela souvent, et, à la honte de l'humanité, il ne s'éleva pas dans les pouvoirs de l'État une voix pour protester contre ces attentats. La Révolution prenait un bain dans le sang de la Vendée militaire; le gouvernement, les Chambres et la presse la laissèrent faire.

Le 4 avril 1832, deux soldats du 44ᵉ venaient d'escorter, de Maulevrier aux Herbiers, la femme d'un de leurs chefs; ils regagnaient le soir même leur cantonnement, lorsque le voltigeur Hequely annonce de sang-froid qu'il veut tuer un Chouan. Ils s'égarent dans les sentiers du Bocage. Le hasard les conduit à la ferme de Cousin, qui, auprès du feu avec sa femme, récitait le chapelet. Ces paysans entendent frapper à la porte. Des coups de crosse l'ébranlaient déjà quand Cousin ouvrit. Hequely rudoya, il battit même le fermier, tout en lui enjoignant de les suivre pour leur indiquer la route de Maulevrier. Cousin se mit en marche, et quand les Rouges furent arrivés avec lui au véritable chemin, il demande à retourner à sa ferme. Il laisse ces deux hommes : bientôt une détonation se fait entendre : Cousin, frappé d'une balle dans le dos, rendait le dernier soupir.

Hequely avait tenu parole; il avait assassiné. Pour effacer les traces du crime, ou du moins pour lui donner une couleur politique, le voltigeur recharge son fusil. Son camarade, honnête homme, qu'un pareil forfait épouvante, et qui craint peut-être de devenir une seconde victime, son camarade suit son exemple, et tous deux font plusieurs décharges pour faire croire qu'ils ont eu un engagement avec les Chouans. Ils arrivent à Maulevrier. Le lendemain, le camarade d'Hequely va révéler à ses chefs le crime dont il a été témoin. Hequely est arrêté. Le commandant du bataillon auquel il appartient le dénonce à l'état-major de la 12º division. Un conseil de guerre est assemblé à Nantes, et le 2 mai 1832 Hequely est condamné à mort à l'unanimité. Il se pourvoit devant le conseil de révision. Le jugement est maintenu ; mais alors Barthe, ministre de la justice, intervient. Le régiment demandait que l'assassin fût fusillé en face même de la demeure de Cousin. C'était d'un salutaire exemple à la veille des événements qui se préparaient. Barthe sollicite auprès de Louis-Philippe grâce pour la vie de cet homme qui n'a tué qu'un Vendéen ; la grâce est accordée.

A la même date, Jean Caro, laboureur, né à Lanouée dans le Morbihan, comparaissait devant le jury d'Ille-et-Vilaine sous l'accusation de complot contre la sûreté de l'État. Agé de cinquante-deux ans, il était prévenu, 1º d'avoir pris une part active à un engagement qui avait eu lieu le 13 mai 1831, et dans lequel un militaire avait perdu la vie ; 2º d'avoir fait partie des bandes armées contre l'autorité royale. Le jury le condamnait à mort, et sa tête roula sur l'échafaud.

Tant de violences devaient exaspérer les Chouans. Pourtant ces hommes que l'on massacrait ici sans jugement, que là on condamnait sans preuves, ne se prêtaient qu'avec réserve à des représailles qu'ils croyaient indispensables à leur conservation. On les a chargés de crimes, ils ont été accusés de tous les attentats imaginables; mais de ceux que la vérité doit laisser à leur charge il en est bien peu qui ne puissent évoquer une excuse ou une justification.

Les Chouans s'étaient fait une politique à eux. Ils pensaient que puisqu'une fraction de peuple souverain avait dû, en 1830, à Paris, se prononcer par une révolte contre le gouvernement établi, eux, qui n'avaient pas sanctionné le nouvel ordre de choses, pouvaient très-bien avoir recours à l'insurrection pour renverser le trône que Juillet avait édifié. Une conspiration leur avait enlevé le roi de leur choix; ils conspiraient à leur tour. En renonçant aux modiques pensions que la Restauration allouait à un petit nombre de familles, en refusant de servir sous le drapeau tricolore, ils s'étaient mis en hostilité ouverte contre le pouvoir de fait. Au point de vue moral et monarchique, c'était sans doute une erreur; dans l'esprit peu parlementaire des paysans cette erreur trouvait plus d'un contre-poids. On proclamait leur souveraineté, et on leur prouvait qu'ils n'étaient même pas libres. A coups de fusil et de dénonciations on les jetait dans de cruelles représailles.

Ils en exercèrent parfois. Ils tuèrent des gendarmes et des soldats qui ne cherchaient qu'à les tuer eux-mêmes; ils se firent délivrer des armes et des vivres;

ils arrêtèrent plusieurs diligences chargées des fonds de l'État; ils sévirent avec rigueur contre certains fonctionnaires qui, à l'abri de leur écharpe municipale, se livraient impunément à l'espionnage; mais à ces attentats aux personnes et aux propriétés, attentats dont la guerre civile seule était responsable, les Chouans donnaient une explication catégorique selon eux. Ils se demandaient si l'insurrection de Juillet n'avait pas tué des gendarmes, fait feu sur des soldats et pillé les magasins d'armuriers. On avait honoré le patriotisme des uns; les autres, après la victoire, pouvaient bien espérer une telle apothéose. La victoire légitimait tout aux yeux de la Révolution, la négation du droit comme la violation des lois : à leurs yeux elle ne devait pas être plus inconséquente. Pour renverser la monarchie on avait évoqué la force populaire : ils étaient peuple; ils faisaient appel à cette même force.

Depuis juillet 1830 on avait si souvent fait vibrer à leurs oreilles le cri fatal des anciens : Malheur aux vaincus! on leur avait si rigoureusement appliqué les conséquences de ce mot antiprovidentiel, qu'à la fin ils cherchèrent à savoir si, même après la défaite, ils seraient plus à plaindre qu'avant le combat; ils commencèrent donc la guerre en partisans.

Tel était notre récit sous le règne de Louis-Philippe. Nous n'avons rien à retrancher; nous pourrions très-aisément ajouter.

Madame, duchesse de Berry, convaincue qu'une

onne cause prête toujours de la force à un bras faible, a voulu tenter le sort des armes. Elle est aussi populaire à Paris par sa bonté que par son esprit, petillant comme le sel dans la fournaise. Aimée dans les châteaux et vénérée dans les chaumières de la Vendée, mère de l'orphelin qu'une conspiration de famille, savamment implacable, priva de l'héritage de ses aïeux, la nièce du roi-citoyen a conçu une entreprise impossible et qui ne peut réussir que par cette impossibilité. Après un insignifiant échec à Marseille, elle traverse la plus grande partie du royaume, si sûre d'elle-même et des autres qu'elle n'a pas songé à s'entourer des plus simples précautions. Pour se trouver dans le Bocage aussitôt que la princesse, le maréchal de Bourmont a pris une autre route. Dans les villes sur son passage, le chef avoué du complot légitimiste reçoit souvent l'hospitalité ou les félicitations des généraux commandant au nom de Louis-Philippe. De Marseille à Angers, ces généraux sont aussi admirablement disposés à seconder l'insurrection, si elle réussit, qu'à la combattre, si elle échoue. A Nantes, le vieux Cambronne, lui-même, met son épée de Waterloo au service de Henri V.

Sous la République, sous l'Empire et sous la Monarchie, Louis-Philippe, duc d'Orléans, a provoqué, a patronné les trahisons; il y applaudit par égoïsme ou par jalousie. Maintenant Louis-Philippe, roi des Français, se voit ballotté entre des dévouements incertains et des défections à courte échéance. Il fit de l'honneur une marchandise : les partis tournent contre lui son propre système.

Marie-Caroline est au centre de la Vendée. Nouvelle Marguerite d'Anjou, elle affronte en souriant les privations et les périls; car, ainsi que parle Brantôme : « De cette race de Bourbons, il n'y en a point de poltrons ; ils sont tous braves et vaillants. » Elle a conquis à la cause de son fils l'enthousiasme de toutes les mères, elle veut lui donner une armée et une patrie. Les tendresses hypocrites que Louis-Philippe, son oncle, lui manifesta, n'ont jamais aveuglé la duchesse de Berry. Elle connaît ce Richard III de la bourgeoisie. Au lieu d'accepter les d'Orléans pour de si bonnes gens, comme cela a été écrit plus d'une fois, elle sut, guidée par un instinct maternel qui ne trompe pas, se défier d'eux et les tenir à distance. L'Europe est favorable à son expédition. L'empereur de Russie et le roi d'Espagne, les rois de Hollande et de Piémont, l'Autriche et la Prusse font des vœux publics en sa faveur. Plus d'une fois, dans le Bocage, des lettres impériales et royales lui firent de la constance un devoir et un bonheur. Dépouillée de tout par l'Orléanisme, cette princesse, dont le courage et le caractère furent plus grands que les événements, a voulu demander à d'autres dépouillés si, selon la menace du poëte [1],

Spoliatis arma supersunt.

Les complots ne deviennent épiques que par le

---

[1] Juvénal, *Satire* VIII.

succès ; le succès ne s'obtient que par l'abnégation et la persévérance. Le parti légitimiste, sans cesse prêt à se dévouer, n'a jamais manqué l'occasion de raisonner son dévouement. Dans les conseils de Madame et dans les comités royalistes, il avait été impossible de faire régner une salutaire entente. Les idées et les projets différaient selon les caractères et les positions. Les uns parlaient de se jeter franchement et résolûment dans les hasards de la guerre, les autres désiraient combiner une action plus prudente. La chute de Louis-Philippe était le vœu final de tous ; chacun chercha le moyen d'y arriver dans la mesure de ses espérances. La liberté de discussion avait amené dans ce parti une funeste divergence d'opinion. Les désaccords qui travaillaient les royalistes de Paris réagirent sur les chefs vendéens ou bretons qu'on autorisait à se former en comité consultatif d'insurrection. Tout ce qui devenait devoir aux regards des uns n'était pas cher aux autres par la même raison. Les uns se prononçaient pour une prise d'armes immédiate, les autres pour un ajournement, indéfini peut-être. La présence de Madame aurait dû mettre un terme à ces tiraillements ; elle en fait surgir de nouveaux. Par une succession d'ordres et de contre-ordres, mal compris ou interprétés trop à la lettre, on rend inutile le courage de plusieurs ; on paralyse le zèle de tous. On ne laisse exposé sur la brèche que l'intrépidité des plus fidèles. Sans peur, mais sans espoir, ils combattirent au Chêne et à la Pénissière, à la Caraterie et à Saint-Aubin, à la Gachetière et à Riaillé, à la Grand'Roche et à Montjean. C'était de l'héroïsme gaspillé en pure perte et du sang versé pour l'honneur seul du drapeau. Si l'élan d'une résolution unanime n'eût pas été comprimé par le décousu des mesures prises et contremandées, la Vendée militaire aurait pu, dans vingt ou trente jours de crise, délivrer la France d'un gouvernement odieux et d'une usurpation méprisée ; car l'Orléanisme ne sut rien par lui-même, rien par ses préfets, rien par ses généraux, qui fermaient les yeux pour ne pas voir et ne pas prévoir. Mais quelques engagements partiels ne devaient point exercer une action déterminante sur les événements[1]. A l'heure où l'Or-

[1] Le maréchal Saint-Arnaud, alors lieutenant d'infanterie, était dans le Bocage et il guerroyait contre les royalistes. Sa famille a publié sous le titre de : *Lettres du maréchal Saint-Arnaud*, quelques fragments de sa correspondance, et sous la date de Gourgé, 1ᵉʳ juin 1832, cet officier fait le tableau suivant de la situation.

« Je ne sais à quoi attribuer la manière dont les journaux rendent compte des affaires de la Vendée. Je suis à me demander comme Figaro : Qui trompe-t-on ici? Nous faisons une guerre affreuse et plus fatigante qu'on ne saurait le dire. Nous sommes à chaque instant menacés d'être attaqués dans nos cantonnements et enlevés. Deux cantonnements ont été attaqués pendant la nuit et les Chouans ont été obligés de se retirer. C'est à trois lieues de Gourgé. Je me garde militairement ; toutes les nuits je suis sur pied ; je fais des rondes et je prête l'oreille, et suis toujours armé et prêt. J'ai été cinq nuits sans me coucher et je ne me jette sur mon lit que le jour. Le 29, nous avons tué un Chouan ; il avait trente-six balles sur lui et le contrôle des hommes de deux cantonnements. Tu vois comme nous sommes trahis. Les paysans murmurent et se lèvent. Beaucoup ont rejoint les bandes. J'ignore quel est le sort qui nous attend, mais nous sommes déterminés à nous battre jusqu'à l'extrémité. Tous les officiers sont à l'index ; moi j'ai surtout l'honneur d'être désigné et marqué à l'encre rouge. Mon activité, l'acharnement que je mets à les poursuivre m'a valu naturellement l'honneur d'une

léanisme triomphait dans la Vendée d'une insurrection légitimiste, il sortit vainqueur à Paris d'une lutte contre les Républicains.

Le trépas de Casimir Périer a ravivé leurs espérances ; la mort du général Lamarque leur inspire la pensée d'un coup de main aussi hardi que bien conçu. Entre ces deux partis, que la même haine réunit et que séparent tant de flots de sang, il n'y a pas plus d'accord possible que d'entente préalable. On marche contre l'ennemi commun le même jour, mais avec des pensées hostiles dans le cœur et des malédictions sur les lèvres. Selon la parole de Tacite[1], « ce n'est pas la vengeance qui déplaît, c'est le vengeur. » Cette division des forces était pour l'Orléanisme un gage de victoire. Il l'avait entretenue chez les Républicains à grands frais d'hypocrisie. Les deux partis isolés ne pouvaient que succomber dans des combats inégaux; Louis-Philippe profite de cet isolement pour les écraser l'un après l'autre.

Les 5 et 6 juin 1832, la Vendée militaire avait glorieusement rendu le dernier soupir ; à la même date, la république militante expire au cloître Saint-Merri. Le drapeau blanc a été relevé dans les provinces

haine particulière ; ils m'ont fait prévenir en me disant que si je quittais Gourgé, j'étais mort ; ce qui ne m'empêche pas de courir après eux. Le colonel vient de me donner avis de faire faire une veste de soldat et d'avoir à mon bonnet de police un gland en laine. Je leur rends coup pour coup ; jusqu'à présent ils m'en doivent. C'est une chose hideuse qu'une guerre civile ; elle aigrit, rend cruel, fanatique. »

[1] Tacite, *Histoir.*, t. IV, page 185.

de l'Ouest; le drapeau rouge flotte dans les rues de Paris. L'opposition révolutionnaire à la Chambre des députés a tenté, sous la forme d'un *compte rendu*, adressé à la nation et au roi, de donner un corps à ses griefs. Les sections républicaines, organisées pour le désordre, mais assez mal préparées pour un combat sérieux, veulent faire leur profit de tant de circonstances douloureuses. Elles marchent à des funérailles ainsi qu'à un duel. Leurs armes sont à peine dissimulées sous quelques lambeaux de deuil, et, en escortant le char funèbre, on entend des voix républicaines s'assigner rendez-vous pour souper le soir même aux Tuileries. Afin d'émouvoir la foule et de précipiter la catastrophe, quelques patriotes plus exaltés complotent d'égorger ou de jeter à la Seine le général la Fayette, qui ne fut jamais que l'ombre d'un grand nom. Par ce meurtre, qu'ils attribueront à la police orléaniste, ils inaugurent un martyr involontaire. D'autres se préparent à transformer la ville entière en un vaste champ de bataille. Le signal est donné et l'insurrection éclate.

Elle fut terrible; elle pouvait être décisive. Le maréchal Soult, ministre de la guerre, n'ose pas brûler ses vaisseaux. Le maréchal Clausel promet un concours encore timide aux insurgés. Le gouvernement est dans la prostration; et l'armée, qui n'a pas perdu le souvenir des journées de Juillet, hésite à obéir aux ordres qu'elle reçoit. Ces hésitations habilement ménagées, plus habilement exploitées, vont devenir funestes au pouvoir ; la révolte s'étend et se propage. Sous le coup de mille rumeurs imaginaires, elle se glisse dans les rangs de l'armée, qu'on parle de retirer de la capitale. Au milieu de ce trouble et de ces incertitudes, Louis-Philippe a vu les intimes du château agiter entre eux la question de son départ. Les fidélités chancellent autour de lui ; il se sent frappé de déchéance, s'il n'adopte pas soudain une résolution énergique. Louis-Philippe marche contre les barricades. Son trône est menacé ; sa dynastie mise en péril : Louis-Philippe n'a plus horreur du sang versé dans des guerres fratricides. La malsaine philanthropie qu'il professa en faveur des émeutes n'est plus qu'un hors-d'œuvre. Acculé par la Révolution, il faut qu'il sorte roi ou prisonnier de cette impasse. Le roi monte à cheval ; sa présence change la face du combat. Il a parcouru les quartiers, théâtre de l'insurrection : il a notifié ses ordres, ranimé le courage des troupes et offert un visage serein à la populace hostile ou moqueuse. Cette populace pressent que la victoire va changer de drapeau ; elle acclame le prince vainqueur. Elle l'a vu au feu, elle applaudit à son courage.

Les insurgés n'avaient plus qu'à mourir bravement, mais inutilement. Ceux qui leur mirent les armes à la main viennent implorer miséricorde et plaider, durant la bataille, les circonstances atténuantes. Arago, Laffitte et Odilon Barrot apportent au nom des signataires du *compte rendu* de puériles excuses, de tristes aveux et des conseils perfides. Louis-Philippe, qui n'aura qu'une fois cette royale attitude, n'était point homme à désespérer la Révolution. Il y avait entre elle et lui un pacte mystérieux qu'on invoque. D'Orléans n'est pas de taille à le violer. Le talisman du Jacobinisme protége encore les Jacobins.

La Vendée militaire a été placée sous le coup de l'état de siége avant son insurrection; Paris ne s'y trouve que le lendemain. Louis-Philippe a distribué ses justices d'une main partiale; ses justices sont une iniquité réfléchie. L'état de siége est déclaré, même par les Orléanistes, une mesure illégale et dangereuse. Le barreau et la magistrature combinent leurs efforts pour en démontrer le vice radical. Le 29 juin, la Cour de cassation rend un arrêt dans ce sens; ce jour-là, Louis-Philippe s'empresse de supprimer par ordonnance l'arbitraire du sabre dans la capitale. En vertu, sans doute, de l'article premier de la charte de 1830, portant que tous les Français sont égaux devant la loi, il est maintenu contre la Vendée militaire. Pas une voix d'avocat constitutionnel, d'écrivain patriote ou de magistrat libéral ne s'élève pour protester. Le roi de Juillet reste dans les annales de la France le roi de l'état de siége.

Vaincus et non découragés, les partis, néanmoins, ne rendent point les armes. La défaite les avait irrités, ils cherchèrent dans cette défaite de nouveaux éléments d'agitation. Ils crurent que la colère de l'homme devait accomplir la justice providentielle. Forts de la persévérance de leur haine, ils ne se résignèrent pas à attendre, car selon la parole de Bossuet[1] : « Tout est conduit, les petites choses comme les grandes et tout cadre avec les grands desseins de Dieu. »

La duchesse de Berry, errante dans le Bocage, éprouve le sort de ses compagnons d'infortune. Proscrite comme eux, traquée d'asile en asile et n'ayant pour toute sauvegarde que l'honneur des paysans, auxquels elle confiait sa vie avec une admirable sécurité, Marie-Caroline est environnée de soldats. Le jour et la nuit, ils battent le pays. A l'aide d'incessantes patrouilles, ils s'efforcent de jeter la terreur dans les consciences ou de saisir la royale proie offerte à leur cupidité. Toutes les polices du royaume sont à la peine. Madame n'a point renoncé à l'espérance, le songe de ceux qui veillent; mais pour ne pas attirer sur la tête de ses amis de plus sanglantes persécutions, elle se décide à choisir une retraite moins exposée. Ses pérégrinations vont finir. Elle arrive à Nantes sous un déguisement de jeune villageoise. L'un de ses premiers soins est d'adresser à la reine Marie-Amélie, une lettre qui sera pour ces deux princesses un éternel témoignage devant Dieu et devant les hommes. La duchesse de Berry s'exprime ainsi :

« Quelles que soient les conséquences qui peuvent résulter pour moi de la position dans laquelle je me suis mise, en remplissant mes devoirs de mère, je ne vous parlerai jamais de mon intérêt, Madame; mais des braves se sont compromis pour la cause de mon

---

[1] Bossuet, *Méditations*, tome IX, page 454.

fils. Je ne saurais me refuser à tenter pour les sauver ce qui peut honorablement se faire.

« Je prie donc ma tante, son bon cœur et sa religion me sont connus, d'employer tout son crédit pour intéresser en leur faveur. Le porteur de cette lettre donnera des détails sur leur situation; il dira que les juges qu'on leur donne sont des hommes contre lesquels ils se sont battus.

« Malgré la différence actuelle de nos situations, un volcan est aussi sous vos pas, Madame, vous le savez. J'ai connu vos terreurs bien naturelles à une époque où j'étais en sûreté, et je n'y ai pas été insensible. Dieu seul connaît ce qu'il vous destine; et peut-être un jour me saurez-vous gré d'avoir pris confiance dans votre bonté, et de vous avoir fourni l'occasion d'en faire usage envers mes amis malheureux. Croyez à ma reconnaissance.

« Je vous souhaite le bonheur, Madame, car j'ai trop bonne opinion de vous pour croire qu'il soit possible que vous soyez heureuse dans votre situation.

« MARIE-CAROLINE. »

Cette lettre d'une proscrite, demandant justice ou grâce pour les autres avec une émotion si noble et une dignité si touchante était sous cachet volant. Elle devait être accueillie par les d'Orléans à l'égal d'une faveur céleste. Ils la subirent comme un outrage. Marie-Amélie qui, dans le même temps, échange avec madame de Feuchères de si gracieuses missives, fit dire, après avoir pris connaissance de la dépêche, qu'elle ne peut la recevoir. C'est avouer qu'elle n'ose pas y répondre.

Cachée à Nantes dans la maison des demoiselles du Guigny, Madame n'a point renoncé à ses projets. Son nom est dans toutes les bouches. Les périls qu'elle affronta, ceux plus grands encore que les récits populaires accréditent par leur invraisemblance, ont prêté à cette poétique figure de mère une auréole qui enorgueillit toutes les femmes. Triompher des Vendéens, dans les conditions déplorables où ils engageaient le combat, n'était pas difficile à un gouvernement établi; mais renverser le piédestal sur lequel la France élève la duchesse de Berry, isolée et sans appui, ne paraissait pas chose aussi aisée. L'Orléanisme a beau l'appeler dans ses feuilles salariées l'héroïne du Bocage, une aventurière de buissons, ou tout révolutionnairement : la veuve Berry ; Marie-Caroline reste pour la branche cadette une inquiétude et un remords. En oncle prévoyant, passionné pour ses devoirs de roi, mais regardant ses intérêts et ses passions comme des devoirs, d'Orléans avise aux moyens de s'en débarrasser.

En songeant à lui, sans aucun doute, et en l'appliquant peut-être tacitement à la duchesse de Berry, Louis-Napoléon Bonaparte, prisonnier à Ham, gravait, en 1841, dans ses *Fragments historiques :* « Rien n'irrite plus un pouvoir impopulaire que de voir qu'un ennemi vaincu soit encore un danger. » Le roi de Juillet n'ignore pas cette maxime ; aussi essaye-t-il de tous les subterfuges pour éviter un pareil danger. Il a été dit, et, depuis 1848, il a été souvent écrit, en guise de fait atténuant, que Louis-Philippe avait tout mis en œuvre auprès de la duchesse de Berry ou de ses principaux amis, afin de la décider à quitter la France. Cette assertion, très-discutable, aurait trouvé une base solide ; elle aurait pu arriver à l'état de vérité si Marie-Amélie eût reçu la lettre que la duchesse de Berry daigna lui adresser, et si surtout les d'Orléans y eussent répondu avec le sentiment que cette lettre provoquait. L'ouverture était faite ; il n'y avait plus qu'à en profiter et à se mettre en communication officieuse d'oncle et de tante à nièce. Les choses ne s'étant point ainsi passées et Louis-Philippe s'obstinant dans son mutisme constitutionnel, par quels ministres, par quels intermédiaires a-t-il pu communiquer avec une proscrite dont la retraite était inconnue de tous ? Les prétendus avis offerts, les mesures ayant eu un commencement d'exécution, les prières faussement énumérées ne reposent donc que sur des fables. Louis-Philippe, vivant ou mort, doit subir la responsabilité de son péché de famille ainsi qu'il accepta d'être le complice moral de madame de Feuchères.

Avoir eu pour père Philippe-Égalité, assassin de Louis XVI, et s'être improvisé général de la République et huissier au club des Jacobins ; puis, en traversant la Révolution de 1830, se charger du drame de Saint-Leu et du drame de Blaye, crimes que la fortune elle-même ne pardonnera jamais, c'est en réalité trop lourd pour l'existence d'un seul homme. Louis-Philippe ne recula pas devant ce quintuple fardeau; appartient-il à l'histoire d'afficher plus de respect humain que lui ?

Dans les derniers mois de l'année 1832, les complications et les défiances ostensibles de l'Europe à l'égard de ce prince étaient pour lui une cause permanente d'inquiétude. Le roi de Hollande, appuyé secrètement par les puissances du nord, ne tenait plus compte des protocoles de la conférence de Londres. Maître de la citadelle d'Anvers, il pouvait d'un moment à l'autre foudroyer la ville. Des lettres interceptées ou saisies à la poste [1] tendent à prouver que le prince d'Orange conseille à la duchesse de Berry d'épier l'issue des événements et de se préparer peut-être à une seconde prise

---

[1] Toutes les fois que ce reproche a été fait au gouvernement de Louis-Philippe, lorsqu'on a invoqué contre lui l'abus du *cabinet noir* et la violation du secret des lettres, les Orléanistes n'ont jamais manqué de crier à l'imposture et à la malveillance. Ils ont même prétendu que le cabinet noir n'avait jamais fonctionné sous la monarchie de 1830, pas plus contre ses adversaires que contre ses partisans. Or, une lettre, épave du 24 février 1848 trouvée aux Tuileries, atteste la chose et vient cruellement réfuter les dires officieux des courtisans. C'est le général comte Sébastiani, le confident et le ministre favori de Louis-Philippe, qui écrit au fils de son roi et qui constate lui-même la violation, sans en témoigner un étonnement quelconque, comme habitué depuis longtemps à ces manières de faire par lui, pour lui ou contre lui.

« Monseigneur,

« La lettre jointe à celle que Votre Altesse Royale a daigné m'écrire, annonce l'envoi de paquets importants qu'on aura retenus à la poste pour en prendre lecture. Ils seront probablement remis aujourd'hui ou demain. Je vais me rendre immédiatement auprès de Votre Altesse. Je la supplie de croire qu'elle n'a pas un serviteur plus respectueux et plus dévoué que moi.

Signé : Horace Sébastiani.

« Paris, 28 mars. »

d'armes, lorsque le canon aura dessiné la véritable attitude des souverains. La guerre aux frontières, la guerre à Paris, la guerre dans le Midi et dans l'Ouest, telle sera la position réservée à Louis-Philippe. C'est alors qu'il se hâte de mettre sa couronne au mont-de-piété de la Juiverie.

Simon Deutz, un de ces misérables qui font métier de se convertir, mais toujours renégats à l'occasion, avait, par quelques petits services rendus, et généreusement payés, gagné, dans une certaine limite, la confiance de Marie-Caroline. Deutz s'est persuadé qu'il y aurait une bonne spéculation à faire en proposant de livrer et surtout en livrant la duchesse de Berry à l'Orléanisme. Deutz offre de la vendre. Louis-Philippe n'en est pas à son premier marché de famille. Il a traité avec la Feuchères : il peut bien négocier avec le Deutz. M. Thiers, son ministre de l'intérieur, reçoit mission de le palper, de le scruter et de l'acquérir, s'il en vaut la peine. Deutz fut jugé digne des enchères orléanistes. Il s'estimait cinq cent mille francs, M. Thiers partagea cette opinion. Deutz et Thiers, noms inséparables désormais par la vente et l'achat d'une femme, s'étaient, sur la recommandation de Louis-Philippe, environnés des plus profondes ténèbres. Un légitimiste perce le mystère et le révèle à Madame. La fatalité des d'Orléans ne permit point que ce nouveau crime leur fût épargné.

Deutz, ayant pour escorte d'honneur douze sbires, l'élite de la police, arrive à Nantes, où le général

Drouet d'Erlon et le préfet, Maurice Duval, intimes du Palais-Royal, ont été envoyés, afin de seconder le juif dans sa contrefaçon d'Iscariote. Le juif frappe à la porte des royalistes les plus notables : il affirme être porteur de dépêches d'une extrême gravité adressées à Madame. Éconduit par les uns, accueilli par les autres, il peut enfin faire passer son nom de guerre à la princesse. Elle n'avait aucun motif pour suspecter la fidélité de cet homme, qui, diplomate marron ou agent d'intrigues secrètes, doit avoir recueilli dans ses courses de précieux renseignements. Madame désire l'entretenir : afin de n'éveiller aucun soupçon, elle lui fait annoncer qu'elle le recevra dans une maison tierce, fort éloignée de l'asile choisi par elle. Le 30 octobre 1832, à la nuit tombante, Deutz est introduit chez les demoiselles du Guigny. Madame y arrive à son tour, comme dans une habitation étrangère. Elle a vu Deutz, elle a entendu ses communications, elle l'a congédié avec un affectueux sourire de gratitude. Ce sourire porte le trouble dans l'âme de l'apprenti Judas; il n'ose plus poursuivre sa tâche.

Pendant ce temps, un autre traître faisait à Maurice Duval une révélation qui va précipiter le dénoûment orléaniste. En apprenant que Madame pourrait bien être enceinte et que des symptômes de grossesse se manifesteraient, Maurice Duval, — et c'est de sa bouche même que nous tenons ce récit, — Maurice Duval s'empresse de demander directement à Louis-Philippe de quelle manière il doit agir dans une telle occurrence. Louis-Philippe[1], « n'exerçant pas mieux qu'il ne l'avait acquise une puissance achetée par le crime, » répond, le 2 novembre, jour des Morts : « Je suis roi constitutionnel avant tout, faites ce que mes ministres vous ont ordonné. Votre nouvelle est impossible; mais si, par malheur, elle était vraie, ma femme en mourrait de chagrin. »

Arrêté sur une bonne pente par ces déclinatoires constitutionnels et par ce pressentiment conjugal si mal vérifié, le préfet de la Loire-Inférieure n'avait plus qu'à mener à sa fin la perfidie de Deutz. Thiers le presse d'activer la chose et d'arriver promptement à la conclusion désirée. Deutz recule; il lutte avec sa conscience; il déclare ne plus savoir comment retrouver Madame. Puisqu'à toute force le gouvernement veut une tête, il propose de lui livrer à prix débattu celle du maréchal de Bourmont. On menace alors le juif; on l'effraye. Après de longues tortures morales, on obtient de lui qu'il se remettra en campagne. Les d'Orléans vont doublement triompher.

Deutz a trompé la bonne foi d'une religieuse. Il lui a persuadé que la vie ou la liberté de Madame dépendait d'une dernière entrevue avec elle. Madame consent à le recevoir, le 6 novembre, à quatre heures du soir. Deutz est en possession du secret de la retraite ; il le communique aux agents de l'Orléanisme, qui disposent des troupes, de la police et de la garde nationale en conséquence. Deutz pénètre dans cette maison

---

[1] *Florus*, liv. I, page 22.

de la rue Haute-du-Château ; il est admis auprès de Madame, et lui rend une lettre à son adresse. Cette lettre, signée Jauge, annonçait à la duchesse de Berry « qu'un homme ayant toute sa confiance l'a trahie et vendue à M. Thiers pour un million. » Madame lut cette dépêche à haute voix, puis avec un sourire démentant ses paroles : « C'est peut-être vous? » dit-elle à Deutz, qui balbutia : « C'est très-possible. » Au bout d'une heure de conversation, le juif prend congé de Madame. En sortant de la maison, il fait un signe convenu, et l'Orléanisme se met à la besogne.

Le quartier est cerné, la rue est investie par les troupes et par la police. Des coups de hache retentissent à la porte de la maison, qui cède aux efforts redoublés. En un clin d'œil, l'asile de Madame se voit inondé d'agents de toute espèce, de fureteurs de toute nature. Le poignard ou le pistolet à la main, ils s'emparent des appartements, ferment les issues, fouillent de tous côtés et campent depuis la cave jusqu'aux combles. La présence de Marie-Caroline est indiquée par la lettre même de M. Jauge, tombée sur le parquet. On a visité les recoins, les alcôves et les armoires, interrogé à coups de marteau les murs et les planchers. On a mis sous la surveillance de la police et de la garde nationale les habitations contiguës, et l'on ne découvre rien. Une nuit entière et la matinée du lendemain sont perdues dans ces investigations. Les autorités commencent à désespérer du résultat. M. Thiers, consulté par le télégraphe, répond en style de général d'armée : « C'est un siége ; tenez la place assiégée, et, s'il le faut, démolissez. »

Tel était le dernier mot de l'Orléanisme. Démolir la maison, lorsqu'on est convaincu qu'elle abrite une femme, c'est chercher à l'ensevelir sous les décombres ; et cependant M. Thiers lui-même avait, quelques jours auparavant, écrit à Maurice Duval une lettre de parade, dans laquelle on lisait : « Nous voulons prendre le duc d'Enghien, mais nous ne voulons pas le fusiller. Nous n'avons pas assez de gloire pour cela, et si nous l'avions, nous ne la souillerions pas. »

Cette modestie de juste-milieu, tempérée par une ironie d'humanité que les injonctions ministérielles contredisent si cruellement, ne sera point pour la postérité une excuse ou une atténuation. Les démolisseurs patentés allaient exaucer le vœu de la dynastie de 1830, lorsqu'un événement imprévu change toutes les dispositions. La duchesse de Berry, accompagnée de mademoiselle de Kersabiec, de MM. de Mesnard et Guibourg, a trouvé un refuge dans une cachette, dont la plaque d'une cheminée masque l'entrée. Afin de se préserver du froid, des gendarmes ont allumé du feu dans cette cheminée, bientôt devenue pour les captifs une ardente fournaise. Ils y étouffent. Ne voulant pas mourir dans une guerre à la saint Laurent, ainsi que le déclara la duchesse de Berry aux suppôts de l'Orléanisme, ils se résignent à faire tomber la plaque.

Épuisée de fatigue, pâle d'émotion, à moitié asphyxiée, et sa robe fumant encore sous les brûlures,

Madame apparaît au milieu de tous ces hommes armés contre une femme. Après seize heures d'un supplice inouï, elle n'a rien perdu de sa dignité et de sa cordiale franchise.

Ce soir-là, la famille d'Orléans, radieuse de bonheur et propageant la nouvelle par l'éclat de sa joie, assistait, au Théâtre-Français, à la représentation des *Vêpres siciliennes*, suivie de *Ma place et ma femme*. A la même heure, Deutz, bourrelé de remords et ivre de désespoir, après s'être meurtri la tête contre les murs de la chambre où il était renfermé à la préfecture, s'échappait de ce lieu pour courir à la malédiction.

L'Orléanisme a fait préparer la citadelle de Blaye à tout événement. Sur la corvette de l'État qui la transfère à sa destination avec une pompe officielle, Madame, faisant allusion aux d'Orléans, dit au général Dermoncourt : « Ils sont plus embarrassés que moi. » Les partis ne tardèrent pas à démontrer la vérité de cette parole.

Ce fut le 17 novembre que la duchesse de Berry se vit écrouée à la citadelle de Blaye. Le 19, Louis-Philippe, se rendant par le pont Royal au palais Bourbon pour faire l'ouverture des Chambres, entend près de lui une détonation d'arme à feu. Il n'est pas blessé et continue sa route. C'était le premier attentat républicain dirigé contre sa personne, l'attentat Bergeron, ainsi qu'il est appelé dans la nomenclature. Ce crime n'alarma que les Orléanistes. La France y resta indifférente, peut-être même insensible, car, dans ce moment, tous les yeux, tous les esprits, tous les cœurs se portaient vers Blaye. Chacun se sentait froissé dans ses affections de famille; chacun s'indignait de voir la petite fille de Henri IV et de l'impératrice Marie-Thérèse prisonnière d'un d'Orléans, son oncle. L'espagnolette de Saint-Leu et la citadelle de Blaye épouvantaient les imaginations les plus calmes. Dans les salons, dans les théâtres, dans les ateliers, partout enfin, il ne s'élevait qu'un cri de réprobation contre deux ignominies que la plus humble des familles aurait répudiées avec effroi. Louis-Philippe, atteint et convaincu d'un double déshonneur, n'inspira aucune pitié, et les partis qui se déchiraient entre eux se réunirent pour l'accabler de leurs sarcasmes vengeurs.

En butte à ces hostilités, faisant vibrer dans toutes les âmes le seul sentiment que la Révolution ne peut dénaturer, Louis-Philippe a compris qu'une détestable pensée le jette encore dans une voie mauvaise. Pour en sortir, il s'efforce d'associer le pays légal à son trafic de femme; il laisse aux Chambres à statuer relativement à madame la duchesse de Berry. La France ne l'entendait point ainsi. Dans ce royaume, depuis longtemps libre par ses lois et toujours esclave par l'administration, les partis, supposés vaincus, aspiraient à compter avec leur prétendu vainqueur. Le sort de la duchesse de Berry était une belle occasion pour cela. D'innombrables pétitions arrivèrent à la Chambre des divers points de la France. Légitimistes et Républicains, mus par des motifs différents, s'accordent tous dans une méfiance instinctive. Il répugne aux uns comme aux autres de voir l'Orléanisme maître de la vie ou de la mort de Madame. Ici, on demande qu'elle soit immédiatement remise en liberté; là, on invoque l'égalité devant la loi et devant le jury. Afin d'enfoncer jusqu'à la garde le poignard dans le cœur des d'Orléans, il se rencontra des sans-culottes attardés, des demeurants de 93, qui ont les bonnes traditions. Ils déclarent que, puisque la veuve Capet a bien été jugée par un tribunal révolutionnaire, il n'en faut pas davantage à la veuve Berry.

L'arbitraire de Louis-Philippe, commenté et dirigé par ses ministres, effrayait les amis et les adversaires de Madame. Le gouvernement avait la prétention de régler seul la destinée de la princesse; l'opinion publique s'y oppose par respect ou par crainte d'une dernière flétrissure. Pour soutenir le projet ministériel, le duc de Broglie, président du conseil, argumentait ainsi[1]: « Ce qu'on demande, c'est un simulacre de jugement; une comédie solennelle dans laquelle tous les rôles sont distribués d'avance, dont le dénoûment est prévu et réglé!... Savez-vous, messieurs, ce que vous feriez en renvoyant madame la duchesse de Berry devant un tribunal quelconque? Savez-vous quelle question vous iriez porter devant le tribunal? Ce n'est pas la question de savoir si la prisonnière de Blaye est ou non la duchesse de Berry; elle ne se cache pas. Ce n'est pas la question de savoir si elle était ou

[1] *Moniteur du 6 janvier 1833, séance du 5.*

n'était pas dans la Vendée; elle le proclame. C'est la question de savoir si elle a le droit de conspirer contre le gouvernement. C'est cette question qui sera plaidée; et il ne sera plaidé que celle-là. C'est à vous de voir s'il vous convient qu'elle soit portée devant les juges que le sort désignera. Pour nous, nous sommes de ceux qui pensent que cette question est décidée depuis le 7 août 1830, et qu'un gouvernement qui se respecte ne doit pas se laisser mettre en cause par qui que ce soit, ni devant qui que ce soit. Eh! messieurs, quand vous aurez laissé porter une telle question devant les tribunaux, songez aux débats qui vont suivre, songez à l'auditoire qui va se presser autour du tribunal. Avec la liberté de parole et d'action dont nous jouissons, voyez-vous accourir, de toutes les extrémités du royaume, tous les ennemis du gouvernement, tous les ennemis d'un gouvernement quelconque, je ne dis pas par centaines, par milliers, je dis par centaines de milliers? Songez au langage des défenseurs, à celui de l'accusée; songez à l'explosion des fureurs populaires que ce langage ne peut manquer d'exciter. Croyez-vous que ce sera assez de toutes les forces dont le gouvernement dispose pour protéger, selon le vent qui soufflera, tantôt la tête des juges, tantôt celle des accusés?... S'il est quelqu'un qui se croie en droit de provoquer de tels désordres, notre devoir à nous, est de signaler les périls, et de dire qu'on n'aura jamais joué la tranquillité du pays contre une fantaisie plus insensée et plus gratuite. »

Cette séance, à juste titre surnommée la *séance aux aveux*, était, comme le discours de M. de Broglie, pleine d'enseignements. Dans les sombres prévisions qu'il a laissé entrevoir, dans cette levée en masse de la France qu'il a peinte courant sur les pas de la princesse accusée et instruisant, par la même occasion, le procès de la dynastie de Juillet, le ministre était allé plus loin que sa pensée officielle. Il avait ainsi trahi les plus vives préoccupations de l'Orléanisme.

L'Orléanisme n'a aucun intérêt à faire disparaître la duchesse de Berry, soit par un poison lent, soit par tout autre moyen administratif ou chimique. Sa vie ne court point de dangers immédiats; mais les partis dont le soupçon est l'arme de prédilection, ne s'avouent pas battus pour si peu. Impitoyables par conviction ou par métier, ils aiment le trouble et vivent de scandales. La renommée des hôtes du Palais-Royal a toujours quelque chose de sinistre : les partis l'exploitèrent. Avec de déchirantes hyperboles, ils firent, à plusieurs reprises, entendre au monde entier ces paroles de Bossuet : « Madame se meurt! Madame est morte! » Un climat meurtrier, de mystérieuses tortures, un crime imaginaire expliquaient la chose. En encadrant de noir leurs colonnes funèbres, ils annonçaient que le crime pouvait se consommer à chaque instant.

Marie-Caroline, dans sa captivité, ne fut point environnée d'assassins ou d'empoisonneurs ; elle n'eut affaire qu'à des soldats malheureusement déguisés en geôliers. Par une forfanterie de zèle qu'il a souvent regrettée, le général Bugeaud accepta ce triste office ; il le remplit avec quelques bons procédés et de respectueux égards ne nuisant en rien aux rigueurs d'une minutieuse surveillance. Le lieutenant Leroy de Saint-Arnaud, qui sera lui aussi maréchal de France, partagea cette funeste corvée. Il se fit le docile instrument d'un espionnage domestique auquel l'orgueil de la vertu militaire dut avoir quelque peine à s'habituer. Louis-Philippe ne détachait pas ses yeux de la citadelle de Blaye, car, après avoir commandé et inspiré les plus étranges précautions, la famille d'Orléans attendait, dans une sacrilége jubilation, le jour où le secret de la grossesse ne pourrait plus se cacher. Louis-Philippe n'osait pas le trahir par sa joie ; M. Thiers, par une indiscrétion ménagée en façon de coup de théâtre, le livre à ses anciens amis de la république dans une causerie du foyer de l'Opéra. M. Thiers avait bien placé ses confidences orléanistes. Peu de jours après, *le Corsaire*, feuille d'avant-garde démocratique, comme l'annonçait son titre, soulève un coin de ce voile dont le Palais-Royal s'efforce d'indiquer la transparence.

A cette rumeur, qui n'a pour autorités que des républicains ou des orléanistes, le parti monarchique s'indigne. Les jeunes gens, les officiers démissionnaires par refus de serment, prennent fait et cause en l'honneur de Marie-Caroline. Louis-Philippe a soufflé le feu, il l'attise. Des provocations s'échangent, des duels ont lieu. Bientôt la République, peu favorisée dans ces rencontres, a recours à l'outrage et à la menace collective. L'alliance carlo-républicaine n'existant que dans les terreurs de la bourgeoisie orléaniste, se trouve face à face les armes à la main. Nonobstant, de toutes ces épées qu'elle brise en champ clos, il restera assez de tronçons pour forger les plumes qui tueront la dynastie de Juillet. Cette dynastie est en liesse : ses adversaires de toutes les minutes se battent entre eux, ils font donc ses affaires. L'Orléanisme n'a plus qu'à s'offrir en sournois pacificateur pour envenimer la querelle. Le combat des douze, le combat des trente est proposé, est accepté ; mais alors dans les deux camps des hommes dont la réputation de courage personnel, et la science d'escrime sont notoires, tels que le marquis du Hallay et M. Ambert, se portent médiateurs armés. Avant de croiser le fer et de se blesser mutuellement, comme Carrel et Roux-Laborie, ils demandent une explication loyale. L'explication donnée, la paix fut conclue.

Tandis qu'à Paris et dans les provinces, des duels s'organisent pour ou contre Marie-Caroline, que devient cette royale captive de la monarchie bourgeoise ? Elle est seule entre le comte Emmanuel de Brissac et madame la comtesse d'Hautefort. Leur fidélité, pleine d'affectueux respects, adoucit les chagrins de la femme et les amertumes de la princesse. Mais Marie-Caroline doit subir la visite des docteurs Auvity et Orfila, envoyés près d'elle officiellement pour résoudre un cas de médecine légale. Ces termes, que l'Orléanisme se plaît à employer afin d'offenser les Légitimistes par une grossière insinuation, font bondir d'une noble colère le cœur de la princesse. Des rapports de médecins, tronqués, falsifiés ou altérés étaient répandus par les soins de l'Orléanisme.

Ces rapports entrent dans des détails à peine permis à un président de cour d'assises ou de police correctionnelle posant des questions brûlantes de babillarde immoralité. Le secret de Madame, déjà vendu à Nantes, avait comblé de joie les d'Orléans. Ils tentent de se faire ses protecteurs en conseillant l'humiliation d'un aveu qui ne sortira pas du cercle de la famille et qui ne sera jamais divulgué. Sa mise en liberté immédiate est le prix d'une ouverture si ardemment sollicitée. Le général Bugeaud fut chargé de communiquer à la duchesse de Berry les intentions et le désir du gouvernement de Juillet.

Sous ces cauteleuses promesses de silence et de générosité, la captive a pressenti un piége; elle n'y tombe pas. Louis-Philippe cherche à la flétrir, en ayant l'air de se sacrifier pour elle et en offrant à une faute l'oubli conditionnel. Madame refuse avec un orgueil mêlé de pitié de passer sous les fourches caudines d'un marché léonin. Placée dans l'alternative de confier son honneur aux d'Orléans ou à la France, la duchesse de Berry n'hésite plus. Avec eux, elle a l'avilissement en perspective; l'avilissement dont ils s'efforceront de tirer parti contre elle, en l'accusant d'ingratitude ou de malignité. La duchesse de Berry s'adresse à la

France. On a voulu faire incliner sa tête sous le joug des supercheries dynastiques; la duchesse de Berry relève cette tête. Elle rougit à l'idée de laisser sa pudeur de femme et sa dignité de mère aux buissons de l'Orléanisme. Au lieu de subir la honte, elle accepte résolûment l'abdication. Le 22 février 1833, elle dépose entre les mains du général Bugeaud cette note dont elle exige l'insertion immédiate au *Moniteur*.

« Pressée par les circonstances et par les mesures ordonnées par le gouvernement, quoique j'eusse les plus graves motifs pour tenir mon mariage secret, je crois devoir à moi-même ainsi qu'à mes enfants de déclarer m'être mariée secrètement pendant mon séjour en Italie. »

Marie-Caroline, duchesse de Berry, s'était, par cet acte spontané de sa volonté, dépouillée de tous ses titres. Elle n'est plus la régente du Royaume; mais elle a pensé qu'en faisant éclater sa franchise aux yeux du monde entier, elle mettrait son oncle dans la nécessité de rompre sa chaîne. Les précautions de police prises contre elle, les injurieux soupçons dont elle est l'objet de la part des agents de l'Orléanisme chargés de surveiller ses moindres mouvements et d'interpréter ses paroles les plus indifférentes, les obsessions auxquelles il ne lui est pas plus possible d'échapper la nuit que le jour, rendent odieux à Madame tout ce système de bas espionnage. Elle a cru s'en délivrer grâce à une révélation publique. Cette révélation, transmise à Louis-Philippe par le télégraphe, dérangeait ses plans. Louis-Philippe enjoint au général Bugeaud d'insister auprès de la captive pour obtenir un désistement ou un ajournement de publicité.

La détermination qu'avait adoptée Madame, était irrévocable ; elle refusa d'en changer. Au mépris de la sainteté des liens de famille, Louis-Philippe, oubliant la grande parole de Tacite : *Quod turpe est indecorum est*, va encore une fois apprendre à ses dépens que toute lâcheté déshonore. Marie-Caroline n'est plus dynastiquement la veuve du duc de Berry et la fille de France. Un mariage secret lui a donné un nouvel époux et un nouveau nom. La grossesse, tant incriminée sous le masque d'une hypocrite pitié, l'accouchement prévu, tout est expliqué, tout est dans l'ordre naturel des choses ; mais l'Orléanisme ne les entend pas ainsi.

L'aveu de Blaye, a saisi et déconcerté le parti légitimiste qui ne veut pas croire, qui ne veut pas voir. Son obstination, juste en principe, funeste et ridicule dans ses conséquences, ne prouvait rien, ne remédiait à rien. Marie-Caroline a fermé le livre de sa vie politique ; il n'y a plus qu'à réclamer sa liberté, dont cinq médecins, autorisés par le gouvernement, constatent le pressant besoin[1] : « Si cette décision salutaire était prise, disaient-ils dans une consultation datée du 1er mars, il serait à désirer qu'elle fût exécutée avant le terme de la grossesse présumée, dans la crainte

[1] Consultation signée par les docteurs Ménière, Canihac, Grateloup, Bourges et Gintrac.

qu'après l'accouchement, les symptômes de l'affection pulmonaire ne fissent des progrès trop rapides pour permettre un voyage quelconque. Ce conseil doit avoir d'autant plus de poids, que l'état moral de la duchesse de Berry ne peut aujourd'hui que recevoir des impressions de plus en plus fâcheuses par l'effet d'une détention prolongée. »

Un pareil avis de médecins légaux aurait dû mettre à l'aise le roi citoyen et le parent. Louis-Philippe ne s'en montre que très-peu satisfait. La régence, même fictive de Madame, ne peut plus faire obstacle à son ambition ; il ne reste entre ses mains qu'une femme qui est sa nièce. Afin de prêter à son autorité royale une force et une durée qu'elle n'obtiendra ni des hommes ni du temps, Louis-Philippe a résolu que cette nièce accoucherait publiquement, constitutionnellement. Jamais lit de princesse ne fut entouré d'autant de tortures officielles. Le courage et la popularité de Marie-Caroline ont fait pâlir sur son trône des barricades l'élu de quelques députés sans mandat; il faut qu'elle expie les craintes que fit naître son audacieuse aventure. Sous les regards de la France stupéfaite comme à la face de toutes les maisons souveraines, Louis-Philippe poursuit son apprentissage de geôlier, métamorphosé en sage-femme.

Des généraux, des médecins, des accoucheurs administratifs et judiciaires, des agents de police s'introduisent dans la chambre même de Madame. Ils ont à verbaliser et à constater l'*état de la princesse*. L'insulte se joint à l'humiliation ; d'artificieuses confidences augmentent les misères de la solitude. Louis-Philippe a condamné sa nièce à accoucher en public. Dût-elle en mourir, il faut, ainsi qu'il le télégraphie, qu'elle aussi ait son supplice. Elle l'eut dans des proportions telles, que jamais femme ne subit plus d'affronts légaux, de protocoles honteux et de formalités repoussantes. Cette guerre de tout un gouvernement contre une prisonnière, séparée de ses amis et de sa famille, a quelque chose de si monstrueux que l'on frémit encore à l'évocation d'un pareil martyre.

Dans la nuit du 9 au 10 mai, la duchesse de Berry mit au monde une fille qui ne vécut pas longtemps. Devant les témoins que Louis-Philippe avait convoqués d'office, le docteur Deneux fit la déclaration suivante : « Je viens d'accoucher madame la duchesse de Berry, ici présente, épouse en légitime mariage du comte Hector Lucchesi Palli, des princes de Campo-Franco, gentilhomme de la chambre du roi des Deux-Siciles, domicilié à Palerme. »

La faiblesse et le malheur se sont relevés sous le poids d'une oppression que l'histoire n'avait pas eu à enregistrer dans ses annales. Marie-Caroline a recouvré sa liberté ; et d'Orléans, qui affiche avec tant de jovialité le cynique bonheur de ses désastres de famille, se berce en vain de l'espérance d'un règne paisible. Les remords, ou tout au moins les regrets, viennent habituellement après le mal. Louis-Philippe n'éprouva ni remords ni regrets.

Il a pris la liberté de tout faire ; cette audace engendre la liberté de tout dire. De l'incertitude des esprits ainsi que de la confusion des âmes, il prétendait faire dériver un droit constitutionnel au respect. Le parti républicain et le parti légitimiste étaient vaincus ; leur défaite sur le champ de bataille semble être un nouvel aliment à leur inimitié contre l'Orléanisme. Les Royalistes n'ont pas la fiévreuse activité qui dévore les Républicains. Ils ne se servent pas des mêmes armes ; leurs coups cependant n'en frappent pas moins au cœur la royauté révolutionnaire. Le soin des dieux, pour nous servir d'une expression désolante de scepticisme tombée de la plume de Tacite [1], « le soin des dieux n'était pas notre salut, mais leur vengeance. »

Les temps étaient loin de nous, où Bossuet pouvait dire [2] : « Un bon sujet aime son prince comme le bien public, comme le salut de l'État, comme l'air qu'il respire, comme la lumière de ses yeux, comme sa vie et plus que sa vie. » Louis-Philippe avait plus fait contre la royauté que les excès et les orgies de 1793. Louis-Philippe tua le respect que Napoléon, par la gloire, Louis XVIII et Charles X, par le prestige des grands souvenirs, avaient reconstitué. Les générations nouvelles ignorent, même par tradition, ce sentiment monarchique dont la France s'enorgueillit durant tant de siècles. Napoléon, Louis XVIII et Charles X eurent leurs flatteurs ; mais les courtisans de l'Empire et de la

---

[1] Tacit., *Hist.*, I, 3.
[2] Bossuet, *Politique tirée de l'Écriture sainte*, liv. VI, art. I.

Restauration, après s'être agenouillés devant le trône, ne se hâtaient pas, en se relevant, d'essuyer la poussière de leurs genoux. Ils s'inclinaient religieusement alors même qu'ils faisaient acte d'opposition. Sous Louis-Philippe, au contraire, ses dévoués du centre gauche, de la gauche dynastique, et quelquefois ses intimes du centre, se prenaient contre lui d'une rage méprisante ou d'un dédain cruel. On l'accusait d'être toujours prêt à trahir ou à livrer quelqu'un, et l'on assurait que, puisque dans toute sa vie il n'était jamais parti d'un principe invariable, il lui devenait impossible d'avoir une conduite uniforme. Une censure plus amère n'aurait pas convenu à l'état dégénéré de la société. A quoi bon, en effet, dévoiler la tendance pernicieuse des moyens, si l'on eût souffert que l'homme qui les conseillait ou les autorisait pût échapper au châtiment? Les choses furent poussées si loin, qu'on aurait dû, encore mieux que sous George III d'Angleterre, rédiger un bill « pour prévenir les dangers qui peuvent résulter de personnes désaffectionnées au gouvernement. »

Le peuple, qui n'a que la reconnaissance des yeux, cache une logique inévitable et terrible dans ses instincts. Il sentait que les mots se rapetissaient avec les hommes. On ne gouvernait plus; on faisait les affaires, le plus souvent même on faisait des affaires. Le peuple s'était donc, malgré lui, déshabitué du respect qui est dans sa nature; et, témoin de ce phénomène, une femme d'un esprit rare en expliquait ainsi la cause [1] : « Il (Louis-Philippe) me représente un soliveau qui s'enfonce bien dans la terre par son poids, mais qui ne peut prendre racine. »

Les oppositions ne dépouillaient pas le vêtement de colère. Elles avaient mesuré ce soliveau. Ne pouvant pas l'emporter d'un seul coup, elles se contentaient de le dépecer, car lorsqu'un homme fait obstacle à un parti, on l'attaque à coups d'épingle d'abord, on le blesse ensuite dans l'ombre, puis on finit par le tuer. C'est le filet du nain de Gulliver, qui arrive à embarrasser un colosse.

Ce fut à cette époque qu'on vit les Républicains former, tantôt sous un vocable, tantôt sous un autre, toutes ces associations occultes n'ayant pour but que l'embrigadement de l'ouvrier. Auguste Blanqui, conspirateur voué à la prison perpétuelle, un de ces hommes qui savent le mieux haïr, se fit de la société secrète une machine à insurrection. Aussi habile à découvrir la passion qu'à la mettre en œuvre, Blanqui poursuivait son idée avec une infatigable persévérance. La versatilité et l'indiscrétion du caractère français se prêtent peu à toute machination de longue haleine. Ce n'est pas ici comme en Italie, où le mystère est un bonheur et une occupation. Mais sous la monarchie légitime de 1815 à 1830, le Libéralisme avait si bien inoculé le poison que la société secrète passa dans les mœurs. Les Républicains tramèrent des complots contre Louis-Philippe, parce que, affirmaient-ils, l'Or-

[1] *Lettres de madame Swetchine*, tome I, page 326.

léanisme leur avait enseigné l'art de se révolter à peu près légalement. Le duc de Broglie, M. Guizot et leurs amis furent, sous la Restauration, les organisateurs les plus actifs de la société *Aide-toi, le ciel t'aidera*. La Révolution, recueillant ces semences d'anarchie, produit, à moins de dix années d'intervalle, les sociétés des *Droits de l'homme*, des *Saisons*, des *Familles* et des *Amis du peuple*. Divisées et subdivisées, elles formèrent les sections de Marat, de Babeuf, de Louvel, du Ça ira, des Gueux, de l'Abolition de la propriété, du 21 Janvier et du Niveau égalitaire. Leurs nombreux affiliés se nourrissaient du pain de l'incrédulité; ils buvaient à pleins verres le vin de la rébellion antisociale. Ils engendreront les serviteurs de l'idée. Pour combattre sur ce terrain les gouvernants de 1830, la Révolution n'avait qu'à évoquer leurs précédents et leurs discours. On l'accuse d'établir de mystérieuses associations; elle fouille sous les fondements, puis elle répond avec insolence que des Orléanistes au pouvoir lui firent jadis jurer sur un poignard haine et mort à la royauté et à la religion. Sous le coup de ces imprudences du passé, devenues les obstacles du présent et de l'avenir, le peuple applaudissait : il se croyait par là vengé de la perte de sa foi et de la violation de ses droits. Parmi ce peuple, il s'était trouvé, comme au temps du prophète [1], « des impies qui dressent des piéges ainsi qu'on en dresse aux oiseaux et qui tendent des filets pour surprendre les hommes. »

[1] *Jerem. Prophet.* cap. v, 26.

La guerre avait cessé, mais la paix dans l'intérieur ne commençait pas encore. Louis-Philippe ne devait même jamais en jouir aux Tuileries. La presse et la tribune s'étaient chargées d'y mettre un obstacle éternel.

Paris et Lyon se soulevèrent encore dans l'année 1834. A Lyon, Les Mutuellistes, précurseurs des Voraces, des Bras-forts, des Vautours et des Ventres-creux de 1848, ont suspendu leurs travaux, en alléguant l'insuffisance de salaire. Dans le principe, les Mutuellistes ne composèrent qu'une association paisible d'où la politique devait être à tout jamais bannie. La révolution de Juillet les emporte dans son tourbillon, et de pacifiques ouvriers elle façonne non-seulement des insurgés contre l'usurpation, mais encore des rebelles contre la sainte loi du travail. La République s'empare d'eux ; elle les pousse à la révolte. La révolte fait verser des torrents de sang ; mille scènes de carnage portent dans la seconde cité du Royaume l'épouvante et l'horreur.

A deux ou trois jours de distance, le 13 avril 1834, le Paris de ce temps-là rentrait dans son état normal. Des barricades s'improvisent au quartier Saint-Merry, sans autre cause déterminante qu'un ordre émané de la *Société des Droits de l'homme*. Ces barricades ne sont défendues que par une poignée d'hommes d'une exaltation toujours dangereuse. Pour en amasser d'autres, les Républicains comptent sur l'attrait irrésistible, sur l'espèce de fascination qu'éprouve une fraction du peuple de Paris à la vue de ces pavés traditionnels élevés en forteresse. On parlemente et l'on combat, lorsqu'à la hauteur du n° 12 de la rue Transnonain, le comte de Pont de Gault, capitaine des grenadiers au 35ᵉ régiment de ligne et l'un des plus brillants officiers de l'armée, tombe frappé à la cuisse de plusieurs balles parties du soupirail d'une cave. Il était aimé de ses soldats ; ses soldats brûlent de le venger. A l'instant même, et sans ordre, ils enfoncent les portes de la maison, où une résistance énergique a été organisée. Dans un horrible pêle-mêle, les innocents payent pour les plus coupables, déjà échappés par les toits. Il y eut des femmes, des enfants, des vieillards égorgés et dix-neuf victimes marquèrent dans cette demeure le passage de l'idée révolutionnaire. L'Orléanisme triomphe de ce massacre imprévu comme d'une victoire. Puis, à travers mille soubresauts de crises ministérielles, d'impuissance parlementaire et de faiblesse dynastique, on arrive au 12 mai 1839.

Ce jour-là, Barbès, Blanqui et Martin Bernard, cédant à la pression de leurs affiliés, subissent une prise d'armes. Les sociétés secrètes sont impatientes de l'action ; elles entraînent leurs chefs au combat. Les sectionnaires volent des armes et s'apprêtent à enlever le poste du palais-de-justice afin de se porter à la préfecture de police et à l'hôtel de ville. Le lieutenant Drouineau s'avance pour savoir ce que veut un pareil attroupement. Drouineau tombe frappé à mort, et Barbès est l'un des meurtriers. Ce crime à bout portant sera un signal. Les sectionnaires font feu à leur tour ; ils tuent, ils blessent plusieurs soldats, s'emparent de leurs armes et se précipitent vers la préfecture de police ; ils sont repoussés. Alors, par une tactique des sociétés secrètes, ils se mettent à disséminer leurs forces pour attaquer les divers corps de garde. La réserve des sectionnaires était derrière quelques barricades instantanément élevées. Le coup de main n'a point réussi ; le meurtre seul, et sans combat, à marqué leur passage. Au bout de peu d'heures, vaincus, prisonniers ou fuyards, les sectionnaires ne sont plus un danger, mais un prétexte à la réunion des pairs en haute cour. Barbès avait assassiné ou laissé assassiner sous ses yeux des soldats français obéissant à la consigne. Barbès fut condamné à mort ; Barbès devient populaire. La jeunesse des Ecoles, enrégimentée par la *société des Saisons*, put, bannière en tête, faire de longues processions autour des Tuileries et des ministères afin d'imposer la grâce de Barbès. Barbès l'obtint, et Louis-Philippe n'eut même pas l'honneur de cette clémence ainsi arrachée.

Nous écrivons loin de ces années de trouble, où la parole était pleine de fiel et le rire implacable. Quoique l'âge ait mis beaucoup d'eau dans notre encre, nous n'avons pas oublié les passions de ce temps. Sans aspirer à en rendre l'histoire solidaire, nous croyons qu'il est à propos de les expliquer ; l'explication porte avec elle leur raison d'être et leur excuse. Dans les conditions où l'Orléanisme s'était placé vis-à-vis des partis, évoquant sans cesse des esprits pour tout inventer, des langues pour tout persuader, des bras pour tout exécuter, il apparaissait traître à tous et malfaisant pour tous. Il devait donc s'attendre à ne pas plus rencontrer de pitié qu'il n'en avait témoignée. La sévérité envers les méchants est un acte de miséricorde envers les bons. Cette sévérité contre Louis-Philippe et les siens fut poussée quelquefois jusqu'à l'excès; mais dans cet excès il y avait un sentiment moral dont il faut tenir compte. Car, ainsi que le disait Berryer, en 1840, lorsque avec l'autorité de sa parole il défendait Louis-Napoléon Bonaparte traduit devant la cour des pairs pour la conspiration de Boulogne : « Il y a une logique inévitable et terrible dans l'intelligence et les instincts des peuples, et quiconque, dans le gouvernement des choses humaines, a violé une seule loi morale, doit attendre le jour où on les brisera toutes sur lui-même. »

Ce jour s'était levé contre Louis-Philippe dès le 31 juillet 1830. Au milieu d'un pareil pêle-mêle des grandes colères et des grandes terreurs, on avait deviné en lui ce que, dans la crudité de son langage, Saint-Simon appelle [1] « toute la bassesse nécessaire pour être de tout et en quelque chose que ce fût. » Les d'Orléans devinrent une proie acquise aux partis. Quoiqu'il soit dangereux d'écrire contre ceux qui peuvent proscrire les partis avec une voracité de justice dont les annales

---

[1] *Mémoires du duc de Saint-Simon*, tome I, page 31.

des peuples n'offrent que de très-rares exemples, se jetèrent sur cette famille et sur la tourbe des nécessaires après le besoin qu'elle traînait à sa suite.

Louis-Philippe avait prétendu que son règne serait celui de la liberté de la presse. Il le sera, mais orné de saisies, de mandats de comparoir, de procès, de réquisitoires, de condamnations, de ruineuses amendes et de traquenards judiciaires, législatifs ou ministériels. Dans un siècle où la terreur du vrai est le lien commun d'une vaste coalition d'intérêts égoïstes, si ce ne fut pas la liberté pleine et entière, il faut bien avouer que c'en était plus que l'ombre. Une génération d'éloquents écrivains a, dans cette guerre anonyme, épuisé de brillantes facultés pour renverser le trône que d'autres avaient élevé. Les journalistes, véritables femmes de chambre de l'histoire, se vouèrent à ce sacerdoce de vengeance et d'équité peut-être. Toujours à cheval sur la Charte, afin de se donner le droit de ne respecter aucune loi, ils développèrent outre mesure un élément nouveau dans l'ordre social; cet élément, qu'on appellera l'opinion publique, et qui pose déjà en rivale de l'autorité. Certains de leur triomphe final, les polémistes ne se laissèrent gagner par aucune considération ni séduire par aucune promesse. Esprits nés moqueurs, ils s'inquiétaient fort peu d'être charitables. Aussi le roi de Juillet recueillit-il souvent de la bouche de ses intimes des plaintes amères et de sinistres avertissements. Plus d'une fois, en guise de reproche, osèrent-ils, faisant allusion à la liberté de la presse, répéter à Louis-Philippe, comme le paysan de Shakspeare à la reine Cléopâtre : « Je vous souhaite bien du plaisir avec votre aspic. »

Emporté par une ambitieuse avarice qui lui fit murmurer à voix basse tant de prières criminelles, il espérait se dérober à l'accusation parce qu'il avait usurpé le droit de choisir les juges. L'accusation se dressait contre lui sous toutes les formes. Il n'échappait pas plus à l'éloquence qu'à la caricature. La prose et les vers, le dessin et la chanson, l'histoire et le pamphlet se coalisèrent pour le découronner. Il n'y eut pas un journal à Paris ou dans les provinces qui n'en fît son souffre-douleur. Il servit de cible ou de jouet à tous les écrivains, à tous les crayons, à tous les artistes. Les murailles elles-mêmes s'inspirèrent et se couvrirent de sarcasmes parlants. Dans cette tempête de fureurs, Louis-Philippe, le visage placide, sembla d'abord accepter avec une froide indifférence ces imprécations de tous les camps. On eût cru entendre Sosie qui répond [1] :

> . . . . . Pour des injures,
> Dis-m'en tant que tu voudras;
> Ce sont légères blessures
> Et je ne m'en fâche pas.

Le caractère de ce prince avait de plus solides préoccupations. Ayant pratiqué de bonne heure les tribuns et les journalistes, il les a vus, il les a étudiés aussi bien au club des Jacobins que dans les salons du Pa-

---

[1] Molière *Amphitryon*, act. I, scène 2.

lais-Royal. Il sait que journalistes et tribuns, après avoir commencé par inventer toute espèce de badauderies ou de fanatismes, finissent par les subir. Il les juge un mal nécessaire; et, dans ses bons jours, il prétend qu'il faut s'y habituer, comme à Londres. Son expérience avait un fond de gaieté. Le mépris des autres produisait chez lui cette modération affectée, ce langage hypocrite, « imaginé par les fripons, selon Junius[1], et adopté par les sots. » Se croyant populaire parce qu'il se permettait des airs de bourgeois et qu'il avait affecté de se montrer par-ci par-là armé d'un parapluie ainsi que le plus modeste citadin, Louis-Philippe n'eut jamais conscience de sa faiblesse. De même que les rois et certaines femmes romanesques, il rêva qu'il était aimé pour lui-même. Étourdi par le succès et sachant artificieusement tourner son humilité en orgueil, il espérait placer la France en régie et s'en créer la plus productive de toutes les fermes. La vulgarité de son ambition n'allait pas au delà. Quand il avait dit, comme Mazarin : « Les Français chantent, ils payeront, » un bon mot réchauffé de la Fronde lui tenait lieu de palladium.

Ce beau songe ne dura qu'une aurore. Louis-Philippe s'aperçut bientôt qu'il ne fallait pas jouer avec le feu et qu'une étincelle produit souvent un incendie; mais il était déjà trop tard. On avait mesuré l'homme de la tête au cœur. De ce vide immense constaté, les partis s'étaient fait une force et un arsenal. Louis-

[1] *Lettres de Junius*, tome I, page 192.

Philippe avait été saisi sur nature. Son règne ne fut plus qu'une question de temps. Il s'est laissé affubler d'un titre nouveau. Ses domestiques et ses historiographes patentés l'ont surnommé le plus honnête homme du royaume. Les partis acceptent l'antiphrase, et ils savent en faire au roi-citoyen la plus ironique application [1]. Trois types d'un ridicule immortel survivent

[1] Il ne serait ni de bon goût ni de bonne guerre d'aller exhumer des catacombes du journalisme les articles où la haine et la plaisanterie, le sarcasme et la pitié, l'éloquence et l'épigramme prennent à partie le roi citoyen et ses principaux fonctionnaires. Mais puisque ce sobriquet : « le plus honnête homme du royaume » est tombé de notre plume, nous croyons devoir reproduire, comme spécimen de la polémique du temps, l'article qu'Armand Marrast consacra, dans la *Tribune* du 8 février 1834, au prince qui s'attribuait ce titre. La *Tribune* était un journal ultra-républicain, ayant pour correctifs l'appui financier de Joseph Bonaparte et l'assistance morale de Jérôme, son frère. L'article est intitulé : Le *plus honnête homme du royaume*, et il se développe ainsi : « Ce n'est pas Talleyrand, tout chargé des ignominies des neuf gouvernements qui ont passé sur la France depuis un demi-siècle, traître à Dieu et aux hommes ; qui a consumé sa vie à trafiquer de la morale, à vendre les consciences d'autrui quand on ne pouvait plus acheter la sienne. Ce n'est pas Soult, l'illustre conquérant de l'Espagne, le prétendant à la couronne d'Oporto, dont les troupes mouraient de faim, dont les soldats demi-nus réclamaient vainement leur paye, tandis que le général en chef augmentait sa fortune par toutes les exactions licites et illicites. Ce n'est pas celui qui entasse dans son budget millions sur millions, qui fait et défait les ordonnances, qui conclut des marchés secrets. Ce n'est pas Barthe, le renégat, osant invoquer à la Chambre la foi des serments, lui qui a outragé toute morale, manqué à toutes ses promesses, abandonné toutes ses traditions. Ce n'est pas Thiers, dont toute la conscience se réduit à cette phrase: « Ayez beaucoup d'argent et ne soyez pas pendu, c'est toute la vie humaine... » Ce n'est pas Persil, qui cite à faux les pièces authentiques, qui suppose des faits, qui altère des textes, qui reçoit unanimement, et de l'opinion publique et des avocats les plus honorables, l'épithète de faussaire. Le plus honnête homme du royaume, ce n'est pas Humann, s'engraissant à faire de la contrebande; d'Argout, calomniateur

seuls à cette guerre sans merci. Louis-Philippe révolutionnaire après Juillet, c'est le bossu Mayeux dont l'image s'effacera plus vite que le souvenir. Louis-Philippe conservateur, c'est Joseph Prudhomme, empaquetant l'ordre social dans les redondantes banalités de son style. Louis-Philippe aux yeux de la famille, de la loi et du devoir, c'est Robert-Macaire escorté de ses Bertrands législatifs. Son règne gravite entre ces trois types; ils en marquent l'aurore et la décadence. Dans l'histoire, ils serviront d'escorte et d'explication au roi-citoyen qui s'imaginait fonder une dynastie en trônaillant, la bourse toujours fermée et la bouche toujours ouverte.

A côté de lui, derrière lui, apparaissait une famille aussi belle que nombreuse, une de ces familles à qui les courtisans de tous les régimes s'empressent de promettre l'éternité. Les adresses des grands et petits corps constitués, les félicitations officielles du clergé, de l'armée, de la magistrature, de l'administration publique et de la diplomatie, ne sont tout au plus que d'insignifiantes formalités. Des usurpateurs, des despotes, des princes sans mérite ou sans dignité furent ou seront successivement complimentés de la même manière, avec les mêmes profusions de flatteries et de

public; de Rigny, dont l'histoire appartiendrait à la cour d'assises. Ce ne sont pas tous ces vieux débris de l'Empire, qui colportent tous les usages du despotisme et professent et pratiquent toutes les bassesses de la servilité la plus honteuse. Ce ne sont pas les rédacteurs *des Débats*. Ce ne sont pas tous les prostitués que l'or des caisses publiques tient enchaînés. Le plus honnête homme du royaume, c'est mieux que tout cela, c'est lui; c'est... Enfin, c'est le plus honnête homme du royaume! »

tendresse. Ce qui étonne le plus dans ce commerce d'enthousiasmes impossibles à décrire, et de vertus de tout genre plus impossibles à saisir, ce n'est pas l'impudence des uns, c'est l'apparente crédulité des autres. Les Orléanistes espéraient ainsi donner le change à l'opinion; mais la presse indépendante ne seconda point un pareil vœu.

A cette dynastie vouée à tant d'amours officiels, elle apportait sa rude franchise et ses inflexibles enseignements. Cantonnée dans le mépris et faisant la contrepartie de ces effusions de gratitude, stéréotypées au *Moniteur* pour tous les gouvernements en exercice, de ces brevets d'immortalité, de ces à tout jamais que les souverains s'y décernent, la presse, dont les allures querelleuses sont comme un toit d'où l'eau découle sans cesse, se prenait d'un dégoût mélangé de pitié; et la France suivait l'exemple. La presse traçait son sillon d'ironie du Palais-Royal à Neuilly, en passant par tous les hôtels inféodés à l'Orléanisme. Le fouet des Euménides alternait avec la marotte de Momus, et la France, assez peu soucieuse de conciliation, et ne s'extasiant pas pour la première fois, ainsi que les peuples de la satire d'Horace[1] à la vue des titres et des images étalées à ses regards, la France applaudissait.

Les ministres de Louis-Philippe ne furent pas plus ménagés que sa femme, sa sœur et ses enfants. On leur appliquait à tous cette peine du talion que les

[1] Horace, *Satir.*, liv. I, 6.

saintes Écritures ont consacrée. Le *sicut fecit, facite ei* du Prophète[1] devint le cri de guerre des journaux, de la tribune, du crayon, des brochures et des livres. On mit en circulation, aussi bien contre les uns que contre les autres, d'atroces personnalités et des sarcasmes cuisants comme la pierre infernale. Le soupçon de la faveur ou de la confiance royale était fatal au ministre quel qu'il fût. M. Thiers a rendu de tristes services. Espèce d'Alcibiade constitutionnel, infecté de son outrecuidance méridionale et gaminant avec les partis comme avec la Providence, M. Thiers était, il est resté la plus vive expression de la Révolution de juillet. Les partis s'acharnèrent sur lui et transformèrent ses fantaisies de gaspillage en profits illicites. Il avait fouillé dans la vie privée des adversaires qu'il se donnait. Journaliste, il s'était servi de toute espèce d'armes barbelées pour tuer un ennemi. On évoqua des sœurs, la Cagnotte entre autres, végétant sur la borne et mourant à l'hospice; un père qu'en fils plein d'irrespectueuse équité on déporte secrètement à Pondichéry, avec la qualité de juge de paix, le seul métier que ce père n'aurait jamais songé à exercer. De la merveilleuse facilité d'assimilation dont la nature et le travail douèrent le ministre écrivain, les partis, sans miséricorde comme lui, font un réquisitoire inique contre sa probité. Il a blessé par le mensonge, il est à son tour blessé par la calomnie.

Sous ce déluge de récriminations, la presse, que rien

[1] Jerem., *Proph.*, vi, 15.

n'intimide, que rien ne lasse, échauffe les esprits, frappe les intelligences, et finit par convaincre les plus incrédules. A toutes les doléances, à toutes les prières secrètes que les bourreaux de réputation, devenus martyrs involontaires, ne cessent de faire entendre, mille voix railleuses s'élèvent de tous les camps à la fois. Elles racontent comment les hommes d'État s'enrichissent et de quelle manière on arrache à la fortune ses premières faveurs. Dans ce siècle de tolérance, où l'on cherche même à voir l'enfer du bon côté, elles appliquent de mille manières le vers, sublime de justice distributive que Corneille met dans la bouche d'Auguste[1] :

> Quoi ! tu veux qu'on t'épargne et n'as rien épargné !

Cette sentence était l'ordre du jour qui atteint tous ces suppliants honteux et leur enseigne les retours des choses d'ici-bas. La force aurait pu se défendre contre la haine ; elle tombait devant le mépris. Louis-Philippe aime à parler de tout et sur tout. On fait de ses harangues, ennuyeuses comme un vieil amendement, des parodies qui sont encore populaires. Jemmapes et Valmy, les hauts faits de sa jeunesse républicaine, fournissent au royal orateur des souvenirs de plus d'un genre. Jemmapes et Valmy, les deux premières victoires de la Révolution, tombent sous le ridicule; ses hommes et ses choses éprouvent la même destinée.

Depuis le plus infime des employés jusqu'à ma-

---

[1] *Cinna*, tragédie, acte IV, scène 2.

dame Adélaïde, automne qui voudrait encore jouer au printemps, il n'y a pas un être au Palais-Royal ou aux Tuileries qui ne soit blessé par la griffe du lion. C'est la cour du roi Petaud ; la moquerie universelle s'attache à ses invités, à ses comparses, à ses bourgeois gonflés d'une ineffable vanité, et à ses dames, minaudant la haute ou petite vertu. Le vrai tout simple n'aurait pas eu assez de mordant; on y mêle un grain de diffamation. La diffamation confond dans un anathème commun la galanterie et l'innocence, la droiture de cœur et l'improbité, l'intelligence et la sottise. La presse est traduite devant le jury; elle l'intimide ou s'en fait un complice. On la livre aux juges de la police correctionnelle : les défenseurs choisis par le prévenu se mettent à instruire le procès des magistrats qui doivent sévir. On leur reproche, même à la barre de leur tribunal, une vie émaillée de serments multicolores, de sévérité publique et de tolérance secrète. On discute les mœurs de quelques-uns, on affiche leurs voluptés clandestines, et du magistrat père de famille on fait un coureur de ruelles. Le jury, les cours royales, les tribunaux se lassent de toujours condamner. Il vient des temps où l'instabilité du pouvoir est une cause permanente d'inquiétude. La justice alors s'affaisse sur elle-même : on la voit se montrer équitable par précaution ou indulgente par calcul.

Et ce n'est pas sur un point ou sur un autre du Royaume qu'une semblable prostration et un pareil défi sont signalés. Ce fait d'audacieuse exception se présente partout ; il ne soulève dans les populations que des éclats de rire. Les fils du roi citoyen ont des courtisans de leur âge, des camarades de collége qui organisent leurs plaisirs et spéculent sur leurs escapades nocturnes. Ces amis, presque inconnus alors et trop connus aujourd'hui, sont pour la plupart des enfants trouvés, vivant par la chair et pour la chair dans un cercle de filles perdues. L'Orléanisme a ses roués, à l'instar du Régent, et ses Aspasies sans Périclès. Il compte dans ses antichambres des hommes à bonnes fortunes et à mauvaises affaires, des femmes d'État ayant boudoir sur la rue, des cyniques surmenant l'industrialisme et des auteurs tragiques ou comiques partageant ses prospérités et sa bourse, jusqu'au jour où ils iront avec la Fortune aduler une dynastie nouvelle. Ces compagnons de la nuit réalisent à cœur joie le tableau laissé par Horace dans ses *Épîtres*[1] : « De jeunes libertins de la cour d'Alcinoüs, uniquement occupés de parures et de plaisirs, faisant gloire de dormir jusqu'au milieu du jour, et de retenir encore, au bruit des concerts, au son des instruments, le sommeil qui leur échappe. »

La cognée s'attachait aussi bien à la racine de l'arbre dynastique qu'à ses feuilles et à ses branches.

Louis-Philippe, qui ne se crut jamais assez riche pour avoir des passions ou pour se permettre des vices, aime ses enfants. Son amour paternel va si loin, que, renchérissant même sur Harpagon, il pousse sa

---

[1] Horace, *Épît.*, liv. I, 2.

prévoyance d'avare jusqu'à la seconde génération.
M. Guizot raconte dans ses Mémoires[1] : « J'étais
seul auprès de lui ; il me parlait de sa situation
domestique, de l'avenir de sa famille, des chances
qui pesaient encore sur elle ; il s'échauffa en entrant
dans le détail de ses charges, de ses dettes, des absurdités qu'on débitait sur sa fortune ; et, me prenant
tout à coup les mains, il me dit avec un trouble
extrême : « Je vous dis, mon cher ministre, que mes
« enfants n'auront pas de pain. » Quand il était sous
l'empire de cette disposition, il recherchait avec ardeur, pour les siens et pour lui-même, des garanties
d'avenir, et en même temps il exprimait ses sollici-
tudes et ses plaintes avec un abandon, une intempé-
rance de langage qui étonnaient quelquefois ses auditeurs les plus bienveillants, fournissaient à ses ennemis
des soupçons à l'appui de leur crédulité ou de leurs
mensonges, et entretenaient dans le public cette disposition méfiante contre laquelle nous avions à lutter
quand nous venions réclamer pour la famille royale,
au nom de la justice et de la bonne politique, ces
dotations que le roi semblait solliciter en plaideur
avide et inquiet. »

Une seule idée le préoccupait donc ; cette idée se
résume en ces déplorables paroles : « Je vous dis,
mon cher ministre, que mes enfants n'auront pas de
pain. » Louis-Philippe tenait ce langage antiprovidentiel dans ses plus néfastes prospérités. Doutant de

[1] *Mémoires de M. Guizot*, tome IV, page 218.

lui-même ainsi que des autres, il ne savait pas se fortifier dans ces paroles du roi-prophète[1] : « J'ai été jeune, et je suis devenu vieux, et pendant ce temps je n'ai pas vu le juste abandonné et sa race cherchant son pain. »

Ce nom de juste, proféré par le Psalmiste, devait l'effrayer. Aussi, pour sa famille, que, dans son affectueuse monomanie, il voit mourir de faim au milieu de ses trésors, demande-t-il des dotations comme à lui il faut une liste civile. Sa liste civile, cahotée, disputée, fut enfin arrachée à la parcimonie de la Chambre des députés; mais les dotations princières n'eurent jamais le même bonheur. Des pamphlets étincelants d'amertume et d'esprit, bourrés jusqu'à la gueule, ainsi qu'un canon, de chiffres et d'épigrammes, se publient et se répandent à profusion. Le bilan de sa fortune y est établi par doit et surtout par avoir. On y inventorie ses châteaux, ses forêts, ses coupes sombres, ses domaines, tous ses biens mobiliers et immobiliers ; puis la France, qui, dans sa générosité native, aime le luxe et la prodigalité chez ses princes, ferme à ceux-là sa bourse avec des sarcasmes insultants. Elle rit de Louis-Philippe commençant ses innombrables discours par cette phrase sacramentelle : « C'est toujours avec un nouveau plaisir que je reçois ; » et la France ne lui offre jamais rien. Laissons-le donc énumérer lui-même, dans le codicille inédit à son testament, ses déboires et ses lamentations.

[1] *Psalm.*, xxxvi, 25.

« J'avais d'autant plus de motifs de ne pas m'y attendre, que, longtemps après le vote de la loi du 2 mars 1832, où se trouve cet article, un premier vote des Chambres, adopté en conséquence de ses dispositions, devait fortifier ma confiance dans leur application ultérieure. Ce vote avait constitué à ma fille aînée, la reine des Belges, une dot d'un million; mais, quoique vaincus dans ce premier vote, ceux qui voyaient dans le refus de dotations pour la famille royale, et de ressources suffisantes pour le roi, un puissant moyen d'ébranler l'hérédité de la couronne et la stabilité du trône constitutionnel, redoublèrent avec encore plus d'acharnement les efforts qu'ils n'avaient cessé de faire dans ce but depuis 1830, et malheureusement, j'ose le dire, pour la France et pour nous, ils parvinrent à porter dans la même proportion l'intimidation et le découragement dans les rangs de leurs adversaires; et ce découragement et cette intimidation furent tels, que, lorsque, plus tard, je mariai mes deux filles cadettes, je n'entendis que des manifestations de la crainte de me voir réclamer pour elles ce qu'aucune autre monarchie du monde, et dans aucun siècle, n'avait jamais refusé à leurs familles royales, et mes deux filles cadettes furent mariées sans avoir même reçu la faible dot de leur sœur aînée.

« Les effets de cette intimidation ne s'arrêtèrent pas là, et leur triste progrès fut poussé à un tel degré, que la Chambre des députés n'osa même jamais discuter les projets de loi qui lui étaient présentés pour la dotation du duc de Nemours, en sorte que, après avoir subi si longtemps, depuis 1830, l'abandon le plus complet dans toutes les questions relatives aux droits acquis de mes enfants et à leurs intérêts particuliers, aussi bien qu'aux miens, j'ai dû me résigner à continuer, d'année en année, sans presque y voir d'autre terme que celui de mon existence, à subvenir, par une accumulation incessante de dettes, à l'insuffisance des revenus réunis de la liste civile, du domaine de la couronne et du domaine privé, pour faire face aux charges toujours croissantes qui résultent à la fois de l'accomplissement de mes devoirs de roi aussi bien que de ceux de père et de chef de famille.

« Ainsi, moi qui n'avais jamais fait de dettes dans le cours de ma longue carrière, à travers les diverses phases de fortune qui me sont échues, depuis l'époque où l'adversité m'avait réduit à vivre sur quarante sous par jour jusqu'à celle où la voix nationale m'a appelé au trône, je dois supporter la douleur d'un être accablé, et voir ma famille frustrée à la fois de ses droits antérieurement acquis, et de ceux que nous étions fondés à réclamer de la justice de l'État.

« Ma consolation, c'est de penser que, si, comme je n'ai que trop lieu de le craindre, je n'ai pas le bonheur de voir et d'obtenir que cette réparation nous soit faite dans les années qui vont encore me rester à vivre, au moins je pourrai, en mourant, me livrer à l'espérance que ce ne sera pas en vain que j'aurai fait l'appel que je fais en ce moment, autant à l'équité nationale qu'à nos véritables intérêts politiques, et aussi, j'aime à m'en flatter, à cette affection que, malgré les clameurs, je crois réelle dans toute la France pour ma famille et pour moi. J'en trouve un gage dans ce sentiment général de la part que j'ai pu avoir à préserver mon pays des perturbations, des malheurs, des périls de tout genre dont il était menacé, et dans cette inquiétude, j'espère bien exagérée, de ce qui peut survenir, après que mon existence sera arrivée à son terme. Mais j'adjure mon pays de puiser dans ce sentiment et dans cette inquiétude un enseignement salutaire. »

Mendier par delà le tombeau fut l'unique préoccupation de Louis-Philippe. Le bonheur de ce don Juan de la caisse d'épargne, soutirant de l'argent à ses MM. Dimanche des assemblées législatives, ne consistait pas dans la jouissance, mais dans l'effort. La presse avait frappé juste. En poussant le pays à cette extrémité, la presse faisait expier à l'Orléanisme un passé sans gloire et elle le tuait dans le présent. En tant que prince libéral et révolutionnairement constitutionnel, Louis-Philippe a eu des amis qui l'ont popularisé, des protecteurs qui manipulèrent sa royauté, et des panégyristes de son ambition qui devinrent les ministres de son cœur, bientôt après les martyrs de son peu de mémoire. Dupont (de l'Eure), que l'absence constatée de tout talent éleva au titre sonore de citoyen vertueux, et la Fayette, le Mentor de l'Orléanisme, furent, avec Laffitte, les anges gardiens de la maison. Quand la maison n'a plus besoin de leur patronage trop exigeant, Louis-Philippe les en bannit. Alors on voit Laffitte demander publiquement pardon à Dieu et aux hommes de ses complicités orléanistes.

Jacques Laffitte, qu'avec un sentiment très-peu prononcé de reconnaissance Louis-Philippe désigne à ses familiers sous le sobriquet de *Jacques Faillite*, fut un banquier célèbre, une espèce de Beaujon patriote ayant la folie de faire un roi-citoyen. Aux yeux de ses emprunteurs du Libéralisme et de ses thuriféraires de la Bourse ou de la presse, sa cave avait de bonnes qualités, sa caisse en contenait de plus charmantes. La Révolution et Louis-Philippe aidant, Laffitte, un beau jour, put s'asseoir sur les ruines de sa banque et pleurer son propre désastre. Louis-Philippe poursuivit son chemin ; mais les journalistes, curieux pour le plaisir d'être indiscrets, ne se contentèrent pas d'un aussi déloyal abandon.

La justice est souvent dans leurs cœurs ; l'exagération est toujours au bout de leurs plumes et presque jamais sur leurs lèvres. Louis-Philippe fut décrété d'ingratitude, et l'on fit remarquer que jamais un homme supérieur n'avait été ingrat. Les idées ne germent que par la manifestation. Elles ne deviennent puissantes, c'est-à-dire populaires, que lorsqu'on leur laisse la liberté de diffusion. Pour se répandre, il faut qu'elles aient une voix et un écho. Les avocats de parti furent l'un et l'autre à la fois, de concert avec les écrivains de la presse hostile.

Niveleurs impitoyables, les avocats ont, plus qu'aucun égalitaire, servi à renverser, à coups de motions, la vieille société française. La Religion et la Monarchie sombrèrent devant la rhétorique grisâtre du barreau, qui, après avoir déposé au greffe la couronne de saint Louis, essaya de s'en fabriquer une toque. Comme le parlement durant la Fronde, le barreau fut infecté de la passion du bien public, et il éleva cet égoïsme aux proportions d'un dévouement rémunéré par sa clientèle et par la patrie.

Table rase faite de tous les droits et de tous les pouvoirs, les avocats avocassant sont seuls restés debout sur les débris accumulés par eux. Leur ordre s'est conservé avec ses priviléges et ses empiétements successifs. Cette confraternité du bâtonnat, véritable franc-maçonnerie de la parole, exerce à tous les degrés de l'échelle sociale une influence prépondérante. Les partis, en effet, aimeront toujours mieux les hyperboles oratoires de Démosthène que le silence de Socrate. Les partis avaient besoin du barreau, les partis lui étaient nécessaires. Le barreau se jette au milieu d'eux. Avec de brillants hors-d'œuvre, des phrases ampoulées, des allusions grosses d'outrages et de grandes figures pavoisées d'adjectifs, il chante sur tous les tons l'*aria di bravura* de l'éloquence. Il fait de la colère, de l'enthousiasme, de la dignité, du sentiment ou de l'exaspération, en irritant les turbulences des autres. Ce n'était plus le temps où les Germains, après la défaite de Varus, arrachaient la langue aux avocats et leur disaient [1] : « Vipère, cesse enfin de siffler. » Les avocats sifflaient toujours, et ceux qui s'étaient donné la charge de soutenir le trône de Juillet contribuèrent plus à sa chute que ceux qui le sapaient par conviction ou par entraînement.

A côté des Légitimistes et des Républicains, manœuvrant, avec une précision d'artilleur, la vengeance, le complot et la justice, saturés d'imprécations, il s'était formé des partis intermédiaires, des sectes politiques et sociales où certains esprits dévoyés s'attribuaient la mission de changer la face du monde avec un évangile industriel et la promiscuité des sectes saint-simonienne ou fouriériste. Apôtres d'un progrès indéfini, novateurs travaillant dans le vieux, courtisans des vanités sensualistes de toute une école d'épicuriens démocrates, ils ne dédaignaient pas de quitter leur Sinaï de Ménilmontant ou leur bazar du Phalanstère pour se mêler à ces explosions du sentiment national. Prophètes de la régénération universelle et de l'harmonie sériaire, ils marchaient un bandeau sur les yeux dans la voie des perfectibilités humaines. Après avoir fait de la Providence une simple formule imaginative, ils s'affolaient tellement de leur personnalité, qu'ils se retiraient dans leur cinquième étage, afin de pouvoir mieux répandre sur la terre la rosée de leur intolérable orgueil. Cependant, de temps à autre, ils s'humanisaient pour démontrer au gouvernement l'inanité de ses rêves et le vide de ses espérances.

[1] Florus, liv. IV, page 384.

Ces prédications d'ouvriers en apostolat, que Saint-Simon et Fourier inspirèrent pour perpétuer le désordre des idées, et apprendre, en fin de compte, que l'argent est le fond de toute chose, semaient à Paris et dans les provinces la désaffection et le doute. Dans ces fragments épars de religion sans Dieu, de société sans loi et de famille sans moralité, il y avait une attraction secrète vers le bien d'autrui, qui ne dut pas d'abord effrayer les convoitises orléanistes. Une tolérance équivoque fut momentanément accordée à ces songe-creux, réveillant comme à plaisir toutes les extravagances qui dorment au fond de l'absurdité humaine. Mais les saint-simoniens et les fouriéristes n'ayant pas voulu reconnaître un tel bienfait par des bénédictions publiques, la dynastie de 1830 s'en fit d'utiles ennemis. Les adeptes de Saint-Simon et de Fourier se mirent à monter leur faction d'immoralité à la porte de toutes les erreurs. Ils marchèrent sous le drapeau de la République, en attendant mieux. Lamennais et ses principaux disciples, le comte Charles de Montalembert et Lacordaire, tentèrent à plusieurs reprises, dans cette confusion, de créer un nouveau parti. Ils finirent par n'en trouver et surtout par n'en adopter aucun.

Les annales des peuples, si fécondes qu'elles soient en parjures et en égarements, n'eurent jamais une pareille époque à offrir aux méditations de l'historien et du philosophe. Jamais on ne signala un plus navrant pêle-mêle de désordres intellectuels, pêle-mêle que le maréchal comte de Lobau baptisa si ingénument du nom de gâchis. Chaque année, chaque mois, chaque semaine, chaque jour fournit son contingent d'erreurs et de folies, de vices et de rêves, de crimes et de ténèbres. Les théories les plus étranges, les doctrines les plus néfastes se produisent, se commentent, s'enseignent à tous les coins de rue. Les pompiers fraternisent avec les incendiaires; d'irritantes polémiques sont jetées en pâture à tous les esprits. Comme si tant de misérables frénésies ne suffisaient pas pour la perversion générale, des Salmonées de rechange osent s'en prendre à Dieu lui-même. Ainsi que cet insensé dont parle Virgile[1], qui, en faisant rouler son char sur un pont d'airain, croit imiter le bruit inimitable du choc des nuées et celui de la foudre, ils viennent en riant apporter au monde leurs divinités fabriquées de la veille. Le trouble est roi, l'anarchie gouverne. Pour tenir tête à ces ébranlements, la loi est aussi impuissante que la justice, et dans chaque nouveau symptôme de mort, tous les prédicants d'ordre légal, tous les pondérateurs équilibristes des régimes constitutionnels, ne trouvent qu'un nouveau sujet de stupéfaction. Ils font le mal avec sérénité, ils pervertissent avec un inaltérable contentement d'eux-mêmes.

Des procès de toute forme s'instruisent contre des citoyens de tout rang et de toute croyance. Montalembert, Lacordaire et le comte de Kergorlay sont mis

---

[1] *Énéide*, liv. VI, vers. 585 et suivants.

en cause non loin des disciples de Saint-Simon. Chateaubriand et Berryer se voient traduits en cour d'assises auprès des scélérats les plus vulgaires. Les coalitions d'ouvriers servent de pendant aux comités d'ensemble. Charles Teste, Lamennais et Voyer d'Argenson remplacent sur la sellette des accusés Armand Carrel et Armand Marrast. Mademoiselle de Fauveau et la Tour-du-Pin, le duc des Cars, le général de Saint-Priest, le duc de Fitz-James, Hyde de Neuville, le général comte Auguste de la Rochejaquelein et la comtesse de la Rochejaquelein viennent, chacun à son tour, rendre hommage, ainsi que Godefroy Cavaignac, Guinard et Louis-Napoléon, au triomphe de l'égalité dans la confusion judiciaire. Il y a des détentions préventives pour chacun, il y aura des réquisitoires pour tous. Et s'il est vrai que l'on peut apprécier un prince par les hommes que ce prince fit renfermer dans ses geôles, l'histoire, en compulsant les registres d'écrou de 1830 à 1848, ne pourra-t-elle pas s'étonner à bon droit en les voyant honorés des noms les plus retentissants de la France monarchique et républicaine?

Un jour enfin, le 5 mai 1835, cent soixante-quatre citoyens comparaissent devant la Cour des pairs. Le procès d'avril, le procès monstre par excellence, ouvre ses grandes assises ; et le honnissement de la justice politique éclate partout. En fait ainsi qu'en vérité, ce procès mérita bien ce titre, parce que, sous tous les rapports, il fut une monstruosité. Habitants de contrées différentes, mais prévenus du même attentat ou à peu près, ils ont été embrigadés en accusés. A leur tour ils embrigadent en défenseurs cent quarante-cinq républicains, journalistes, généraux, députés, hommes de plume ou hommes d'action, parmi lesquels on découvre quelques membres des divers barreaux de France. Ce sont des coupables que leurs complices osent glorifier publiquement. La dynastie de 1830 veut faire passer aux nobles pairs la revue de ses plus implacables ennemis. Les ennemis de la dynastie l'obligent à passer elle-même la revue de leurs chefs.

L'insurrection, avec ses menaces et ses violences, n'est plus sur la voie publique; elle se dresse devant la haute cour. C'est une débauche de provocations et d'imprécations d'un côté; de l'autre une orgie d'actes arbitraires, toujours autorisés par un texte de loi. Il y a dans cette enceinte, habituellement si somnifère, des scènes émouvantes ou burlesques, de sublimes accents de l'âme ou de ridicules prosopopées. Jamais magistrature politique n'avait été mise à pareille épreuve; aucune ne s'en serait plus mal tirée.

Nous avons dit que, dans sa jeunesse, Louis-Philippe avait fait une excursion philanthropique au Mont-Saint-Michel. Nous avons cité les paroles que lui arracha *cet horrible rocher*. Il a vu de près ce que l'on y peut souffrir : le Mont-Saint-Michel devient la prison où la torture morale est appliquée aux républicains; le bagne est réservé aux légitimistes de la Vendée.

Par les travers de son esprit, ainsi que par les

défaillances de son cœur, Louis-Philippe avait surexcité toutes les passions. Elles préparèrent, elles devancèrent souvent la justice du peuple; quelquefois elles eurent de plus dangereux résultats. On les vit excuser ou pallier le régicide s'attaquant au fils du citoyen Égalité. Jamais homme ne fut plus que lui exposé au poignard des assassins ; jamais roi ne trouva sur sa route autant de complots dirigés contre sa couronne. Il échappa à tous les périls, parce que ses meurtriers ne faisaient pas assez bon marché de leur vie pour devenir maîtres de la sienne. Ce délire d'attentat, que les supplices et la clémence souveraine ne purent calmer, était un fait anormal et néanmoins très-explicable. Il y avait dans le parti républicain des natures ignorantes et grossières, des esprits mobiles, enclins à la superstition, de sombres fanatiques, déshérités de Dieu et ne croyant plus qu'à la violence. Dans l'intention de faire de ces mécaniques, peut-être baptisées, des pionniers de l'Orléanisme, les Libéraux leur avaient inculqué, sous la Restauration, l'évangile sauvage du néant et les traditions de 93. Ces êtres, abrutis par de telles doctrines, avaient touché le sang : un monarque pour eux était à peine un homme. Louis-Philippe se savait en butte à d'épouvantables mais justes représailles; il se rencontra, dans les bas-fonds républicains, et là seulement, des insensés qui prirent sa mort à forfait.

Nous n'avons point à énumérer ces crimes se renouvelant avec une désolante périodicité. Les noms d'un Meunier, d'un Champion, d'un Darmès, d'un Quénisset, d'un Lecomte, ou de tout autre stagiaire de l'assassinat, ne peuvent, sous aucun rapport, appartenir à l'histoire. Pour trouver leur acte de naissance, il faudrait fouiller tous les égouts, et l'histoire a mieux à faire. L'attentat Fieschi et celui d'Alibaud offrent quelques enseignements utiles ; il est bon de s'en occuper.

Fieschi était un bravo corse, un de ces êtres qui mettent certain amour-propre dans le crime, et qui vivent d'ignominie lorsque le crime ne rend pas assez. Tour à tour pâtre, soldat, ouvrier, voleur et faussaire, il se fait, en 1831, porter sur la liste des récompenses nationales, à titre d'insurgé, de condamné politique ou de héros de Juillet. Au milieu de cette existence dégradée, Fieschi s'est lié avec un artisan nommé Morey, jacobin à l'état de momie, qui s'imagine, comme le peuple des émeutes, devenir roi sur les barricades. Par passe-temps, Fieschi, en utilisant des canons de fusil, a inventé une machine infernale qui peut exécuter un feu de peloton et tuer d'un seul coup soixante ou quatre-vingts personnes. Morey propose de l'expérimenter sur Louis-Philippe ; l'épicier Pépin, mis dans le secret, fournit les fonds nécessaires. A l'exception de Fieschi, tous les complices sont membres actifs de la *Société des Droits de l'homme*. Ils communiquent à leurs chefs le projet conçu. En prévision des mémorables journées et de la revue annuelle que passe le roi-citoyen pour fraterniser avec la garde nationale, Fieschi loue, sous un faux nom, un petit appartement sur le boulevard du Temple. Quand tous les essais de la machine ont réussi, le 27 juillet, on la charge, on l'assujettit, on la braque et l'on prend le point de mire. C'est un nommé Boireau qui, à cheval, arpente tranquillement le boulevard à cette intention.

De sinistres rumeurs circulaient depuis longtemps. La *Société des Droits de l'homme* n'avait pas eu toute la discrétion désirable. A l'étranger, dans les provinces ainsi qu'à Paris, on chuchotait qu'un complot devait éclater pendant la revue du 28 juillet 1835. Des indices révélateurs étaient dans l'air. Louis-Philippe ne s'effraye pas trop de ces pronostics qui auraient fait reculer un vieux Romain. Commençant à s'habituer au guet-apens, il le prenait en philosophe, comme un nouvel attribut de son métier de roi-citoyen. Il apparaît seul, à cheval, suivi à quelques pas de distance de ses fils, des maréchaux, des ministres et d'un nombreux état-major. Arrivé à la hauteur du jardin Turc, il porte par hasard les yeux sur une maison d'apparence assez modeste. Il voit un jet de fumée sortir de la fenêtre, puis, roi et père tout ensemble, il s'écrie sans reculer : « Joinville, cela me regarde. »

Un feu de peloton mal exécuté se fait entendre. A l'instant même, le pavé et la contre-allée du boulevard sont couverts de morts et de mourants[1]. La foule, épou-

---

[1] Parmi les quatorze morts on compte le maréchal Mortier, duc de Trévise, le général de Vérigny, le colonel Raffé, le capitaine de Villatte,

vantée, se précipite par toutes les issues, et, après avoir contemplé durant quelques minutes ce spectacle d'horreur, le roi dit avec une douloureuse émotion : « Allons, messieurs, marchons ! » C'était le mot du 21 janvier, le mot adressé à Santerre par Louis XVI, sortant de la tour du Temple. Comme un pardon, il porta bonheur au fils du citoyen Égalité.

Tout inondé de sang ainsi que ses fils et ses ministres, Louis-Philippe poursuit sa revue. Mais, en France, malgré les divergences de parti, le courage a toujours son privilége de royauté; Louis-Philippe fut donc sincèrement acclamé. Si la dynastie de Juillet eût été viable en quelque chose, un jour tel que celui-là aurait vu sa consécration. Ce triomphe, puisé dans le sang, avait ses douleurs et ses fatalités, que la reine Marie-Amélie traduisit par un mot terriblement éloquent. Lorsqu'il lui fut donné d'embrasser son époux et ses fils, échappés à tant de morts, elle s'écria en pleurant : « O mon Dieu, quel règne ! »

Sous ce règne, en effet, la justice divine ne permit jamais aux d'Orléans de prendre l'habitude du bonheur.

Par une précaution que les Républicains s'étaient bien gardés de communiquer à leur Corse, quelques canons de la machine avaient été chargés de telle manière qu'ils devaient faire recul et tuer sur place celui

---

Rieussec, lieutenant-colonel de la garde nationale, des vieillards, des femmes, et une jeune fille. On releva vingt-deux personnes plus ou moins grièvement blessées. Les généraux Colbert, Brayer, Heymès, Blein et Pelet furent de ce nombre.

qui mettrait le feu aux poudres. Fieschi était couvert de blessures. On le saisit au moment où il s'échappait de son troisième étage, à l'aide d'une corde. Tout avait été combiné par les démagogues pour faire croire à un massacre légitimiste. Fieschi mort, on ne découvrait dans la chambre de l'assassin que des portraits de la famille royale exilée, que des fleurs de lis tapissant les murs, que des emblèmes monarchiques épars sur les chaises. Et, toujours bien renseignés, les correspondants des feuilles de province ou de l'étranger racontaient, avec toute sorte de détails plus ou moins authentiquement inventés par eux, que le maréchal duc de Bellune, le chancelier de Pastoret, le duc des Cars, Chateaubriand, Fitz-James, Berryer et d'autres chefs du parti étaient accusés et convaincus d'être les auteurs de cette boucherie. La police, néanmoins, ne s'y laissa pas plus tromper que M. Thiers, ministre de l'intérieur. Fieschi, arrêté, se persuada bientôt qu'en tuant les autres il était destiné à se tuer lui-même. Fieschi avait l'âme d'un Corse : l'indiscrétion fut sa vendetta.

A la nouvelle de ce crime préparé et exécuté avec tant d'audace, la consternation ne se dissimula point. La France sentit qu'elle était poussée aux abîmes, et de tout cœur elle s'associa au deuil d'une impuissante royauté. L'Orléanisme expie durement ses ambitions. Les vainqueurs de 1830 le punissent comme un renégat et le frappent comme un coupable ; il n'a plus à espérer d'eux grâce ou miséricorde. Le pardon vint des persécutés et des victimes de la Révolution, toujours compatissantes aux choses de la douleur. L'archevêque de Paris ne s'est point montré aux Tuileries depuis l'avénement de Louis-Philippe. A cette heure de désolation, il s'écrie avec l'Ecclésiaste[1] : « Mieux vaut aller à une maison de deuil qu'à une maison de festin ; » et le proscrit de Juillet apporte à la dynastie de Juillet en larmes des encouragements, des regrets et des bénédictions.

Morey, Pépin, Boireau, Bescher et Nina Lassave, la maîtresse de Fieschi, sont sous la main de la police. La cour des pairs instruit le complot. Il était flagrant, car, dans plusieurs grandes villes de province, à Nantes, notamment, où le citoyen Raspail, parti de Paris le 28 juillet au matin, devait proclamer la république, tout était disposé en prévision d'un attentat. La République avait pris de savantes mesures ; elles échouèrent au dernier moment. Il ne lui resta plus qu'à s'indigner des outrageants soupçons dont quelques-uns de ses chefs furent l'objet, puis à abandonner les coupables à la sévérité des lois.

La cour des pairs, convoquée le 30 janvier 1836, fit assister la France à un désolant spectacle. Fieschi avait besoin de bruit ; Morey, les yeux injectés d'homicide, s'entourait de silence, et Pépin de timidité. Au milieu de tous les pairs, ambitieux de ses autographes et faisant queue autour du banc des accusés pour en solliciter un, Fieschi, vantard jusqu'à

---

[1] *Ecclés.*, vii, 4.

l'ivresse ou à la démence, se permettait des airs protecteurs. Un commerce de bons procédés s'établit entre ce misérable et ses juges. Le chancelier Pasquier l'appelait son cher monsieur Fieschi, et de la sellette on l'autorisait à se dresser un piédestal sur des tréteaux. Fieschi tenait l'audience, interrogeait les uns, répondait souvent pour les autres et dirigeait les débats. A force d'ignobles pantalonnades, il déridait le front peu austère de ces vieux pairs de France qui, blasés sur tout, retrouvaient un regain d'immoralité dans ses lascives turbulences. Il s'en rencontra même qui échangèrent avec lui des poignées de main. Fieschi avait connu dans les prisons d'Embrun la femme Petit, qui devint sa concubine. Cette femme Petit livra sa fille Nina Lassave à Fieschi. Nina, scrofuleuse et borgnesse, était l'idole de cet homme. Durant le procès ils s'envoyaient de l'un à l'autre, sous les yeux de la Cour, des signes d'intelligence et des baisers platoniques. Fieschi faisait la parade; il professait une égale admiration pour Bonaparte, son compatriote, et pour Louis-Philippe, son roi modèle. Convaincu qu'un homme tel que lui serait épargné, peut-être même récompensé, il avilissait la pairie, la magistrature et le gouvernement.

Le 15 février, ces séances publiques de scandale, plus effrayantes que la mitraillade, — car elles révélaient l'état de la société, — se terminèrent par une triple condamnation à mort. Quatre jours après, les têtes de Fieschi, de Morey et de Pépin tombèrent sur l'échafaud.

De ce monstrueux forfait de Fieschi qu'Orsini, le rédempteur de l'indépendance italienne à coups de bombe, renouvellera dans des circonstances et avec des moyens différents, sortit un nouveau code pour la presse. Les lois de septembre 1835 furent proposées et soutenues devant les chambres par le duc de Broglie, par M. Thiers et par M. Persil, trois hommes de Juillet, trois ministres de l'Orléanisme, sacrifiant la Charte à des considérations dynastiques. Louis-Philippe et son gouvernement s'appuyèrent sur la liberté pour usurper le privilége de l'arbitraire; mais leur fougue ne servit qu'à faire éclater leur impéritie. Les ordonnances de Charles X étaient dépassées. Ceux qui avaient détrôné le Roi et accusé ses ministres venaient, cinq années après, confesser, dans des subtilités de Palais, que la liberté de la presse était un danger public et une calamité sociale. Il fallait armer le pouvoir contre les envahissements de l'anarchie, et dominer cette fébrile exaltation des partis attaquant la royauté dans son principe, dans sa forme et dans son chef. Cette royauté ne fut plus qu'une tyrannie constitutionnelle tempérée par l'assassinat.

M. de Chantelauze, ministre de Charles X, était prisonnier à Ham pour avoir voulu conjurer ce péril. Charles X mourait en exil, et Louis-Philippe, le duc de Broglie, M. Thiers et tous les Orléanistes de Juillet déclaraient que la doctrine de compression était le seul remède à apporter au désordre croissant des esprits. Ils ne s'éloignaient pas trop du vrai au point de vue gouvernemental; leur position personnelle n'en était que plus fausse. La liberté de la presse a eu de tout temps ses dangers et ses excès. Cette lance d'Achille a fait de larges, de profondes blessures; et au lieu de les guérir, selon l'image consacrée dans la rhétorique des partis, elle les a toujours envenimées. Mais après avoir, dans un but coupable d'usurpation, offert cette liberté comme l'arc-boutant de toutes les autres, on ne devait pas tourner contre elle des dangers et des excès qu'une expérience judiciairement flétrie avait signalés.

Ces lois, sous lesquelles s'effondra l'école libérale de la Restauration, étaient d'une sévérité peut-être outrée. Leur application ne pouvait manquer d'être dure, car l'Orléanisme a de nombreuses vengeances à exercer. Les partis n'en restent pas moins sur la brèche, et les complots ne se condamnent pas à une oisiveté qui aurait été le bonheur et la sanction de la royauté de Juillet. L'allusion transparente, une réticence habile, un paradoxe ingénieux et des précautions oratoires, dont la solennité ou la malice cachait à peine l'audace, eurent bientôt créé un péril de plus. L'esprit et la ruse inventèrent un vocabulaire à eux, une guerre d'escarmouches et de perfidies par insinuation qui, en rendant le public plus attentif à ses lectures, lui fit découvrir une épigramme ou une révélation là où l'écrivain, caché sous sa langue, n'avait pas même songé à donner un passe-port à ses saillies. L'Orléanisme tentait de s'appuyer sur son despotisme légal, produisant à la longue l'intimidation et l'énervement. La presse jouait avec ses fers, et peu à peu elle les limait sur la tête des d'Orléans. L'attentat de Fieschi ne précède que de onze mois l'attentat d'Alibaud.

C'est un véritable Montagnard que celui-là, un républicain dans toute la sauvage énergie de ses appétits sensualistes et de ses révoltes contre l'ordre social. Le désœuvrement politique l'a réduit à la misère. La misère engendre l'idée du suicide; l'idée du suicide lui inspire la pensée de tuer Louis-Philippe. La Révolution, qui n'a plus même l'audace de ses assassinats, commence par faire passer la fièvre du régicide dans l'éducation et dans les mœurs. A force de le présenter et de l'excuser avant de le glorifier, tantôt comme un crime isolé ou un acte de folie, tantôt comme une vengeance particulière ou l'expiation d'une impopularité qui n'a pas besoin d'autres preuves, les démagogues sont parvenus à l'acclimater dans la sphère républicaine. C'est l'idéal humanitaire rêvé par les meurtriers politiques et par ces Vieux de la Montagne qu'adorent niaisement les journalistes du progrès et les voyants de l'avenir. Ils font prendre aux scélérats la sellette de la cour des pairs ou de la cour d'assises pour le piédestal d'un monument.

Alibaud est un des premiers disciples de Mazzini, le thaumaturge du poignard. Faisant bon marché de sa vie, Alibaud se croit maître de celle des autres. Comme Fieschi, il a entrepris beaucoup de métiers; il n'a réussi dans aucun. Ame inquiète, esprit irrité, révolutionnaire de 1830, inhabile à tout et possédé du désir de parvenir à tout, cet homme était un bachelier ès lettres déclassé. N'osant pas travailler et répugnant à mendier, il vivait de hasard, en appelant l'heure propice au crime. Le 25 juin 1836, il s'embusque sous le guichet des Tuileries. A six heures du soir, au moment où la voiture qui contient Louis-Philippe, Marie-Amélie et Madame Adélaïde, s'approche de la voûte, une détonation d'arme à feu retentit. La bourre de la canne-fusil d'Alibaud tombe sur la tête de Louis-Philippe; mais les deux balles qui lui sont destinées se perdent dans la voiture. Alibaud n'est pas ému; il ne se déconcerte pas. Saisi par des gardes nationaux qui l'accablent d'imprécations, il entend un officier lui dire : « Monstre, je t'aurais donné du pain si tu m'en avais demandé. » Et il répond : « Du pain ! je ne le mendie pas, je le gagne. Celui qui m'empêche d'en manger, je le tue. »

Cette théorie du droit au travail et de la responsabilité ainsi appliquée, Alibaud se retranche dans un mutisme superbe. Le 8 juillet, il le rompt devant la cour des pairs qui le juge. Son calme ne se dément pas plus que sa haine. Le chancelier l'interroge pour savoir depuis combien de temps il nourrit son projet de régicide : « Depuis que le roi a mis Paris en état de siége, réplique Alibaud; depuis qu'il a voulu gouverner au lieu de régner. »

En 1830, l'Orléanisme faisait de ce reproche contre

Charles X un cas de révolution dynastique; en 1836, le même reproche était adressé à Louis-Philippe par son assassin. Pour honorer le crime et dans la crainte de donner de l'humeur aux Conventionnels ou à leurs enfants, le roi de Juillet a supprimé le deuil du 21 janvier. Le monument expiatoire de la Madeleine est abandonné; le 14 février, qui vit périr le duc de Berry, n'est plus qu'un jour ordinaire. Ces concessions faites, l'Orléanisme, qui sera toujours le régicide en théorie, en, principe, en parole ou en action, a cru qu'il pouvait marcher de pair avec la démagogie. La démagogie, en face de ses juges, lui fait entendre un autre langage; Alibaud prend la parole. Il formule purement et simplement le système du meurtre : « J'avais à l'égard de Philippe Ier, s'écrie-t-il, le droit dont usa Brutus contre César. »

Interrompu par les rumeurs de la Cour, il ajoute : « Le régicide est le droit de l'homme qui ne peut obtenir justice que par ses mains. »

C'est la doctrine que M. Thiers professe dans son *Histoire de la Révolution française*, lorsque en racontant le 18 brumaire du premier Bonaparte, il écrit : « Des républicains qui croyaient voir un nouveau César pouvaient s'armer du fer de Brutus sans être des assassins. Il y a une grande faiblesse à les en justifier. »

Alibaud, qui invoquait ces funestes paroles, n'a point cette grande faiblesse-là. Il ne se justifie point, il ne s'excuse point. Sûr de trouver dans son parti des apologistes et des vengeurs, il se voue à l'exécration des cœurs honnêtes et à l'admiration des révolutionnaires. Il mourut sur l'échafaud froidement, stoïquement. Dans les sociétés secrètes, ainsi que dans certains livres, on lui décerna la palme du martyre.

La palme du martyre votée à Louis Alibaud par les conciliabules européens ne tarda point à se transformer en plume anonyme et en stylet humanitaire. Les lois de septembre gênaient assez peu l'extension des vœux néfastes. Les sociétés secrètes jugèrent à propos de se servir de la presse clandestine pour donner quelque saveur de fruit défendu à l'anarchie de leurs idées. *Le Moniteur républicain* parut dans l'ombre; il offrit le Panthéon aux régicides. Dans son numéro de mai 1838, ce journal, qu'on distribuait aux ateliers en guise de manne intellectuelle, établit ainsi ses doctrines : « Il n'y a qu'une seule ressource à employer, le régicide, le tyrannicide, l'assassinat, comme on voudra qualifier cette action héroïque... Il est sans doute beau d'être athée, mais cela ne suffit pas; il faut encore bien se pénétrer de la nécessité que le devoir impose de faire disparaître les rois et les royaumes... On n'est pas homme de sang pour faire couler économiquement leur sang coupable... Il est à regretter qu'aux beaux jours des sociétés populaires on n'ait pas songé à s'attaquer à Louis-Philippe... C'est l'attentat que nous appelons de tous nos vœux, que nous entendons même exécuter tôt ou tard, si personne ne nous devance... Nous invitons, en conséquence, tous les républicains à ne prendre conseil que de leur courage et surtout de la prudence, et à courir sus, sans perdre un seul moment, contre Louis-Philippe et ceux de sa race. »

Au moment où le chaos se développait systématiquement, en menaçant de se perpétuer, un nouveau parti ou, pour parler avec plus d'exactitude, un nouvel homme se présente dans cette lice ouverte à tout venant. Sous Louis XVIII et Charles X, on a vu le duc d'Orléans se créer de l'épopée impériale un moyen d'opposition : le roi de Juillet cherche à se faire des grandeurs de Napoléon un instrument de règne bourgeois. Anglais par intérêt, par spéculation, par habitude, il n'est resté Français que par son amour des vieilles ariettes de l'Opéra-Comique et par sa passion pour les cendres impériales. A lui le rétablissement de la statue sur la colonne ; à lui le traditionnel marronnier du 20 mars, fleurissant à heure fixe et à la plus grande satisfaction des badauds du fait-Paris ; à lui les armes du guerrier et l'épée d'Austerlitz, condamnée entre ses mains à une virginité perpétuelle ; à lui le retour de l'île de Sainte-Hélène et le tombeau des Invalides ; à lui ce Juif errant de la gloire qu'on accommode en peinture, en sculpture et sur les théâtres aux petitesses du Palais-Royal ! Généreux envers le mort, mais éloquent d'oubli à l'égard de ses héritiers, Louis-Philippe confisque à son profit les survivants et les souvenirs de l'Empire. Il s'arrange pour leur faire rapporter tous les bénéfices dynastiques dont se bercent ses manœuvres lucratives. L'Empereur mort est son bien et sa chose. Il voudrait en faire un de ces chênes séculaires qui paraissent plus majestueux dès qu'ils se voient isolés que lorsque mille arbrisseaux parasites enveloppent et déforment leur tronc. Afin de séparer Bonaparte de toute sa famille et de lui prouver que, souverain sans aïeux, il doit pour sa gloire rester sans successeurs, Louis-Philippe aurait été de force à chantonner à l'ombre immortelle cet adage rimé, mais peu patriarcal, que l'égoïsme inspira à l'abbé de Bois-Robert[1].

> Melchisédech étoit un homme heureux,
> Car il n'avoit ni frères ni neveux.

Louis-Napoléon ne se montre pas très-disposé à s'effacer devant le prosaïsme de ce conseil, qui est un calcul. Voir l'aigle percher sur un fumier lui semble un spectacle assez triste. La mort du duc de Reichstadt, fils du grand homme, arrivée le 22 juillet 1832, lègue au neveu un titre et des droits. Ce neveu a la prétention bien naturelle de les faire valoir, surtout en contemplant une race parasite et ennemie qui s'en crée un marchepied et une raison d'être. Cet accaparement provocateur devait être pour Louis-Napoléon une tentation de toutes les heures et la plus spécieuse des excuses. La reine Hortense l'a élevé libéralement en vue d'un trône ; le fils s'est montré docile

[1] *Épîtres en vers et autres œuvres poétiques de Bois-Robert*, p. 7. (Paris, 1659.)

aux leçons de la mère. Cette princesse eut en partage tous les dons du cœur et de l'esprit. Gracieuse, affable, bienfaisante, elle savait admirablement mener de front les intrigues et les plaisirs. Un léger défaut aurait semblé vouloir seul obscurcir tant de brillantes qualités : la reine Hortense aima toujours un peu trop à partir pour la Syrie. Cette concession faite à l'histoire, nous pouvons dire en toute sincérité qu'à travers les phases si accidentées de sa carrière, la princesse fut en toute circonstance digne de son passé et de l'avenir réservé à son fils.

Mère attentive et prévoyante, elle l'initia dès le bas âge à ses idées, à ses chagrins et surtout à ses projets. Quand la chute de l'Empire eut marqué, en 1814, la ruine de toutes les royautés éphémères accordées, à titre onéreux de vasselage préfectoral, aux divers membres de la famille Bonaparte, la reine Hortense s'était résignée à vivre à Paris, en espérant, en préparant les Cent-Jours. Dans l'intérêt de ses fils, mis sous la protection des Bourbons, elle plaidait contre son mari[1], fréquentait la cour de Louis XVIII, obtenait du

---

[1] Nous n'avons pas, on le sent bien, à fouiller dans ces débats d'intérieur et dans ces querelles de ménage. Nous devons nous arrêter au point historique, et là, une remarque doit être autorisée, car elle peint admirablement l'esprit du temps. Lorsque la reine Hortense se décida, en 1814-1815, à se mettre en lutte ouverte contre Louis Bonaparte, son époux, elle invoqua les conseils et l'éloquent appui des quatre avocats les plus royalistes de Paris. Bellart, Chauveau-Lagarde, Roux-Laborie et Bonnet eurent cette impériale cliente. Le 19 janvier 1815, Bonnet parla au nom de la duchesse de Saint-Leu; il cita les lettres patentes du 30 mai, par lesquelles le roi Louis XVIII lui accordait ce titre ainsi qu'à ses enfants, et il fut en droit de prononcer ces mots aussi peu connus

roi, le 30 mai 1814, le titre de duchesse de Saint-Leu, et se faisait bien venir des souverains alliés, de l'empereur Alexandre de Russie notamment.

Il est convenu de proclamer sur tous les modes que l'invasion fut pour la France entière un deuil universel. L'attitude de la reine Hortense et du prince Eugène, celle de l'impératrice Joséphine, viennent éloquemment réfuter de pareilles assertions, qu'on ne se permet qu'à distance. La famille de Darius pleurait aux genoux d'Alexandre, elle ne l'invitait pas à des parties fines; et nous voyons l'impératrice divorcée puiser le germe de sa mort dans les fêtes offertes aux étrangers vainqueurs de Napoléon Ier, tantôt à la Malmaison, tantôt à Saint-Leu. La reine Hortense faisait en souriant les honneurs de ces fêtes. Le patriotisme bien avéré des deux princesses, et la reconnaissance qu'elles devaient à l'Empereur cédèrent au torrent. Patriotisme et reconnaissance se retrouvent bonapartistes lorsque la reine Hortense peut compter sur un prochain retour de l'île d'Elbe. Après le désastre, elle erra sans fixité et sans repos;

qu'importants à l'histoire : « Tout est terminé, disait l'avocat de la reine Hortense, par cet insigne bienfait qui a trouvé des cœurs reconnaissants. Que penser de cette indiscrète réclamation qui tend à faire un étranger du jeune duc de Saint-Leu! peut-on l'enlever à sa mère, à sa patrie, à son roi!... Je ne veux pas jeter un coup d'œil indiscret sur les vues politiques qui peuvent être entrées dans les dispositions qui le concernent; je ne veux pas examiner si le séjour de cet enfant en France n'est pas dans l'intérêt de tous ceux entre qui ces conventions successives ont été faites, mais l'objet important, c'est le sort de l'enfant. Le souverain légitime a investi Napoléon-Louis d'une dignité; il a été dans son intention que Napoléon-Louis restât Français. »

puis elle résolut de se confiner dans la capitale du monde chrétien, le champ d'asile de toutes les grandeurs déchues. Elle y fut accueillie avec de paternels égards et une affectueuse commisération. Pour prix d'une hospitalité que, dans le même temps, l'Autriche, seule de toutes les puissances, se fit un devoir d'accorder à l'ex-roi Jérôme Bonaparte[1], la reine Hortense ne conspira jamais contre le Saint-Siége; mais le nom que portaient ses fils était un drapeau. Au mois de février 1831, la Révolution le déploie de leur consentement. Louis-Napoléon se trouve à vingt-deux ans engagé dans une insurrection dont il est permis de croire qu'il ne voyait que le côté enfantin et la chabraque tricolore arborée sur son cheval dans les rues de Rome, en guise de provocation muette.

La même erreur fut commise par les deux frères une année auparavant. La reine Hortense constate cette erreur avec une rare franchise. « Mon fils Louis, écrit-elle[2], avait absolument les mêmes sentiments et le même caractère que son frère. La révolution de juillet les trouva, l'aîné au milieu de ses inventions pour l'industrie, qui, faute de mieux, l'occupaient depuis son mariage, et le plus jeune à l'école militaire de Thunn, où il suivait les cours d'artillerie et du génie. Tous deux semblèrent renaître au bruit des événements de Paris. Quoique séparés, leurs impres-

---

[1] La princesse Mathilde et le prince Napoléon sont nés à Trieste, sur territoire autrichien par conséquent.

[2] *Récit de mon passage en France en* 1831, page 75.

sions furent les mêmes; vifs regrets de n'avoir pas combattu avec les Parisiens, enthousiasme pour leur héroïque conduite, et légitime espoir de servir cette France qu'ils chérissaient tant. Ils me disaient : « Elle est enfin libre; l'exil est fini; la patrie est ouverte; n'importe comment, nous la servirons. » Voilà ce qui remplissait toutes leurs lettres. J'étais loin de partager leurs espérances. »

Et, en femme expérimentée, la reine Hortense avait bien jugé de l'état des choses. Seulement à elle, qui énumère les vifs regrets de son fils de n'avoir pas combattu avec les Parisiens et l'enthousiasme pour leur héroïque conduite, il ne fut pas donné d'entendre Louis-Napoléon, au 2 décembre 1851, s'infliger un glorieux démenti et s'écrier dans sa proclamation aux généraux et aux soldats : « En 1830 comme en 1848, on vous a traités en vaincus. Après avoir flétri votre désintéressement héroïque, on a dédaigné de consulter vos sympathies et vos vœux. »

Ces rapprochements, que les différences de situation politique ne transformeront jamais en contradictions, ne pouvaient pas plus alors être faits que pressentis. Le temps change plus vite nos préjugés, nos passions et nos intérêts que la couleur de nos cheveux; et à peu de mois de distance, Louis-Napoléon offre un nouvel exemple de cette variété d'impressions. La reine Hortense, dont la faiblesse fut souvent une témérité réfléchie, s'est emparée de son fils malade. Elle l'a conduit à Paris, dans cette France qui lui est fermée sous peine de mort. Elle a vu Louis-Philippe, la reine Marie-Amélie, Madame Adélaïde et Casimir Périer, président du conseil. A la même heure, Louis-Napoléon, logé à l'hôtel de Hollande, rue de la Paix, a le nez tourné à la fortune, ainsi que parle Saint-Simon. Il entend les cris de : Vive l'Empereur! que Louis-Philippe laisse pousser autour de la colonne, afin de recueillir à son propre compte quelques bribes de l'enthousiasme reconnaissant du 20 mars 1815. Après cette équipée que les deux exilés ne durent pas regretter trop amèrement, car ils avaient pu voir de leurs yeux et sonder de leurs mains [1], Louis-

[1] En parlant dans sa brochure, *Lettre sur l'histoire de France*, du voyage secret de la reine Hortense et de Louis-Napoléon, M. le duc d'Aumale raconte, à la page 15 : « Le lendemain du jour où le roi des Français avait donné audience à la reine Hortense, il y avait conseil des ministres. — « Quoi de nouveau, messieurs? dit le roi en s'asseyant. — Une nouvelle fort grave, sire, reprit le maréchal Soult ; je sais à n'en pas douter, par les rapports de la gendarmerie, que la duchesse de Saint-Leu et son fils ont traversé le midi de la France. » Le roi souriait. — « Sire, dit alors M. Casimir Périer, je puis compléter les renseignements que le maréchal vient de vous fournir. Non-seulement la reine Hortense a traversé le midi de la France, mais elle est à Paris ; Votre Majesté l'a reçue hier. — Vous êtes si bien informé, mon cher ministre, reprit le roi, que vous ne me laissez pas le temps de vous rien apprendre. — Mais moi, sire, j'ai quelque chose à vous apprendre. La duchesse de Saint-Leu ne vous a-t-elle pas présenté les excuses de son fils, retenu dans sa chambre par une indisposition? — En effet. — Eh bien! rassurez-vous, il n'est pas malade ; à l'heure même où Votre Majesté recevait la mère, le fils était en conférence avec les principaux chefs du parti républicain, et cherchait avec eux le moyen de renverser plus sûrement votre trône. — Louis-Philippe ne tint pas compte de cet avis. »

Ce fait, que les complots de Strasbourg et de Boulogne réduisent aux plus minces proportions et presque à un commérage, a été nié par la presse officieusement gouvernementale dans une intention assez mal

Napoléon est à Londres et il écrit à un journal, le 17 juin 1831 : « Monsieur le rédacteur, je lis dans votre journal du 13 le paragraphe suivant :

« Madame la duchesse de Saint-Leu vient de passer « quelques semaines à Londres. On suppose que l'ex-« reine de Hollande a été y guetter une occasion de « présenter son fils aux Belges, pour le cas où ils « éprouveraient quelque difficulté dans le choix d'un « souverain. »

« Il paraît que l'on veut absolument assigner un but politique au séjour de ma mère en Angleterre. Ma mère est allée à Londres uniquement parce qu'elle n'a pas voulu se séparer de l'unique de ses fils qui survit encore.

« Ayant embrassé la cause sacrée de l'indépendance italienne, je suis obligé de chercher un refuge en An-

---

définie. Nous avons plus d'une fois, sous le règne de Louis-Philippe ainsi que depuis, entendu parler de ces conférences par les cinq ou six personnes qui prétendaient y avoir assisté, et nous avouons ne pas trop saisir le motif d'une pareille accusation dans la bouche d'un d'Orléans. Qu'importe, en effet, que Louis-Napoléon ait vu à Paris les chefs de l'opinion républicaine, qu'il les ait entretenus et qu'il ait cherché avec eux le moyen de renverser plus sûrement le trône de Juillet? En agissant ainsi, Louis-Napoléon eût fait à voix basse ce qu'il va bientôt entreprendre les armes à la main. Le prince semblait, il est vrai, violer les lois de l'hospitalité tacite qui lui était accordée ; mais Louis-Philippe, si scrupuleux sous la plume de son fils le duc d'Aumale, n'a-t-il donc pas violé certaines lois aussi précises et plus saintes? ne s'est-il pas tenu, selon la formule, à la disposition de la France ? pourquoi Louis-Napoléon n'aurait-il pas pu arguer du même dévouement? et Louis-Philippe ne devait-il pas trouver tout naturel qu'un Bonaparte vînt revendiquer l'héritage des Bonapartes, que l'Orléanisme aspirait à accaparer en même temps que celui plus palpable et plus positif des Condés?

gleterre, la France, hélas! m'étant toujours fermée. Ma mère n'aspire qu'au repos et à la tranquillité.

« Quant à moi, loin de nourrir des idées d'ambition, mon seul désir serait de servir mon pays ou la liberté, dans les pays étrangers; et on m'aurait vu dès longtemps, en qualité de simple volontaire, dans les rangs glorieux des Belges, et dans ceux des immortels Polonais, si je n'avais craint qu'on n'attribuât mes actions à des vues d'intérêt personnel, ou que mon nom n'alarmât une diplomatie timide et incapable de croire à un dévouement désintéressé ou à une sympathie sincère inspirée par des peuples malheureux. »

Ce candide jeune homme cherchait encore sa forme, sa voie et son étoile. Flottant, indécis au milieu de toutes ces insurrections dont, en quelques phrases sentimentales, il passe la revue, Louis-Napoléon ne se montre ici qu'à l'état de conspirateur cosmopolite. Les princes exilés ont surtout à combattre leur propre parti; Louis-Napoléon n'en est pas là, car il n'a point de parti, encore moins de partisans. On ne lui a même pas appris que la Révolution, qui choisit ses adeptes dans les pourritures du patriciat, ne saura point anoblir le crime et ne voudra jamais se faire servir par un grand homme. L'idée fixe du rétablissement de la dynastie napoléonienne et sa course continue de l'Empire : *Procurrentis imperii impetus*[1], ne l'avait pas saisi au cœur. Il n'a point examiné, sous ses divers enjeux, cette martingale inespérée que le

---

[1] *Annæi Flori Epist.*

roi-citoyen s'acharne à lui faire si belle. Mal jugé, plus mal apprécié, Louis-Napoléon se laisse vivre, en se condamnant, comme les frères de l'Empereur, à une taciturne oisiveté. C'est dans ces années, si stériles à la surface et si laborieuses dans son esprit, que la duchesse de Saint-Leu, sa mère, et l'ex-roi de Hollande, Louis Bonaparte, prenant, lui, le titre de comte de Saint-Leu, font entendre sur Louis-Napoléon des horoscopes épistolaires qui se vérifieront tous.

Retiré avec sa mère au château d'Arenemberg, sur le lac de Constance, Louis-Napoléon s'est fatigué de mettre en vain son épée au service des révolutions qui ne lui profitent pas. Son nom et celui de la reine Hortense se voient compromis devant la cour d'assises de Paris (26 avril 1832), dans un procès où sont inculpés un réfugié polonais et un réfugié italien. Le Polonais Zaba et l'Italien Mirandolli avaient tenté d'embaucher quelques officiers des garnisons de l'est de la France, et ils avaient peu réussi. Louis-Napoléon se décide alors à prendre la vocation d'écrivain. Il n'a point été élevé à n'avoir pour toute croyance qu'un machiavélisme banal et une politique à double détente, dont le secret est de jouer avec la foi des peuples. Ce n'est pas lui qui soutiendrait avec Pline[1] « que, dans l'homme, il ne faut pas croire même à la mort. » Louis-Napoléon ne professe point le culte abject de la violence et du succès. Il a d'autres principes; il les développe ainsi dans l'*Analyse de la question des sucres:*

---

[1] Pline, *Hist. natur.*, liv. VII, page 411.

« Lorsqu'on a été obligé, dit-il, pour la défense d'une cause quelconque, d'altérer la vérité, c'est une preuve évidente qu'on ne peut ni tout avouer ni présenter les choses telles qu'elles sont. » Lui qui ne passe point sa vie dans les sapes, lui qui ne s'ingénie point à soulever des nuages de difficultés, il a appris de bonne heure que la clarté est la probité de la langue française et l'obscurité une ressource qui lui manque complétement. En trempant dans une encre vulgaire son doigt impérial, on le verra toujours suivre à la lettre ces grands préceptes.

La solitude lui inspire des *rêveries politiques*, des projets de constitution, des considérations politiques et militaires sur la Suisse. Puis, comme en France on voit sans cesse recommencer tout ce que l'on a vu finir et que l'Empire a été le trait d'union entre la République et la Royauté, il s'abouche avec les représentants les plus célèbres de ces deux dernières formes gouvernementales. Il a invité et reçu Chateaubriand à Arenemberg; la Fayette lui fait proposer une entrevue à la frontière. En courtisant la popularité de l'auteur du terrible pamphlet de 1814, *de Buonaparte et des Bourbons*, en sollicitant les conseils du général républicain qui, en 1815, après Waterloo, provoqua la déchéance de l'Empereur, Louis-Napoléon a donné sa mesure. Il se fait de l'oubli un art et un besoin. Il va même, dans ses amusements publics et ses relations privées, jusqu'à effacer la malédiction testamentaire que le martyr de Sainte-Hélène a gravée dans l'histoire : « Je lègue l'opprobre de ma mort à la maison régnante d'Angleterre. » Ce cri de désespoir que l'oncle pousse dans son agonie semble une parole morte pour le neveu, qui, un jour, s'en fera un cri de guerre à l'Anglais.

Ce n'est pas encore un prétendant, un sphinx que tout le monde devine, ou un César dans lequel, selon l'expression de Suétone [1], il y aurait l'étoffe de plusieurs Marius. C'était déjà un conspirateur, n'ayant de César que les dettes, au dire assez suspect de l'Orléanisme. Par un privilége d'aveuglement qui ne sera jamais surpassé, Louis-Philippe a tout fait pour convaincre ce Bonaparte du prestige que le bonapartisme peut exercer sur les masses. Toute sa famille parut descendre avec lui dans le tombeau de Sainte-Hélène. L'Empereur était une glorieuse légende, le symbole des victoires et conquêtes dont, sous le chaume, chaque Homère villageois, passé soldat-laboureur, s'attribuait la meilleure part, en guise des souvenirs du peuple [2]. Psalmodier chaque soir au choc des verres les refrains de Béranger et s'enthousiasmer aux fabuleux récits d'une iliade souvent travestie, telle avait

---

[1] Suéton. *De XII Cæsaribus*, liv. I, page 5.

[2] Il y a sous ce titre, dans les *Chansons de Béranger*, une complainte touchante :

> On parlera de sa gloire
> Sous le chaume bien longtemps.
> L'humble toit dans cinquante ans
> Ne connaîtra pas d'autre histoire, etc.

Cela s'imprimait, se publiait, se chantait à pleine voix du temps des Bourbons. Quand l'Empereur régnait, la chanson et l'épigramme n'avaient

été, après le 5 mai 1821, la tâche des demeurants de l'Impérialisme. Des grands dignitaires de l'Empire, de ses maréchaux, de ses généraux et de ses administrateurs, les uns s'étaient sincèrement ralliés à la royauté des Bourbons, les autres s'efforçaient avec Louis-Philippe de clouer un masque libéral sur la figure dictatoriale de l'Empereur.

De nouveaux besoins, de nouvelles aspirations et des hommes nouveaux se faisaient jour. L'Empire s'effaçait et s'oubliait dans un pays où l'inconstance est parfois acceptée comme une marque de génie et le caprice comme un signe de réflexion. Après avoir tout conquis et tout perdu au jeu des batailles, la France voulait respirer cet air que le poëte Lucrèce appelle *ventorum paces*. Elle s'était faite monarchique et constitutionnelle. L'Orléanisme doit à la longue lui enfanter la tyrannie, car quand nous n'avons point conscience de notre liberté morale, Dieu nous force tôt ou tard à subir des maîtres honteux auxquels nous n'osons pas résister.

Il y avait encore des Bonaparte, puisque l'Empereur a créé des aïeux à tous ses descendants; il n'y avait

pas autant de respectueux amour : témoin le couplet suivant qui, sous le premier Empire ne reçut jamais un permis de circulation :

> Que de lauriers tombés dans l'eau !
> Et que de fortunes perdues !
> Que d'hommes courent au tombeau
> Pour porter Bonaparte aux nues !
> Ce héros vaut son pesant d'or ;
> En France personne n'en doute,
> Mais il vaudrait bien plus encor
> S'il valait tout ce qu'il nous coûte.

plus de Bonapartisme. Les Bonaparte n'ont pas besoin d'abdiquer; leur abdication est dans leur insuffisance. C'est une famille en deuil de sa gloire et qui n'ose le porter. Joseph se fait planteur et banquier de loisir en Amérique. Lucien, dans son manoir féodal de Canino, laboure en vers blancs des poëmes épiques. Louis, désintéressé de tout et le plus digne d'estime par ses infortunes, souffre des douleurs du corps et encore plus de celles de l'âme. Jérôme s'occupe à tuer le temps, en se couronnant des roses d'un sybaritisme aussi ruineux que fantasque.

De la seconde génération il ne surgit qu'un jeune homme. A ce jeune homme, concentré dans sa pensée et inclinant à croire que la puissance de la destinée pourrait bien avoir mis la main sur lui, Louis-Philippe apprend ce qu'il est permis d'espérer et de tenter avec un pareil nom. Il lui révèle que ce nom n'a point l'habitude d'être vaincu dans les batailles de la vie.

Mais ici se rattache un fait que, dans l'impartialité de nos appréciations, nous ne pouvons condamner à l'oubli. La vérité seule donne de l'expérience; soyons donc vrai avant tout.

Le prince Napoléon, parlant au Sénat, le 1er mars 1862, a prétendu que le retour de l'île d'Elbe s'était effectué au cri : A bas les émigrés ! à bas les nobles ! à bas les prêtres ! auquel un euphémisme oratoire a substitué : A bas les traîtres ! Si ce vœu, que la Révolution seule a pu proférer et répéter, eût été exaucé, il est à présumer que la France n'aurait pas fourni à l'hôte actuel du Palais-Royal l'occasion de manifester ses sentiments à une tribune française. En effet, depuis 1815, ce ne sont que des émigrés et des nobles qui, fidèles envers et contre tous à la mémoire de Napoléon, repopularisent l'Empire et l'Empereur. On ne voit que des fils d'émigrés ou des enfants de la noblesse qui, sous la Restauration, temps de rare liberté où l'on pensa comme on voulut, où l'on parla, où l'on écrivit comme on pensait, s'ingénient à mettre Louis-Napoléon Bonaparte sur le chemin de Strasbourg et de Boulogne, du trône par conséquent.

Le *Mémorial de Sainte-Hélène*, dont le retentissement fut plus qu'une victoire, est l'œuvre du comte de Las Cazes, un émigré.

Les *Mémoires de Napoléon Ier*, qui continuèrent ce triomphe, sont signés par le général comte de Montholon.

Sur ce rocher où l'Angleterre s'est faite le vautour du Prométhée impérial, Napoléon s'éteint et demande à Pie VII, son captif de Fontainebleau, de lui envoyer un prêtre pour l'aider à mourir chrétiennement. Le premier qui se met à la disposition du Pape toujours régnant et de l'Empereur toujours exilé, c'est le coadjuteur de Paris, Hyacinthe de Quélen.

En 1831, la reine Hortense, compromise, sans doute par bonté d'âme, dans les insurrections d'Italie, veut rejoindre ses fils ou gagner un territoire neutre. Il faut qu'elle sorte de Rome, et que, seule, malgré la surveillance de toutes les polices, elle traverse les lignes ennemies. Cette femme, cette mère est abandonnée et désolée. Un chef d'escadron de la garde royale, un légitimiste, démissionnaire par refus de serment, le comte de Bressieux, s'offre pour remplacer tous les chevaliers d'honneur, tous les généraux d'escorte que la reine Hortense vit autrefois à ses genoux. Le comte de Flahaut lui-même était passé à l'Orléanisme trônant. M. de Bressieux est bien reçu; il remplit dignement sa tâche. Puis, ambassadeur de la mère, il court à Spolète, porter aux deux princes des conseils qui ne furent pas suivis et de l'argent qui fut accepté.

De braves officiers, qui brisèrent leur épée pour ne pas servir l'usurpation, quelques jeunes nobles ou fils d'émigrés, fatigués de ne rien faire, encore plus fatigués de la royauté bourgeoise, se cherchent un complice et un drapeau. Ils s'imaginent que Louis-Napoléon leur donnera l'un ou l'autre, peut-être tous les deux à la fois. Sans se consulter, ils arrivent d'instinct et par des chemins différents à la porte du château d'Arenemberg. Ils furent accueillis comme des amis, et posèrent les bases d'une espèce de mariage de raison. Ces dévouements de la première heure, dont le succès définitif multiplia le nombre à l'infini, allaient courir les aventures impossibles. Le comte Frédéric de Bruc, le marquis de Gricourt, le vicomte de Querelles et l'ex-sous-officier de cavalerie Fialin, qui a déjà choisi et pris les armes et le titre de vicomte de Persigny, furent les argonautes du Bonapartisme. Madame Gordon, la cantatrice, n'en sera jamais la Jeanne d'Arc.

Les émeutes populaires, les révoltes d'ouvriers, les insurrections républicaines ou légitimistes étaient usées. Ces jeunes gens pensèrent qu'avec le nom de l'Empereur un complot militaire aurait des chances de succès. Enfants de l'armée, ils conçoivent l'idée de l'associer à leur tentative. Louis-Philippe a violé tous ses serments; ils absolvent d'avance de la violation du leur les soldats qu'ils vont gagner à la cause impériale.

Strasbourg était une place de guerre importante, et parmi les régiments qui tiennent garnison dans cette ville, on remarque le 4ᵉ d'artillerie, dans lequel Bonaparte servit, et qui, en 1815, lui ouvrit les portes de Grenoble. Le colonel Vaudrey est à sa tête. Madame Gordon le décide à faire un pas vers le prince. Au mois de juillet 1836, Vaudrey a des entrevues secrètes avec lui à Bade. Pendant ce temps, Frédéric de Bruc va sonder le général Exelmans; Persigny manipule la conjuration et rôde autour des conjurés. Dans ses *Études et Portraits politiques*, le vicomte de la Guéronnière a dit de ce Blondel de l'Empire : «Esprit fin, profond et pénétrant, caractère énergique et audacieux, volonté pleine de ressources, cœur chevaleresque, M. de Persigny était en même temps la conception et l'exécution, l'intelligence et la main de l'entreprise à laquelle il s'était voué. Diplomate d'instinct, il nouait les fils du complot avec une habileté consommée et de manière à rester le maître de lui imprimer la direction qu'il jugerait la meilleure. Impassible et froid devant le péril, aucun obstacle ne pouvait ni l'effrayer, ni l'arrêter. La prévoyance qui combine tout, l'audace qui ne redoute rien, tel était M. de Persigny[1]. »

Deux pages plus loin, cet écrivain, qui perfectionne l'art de se contredire en tamisant la flatterie, s'exprime ainsi sur le même complot[2] : « Louis-Napoléon n'était pas un conspirateur ordinaire. Si l'on veut même que je dise toute ma pensée, je n'hésiterai pas à ajouter que son caractère, ses mœurs, ses idées, son éducation, sa nature devaient le faire répugner profondément à tout projet de conspiration. Ce qui le prouve, c'est la témérité même et l'impossibilité absolue de réussite qui apparaît au plus simple examen des combinaisons sur lesquelles reposaient les deux expéditions de Strasbourg et de Boulogne. En effet, le héros de ces entreprises ne s'inquiète pas de savoir s'il a des partisans en France. Il ne prépare rien; il n'organise rien. Ses plans ne correspondent à aucune stratégie; ses efforts ne se renouent à aucune affiliation. »

Il ne nous appartient pas de relever des inconséquences dans le panégyrique d'un Trajan qui n'a pas trouvé son Pline; mais, si la postérité s'occupe de l'affaire de Strasbourg, nous croyons qu'elle ne la jugera pas avec autant de superficiel enthousiasme. Au fond de ce complot, bien ou mal mené par des jeunes gens

---

[1] *Études et portraits contemporains*, pages 25 et 26 (1852).
[2] *Ibidem*, pages 28 et 29.

qui ne doutent de rien, il y avait, comme dans celui de Boulogne, une grave atteinte à l'honneur militaire. Louis-Philippe donna, il est vrai, à plus d'une reprise, ce funeste exemple : un Bonaparte ne devait pas le suivre.

Strasbourg et Boulogne forcent à faire une triste réflexion; néanmoins elle sera faite. Anciennement, en France, ce n'était ni par l'appât des grades, ni surtout par la tentation de l'or, que les soldats se laissaient gagner. Citoyens qu'on enrôlait, mais qu'on n'achetait pas selon la parole de Tacite[1] : *Legi a se militem, non emi*, ils avaient de plus consciencieux mobiles. Pour justifier la parole : que l'honneur s'est réfugié dans les camps; ils se seraient bien gardés de contracter marché de faveurs ou de pensions. Les prodigalités pécuniaires ne peuvent pas aller à ceux qui ne sont fiers que de leur prodigalité de courage, et le chef, qui n'a point loyalement obéi, ne doit pas espérer de commander glorieusement. Le colonel Vaudrey à Strasbourg, le général Magnan à Lille[2], le capitaine

[1] Tacit. *Hist.*, liv. I, page 4.
[2] La lettre suivante, écrite et confiée par Louis-Napoléon au chef d'escadron de Mésonan, fut communiquée au général Magnan à qui elle était adressée en réalité :

« Mon cher commandant,

« Il est important que vous voyiez de suite le général en question; vous savez que c'est un homme d'exécution, et que j'ai noté comme devant être un jour maréchal de France. Vous lui offrirez cent mille francs de ma part, et trois cent mille francs que je déposerai chez un banquier à son choix, à Paris, dans le cas où il viendrait à perdre son commandement. »

Col-Puygellier, le lieutenant de douanes Bally à Boulogne, et beaucoup d'autres sous le drapeau furent mis à l'épreuve de leur fortune à faire et à la séduction des promesses d'argent.

Cette séduction, dangereuse sous divers aspects, et contre laquelle il est rassurant de voir protester la fidélité militaire, car les bons exemples survivent aux mœurs, était un acte plus blâmable que tous les complots. Si en effet, dans un pays tel que la France, où, à des heures néfastes, le peuple semble avoir tout perdu, jusqu'à la pudeur de la servitude, les soldats devenaient des prétoriens ou des manches à sabres à qui on distribue des bouteilles de champagne comme stimulant et des pièces d'or en guise de munitions, ils aimeraient les vices du prince comme jadis ils honoraient ses vertus. Louis-Napoléon l'a si bien reconnu plus tard que, le 22 juillet 1849, il fit amende honorable sur les lieux mêmes où il avait subi sa peine. Dans un banquet à lui offert par la ville de Ham, il parla ainsi : « Aujourd'hui qu'élu par la France entière je suis devenu le chef légitime de cette grande nation, je ne saurais me glorifier d'une captivité qui avait pour cause l'attaque contre un gouvernement régulier. Quand on a vu combien les révolutions les plus justes entraînent de maux après elles, on comprend à peine l'audace d'avoir voulu assumer sur soi la terrible responsabilité d'un changement. Je ne me plains donc pas d'avoir expié ici, par un emprisonnement de six années, une témérité contre les lois de ma patrie;

et c'est avec bonheur que, dans les lieux mêmes où j'ai souffert, je vous propose un toast en l'honneur des hommes qui sont déterminés, malgré leurs convictions, à respecter les institutions de leur pays. »

Il est beau, il est profitable surtout d'afficher après le succès un repentir triomphant, et de venir, lorsqu'on commande, donner un exemple de subordination à un peuple qui, comme au temps de César, ne sait ni la royauté ni la liberté. Mais il aurait peut-être mieux valu ne pas écrire des lettres telles que celle réservée au général Magnan et cette autre adressée au général Voirol, commandant la 5ᵉ division militaire à Strasbourg :

« Bade, 14 août 1836.

« Général, comptant partir bientôt pour retourner en Suisse, je serais désolé de quitter la frontière de France sans avoir vu un des anciens chefs militaires que j'honore le plus. Je sais bien, général, que les lois et la politique voudraient nous jeter, vous et moi, dans deux camps différents ; mais cela est impossible ; un vieux militaire sera toujours pour moi un ami, de même que mon nom lui rappellera sans cesse sa glorieuse jeunesse.

« Général, j'ai le cœur déchiré en ayant, depuis un mois, la France devant les yeux, sans pouvoir y poser le pied. C'est demain la fête de l'Empereur, et je la passerai avec des étrangers. Si vous pouvez me donner un rendez-vous dans quelques jours dans les environs de Bade, vous effacerez par votre présence les tristes impressions qui m'oppriment. En vous embrassant, j'oublierai l'ingratitude des hommes et la cruauté du sort. Je vous demande pardon, général, de m'exprimer aussi amicalement envers quelqu'un que je ne connais pas; mais je sais que votre cœur n'a pas vieilli.

« Recevez, général, avec l'expression du bonheur que j'aurais à vous voir, l'assurance de mon estime et de mes sentiments distingués. »

« LOUIS-NAPOLÉON BONAPARTE. »

Ce sentimentalisme rétrospectif devait avoir peu de prise sur un soldat qui sait sa fortune faite et ses passions amorties. Voirol ne répondit pas plus que le général Exelmans. Madame Gordon, cette Armide de concert, dont une beauté virile fit tolérer le talent douteux, employa de plus habiles séductions auprès des Renaud du 4e d'artillerie[1]. Elle étendit ses conquêtes sur d'autres régiments, et, une nuit, plus de trente officiers se réunirent autour d'un bol de punch, attendant le prince conspirateur. Malgré la loi qui lui défend l'entrée du territoire français, Louis-Napoléon s'est rendu à Strasbourg. On l'introduit, il parle; et, au témoignage du lieutenant Laity, l'un des conjurés[2], « il les quitta plein de confiance et d'espoir. »

La trame du complot avait été bien ourdie. Les so-

---

[1] La fille de madame Gordon a épousé M. Campana, dont l'empereur Napoléon III vient d'acheter, au nom de la France, une partie du musée pour la somme de 4,800,000 francs.

[2] Laity. *Le prince Napoléon à Strasbourg.*

ciétés secrètes, dont Mazzini était déjà l'âme, agitent les cantons helvétiques. La ténébreuse affaire de l'espion Conseil [1] a porté le trouble dans les relations diplomatiques et commerciales entre la France et la Suisse. Des plaintes retentissent à la double frontière; puis la *Jeune Suisse*, la *Jeune Italie*, la *Jeune Allemagne*, la *Jeune Pologne*, toutes les jeunesses, enfin, créées par de vieux exilés, se mettent en mouvement. La guerre intestine éclate, sous le couvert de la fraternité universelle, dans le camp de la *Jeune Europe*. Des tiraillements y naissent à chaque pas. L'orgueil et la cupidité ont enfanté la confusion des langues et des races de cette Babel. Le gouvernement de Juillet s'irrite à propos de la Diète. La Diète ne craint pas à son tour de formuler ses doléances. Dans une note du 29 août 1836, le libéralisme suisse répond au libéralisme français : « La Confédération ne devait pas surtout s'attendre à voir la France se faire un grief contre elle des complots tramés dans quelques cantons. En effet, les enquêtes judiciaires et adminis-

---

[1] Un nommé Conseil, plus connu dans la police sous le nom de Napoléon Chéli que sous le sien propre, avait été chargé de surveiller et d'espionner les manœuvres des émigrés en Suisse. Le château d'Arenemberg et ses habitants n'étaient pas, on le pense bien, à l'abri de son inquisition. Afin de tromper plus sûrement les sociétés secrètes, Conseil se prétendait l'ami et le complice de Fieschi. Ses mystérieux rapports avec le duc de Montebello, ambassadeur de Louis-Philippe en Suisse, donnèrent l'éveil aux réfugiés. Conseil leur faisait concurrence, quoiqu'il ne fût qu'un novice en fait de trahison. Quatre Italiens lui tendent un guet-apens; le 10 août 1836, Conseil y tombe à Nidau et on le trouve nanti de trois passe-ports, tous sous des noms différents, tous visés par l'autorité française.

tratives ont prouvé jusqu'à l'évidence qu'aucun des complots constatés n'a été dirigé contre la France, mais y ont été conçus; que le foyer des conspirations est à Paris; que les ordres pour ces milices secrètes des conspirations partent de Paris. »

Ces récriminations sont aussi fondées d'un côté que de l'autre. La Suisse s'était ouverte, comme une Botany-Bay d'espérances antisociales, à tous les manœuvres du Prolétariat-Voleur et de l'Alliance des Justes. Sentinelles avancées du communisme, ces apôtres de la dissolution avaient vu l'Angleterre et la France danser et dîner en faveur de leurs infortunes protégées par le Palais-Royal; la Suisse les accueille comme les initiateurs du progrès cosmopolite. Vivant parmi tous ces réfugiés, dont les vagabondes turbulences peuvent être pour lui un attrait ou un péril, Louis-Napoléon se tient dans une prudente réserve. Les chefs des Sociétés secrètes le convient à des menées souterraines ou à la complicité de leurs crimes cachés. Ces ouvriers de la pensée démagogique, mordant au pain de toutes les infamies et poussant dans toutes les ruines amoncelées par les révolutions, font briller à ses yeux un diadème quelconque. Louis-Napoléon ne veut pas descendre dans leurs ateliers d'anarchie, où Mazzini et Breidenstein organisent l'assassinat comme intermède aux révoltes, et se servent du poison ou du stylet pour cadencer leurs bucoliques humanitaires. Il ne s'affilie ni à leurs songes, ni à leurs agapes. Du moins ne découvre-t-on encore nulle trace d'une participation directe aux Sociétés secrètes ou aux ventes des *Carbonari*. Louis-Napoléon s'arrêta toujours au vestibule; seulement, l'exil pauvre vint plus d'une fois frapper à la porte de l'exil riche. Comme tous les princes bannis, le fils de la reine Hortense, trompé peut-être par de faux noms étalant de fausses misères, accorda souvent des subsides à divers membres de ces associations, qui exploitaient et trahissaient sa générosité. Il promettait selon ses espérances, il prodigua plus que dans la mesure de ses forces. A le juger ni timidement ni témérairement, il eut alors pour toutes les insurrections une faiblesse véritablement paternelle. Cette bonté dépensière, qui s'explique par son ambition et par le sang de créole coulant dans ses veines, manqua de retenue et fut assez mal interprétée. Louis-Napoléon était déjà semblable à ces arbres d'où les fleurs tombent, mais où l'on commence à voir les fruits qui se nouent.

Dans ce moment les réfugiés polonais, allemands et italiens, de jour en jour plus insatiables, étaient plutôt pour lui un embarras qu'une force. Il a pratiqué des reconnaissances dans l'armée; il s'appuie sur elle; et son complot, dont les ramifications s'étendent bien au delà de Strasbourg, a un côté aussi triste que réel. Il importe donc de ne pas trop prendre au sérieux certain mémento échappé à l'ambitieuse vantardise de Richard de Querelles. Croire qu'il résume toute la politique du chef serait se tromper lourdement. Querelles avait griffonné sur son carnet les recommandations suivantes[1] : « Il me faut des croix, des titres, des grades, des cordons, et mon sabre saura les conquérir... Nous vivrons bien. Vingt mille livres de rentes suffisent. Nous aurons des honneurs, un chapeau à plumes. »

Louis-Philippe ne règne que depuis six ans, et déjà son système a entamé le cœur de l'armée. Ce n'est plus le bonheur de mourir sous le drapeau qui l'anime. Elle s'est aperçue qu'on spéculait, elle spécule malgré elle sur son avancement ou sur sa retraite. Elle a vu des Séjans de synagogue, des Iscariotes d'arrière-boutique, des Turcarets, des Figaros et des Basiles comblés de faveurs et de dignités. Ils ne pouvaient pas s'élever jusqu'à la croix de la Légion d'honneur; l'ordre impérial descendait jusqu'à eux. Les professeurs de bassesse dynastique prétendaient avec Horace « que l'argent donne même la noblesse et la beauté. » Il fallut de l'argent à tout prix, et pardessus le marché des titres et des chapeaux à plumes comme aux nègres. Cette intempérante théorie aurait frappé de stupéfaction sous les lis ou sous l'aigle. Le coq gaulois en fit une vérité; l'armée la subira.

Le complot de Strasbourg n'a pas réussi. Il fut taxé de folie; mais Louis-Philippe ne s'y trompa point. Le tableau d'intérieur tracé par M. Guizot doit rester comme un témoignage et une expiation. Le télégraphe n'a encore transmis que la nouvelle du mouvement Napoléonien et le ministre du roi de Juillet raconte[2] :

[1] *Procès de Strasbourg. Moniteur* de 1837, page 94.
[2] *Mémoires de M. Guizot*, tome IV, pages 198 et 199.

« Nous nous rendîmes sur-le-champ aux Tuileries, où, peu de moments après, tout le Cabinet se trouva réuni. Nous causions, nous conjecturions, nous pesions les chances, nous préparions des instructions éventuelles, nous discutions les mesures qui seraient à prendre dans les diverses hypothèses. M. le duc d'Orléans se disposait à partir. Nous passâmes là, auprès du Roi, presque toute la nuit, attendant des nouvelles qui n'arrivaient pas. La Reine, madame Adélaïde, les princes, allaient et venaient, demandant si l'on savait quelque chose de plus. On s'endormait de lassitude ; on se réveillait d'impatience. Je fus frappé de la tristesse du Roi, non qu'il parût inquiet ou abattu ; mais l'incertitude sur la gravité de l'événement le préoccupait ; et ces complots répétés, ces tentatives de guerre civile Républicaines, Légitimistes, Bonapartistes, cette nécessité continuelle de lutter, de réprimer, de punir, lui pesaient comme un odieux fardeau. Malgré sa longue expérience et tout ce qu'elle lui avait appris sur les passions des hommes et les chances de la vie, il était et restait d'un naturel facile, confiant, bienveillant, enclin à l'espérance ; il se lassait d'avoir sans cesse à se garder, à se défendre, et de rencontrer sur ses pas tant d'ennemis. »

Ces ennemis, c'était lui qui sciemment et de gaieté de cœur, les infligeait à sa famille. En proie à une véritable monomanie du sceptre, il a, pour parvenir à ses fins, joué tous les partis et tenté de les faire alternativement servir à sa fortune. La mortification d'avoir été ainsi dupés leur souffla au cœur un désir inextinguible de vengeance. Louis-Napoléon, le dernier, venait à Strasbourg lui apporter les prémices de la résurrection bonapartiste. Pendant quinze années de manœuvres déloyales, le duc d'Orléans s'est borné, affirmait-il, à se tenir à la disposition de la France. Louis-Napoléon joue le même jeu, mais ouvertement et à main armée. Comme le roi de Juillet, il dispose de la France en attendant qu'elle songe à utiliser sa bonne volonté.

Le 30 octobre, à six heures du matin, Bonaparte est au quartier d'Austerlitz, occupé par le 4e régiment d'artillerie. Son colonel en a répondu; les artilleurs ne laissent pas protester cet engagement. Un cri de joie, sorti de tous les rangs, adhère à la reconstitution improvisée de l'Empire. Sous le coup d'une émotion bien naturelle, Louis-Napoléon prend la parole, puis mêlant aux effusions impériales certains faits controuvés et des mensonges politiques, il se forme de ce régiment une escorte et une avant-garde. La conspiration du général Mallet se renouvelle, mais en sens contraire. Avec des canonniers pour auxiliaires, M. de Persigny s'empare du préfet; Schaller du général commandant le département, et Pétri du télégraphe. Lombard s'installe de vive force dans une imprimerie : il y fait composer les proclamations d'avénement.

Les pontonniers, les soldats et les quelques citoyens dans le secret sont aux divers postes à eux assignés. La ville commence à s'éveiller en sursaut et le prince, qui alors se dit Napoléon II, arrive chez le lieutenant-général Voirol. Voirol résiste. Le prince le laisse à la garde du chef d'escadron Parquin, puis il continue sa marche, se dirigeant vers la caserne Finckmatt, où réside le 46ᵉ de ligne. La tête du cortége Bonapartiste s'égare dans les ruelles de la ville. Louis-Napoléon, à peine entouré, mais déjà certain du succès, — car toutes les autorités sont entre les mains de ses complices, — pénètre hardiment dans la cour de la caserne. A la vue de ce cortége inattendu, les soldats se consultaient pour savoir quel parti ils allaient adopter. Un lieutenant, nommé Pleignier, se précipite sur le prince dans l'intention de l'arrêter. Le colonel Taillandier survient et rallie le régiment.

Une mêlée confuse s'engage. Les artilleurs veulent défendre Louis-Napoléon ; les fantassins se disposent à le saisir. C'est la minute qui décide du sort des armées et des peuples, la minute qui fait les victorieux ou les vaincus. Pâle, mais non tremblant, intimidé peut-être, mais non effrayé, Louis-Napoléon n'ose pas donner l'ordre de faire feu ; il aime mieux se laisser appréhender au corps sans résistance. Ce fut peut-être une pensée d'humanité qui inspira pareille détermination ; cette pensée aurait dû venir plus tôt ou, dans l'intérêt des conspirateurs, ne pas se faire jour à la dernière extrémité.

La sédition militaire fut promptement apaisée. La plupart des conjurés de la ville n'eurent point le temps de se réunir et les autorités, tout à l'heure en état d'arrestation, s'empressent de capturer ceux-là mêmes qui les ont faites prisonnières. M. de Persigny échappe aux recherches. Ce bonheur, funeste dans la circonstance[1], fit douter par quelques-uns de ses camarades d'une loyauté qui ne paraît pas s'être démentie et qui néanmoins sera encore suspectée dans l'échauffourée de Boulogne. Le prince n'avait été trahi que par les événements; et le duc d'Orléans en témoigna sa gratitude au ciel par un mot qui peint bien les hommes et les choses. En apprenant l'insuccès de la conjuration, il s'écria : « Nos actions vont remonter. »

Trois années auparavant, la dynastie de Juillet s'était trouvée en face d'une Bourbon et d'une nièce. Cette nièce fut achetée, assiégée, à moitié brûlée et emprisonnée. Après de longues tortures morales, on la fit accoucher avec le forceps de la publicité. Louis-Napoléon a le bonheur de ne tenir par aucun lien de pa-

[1] La défiance est l'arme favorite des partis: c'est par la conviction d'une trahison, conviction très-souvent injuste ou sans fondement, qu'ils expliquent leur déroute et tâchent de s'en consoler. Après avoir reçu la lettre du prince, datée du 14 août 1836, le général Voirol apprit que des embauchages étaient pratiqués dans la garnison de Strasbourg. Il lui fut révélé qu'une insurrection serait possible ; Voirol fit part de ses inquiétudes au préfet, Choppin d'Arnouville. Ce dernier le rassura, en lui affirmant qu'il avait des intelligences auprès de Louis-Napoléon et que son espion le tenait au courant de toute la trame.
La veille du jour où le complot éclata, et au moment de la distribution des aigles et des rôles, M. Fialin de Persigny s'était chargé de s'emparer de la personne du préfet, coup de main qu'il exécuta avec une vingtaine de canonniers. Lorsque la tentative impériale échoua, M. Fialin put, sans danger et sous un déguisement de marmiton, sortir de la place de Strasbourg. Le préfet n'aurait pas été, murmuraient les incarcérés, étranger à l'évasion. Ces coïncidences parurent peu naturelles à des esprits chagrins qui se hâtèrent beaucoup trop de prendre leur soupçon pour une réalité.

renté à la famille d'Orléans ; il ne peut donc être exposé aux mêmes violences. Louis-Philippe, afin d'honorer l'empereur dans le neveu et de révéler à tous sa générosité native, lui fait spontanément, mais arbitrairement, grâce pleine et entière. On l'embarque sur l'*Andromède* le 21 novembre, en lui offrant comme pacotille pour l'Amérique une somme de 16,000 francs destinée à pourvoir à ses premiers besoins. L'exilé la reçut, et dans les ennuis de la traversée comme dans les songes dorés qu'il caressait, Louis-Napoléon dut s'avouer tout bas avec Machiavel que « la plupart des hommes périssent parce qu'ils ne sont qu'à moitié méchants. »

Louis-Philippe avait, de son autorité privée, acquitté l'auteur et le principal inculpé de Strasbourg ; il en livrait seulement les complices à la Cour d'assises du Bas-Rhin. Le jury à son tour veut faire acte de souveraineté ; il amnistie par son verdict tous les coupables. Avant de partir pour les États-Unis, le prince avait cru remplir un devoir en plaidant la cause de ses amis. De la citadelle de Port-Louis, 15 novembre 1836, il adresse à M. Odilon Barrot une lettre rendue publique par l'avocat Parquin, et qu'il est impossible de soustraire à l'histoire. En voici les principaux fragments :

« Malgré mon désir de rester avec mes compagnons d'infortune et de partager leur sort, malgré mes réclamations à ce sujet, le roi, dans sa clémence, a ordonné que je fusse conduit à Lorient, pour passer de là en

Amérique. Quoique vivement touché de la générosité du roi, je suis profondément affligé de quitter mes co-accusés, dans l'idée que ma présence à la barre, que mes dépositions en leur faveur, auraient pu influencer le jury, et l'éclairer sur plusieurs faits importants.....

« Certes, nous sommes tous coupables envers le gouvernement d'avoir pris les armes contre lui ; mais, le plus coupable, c'est moi. C'est celui qui, méditant depuis longtemps une révolution, est venu tout à coup arracher des hommes à une position honorable, pour les livrer à tous les hasards d'un mouvement populaire.

« Vous voyez donc que c'est moi qui les ai séduits, en leur parlant de tout ce qui était capable de toucher au cœur français ; ils me parlaient de leurs serments, je leur rappelai qu'en 1815 ils avaient juré fidélité à Napoléon et à sa dynastie. Pour leur ôter tout scrupule, je leur dis qu'on parlait de la mort presque subite du roi et que la nouvelle paraissait certaine. On verra par là combien j'étais coupable envers le gouvernement ; or, le gouvernement a été généreux envers moi, il a trouvé que ma position d'exilé, que mon amour pour la France, que ma parenté avec l'empereur, étaient des circonstances atténuantes. »

Peu de jours auparavant, Louis-Napoléon est accusé d'avoir écrit au roi citoyen une lettre que les Orléanistes ne publient pas, mais dont ils aiment à se faire un titre et une arme. Ils en colportent des extraits amplifiés ou entièrement falsifiés. Asdrubal s'étant mis aux genoux du général romain, fut montré dans cette posture à ses anciens amis, et Carthage ne lui imposa pas d'autre châtiment. Pour Louis-Napoléon, l'Orléanisme se contente de sa lettre apocryphe. Mais l'expérience faite par Louis-Philippe ne l'a point corrigé de sa malencontreuse passion pour les gloires plutôt que pour les idées Napoléoniennes. Bonaparte ou Napoléon Ier, général ou empereur, tout appartient à la dynastie d'Orléans, excepté le neveu dont cette dynastie a déporté les silencieuses aspirations.

L'exilé est bientôt de retour sur le continent. Sous le prétexte filialement spécieux de recevoir le dernier soupir d'une mère, Louis-Napoléon, retiré à Arenemberg, vit dans la solitude de ses regrets et peut-être dans l'espérance d'un complot nouveau. Ce séjour à la frontière inquiète Louis-Philippe; ce voisinage le tourmente. La Suisse n'est pas une puissance bien redoutable; on lui notifie de ne plus accorder l'hospitalité à l'héritier impérial. La Suisse devra violer ce droit d'asile que réclament tous les proscrits, le citoyen Égalité fils lui-même. La Suisse ne s'empresse pas d'obéir à l'injonction dynastique. Louis-Philippe la menace de toutes les calamités d'une guerre; et, le 20 septembre 1838, Louis Bonaparte transfère à Londres ses projets, son étoile et ses rêves. Il y fut suivi par la haine de l'Orléanisme.

Cette haine ne s'épanchait que par de petites médisances aiguisées en calomnies ou par des ridicules personnels escomptés dans les bureaux de l'esprit public. Elle aimait à procéder par insinuation, et sans jamais articuler un fait positif, elle déversait sur son banni privilégié toute l'amertume de ses sarcasmes. A leur acharnement contre Louis-Napoléon Bonaparte, on eût cru les d'Orléans doués de la seconde vue. Ils l'épiaient par leurs ambassadeurs, ils le faisaient conspuer par leurs journaux de France et de l'étranger. On dénaturait ses actes les plus inoffensifs; ici on l'accusait de connivence avec les Sociétés secrètes; là on lui imputait à crime ses relations plus ou moins directes avec quelques réfugiés comme lui. Un autre jour, on annonçait avec toute espèce de joyeuse satisfaction la nouvelle suivante[1] : « Le prince Louis-Napoléon vient de faire une singulière démarche, qu'il doit regretter d'autant plus qu'elle n'a pas eu le moindre succès. Pendant le séjour que l'empereur Nicolas a fait dans le midi de l'Allemagne, il a sollicité de ce prince l'honneur de lui être présenté et a même demandé ensuite à prendre du service dans ses armées. L'empereur Nicolas lui a refusé l'un et l'autre. »

Nous avons quelques raisons de croire que les choses ne se passèrent point tout à fait ainsi, et que les avances de Louis-Napoléon ne furent pas repoussées avec le peu d'affabilité impériale que les d'Orléans étaient si désolés d'inspirer au czar. Quoi qu'il en soit, les manœuvres incessantes de Louis-Philippe et de ses agents, se transformant presque en persécution, devaient avoir un terme. L'année 1840 l'offrit, et Louis Bonaparte pourra une première fois dire comme Sam-

---

[1] *Revue trimestrielle*, tome V, page 189. (15 septembre 1838).

son en parlant des Philistins[1] « Je leur ai rendu le mal qu'ils m'ont fait. »

Le 12 mai, M. Adolphe Thiers étant président du conseil, M. Charles de Rémusat, ministre de l'intérieur, paraît à la tribune de la Chambre des députés. Il annonce avec des phrases pleines de solennité que le roi de Juillet a donné ordre au prince de Joinville de se rendre à Sainte-Hélène. Du consentement de l'Angleterre, un vaisseau français ramènera à Paris les cendres de l'empereur. « Désormais, ajoutait le ministre orléaniste, la France, et la France seule, possédera tout ce qui reste de Napoléon. Sa renommée, comme son tombeau, n'appartiendra à personne qu'à son pays. La monarchie de 1830 est l'unique et légitime héritière de tous les souvenirs dont la France s'enorgueillit. »

Il aurait fallu avoir toutes les vertus d'un ange pour résister à cette tentation de grandisonnance qu'un néologisme peut seul caractériser. Louis-Napoléon Bonaparte les possédait à un assez faible degré. Afin de prouver à Louis-Philippe qu'il n'est pas de politique plus maladroite que la politique des habiles, il répond par un autre complot à l'exhibition des cendres impériales, dont l'Orléanisme se déclare l'usufruitier au détriment des Bonaparte.

Le complot de Strasbourg fut un coup de tocsin contre la dynastie du Palais-Royal ; mieux avisée, elle tourne celui de Boulogne en vaudeville. On le baptise

---

[1] *Judicum*, Lib. xv, 11.

du nom d'échauffourée. En exploitant avec un art perfide deux ou trois circonstances malheureuses, mais accessoires, on salue cet événement de toute espèce de quolibets administratifs et de lazzi officiels. Après avoir émoussé sur le prince et ses adhérents les traits de la plaisanterie, on leur inflige en dernier châtiment la Cour des pairs pour juge. Ce complot était aussi sérieux dans ses ramifications et dans son ensemble que l'affaire de Strasbourg. Il ne faut donc compter que *ad referendum* les incitations de la police et les guet-apens ministériels. Ce sont les arguments ordinaires des partis ; ils s'en servent dans la polémique, mais il est sage de les répudier dans l'appréciation des faits. Cinquante-six volontaires, ayant à leur tête Louis-Napoléon Bonaparte, osaient débarquer sur un point du littoral et venir apporter la guerre civile dans le royaume ou détrôner tranquillement Louis-Philippe, car plus un homme est perspicace, plus il règle sa marche sur les moyens que le hasard lui fournit et qui, le plus souvent, ne sont pas ceux qu'il a préparés ou prévus. Seulement, contre ses habitudes de savoir-faire et son incontestable talent de mise en scène, Louis-Napoléon n'a point réfléchi que le temps n'est pas trop favorable à sa prise d'armes.

Une cause célèbre occupe la France. Le procès de madame Lafarge, qui eut des rapports assez intimes avec le Palais-Royal, tient en suspens tous les esprits. Ils s'agitent beaucoup plus pour une question d'empoisonnement conjugal que pour la question d'Orient soulevée ou même pour celle de Louis Bonaparte. Le moment d'entrer en campagne fut donc mal choisi. Les forces que l'insurrection déploya ne répondirent ni à la grandeur du but ni à la grandeur du nom ; mais, comme l'histoire n'est pas tenue de se prononcer avec le vulgaire d'après la réussite, nous croyons que cette trame militaire, étouffée en germe, n'était pas l'œuvre d'un novice. Des tentatives d'embauchage avaient été pratiquées auprès de certains généraux ; tout porte à croire maintenant qu'elles n'essuyèrent pas de refus bien positif. Un premier succès pouvait provoquer plus d'une défection, ou tout au moins entacher d'hésitation les mesures à prendre. Avec son caractère résolu à froid, et ne procédant que par coups de tête mûris dans le silence, puis imposés en énigmes à d'aveugles dévouements, Louis-Napoléon était un conspirateur dangereux. L'Orléanisme l'a déjà éprouvé. C'est à cette intention qu'il fait tous ses efforts pour l'amoindrir ou le tuer sous le ridicule.

L'entreprise de Boulogne, que le gouvernement de 1830 s'empressa de taxer d'insensée, et qui, selon nous, n'était que hasardeuse, comme toutes les entreprises de ce genre, dépendant de mille incidents imprévus, a tristement échoué au port. Elle fut blâmée et maudite par cette raison que donne le duc de la Rochefoucauld, le célèbre frondeur : « Comme la plupart du monde, écrit-il dans ses *Mémoires*[1], ne s'attache qu'à l'apparence des choses, l'événement seul règle

---

[1] *Mémoires de la Rochefoucauld*, page 291. (Cologne, 1673.)

leurs jugements; et jamais un dessein ne leur paraît bien formé ni bien suivi lorsque l'issue n'en est pas favorable. » Ce qui était vrai du temps de la Fronde ne l'est pas moins à l'égard de Strasbourg et de Boulogne, de même qu'à l'égard de toutes les conjurations. Cette dernière cependant eut pour l'avenir du prince Louis-Napoléon et pour la dynastie orléaniste des résultats si différents, que le vaincu est évidemment sorti vainqueur de la lutte engagée.

La France n'a jamais eu horreur des mauvaises têtes, ni de l'audace, qui est la moitié du génie. Elle ne déteste pas les coups de théâtre auxquels son sort est si souvent lié. Elle aime cette intrépidité d'un chef de parti qui affronte le trépas et qui, sans autre souci que son idée, se confie au zèle de quelques amis et à l'influence d'une étoile. Dans un siècle où rien ne dure que les impôts, la persistance de Louis-Napoléon devint une force parmi nous, ainsi que celle de Robert Bruce en Écosse. Il était ombrage, sujet d'inquiétude ou d'embarras pour la royauté citoyenne; les partis, qui ne voyaient pas en lui un concurrent bien redoutable, l'acceptèrent comme auxiliaire. Ils le défendirent contre les attaques du journalisme salarié; ils lui laissèrent prendre une place au soleil de l'opposition.

Conspirateur émérite, quoique jeune encore, Louis Bonaparte s'est payé à Paris un organe spécial. En 1839, un homme mêlé à tous les factieux et qui se faufile dans toutes les intrigues, M. de Crouy-Chanel, lui propose de fonder *le Capitole* avec son nom et surtout avec son or. Le prince connaissait la puissance du journal et celle des journalistes, enfants terribles qui s'amusent à tirer des pétards sur la cime du Vésuve en éruption, ou qui, d'un trait de plume, renversent les trônes les plus solides. A l'exemple du général Bertrand, le commensal de Sainte-Hélène, il ne jurait alors que par la liberté illimitée de la presse. Il aimait à se servir de ce levier; il l'employa. Louis-Napoléon voyait l'argent couler entre ses doigts comme l'eau. Pour arriver à son but, il avait dissipé sa fortune; il sacrifiait ses dernières ressources. *Le Commerce* fut acheté, afin d'être, simultanément avec *le Capitole*, la trompette et l'écho du Bonapartisme. La prospérité matérielle de ces deux feuilles napoléoniennes n'eut rien à envier à leur désastre littéraire. Une mauvaise gestion les réduisit bientôt aux expédients. Cet échec fut pour l'Orléanisme un succès qui l'aveugla. *Le Capitole* et *le Commerce* mouraient d'une double inanition : les Orléanistes s'imaginèrent qu'il n'y avait qu'eux en France capables d'exploiter le grand homme et de tirer de son cercueil tout ce que la redingote grise pouvait rendre. Fiers de cette conviction, ils ne se tinrent plus sur leurs gardes contre le Bonapartisme.

Le 6 août 1840, le *City-Edinburgh*, bateau à vapeur, frété en Angleterre par Louis-Napoléon, est en vue de Boulogne. Il a pris à son bord quelques complices de Strasbourg, notamment le chef d'escadron Parquin, Lombard et Fialin, dit de Persigny, ainsi que s'exprime l'acte d'accusation. De nouveaux conjurés, le général comte de Montholon, les colonels Voisin, Laborde, le chef d'escadron Mésonan, Alfred d'Almbert, Bouffet-Montauban, d'Ornano, le comte Dunin, Bataille, Conneau, Faure, Orsi et Galvani, entourent le prince, qui leur adresse l'allocution suivante : « Mes amis, j'ai conçu un projet que je ne pouvais vous confier à tous, car, dans les grandes entreprises, le secret seul peut assurer le succès. Compagnons de ma destinée ! c'est en France que nous allons. Là, nous trouverons des amis puissants et dévoués. Le seul obstacle à vaincre est à Boulogne. Une fois ce point enlevé, notre succès est certain, de nombreux auxiliaires nous secondent. Et si je suis secondé comme on me le fait espérer, aussi vrai que le soleil nous éclaire, dans quelques jours nous serons à Paris, et l'histoire dira que c'est avec une poignée de braves tels que vous que j'ai accompli cette grande et glorieuse entreprise ! »

C'est le retour de l'île d'Elbe mis en action, et l'âme des conseils est, on le voit, plus que jamais le secret. Le prince a foi en son étoile; ses compagnons croient en lui : le courage ne fait défaut à personne. Le débarquement opéré sur la côte de Wimereux, ces cinquante-six hommes marchent résolûment à la conquête d'un trône. Couverts d'uniformes français, ils se présentent au quartier d'infanterie, occupé par deux compagnies du 42e de ligne. Le lieutenant Aladenise leur fait connaître le nom du prince. Un cri de : Vive l'Empereur ! le salue. Elles vont passer à l'ennemi, lorsque le capitaine Col-Puygellier se précipite au-devant d'elles.

Il a des paroles énergiques pour leur rappeler l'obéissance au drapeau ; ses soldats se montrent dociles à sa voix. Il repousse les offres et les prières qui lui sont faites. Puis, au milieu de cette altercation, la balle d'un pistolet que Louis-Napoléon tenait à la main va frapper au visage un grenadier du 42°.

A Strasbourg, le prince n'a pas brûlé la cervelle au général Voirol, meurtre qui lui eût assuré la victoire. On prétend qu'à Boulogne il n'a pas consenti à être aussi timide ou aussi humain, et qu'en tuant Col-Puygellier, il avait espéré se débarrasser d'un obstacle. Cette version de l'Orléanisme[1] a été contredite par le prince lui-même, expliquant ce malheur par un accident ou par un mouvement involontaire, et déclarant qu'en aucun cas il ne peut et ne doit être attribué à une préméditation. Quoi qu'il en soit, la partie était perdue pour Louis-Napoléon avant d'être sérieusement entamée. Il veut tenter sur la citadelle un coup de désespoir ; mais déjà l'éveil a été donné. Ce n'est pas un Bonaparte qui surprend la ville, ce sont les Anglais qui débarquent. C'est contre les Anglais que la garde nationale, unie à la troupe de ligne, se met en mou-

---

[1] On lit dans le rapport de la commission d'instruction de la cour des pairs, par M. Persil : « Vous savez comment furent accueillies ces propositions, et comment, de son côté, Louis Bonaparte répondit au noble langage du capitaine Col-Puygellier. Expulsé de la caserne une première fois et revenant plus vivement à la charge sur cet officier, il répondit à l'honorable et courageuse résistance de celui-ci par un coup de pistolet qui alla blesser un grenadier placé derrière ou à côté de lui ; joignant ainsi un crime contre les personnes à un crime contre la paix publique et contre l'existence du gouvernement. »

vement. La cordiale entente de l'Orléanisme avec l'Anglais n'a pu trouver que ce prétexte, toujours national, pour enlever la population.

Vaincu et cerné, Louis-Napoléon ne doit chercher de salut que dans une prompte fuite. Une barque est au rivage; il s'y jette avec Voisin, Mésonan, Persigny, Faure, Galvani et Dunin. D'autres conjurés s'efforcent de gagner à la nage leur paquebot. En ce moment, un feu bien nourri, selon l'expression orléaniste, se fait entendre. C'est la garde nationale, ce sont les douaniers et les soldats qui fusillent à peu près à bout portant des hommes désarmés et ayant de l'eau jusqu'à la ceinture. La barque de Louis-Napoléon était exposée ainsi qu'une cible. Elle compte bientôt autant de blessés que de passagers; elle chavire par les soubresauts que la douleur imprime. Le comte Dunin expire sous les balles; le sous-intendant Faure se noie. Les uns se débattent contre les flots, les autres contre cette *chasse aux canards*, dont l'Orléanisme fit une de ses plus douces jouissances. Ils auraient tous péri sous l'application d'une loi martiale aussi sauvage, lorsque des canots vinrent recueillir ces malheureuses épaves de l'Impérialisme.

Prisonnier de guerre avec ses compagnons, Louis Bonaparte n'a rien perdu de son sang-froid et de ses espérances. La destinée s'est trompée deux fois, il attendra l'occasion de la faire s'expliquer plus clairement. Par l'indécence de ses joies et l'excès de son bonheur, la dynastie de 1830 va lui reconstituer une auréole. La France était sous l'impression du traité du 15 juillet 1840, fatal traité à quatre, par lequel les grandes puissances de l'Europe ne laissent à Louis-Philippe que le choix entre la réputation d'hypocrite ou celle de lâche. La France avait besoin de consolation et de gaieté; l'Orléanisme se mit en frais pour provoquer le rire.

Le commandant Parquin, au moment de s'embarquer sur le *City-Edinburgh*, a découvert la boutique d'un marchand d'oiseaux. Le vieux soldat veut charmer les ennuis de la traversée; il achète un aigle en assez piteux état. Cet aigle, qui n'a rien de très-impérial, est trouvé à bord après la débâcle. Ce sera une pièce de conviction, l'éternel sujet des plaisanteries du Palais-Royal et de tous les corps constitués. Cet aigle, tour à tour empaillé, déplumé, mort ou vivant, selon les caprices du narrateur législatif ou du folliculaire zélé, devait marquer les étapes en volant de clocher en clocher. On accrédita d'autres fables. Il fut publié qu'un certain nombre de domestiques, d'origine anglaise, avaient été revêtus de l'uniforme des soldats français. On parla d'une prodigieuse quantité de bouteilles de champagne vides, laissées sur le bateau à vapeur comme témoignage de l'orgie précédant l'attentat. On inventoria les papiers saisis ou non saisis dans ce paquebot; mais lorsque la Cour des pairs s'assembla en audience solennelle pour juger les vaincus de Boulogne, chacun comprit que cette échauffourée ne devait pas se résumer dans des moqueries de mauvais aloi.

Le jury avait été récusé par le gouvernement, et le *Journal des Débats*, du 11 août 1840, en donne les motifs. « Comme prétendant au trône, ainsi s'exprime la feuille orléaniste, M. Louis Bonaparte est ridicule, nous le savons, ridicule aux yeux de tout le monde ; accusé, il n'est pas impossible, peut-être, que le neveu de l'Empereur trouvât un second jury de Strasbourg.

« ..... C'est assez de deux tentatives comme celles de Strasbourg et de Boulogne. Nous serions presque aussi ridicules que M. Louis Bonaparte si nous ne mettions pas un terme à ses invasions. Sans doute un verdict de Strasbourg ne ferait pas M. Louis Bonaparte empereur des Français ; mais un pareil verdict augmenterait en lui l'envie et l'espérance de l'être, et, ce qui est bien pis, déshonorerait la justice. »

On invoquait la justice politique; la Cour des pairs va la rendre. Mais l'Orléanisme, qui ne sut pas plus triompher avec modération que tomber avec dignité, ne se contente point de cette juridiction exceptionnelle. Dans l'année même où il s'abrite derrière les cendres de l'Empereur afin de se faire pardonner la plus insigne couardise, il n'a pour toute prison à voter au neveu de l'Empereur que le cachot où fut renfermé Fieschi. C'était sans doute la preuve que, dans son rapport fait au nom de la commission d'instruction de la Cour des pairs, M. Persil déduisait « d'un ardent amour de la liberté et de l'égalité et du profond respect pour les droits des citoyens. » On lit en effet dans ce document : « L'acquittement de Strasbourg est devenu, à leurs yeux, une preuve de la sympathie de toute la population pour la cause napoléonienne ; et lorsque plus tard le roi eut la noble pensée de restituer à la terre de France les cendres glorieuses de l'Empereur, ils n'ont vu, dans la manifestation de l'enthousiasme excité par les souvenirs d'une époque où se sont opérées de si grandes choses, qu'une occasion de satisfaire, par de coupables moyens, des opinions insensées, et de renverser nos institutions au nom de celui dont le premier titre à la reconnaissance de ses concitoyens fut d'avoir détrôné l'anarchie. Rien ne les a arrêtés, ni les leçons de l'expérience, qui auraient dû les éclairer sur l'impopularité, sur l'isolement et l'abandon universel de leur cause, ni l'état prospère de la France, attachée chaque jour davantage à sa dynastie et au gouvernement qu'elle s'est donné ; ni ce refroidissement des passions que le temps et la puissance irrésistible de l'opinion publique ont amené au sein même des partis les plus exaltés. Ils ont tout méconnu, tout attaqué, avec la même présomption et une confiance plus folle, s'il est possible, que celle qui les avait conduits jusque dans les murs de Strasbourg.

« Nous serions heureux de penser que les difficultés internationales qui préoccupent et inquiètent le monde n'ont pas aussi décidé et précipité leurs coupables projets. Mais que ne peut-on pas croire de ceux qui, par une surprise sur Boulogne, avec quelques officiers en retraite pour la plupart, avec quelques hommes sans nom, inconnus à la France, et une trentaine de soldats déguisés en domestiques ou de domestiques déguisés en soldats, ont conçu la pensée de s'emparer de la France, et d'y établir au nom du peuple et de la liberté, sous l'égide d'une renommée trop haut placée pour qu'il soit donné à personne de lui succéder, un système de gouvernement qui nous a fait, il est vrai, recueillir d'amples moissons de gloire, mais que ne signalaient à notre reconnaissance ni un ardent amour de la liberté et de l'égalité, ni un profond respect pour les droits des citoyens? »

La force publique amène Louis-Napoléon et ses complices devant la Cour des pairs, où ne siègent que des créatures de l'Empire, des obligés, des enrichis ou des thuriféraires de l'Empereur. La comédie solennelle des formes judiciaires va se jouer. Le chancelier Pasquier interroge le prince et ses coaccusés. Ils avouent tout ; ils se font gloire de tout ; ils s'attendent à tout.

Vingt-trois ans sont écoulés depuis ce procès, ouvert le 28 septembre et terminé le 6 octobre 1840. La dynastie de juillet a disparu dans une tempête. L'Empire s'est refait à la suite d'une république déclarée impuissante même par ses fondateurs ; et, en consultant la liste des célébrités du barreau qui, soit comme ministres, soit comme sénateurs, députés, procureurs généraux, présidents ou conseillers d'État, défendent aujourd'hui sa politique avec des paroles si pleines d'enthousiasme, mais qui n'auraient peut-être défendu qu'avec crainte ou répugnance la vie et l'honneur du proscrit, Napoléon III ne veut confier cette délicate mission qu'à un légitimiste. C'est une tradition de famille que la reine Hortense a léguée à son fils. Berryer fut désigné par lui. En flétrissant ses accusateurs et en faisant rougir ses juges, Berryer le réhabilita. Louis-Napoléon Bonaparte n'encourut qu'un emprisonnement perpétuel dans une forteresse située sur le territoire continental du royaume. C'était le condamner au supplice de l'espérance.

Les courtisans, dont la piété envers les dépositaires du pouvoir est inamovible[1], et qui savent très-bien fac-

[1] Après l'avortement de la conspiration de Boulogne, Louis-Philippe voulut témoigner à cette ville la reconnaissance de l'Orléanisme. Il s'embarqua près du château d'Eu, et fit de cette excursion maritime une partie de plaisir. La tempête survint. L'avocat Dupin, toujours procureur général à la cour de cassation et sénateur de l'empire, prend texte de cet ouragan pour comparer son roi de Juillet à César. Il lui adresse de Raffigny, le 26 août 1840, une lettre qu'il a, par mégarde sans doute, oublié d'insérer dans ses volumineux *Mémoires*. Nous sommes heureux de pouvoir restituer à son auteur un document admiratif qui a bien son prix devant la constance des opinions.

« Sire,

« Vous avez pu dire aussi au capitaine de votre bateau : « Que crains« tu ? tu portes César et sa fortune. » — C'était aussi la fortune de la France ! Et ce péril couru, noblement surmonté, fécond en incidents qui font éclater le courage, le sang-froid, la grandeur d'âme, l'humanité, n'a fait qu'accroître l'intérêt de la visite rendue par le roi à la ville fidèle. Ce discours au pied de la colonne m'a semblé l'un des plus nobles entre les meilleurs ; et à présent que tout est heureusement accompli, il ne doit rester à Votre Majesté que le sentiment de bonheur qui s'attache à tant d'acclamations si justement méritées et si libéralement accordées.

« Je n'ai plaint que la reine, dont le cœur soumis à tant d'épreuves

turer leur dévouement, n'eurent pas assez de félicitations à adresser au vainqueur. Louis-Philippe triomphait d'un aventurier, presque d'un fou; Louis-Philippe s'enivrait d'encens, d'hommages et de protestations d'éternelle fidélité. Pendant ce temps, seul, dans sa prison de Ham, le neveu de l'Empereur n'entendait que des anathèmes grondant sur sa tête; il ne recueillait que des insultes ou des mépris. Ses proches eux-mêmes le fuyaient ou le vilipendaient. Mais la scène du monde change encore plus vite que la scène des théâtres; et, comme un suaire, le manteau d'Arlequin tombe avec tant de rapidité sur les Césars de la veille, qu'ils disparaissent sans laisser d'autres traces qu'une froide indifférence et une ingratitude absolue.

Un jour, le 2 décembre 1851, un nouveau 18 brumaire vint dégager l'étoile de Louis-Napoléon des nuages qui l'obscurcissaient. Alors les pairs de France qui l'ont jugé, les magistrats qui l'accusèrent, les généraux, les députés, les ambassadeurs, les conseillers, les fonctionnaires hauts et bas, les poëtes et les professeurs de toutes les antichambres, les écrivains de tous les offices, qui le maudirent à belles dents, forment la haie sur le passage du coup d'État victorieux. Seuls convaincus qu'ils mirent autant de mesure dans leur brusque changement que de finesse dans leur affection prochaine, ils lui offrent des cœurs qui ont

n'avait pas besoin de nouvelles angoisses. Du moins elles n'ont point duré, et le bonheur de la famille royale a fini par être complet. »

déjà beaucoup servi. Avec une cruauté de flatterie qui damnerait un anachorète, ils ont tous des palmes à la main, des bénédictions sur les lèvres, des éclairs d'amour, de joie et de reconnaissance dans les yeux. Moins le zèle est sincère, plus il y a d'exagération. Tous, fonctionnant comme les rouages d'une machine, lui répètent ce qu'ils affirmèrent à tant d'autres princes. Tous s'écrient avec Tacite [1] : « C'est à ce Vespasien, ainsi qu'à ses enfants, que les arrêts du destin, que les prodiges, que les oracles réservaient l'Empire, ou du moins c'est ce que nous avons cru depuis son élévation. »

La réticence apportée par le grand écrivain comme correctif aux prodiges et aux oracles n'est acceptée que sous bénéfice d'inventaire silencieux par les thaumaturges du fait accompli. Elle n'en existe pas moins, et Louis-Philippe ne sera pas le dernier à en faire la dure expérience. Strasbourg et Boulogne, les deux plus heureuses fautes du siècle, créent à Louis-Napoléon une notoriété que d'obscures vertus et une philosophique résignation aux décrets de la Providence ne lui auraient jamais acquise. En s'efforçant de le rendre impopulaire et impossible, on le popularisa. Insensiblement on habitua le peuple à le croire possible. Le peuple, en effet, par une propension naturelle, aime à prendre le contre-pied des idées que ses gouvernants tâchent de lui inculquer. Le peuple est toujours prêt à se rattacher à un homme ; il faut

[1] Tacit., *Hist.*, liv. IV, p. 19.

un siècle entier pour faire pénétrer une idée au cœur des multitudes. De temps à autre, la France est un peu femme. Elle a ses coquetteries, et il lui plaît de voir un prince risquer parfois sa vie pour elle. Louis-Napoléon l'avait fait. Louis-Napoléon expiait ses complots dans une prison d'État, et sous les verrous, amant déclaré de tous les droits constitutionnels, il démontrait à Louis-Philippe d'après saint Ambroise [1], « qu'il n'est pas digne de la majesté impériale de refuser la liberté de parler. »

Le Bonapartisme n'est pas encore un parti, ni même une faction; c'est un homme qui ne s'oublie pas, et qui, à aucun prix, ne veut être oublié. Il a des amis de sa mauvaise fortune et des escompteurs de la bonne. Parmi eux, ainsi que dans les camps légitimiste ou républicain, on trouve des cœurs dévoués, des têtes chaudes, des traîtres, des brouillons, des besogneux, des parasites, et surtout de très-braves gens. Ces braves gens aiment le martyre chez les autres. Toujours disposés à s'excuser, comme Cicéron, de s'être réconciliés avec César et de vivre en paix sous sa dictature, ils déclarent à l'oreille de chacun que Caton a bien fait de se tuer pour ne pas être témoin de l'asservissement de Rome, et, ajoutent-ils avec l'orateur romain : « On doit mourir plutôt que de voir le visage d'un tyran. »

Le visage du tyran de ce temps-là était celui de Louis-Philippe, pauvre tyran qui ne vaut ni les coups

---

[1] Ambros. *Opera*, tom. II, epist., p. 946.

de canon ni les coups de plume dirigés contre lui. Mais les partis, ayant tous des martyrs à Ham, à Doullens, au mont Saint-Michel ou au bagne, avaient résolu sa ruine. Nous allons voir comment les Légitimistes, les Républicains et les Bonapartistes, puissamment aidés en cela par les d'Orléans eux-mêmes et par les ministres du règne, vont procéder pièce à pièce à la démolition du trône de juillet, car, selon une prophétique parole de Louis-Napoléon, vinaigrant l'allusion à l'adresse de Louis Philippe[1] : « Tous ceux qui ont fondé leur autorité sur l'égoïsme et les mauvaises passions ont bâti sur le sable. »

[1] *Progrès du Pas-de-Calais*, numéro du 6 juillet 1843.

CHAPITRE III

LE NAPOLÉON DE LA PAIX

Louis-Philippe en face des puissances étrangères. — La princesse de Metternich et le comte de Saint-Aulaire. — L'empereur Nicolas et les ambassadeurs orléanistes. — Instructions qui leur sont données. — L'entente cordiale exclut la France du concert européen. — Protection de l'Angleterre. — Le siége de la citadelle d'Anvers. — Le cabinet de Saint-James ne veut pas que les Belges combattent même pour leur cause. — Dom Pedro et dom Miguel. — La lutte des frères ennemis — Dom Pedro et les réfugiés italiens et polonais représentant la nationalité portugaise. — Louis-Philippe et Léopold, comte de Syracuse. — Assortiments de sceptres constitutionnels. — Mort de Ferdinand VII, roi d'Espagne. — La reine Christine et M. Mignet, envoyé orléaniste. — Négociations du Napoléon de la paix. — Le traité des vingt-cinq millions d'Amérique. — Origine de la dette. — Le président Jackson et le roi des Français. — Le cabinet de Washington menace le cabinet des Tuileries. — Intrigues en partie double. — Le brick le d'Assas à New-York. — Berryer, le duc de Fitz-James et M. Thiers à la tribune. — Traité d'Unkiar-Skelessi. — Droit de visite accordé aux Anglais sur la marine marchande française. — La Grèce émancipée et les trois cours protectrices. — Lord Palmerston toujours contraire aux projets et aux vues de l'Orléanisme. — Le duc d'Orléans immariable. — Blocus matrimonial établi contre lui. — Son voyage à Berlin et à Vienne. — Demande officieuse de la main de l'archiduchesse Marie-Thérèse. — Politique sentimentale du prince de Metternich. — Circulaire secrète de M. Thiers demandant à toutes les cours de l'Europe une princesse à marier. — Trois mariages protestants dans la famille d'Orléans. — La princesse Hélène de Mecklembourg. — Le roi de Prusse fait de cette union une affaire de prosélytisme luthérien. — La fiancée sans dot. — Les fêtes du mariage. — La première catastrophe. — Mort de Charles X. — Louis-Philippe fait dé-

LE NAPOLÉON DE LA PAIX.

fendre de célébrer des messes en noir. — Corruptions parlementaires et compérages représentatifs. — Les ambitions et la logique du mal. — Les ministères faisant leur relais. — Crises et fictions. — Le beau du régime constitutionnel. — Anarchie dans tous les pouvoirs. — Les bons mots et les scrutins. — Le comte Molé président du conseil. — Ses premiers bonheurs. — Son portrait. — Thiers et Guizot battant le rappel des partis. — Leurs rivalités. — Plans du comte Molé. — La coalition. — Les orateurs de couloirs. — Les roueries de Louis-Philippe divulguées. — La bourrasque parlementaire emporte le ministère Molé. — Mort du prince de Talleyrand. — La barrière d'Enfer. — M. Thiers président du Conseil. — La question d'Orient. — Les cinq puissances en quête d'un moyen pour assurer l'intégrité du territoire ottoman. — Les Turcs, Grecs du Bas-Empire. — Méhémet-Ali et Ibrahim-Pacha son fils. — Leurs victoires. — La France protége Méhémet-Ali. — M. Guizot ambassadeur à Londres. — Les combinaisons de Louis-Philippe avortent l'une après l'autre. — Les quatre grandes cours se séparent secrètement du cabinet des Tuileries. — Le traité du 15 juillet. — Exclusion de la France. — L'Orléanisme isolé et impopulaire. — La Révolution et les partis poussent Louis-Philippe à la guerre contre l'Europe. — La *Marseillaise* et le *Chant du Départ*. — Louis-Philippe menaçant l'Europe de son bonnet rouge. — M. Thiers et son cri de guerre. — Rappel de la flotte française. — Bombardement de Beyrouth par les Anglais. — Les indignations de la France. — La garde nationale de Paris mise en mouvement. — Abandon du pacha d'Égypte. — La Bastille ressuscitée et les fortifications de Paris. — Pensée immuable du règne. — Marie-Christine expulsée d'Espagne par son général Espartero. — Les cendres de l'empereur. — Son apothéose au milieu des abaissements de la France. — L'idée révolutionnaire et l'idée napoléonienne. — Le duc d'Orléans. — Ses qualités et ses défauts. — Sa mort sur le chemin de la Révolte. — Point de régence et pas d'enfant! — Les douleurs de l'Orléanisme. — Les usurpateurs refaisant pour leur compte le dogme de la légitimité. — Le testament du duc d'Orléans. — Les serviteurs passionnés et exclusifs de la Révolution. — Louis XIV et le duc d'Orléans. — L'Algérie et les partis. — Louis-Philippe avait-il promis aux Anglais d'abandonner la conquête de Charles X? — Les généraux et les administrateurs. — Nouvel art de la guerre. — Abd-el-Kader et ses combats. — La reine Victoria au château d'Eu. — Vatout et le maire d'Eu. — Le duc de Bordeaux en Angleterre. — Son portrait. — Négociations secrètes de Louis-Philippe pour que le jeune prince ne soit pas reçu à la cour de Windsor. — Le duc de Bordeaux ne s'y présente pas. — Fêtes que lui donne l'aristocratie anglaise. — Les pèlerins de Belgrave-Square. — Le duc de Nemours à Londres. — Son isolement parmi les Français. — Les flétrisseurs et les flétris. — Belgrave-Square, Eisenach et Claremont. — Le droit de visite et l'indemnité Pritchard. — Le consul anglais apothicaire, marchand de Bibles et législateur. — Les îles de la Société et Pomaré. — Le gouvernement français désavoue sa marine. — Les *casus belli* de Louis-Philippe. — Le prince de Joinville bombarde Tanger et Mogador. — La France est assez riche pour payer sa gloire. — Louis-Philippe au château de Windsor. — La morale et la littérature. — État des mœurs et des esprits.

En butte aux différents partis qui agitaient la France et ne se coalisaient que pour renverser l'établissement de Juillet, l'Orléanisme, bafoué au dedans, ne trouve au dehors aucune compensation. C'est la force qui lui a donné un titre royal, mais ce titre ne donne pas de force. L'Europe a mesuré Louis-Philippe de la tête au cœur. S'apercevant que tout y est vide ou faux, elle fait de ce roi de nouvelle édition et de son gouvernement le perpétuel objet de ses railleries. Les grandes puissances affectent à son égard une pitié qui dissimule assez mal le mépris; les cours secondaires se modèlent sur un pareil exemple d'ostracisme. La dynastie de 1830, mise au ban de toutes les cours, est condamnée à n'attendre que de l'Angleterre le plaisir d'avoir une alliée. L'Angleterre doit lui faire payer bien cher cet appui qu'elle entoure de toute espèce de dédains. Le temps était venu, — temps par bonheur exceptionnel dans les annales de la Monarchie française, — où un membre du cabinet de Saint-James pouvait se permettre de dire qu'il ferait passer Louis-

Philippe et ses ministres par le trou d'une aiguille.

Cette image de l'aplatissement de la France, que lord Palmerston exhibe à son pays comme le plus éclatant témoignage de sa politique nationale, laisse l'Orléanisme insensible ou indifférent. Tenu en suspicion ou abreuvé d'outrages, il ferme les yeux pour ne pas voir et les oreilles pour ne pas entendre. Après s'être cuirassé d'une philosophique insouciance, il ne prend pas plus la peine d'expliquer que de nier ces soufflets, qui auraient fait bondir d'une sainte et légitime fureur l'ancienne Royauté, la République et l'Empire. D'autres soins le préoccupaient; et il inaugurait ce que, dans son style soldatesque, un général orateur appelait : « une halte dans la boue. » Quand ses ambassadeurs lui annoncent qu'à Pétersbourg, à Vienne, à Berlin, à Madrid, à Rome ou même à Turin le poste ne sera plus tenable, Louis-Philippe leur répond invariablement que la patience est la seule vertu de la diplomatie. La patience, ajoutait-il, est une monture qui ne regimbe pas.

Après l'avoir si tristement mise en pratique pour lui, il l'impose aux autres; et le comte de Saint-Aulaire, à Vienne, se voit forcé de faire bonne contenance, lorsque la princesse de Metternich, en face de toute la cour, jette à l'Orléanisme un affront sanglant. Saint-Aulaire, homme d'esprit, de mœurs douces et d'une politesse qui a les traditions de l'ancien régime, représente la France auprès de l'empereur d'Autriche, que gouverne le prince de Metternich, subissant lui-même l'influence de sa jeune femme. Un jour, dans une réception solennelle, le comte de Saint-Aulaire, jaloux d'être bien accueilli par la princesse, qui a toute l'orgueilleuse puissance de la beauté, se glisse auprès d'elle. Puis, en tâchant de la désarmer par une admiration expansive, il s'écrie : « Oh! princesse, quelle belle couronne de diamants vous portez sur votre tête. » Cette exclamation est à peine sortie de la bouche de l'ambassadeur orléaniste, que madame de Metternich, lui souriant et lui tendant la main avec une grâce féline, réplique : « Vous pouvez, cher comte, assurer à votre roi que celle-là du moins n'a pas été volée. » Le mot fit fortune, et Saint-Aulaire crut de son devoir d'en solliciter réparation du prince de Metternich. Le chancelier d'Autriche aimait à envelopper sa gravité de circonstance d'une teinte de spirituelle raillerie. Il ne put s'empêcher d'approuver les justes susceptibilités du plénipotentiaire français; mais, pour esquiver l'explication, il ajouta : « Monsieur le comte, la princesse est jeune, et ce n'est pas moi qui l'ai élevée. Prenez-vous-en donc à sa mère. »

A Pétersbourg, c'était, à chaque réception, la même scène se renouvelant à chaque ambassadeur. On envoyait au czar des capitaines parvenus, des soldats de vieille race ou des écrivains renommés, et le général Atthalin, les maréchaux Mortier et Maison échouaient auprès de l'empereur Nicolas, ainsi que le duc de Mortemart et le baron de Barante. Bienveillant, communicatif, empressé même à leur égard, l'empereur poussait l'affabilité jusqu'à la coquetterie ; mais il lui répugnait de près comme de loin d'entendre parler de Louis-Philippe. Lorsqu'au cercle de la cour il passait devant le corps diplomatique : « Monsieur l'ambassadeur de la Grande-Bretagne, comment se porte le roi, mon frère? » demandait-il. La réponse donnée, il adressait la même question en termes à peu près identiques aux ministres des diverses cours. Si l'ambassadeur de France était un dignitaire de l'Empire ou de la Restauration, le czar ne procédait plus avec sa courtoisie majestueusement fraternelle. Sans s'occuper du roi-citoyen ou de sa famille, il s'informait à quelle heure avait été tiré le premier coup de canon à Austerlitz, à Friedland ou à la Moskowa. Il demandait avec une sollicitude croissante des détails sur l'exil de Charles X ou sur l'assassinat du prince de Condé, puis il s'enquérait des corps d'armée commandés par le maréchal ambassadeur. Quand M. de Barante se trouva chargé de ces fonctions si pénibles pour un cœur vraiment patriote de Juillet, le thème du czar se modifia, selon les aptitudes de l'envoyé. Une double question fut stéréotypée sur les lèvres impériales : « Baron de Barante, comment se porte l'excellente madame de Barante?... Qu'y a-t-il de nouveau à Paris en fait de littérature? »

Cette attitude désolait Louis-Philippe, parce qu'elle l'excluait virtuellement de la famille des rois et qu'un exemple venu de si haut légitimait tous les affronts.

Les petites cours ne se les épargnaient pas. Seulement les chancelleries ne s'écartèrent jamais de ces règles de politesse et de discrétion qu'elles tiennent à honneur de mêler à la conduite des affaires les plus délicates et les plus hasardeuses. Elles semblèrent laisser au souverain le droit personnel de moquerie. Aussi, dès le 28 octobre 1833, le duc de Broglie, ministre des affaires étrangères, donne-t-il au maréchal Maison les instructions suivantes :

« La situation de l'ambassade de France en Russie devenait d'autant plus délicate que, dans ce pays, les hautes classes modèlent exactement leur attitude et leurs impressions politiques sur celles du souverain. Le représentant du roi se trouvait partout exposé à des difficultés et à des écueils qu'ailleurs il n'eût rencontrés qu'à la cour. Je ne vous rappellerai pas les épreuves qu'a eues à subir votre prédécesseur. Vous savez que, par un raffinement singulier, l'empereur Nicolas, en comblant M. le duc de Trévise d'égards et de prévenances évidemment accordés à sa réputation militaire, en même temps qu'il s'abstenait avec affectation de lui adresser une seule parole relative à son caractère diplomatique, s'est attaché à faire ressortir la froideur de l'accueil réservé à l'ambassadeur du roi des Français.

« Nous avons lieu de penser, monsieur le maréchal, que vous n'aurez point à subir une réception semblable. Nous trouvons à cet égard une garantie non équivoque dans les assurances tout à fait spontanées que le gouvernement russe nous a fait parvenir, à plusieurs reprises, de la satisfaction que lui a causée le choix du nouveau représentant de Sa Majesté, et de l'empressement avec lequel il attendait votre arrivée. Il est difficile de ne pas voir, dans ces protestations multipliées, une sorte d'amende honorable d'un procédé dont on aura sans doute fini par comprendre l'inconvenance.

« Quoi qu'il en soit, si, malgré nos prévisions, l'empereur Nicolas reprenait à votre égard l'attitude qu'il a constamment observée à l'égard de M. le duc de Trévise, il vous indiquerait par là celle que vous devriez vous-même adopter. Renonçant dès lors à conserver avec l'empereur des rapports directs, contraires à la dignité de la France, et par conséquent à la vôtre, votre rôle se bornerait à entretenir avec le vice-chancelier les relations officielles strictement exigées par les nécessités du service, et vous attendriez les ordres du roi.

« S'il arrivait, ce que nous ne devons pas prévoir, puisque cette hypothèse ne s'est pas réalisée dans des circonstances où elle semblait bien moins improbable, s'il arrivait, dis-je, que le mécontentement de l'empereur Nicolas, réveillé par quelque nouvel incident, se manifestât à votre égard par quelque chose de plus prononcé que de la froideur et de la réserve; si, ce qui nous paraît impossible, il vous faisait entendre des paroles dont le gouvernement du roi eût le droit de se tenir offensé, je n'ai pas besoin de vous dire que, sans attendre un ordre de rappel, vous devriez demander vos passe-ports et laisser à un chargé d'affaires la direction de l'ambassade. Mais, je le répète, cette pénible supposition ne se réalisera pas. »

L'Orléanisme avait aussi mal supposé en cette occurrence qu'en tant d'autres; mais comme il s'agissait moins de régner glorieusement que de vivre de hasard, il ne s'occupe de ces déboires que pour les atténuer ou les présenter au pays comme la conséquence de sa révolution. La France n'a jamais été habituée par ses gouvernants à une si déplorable modestie. Blessée dans son orgueil, elle s'irrite de cette succession d'outrages, lui arrivant aussi bien du Nord que du Sud; elle s'indigne de se savoir systématiquement écartée des négociations qui importent à son honneur. Le 23 juillet 1831, Louis-Philippe essaye de la rassurer. Dans son discours d'ouverture des Chambres, il annonce avec un orgueil enfantin que la conférence de Londres, où siégent les ministres des cinq grandes cours, adhère à la démolition des forteresses belges que les traités de 1815 firent élever contre la France et malgré la France.

Cette réparation, garantie par la parole de Louis-Philippe, était un mensonge, au moins diplomatique. Cinq jours après, le 28 juillet, sir Robert Peel, en plein parlement, interpelle lord Palmerston. L'entente cordiale était dans son plus complet épanouissement; lord Palmerston la sanctionne par cette brutale promesse, qui chatouille si doucement la fibre patriotique de tout bon Anglais : « La négociation à intervenir n'aura lieu qu'entre les quatre puissances et la Belgique. La France en est exclue. »

L'Angleterre se proclamait la seule amie de l'Orléanisme ; voilà le premier gage d'affection qu'elle lui offre. Louis-Philippe, dans une nécessité dynastique, a consenti à lier les mains et les pieds de la France ; il s'efforce de comprimer son cœur au profit du cabinet britannique. Ce cabinet l'autorise, sous toutes réserves de vasselage secret, à tirer l'épée à son commandement et à n'agir que d'après ses ordres. Le siége de la citadelle d'Anvers fut ainsi résolu. L'Angleterre ne veut pas, pour des raisons essentiellement britanniques, que l'armée belge participe à cette expédition qui délivrait son territoire : l'Angleterre craint que la fraternité des camps ne vienne renouveler entre les deux nations cette union cimentée depuis longtemps par la similitude des mœurs et du langage, ainsi que par le rapprochement des intérêts commerciaux. En haine du nom français, elle condamne la Belgique à assister, l'arme au bras, à son affranchissement. La Belgique, trompée sur les motifs de cette étrange abstention et prise d'un de ces accès de fol orgueil montant parfois à la tête d'un petit peuple, accuse la jalousie des soldats s'avançant pour l'émanciper. Cette idée, soigneusement entretenue par le cabinet de Saint-James, exaspère le patriotisme belge, au point qu'il refuse de fournir la subsistance aux officiers de l'armée libératrice. Ce malentendu, provoqué par des intrigues mystérieuses dont l'Orléanisme dérobait le fil à ses ministres eux-mêmes, exerça une fâcheuse influence sur l'esprit de l'armée. Malgré la bravoure déployée par le duc d'Orléans, elle se sentait et se disait mal engagée. Au début de sa première campagne sous le drapeau tricolore, elle rougissait d'avoir à verser son sang pour une mystification diplomatique. L'armée se plaignait de servir de gendarmes et de gardes-côtes à la conférence de Londres. Sans tenir état de l'inextricable situation dans laquelle l'amour du lucre et du pouvoir précipita Louis-Philippe, l'armée se persuade qu'il déshonore le drapeau de la France. Ce soupçon, que les complications du siège d'Anvers firent germer dans l'esprit du soldat, s'étendit à tous les corps; il fut, durant le règne de l'Orléanisme, une cause permanente de méfiance et de désaffection.

Le chef-d'œuvre de la bonne conduite est de prévoir et de saisir l'heure opportune. Par la force même des choses de Juillet, comme par l'instabilité de son gouvernement, le roi-citoyen ne peut jamais utiliser ses ruses qu'au profit de l'Anglais. Ne sachant pas que, s'il est difficile de réparer les fautes qu'un autre a commises, il est à peu près impossible de réparer celles qu'on fit soi-même, Louis-Philippe, qui n'eut jamais le courage du bien et la haine du mal, se lance dans les aventures démagogiques à la suite du cabinet de Saint-James. Sans doute chaque esprit a sa lie, et dans l'existence des peuples ainsi que dans celle des hommes, il y a beaucoup de moments contraires à la vérité. Chez Louis-Philippe, ces moments paraissent composer toute sa vie. De concert avec la Grande-Bretagne, il a basé le nouveau droit européen sur le principe de non-intervention. Ce principe admis, il est obligé d'intervenir d'une manière subreptice en Portugal et en Espagne, afin de changer l'ordre de succession au trône et de placer ces deux royaumes sous l'égide d'une constitution de fabrique anglaise.

Dom Pedro et dom Miguel, les Étéocle et Polynice du dix-neuvième siècle, s'acharnent à poursuivre une lutte fratricide. Dom Miguel, maître du Portugal, a la possession et l'autorité du fait accompli, cette autorité qu'invoquent toutes les révolutions. Il gagne l'amour de ses sujets. Fidèle aux traditions nationales et à celles de la maison de Bragance, il a résisté à tous les empiétements des Anglais. Il prétend régner librement dans un pays libre. Les révolutionnaires, qui se servent avec autant d'aptitude humanitaire du poignard que de la calomnie, firent de dom Miguel un monstre couvert de sang et de crimes. Puis, l'Orléanisme aidant, on gratifia de toutes les vertus dom Pedro, empereur congédié du Brésil, débarquant en Europe pour se former l'esprit et le cœur à l'école des chartes constitutionnelles et des usurpations de famille. Dom Pedro n'a que le mérite assez mince de s'improviser libéral. Il promet de mettre le clergé en tutelle et de gouverner, pendant la minorité de dona Maria, sa fille, en despote ami des idées modernes, du progrès social et des factoreries britanniques.

Louis-Philippe l'accueille avec toute sorte de caresses. On lui offre des fêtes publiques et des secours secrets, des conseils et des volontaires, des réfugiés polonais ayant pour chef un nommé le général Ramorino[1] et des Italiens qui ne se battront qu'après la bataille. Tandis que l'Orléanisme permettait d'importer sur les rives du Tage la guerre civile et les effusions d'une tourbe séditieuse, l'Espagne se trouve encore par lui soumise au régime de l'arbitraire légal et des pronunciamentos envers et contre tous.

Louis-Philippe, roi par une révolution de la rue, aspire à propager son exemple au sein de toutes les familles souveraines. N'ayant pas évoqué d'approbateurs sur les trônes, il cherche des imitateurs et des complices dans les branches cadettes. Il tient à leur disposition un assortiment complet de reines au maillot, de sceptres en quenouille, et de faits accomplis soumissionnés d'avance, comme si les anneaux des

---

[1] Ce général Ramorino, condottière italien, mettait son épée au service de toutes les causes qui escomptaient sa bonne volonté. Il tenait son stylet au service seul de ses amis, tels que Mazzini, dom Pedro, Louis-Philippe, Charles-Albert et la Pologne. Il a été fusillé en 1849, après la défaite de Novare, par les Piémontais, ses comparses, l'accusant de trahison. Ce fut la première justice rendue à cet homme, dont la vie se passa à vendre sa conscience libérale et à trafiquer de la vie des autres. Ramorino, vierge de toute bonne action, se montrait toujours *héroïquement* prêt pour le crime. C'était le chef de toutes les expéditions manquées, l'agent occulte qui les inventait, qui les manipulait, qui les faisait échouer, et qui après accourait à Paris dissiper en orgies le prix de ses succès révolutionnaires. Alors on le voyait sur le boulevard tirer de sa poche une poignée d'or, et s'écrier : « Voilà ce qui me reste de ma dernière infamie. »

générations se brisaient à volonté, de même que ces chaînes façonnées par l'ouvrier sur un nouveau modèle. Il rêve d'échafauder partout, mais constitutionnellement, des tribunes parlementaires sur un égout drapé de pourpre; et il ne s'aperçoit pas que cet appétit d'usurpation dont il est tourmenté et qu'il développe parmi les siens, tue la monarchie. Ferdinand II, roi de Naples, a, comme don de joyeux avénement, investi Léopold, comte de Syracuse, son frère, de la vice-royauté de Sicile. Léopold est jeune, ambitieux et prêt à sacrifier son honneur aux dieux inconnus de la démocratie. Dans cet homme, si naturellement enclin à toute espèce de forfaiture princière, Louis-Philippe reconnaît quelque chose de son caractère et de son sang. C'est un joueur qui, comme sa vie entière le prouvera, ne doit reculer ni devant un crime ni devant une félonie. Louis-Philippe lui témoigne une affection particulière, mais intéressée. Il lui prodigue les encouragements; et, dans une correspondance aussi cauteleuse qu'instructive, il lui enseigne l'art de conspirer et de ne pas se compromettre. Il l'initie à la science de parvenir au pouvoir, sans éveiller de royales inquiétudes. Un pareil neveu ne pouvait que se montrer docile aux leçons d'un pareil oncle. La main d'une princesse de la maison d'Orléans est promise à Léopold en récompense future de son usurpation. Léopold, assuré de l'appui des Anglais et du concours de l'Orléanisme, travaille à la séparation des Deux-Siciles. Il va se tailler un royaume dans l'héritage de son frère aîné, lorsque Ferdinand, qui se défie du comte de Syracuse et encore plus des manœuvres de Louis-Philippe, coupe court à cette intrigue. Il rappelle l'un à Naples et prévient l'autre à Paris que la confiante longanimité de Charles X n'est pas obligatoire pour tous les rois.

Cet échec imprévu ne déconcerte point Louis-Philippe. Ses plans dynastiques et matrimoniaux n'ont pas réussi à Palerme; il porte la désunion parmi les Bourbons d'Espagne.

Lorsque Ferdinand VII, après avoir épousé Christine de Naples, voulut abroger la loi salique introduite par Philippe V, le duc d'Orléans, qui n'était pas encore le roi de Juillet, protesta très-énergiquement contre cette abrogation en sa double qualité de prince français et de successeur éventuel au trône d'Espagne. Sa protestation énumérait, faisait valoir et réservait tous ses droits. Le duc d'Orléans avait, dans cette occasion, soutenu exceptionnellement les principes monarchiques; le roi de Juillet s'empresse d'y renoncer. Pour s'absoudre de son crime aux yeux des peuples, il s'ingénie à leur montrer des coupables dans tous les palais. Les artifices d'une jeune femme, combinées avec les intrigues et les menaces de dona Carlotta, sa sœur, arrachent aux tendresses d'un époux agonisant un testament qui change l'ordre de successibilité, et place le sceptre espagnol, ainsi que le sceptre portugais, entre les mains d'une princesse mineure.

Cette politique, favorable peut-être aux desseins de

l'Orléanisme, ne peut produire en Europe que de funestes résultats. L'Orléanisme n'eut pas l'air de s'en apercevoir. Le 29 septembre 1833, Ferdinand VII expire. M. Mignet, diplomate d'occasion et Antinoüs de bureau, est en toute hâte chargé par Louis-Philippe d'aller à Madrid édulcorer à la reine Marie-Christine une leçon d'histoire et d'usurpation. Ce conseiller improvisé, mettant la révolution sur l'air des *Folies d'Espagne*, doit promettre, au nom de la France, un concours efficace. La nouvelle régente reste maîtresse, en cas de besoin, d'en déterminer la nature et l'étendue.

Tel était le résumé des instructions tracées à M. Mignet par l'Orléanisme. Ces instructions, si opposées au système de non-intervention, n'avaient pour but que de susciter la guerre civile dans la péninsule et d'enflammer les passions démagogiques. La guerre civile éclata au sein de la famille royale et au fond des provinces. Alors, ainsi que dans les livres sacrés[1], « on put, voir les oppressions qui se commettent sous le soleil, les larmes des bons qui n'ont personne pour les consoler, et l'impuissance où ils se trouvent de résister à la violence, privés qu'ils sont du secours de tous. » Pour manifester à l'Europe le néant de leurs principes et la malice de leurs calculs, l'Angleterre et l'Orléanisme se jettent officiellement dans ces luttes de parti.

Le Napoléon de la paix ne règne que depuis trois ans. Après avoir fomenté dans son propre pays les ré-

---

[1] Eccles., IV, 1.

bellions et les discordes intestines, il répand en Belgique, en Pologne, en Italie, en Portugal et en Espagne, le germe de l'anarchie sociale. Cette anarchie dont malheureusement quelques princes osèrent donner le signal, fut inoculée et prêchée par des intrigants ou des ambitieux. Ils se flattaient de compenser les vices de leurs cœurs par la supériorité de leur esprit. Leur esprit, ainsi que celui de Louis-Philippe, succomba à la peine. Ils ne conseillaient que ce qu'ils pensaient pouvoir imiter. En ne voulant corrompre les mœurs sociales que jusqu'à un certain degré, ils ne s'aperçurent pas qu'ils jugeaient l'espèce humaine encore meilleure qu'elle n'est : leurs filets avaient été tendus trop haut. En punition de leur orgueil, après avoir fait des lois et des révolutions, comme Néron fabriquait des vers et jouait de la flûte, ces hommes se crurent sublimes lorsqu'ils n'étaient qu'insolents, et dignes de toute admiration lorsqu'ils n'inspiraient que la pitié.

Une fausse sagesse dynastique succédait à la folie des insurrections, et le mérite n'en peut être attribué à l'Orléanisme, car ses infirmités se multipliaient avec les années. Plaçant à usure le peu de bien qu'il est contraint de faire, il proclame très-haut ses bonnes intentions, ce qui sera toujours la gloire la plus négative pour un prince ou un homme d'État, car celui-là seul parle avec autorité dont la vie ne peut être exposée à aucun mépris. Louis-Philippe, encore plus par ses discours que par ses exemples, entretenait les peuples d'un vague désir de liberté idéale ; mais, ainsi que l'a dit Bossuet[1], « quand une fois on a trouvé le moyen de prendre la multitude par l'appât de la liberté, elle suit en aveugle, pourvu qu'elle en entende seulement le nom. » La multitude avait recueilli ce nom ; il agitait toutes les effervescences comme la tempête agite les arbres. La flatterie, corrompant à la fois celui qui la reçoit et celui qui la distribue, parsemait de fleurs le chemin des abîmes. Tous ces hommes, fatalement entraînés dans l'Orléanisme, passaient leur vie à s'étonner de voir les conséquences qu'ils ne voulaient pas sortir des causes qu'ils avaient voulues. Sans se demander s'il était possible d'être honnêtes et habiles, ils arrivaient, par les oppositions soulevées autour d'eux, à comprendre que la niaiserie n'est pas toujours la compagne de la vertu. Au faîte du pouvoir, ils reculaient devant toutes ces expériences faites. Ils ne s'apercevaient du feu qu'après l'incendie, et ils étaient condamnés à l'entretenir de leurs propres mains.

L'ambition suprême du roi des Français aurait été d'entrer dans les familles souveraines par de grandes alliances, et de jeter à son tour l'épée de la nation dans la balance où Dieu pèse les droits des princes et des sujets. Cette chance qu'il convoitait et sollicitait à deux genoux, s'éloigne de plus en plus. Le traité concernant les vingt-cinq millions dûs ou non dûs aux États-Unis montrera aux moins clairvoyants à quelle

---

[1] *Oraison funèbre d'Henriette de France, reine d'Angleterre.*

faiblesse réelle est réduite cette royauté, si forte en apparence.

Soumis une première fois à la Chambre des députés, ce projet de remboursement a été repoussé comme entachant l'honneur français. Louis-Philippe se flatte de porter le culte de la Constitution jusqu'au fétichisme : ce fétichisme ne l'empêche pas de prendre les détours les moins parlementairement orthodoxes pour arriver à son but. Or, son but est de payer à l'Amérique une créance assez disputée de vingt-cinq millions. L'origine de cette créance remonte aux décrets napoléoniens de 1806 et de 1807, frappant de confiscation tout navire convaincu ou soupçonné d'avoir eu rapport avec le gouvernement, le territoire ou le commerce anglais. De pareils décrets ont évidemments lésé beaucoup de négociants américains dans leur trafic. Ces cyclopes de l'industrie durent faire alors des pertes énormes. Mais ce fait de guerre européenne était-il de nature à provoquer une indemnité? la France devait-elle en être passible? La Restauration, qui ne courba guère la tête devant l'étranger, accueillit par une fin de non-recevoir les réclamations des États-Unis. A peine monté sur le trône, Louis-Philippe n'a point de ces susceptibilités nationales, et le 14 juillet 1831 il fait signer par le général Sébastiani, son ministre, un traité obligeant la France à payer à l'Amérique une somme de vingt-cinq millions. Ce prince et cette république, l'un et l'autre si constitutionnellement formalistes, n'ont oublié qu'une chose essentielle, viciant le traité et l'annulant dans son ensemble : le droit du peuple souverain n'a pas été réservé. La Chambre des députés, qui vote les subsides, a vu sa prérogative constitutionnelle méconnue dans un acte où la gloire et la fortune du pays sont directement engagées.

Une aussi inexplicable préméditation d'attentat législatif a éveillé de graves soupçons et fait naître dans les esprits des accusations insolites. Les uns prétendent, les autres assurent que Louis-Philippe n'a précipité le règlement de cette dette si controversable que par un motif de lucre ou de peur. S'appuyant sur cette pensée d'Horace[1] :

> Crescentem sequitur cura pecuniam
> Majorumque fames.

ils affirment, avec le poëte latin, « qu'à mesure qu'un trésor augmente, il amène les soucis et accroît la cupidité. » La France a sous les yeux le spectacle des complicités et des dénis de justice accumulés pour s'approprier les richesses de la maison de Condé; la France se laisse assez facilement persuader qu'un partage des vingt-cinq millions a été résolu, et que, pour ce seul motif, on a cherché à se mettre au-dessus des lois en violant les plus simples convenances parlementaires. La preuve de cette transaction ne fut point fournie. Malgré les soupçons, les indices et les propos plus ou moins fondés, il y a même tout lieu de croire qu'elle n'aurait jamais pu être administrée. Mais

[1] Horat., *Od.*, lib. III, 11.

Louis-Philippe portait la peine de son incurable péché et de ses calomnies passées, quand le message du président Jackson vint raviver ces inculpations. Le message, daté du 1ᵉʳ décembre 1834, contenait les paroles suivantes : « Puisque la France, en violation des engagements pris par son ministre qui réside ici, a tellement ajourné ses résolutions, qu'elles ne seront probablement pas connues assez à temps pour être communiquées à ce congrès, je demande qu'une loi soit adoptée, autorisant des représailles sur les propriétés françaises pour le cas où, dans la plus prochaine session des Chambres françaises, il ne serait pas voté de loi pour le payement de la dette..... Si le gouvernement français continuait à se refuser à un acte dont la justice est reconnue, et, s'il voyait dans nos représailles l'occasion d'hostilités contre les États-Unis, il ne ferait qu'ajouter la violence à l'injustice, et il s'exposerait à la juste censure des nations civilisées et au jugement du ciel. »

De tous les gouvernements légitimes ou révolutionnaires qui, depuis trois quarts de siècle ont passé sur le Royaume, aucun n'aurait enduré de sang-froid un tel excès d'outrecuidance. Tout en faisant la part de la hâblerie américaine, aucun n'aurait pu braver l'indignation dont la France entière se sentit transportée à cette inqualifiable mise en demeure. Louis-Philippe seul ne daigna pas s'émouvoir. Lui qui avait refusé de payer les dettes de son père, lui qui, par les scribes et les pharisiens de son conseil d'État et de ses tribunaux, fit déclarer immoral et illégal un legs de deux millions en faveur des enfants de la Vendée militaire, — legs qui doit être prélevé sur l'héritage du dernier Condé, — il ne trouve pas dans son cœur un cri de patriotisme pour s'associer au sentiment national, si cruellement blessé. L'Orléanisme n'a pas de ces soins vulgaires ; et la hâte inusitée qu'il met dans l'acquittement d'une créance véreuse prête à toutes les hypothèses un air de vraisemblance.

Louis-Philippe n'a point pactisé avec les Américains pour accaparer une portion quelconque de cette somme de vingt-cinq millions. Les Américains, qui savent aussi bien que lui le prix de l'argent, n'eurent pas besoin de consentir à un sacrifice, et ils ne l'auraient jamais volontairement fait. Ce qui reste évident aujourd'hui pour l'histoire, c'est que le roi citoyen, n'osant à aucun prix se brouiller avec les États-Unis dont il avait jadis reçu l'hospitalité, — hospitalité qu'il lui faudra peut-être réclamer un jour pour lui ou pour ses enfants, — se chargea de tracer au président Jackson la marche qu'il devait suivre. Louis-Philippe avait pour les chemins tortueux une prédilection inquiétante. Il indiqua au cabinet de Washington l'attitude à prendre et le langage à tenir. D'avance sûr de son fait, le général Jackson se conforma au programme orléaniste, mais antifrançais.

Cette intrigue en partie double engendra presque autant de suppositions que de péripéties. Chacun eut sa nouvelle et sa version, chacun se fit des apparences ou des impossibilités un réquisitoire contre l'Orléanisme. Le brick *le d'Assas*, nom singulièrement choisi pour servir à cacher un frauduleux compérage, le brick *le d'Assas* reçut mission de porter à l'ambassadeur français, baron Serrurier, les dépêches du gouvernement et son ordre de rappel. Ces dépêches, rédigées avec une trop méticuleuse prudence, contenaient certains passages où la conscience publique trouvait une sorte de satisfaction. Le ministère n'a pas cru devoir affronter la tribune sans ces réserves patriotiques dont Louis-Philippe s'était alarmé. Le ministère redoute une explosion; Louis-Philippe prend ses mesures pour la conjurer. Il fut raconté dans le temps, et des personnages sérieux affirment encore, qu'un émissaire secret, confident des résolutions royales, s'embarqua sur *le d'Assas*, avec injonction de détruire, par ses mystérieuses assurances, l'effet qu'auraient pu produire les dépêches ostensibles du gouvernement.

Nous croyons assez peu à cet émissaire dont le nom et la présence échappèrent aux officiers du *d'Assas*, et ne furent jamais divulgués à une époque où les secrets d'État courent les rues, les journaux étrangers et les ana, pour servir aux mémoires de notre temps. Afin de favoriser les Américains dans leur jeu, le roi patriote n'avait pas besoin de recourir à un complice, qui, tôt ou tard, pouvait le vendre. La partie était si bien liée entre le président Jackson, M. Livingston, ministre des États-Unis à Paris, et l'Orléanisme, négociant à son avantage contre la fortune de la France, qu'un mot, un geste, un signe, durent suffire pour s'entendre. Ce mot fut-il prononcé? ce geste, ce signe ont-ils été faits? Là est le problème que tout le monde s'empresse de résoudre à la charge de Louis-Philippe. Sa complicité au moins morale avec les Américains est hors de doute; il ne reste à l'Orléanisme qu'à se rejeter sur les intentions. Il explique sa conduite par ce besoin de paix à tout prix dont il était obsédé, et que les Yankees exploitèrent comme une denrée coloniale ou une partie de nègres.

Quand les officiers du *d'Assas* débarquèrent à New-York, ils se virent l'objet de démonstrations très-peu amicales. La populace les hua; elle osa même les menacer, tandis que la presse américaine enflammait les imaginations et attisait les hostilités. Peu habituée à un tel accueil, la marine française ne se laissa point intimider par les vociférations de la multitude; mais Jackson s'aperçut bien vite qu'il ne fallait pas pousser trop loin l'abus d'un patriotisme vantard. Des excuses furent adressées aux officiers outragés. Dans l'espérance que l'Orléanisme tiendrait la parole jurée, le congrès ne prit parti ni pour ni contre le message du président. Il se borna à différer l'expression de la pensée américaine. Cet ajournement était dans les vœux secrets des contractants. Louis-Philippe soumit une seconde fois la question à la chambre des députés dont il surexcite les instincts pacifiques, et les peureuses condescendances.

La discussion fut sans contredit l'un des plus mémorables tournois oratoires dont les fastes parlementaires gardent le souvenir. La légitimité de la dette et le point de droit étaient susceptibles de controverse; mais les impertinences américaines, appuyées sur de folles menaces, mais l'attitude du roi de juillet, gardien infidèle de la dignité nationale et passant à l'ennemi, lorsque l'épée allait sortir du fourreau, ne laissaient à personne une sage liberté d'appréciation. Les uns sont émus, les autres courroucés; tous se sentent placés par l'Orléanisme sur un terrain dangereux. Les accents de la passion, les éclats du patriotisme, l'éloquence des chiffres n'y pouvaient rien. Louis-Philippe a discipliné sa majorité; le 18 avril 1835, deux cent quatre-vingt-neuf voix contre cent trente-sept lui donnèrent raison aux dépens du pays. La parole si vibrante de Berryer[1] et du duc de Fitz-James ne put qu'à grand'peine amener la majorité orléaniste à une concession, qui sauvegarda au moins l'honneur du drapeau. Un amendement, que le ministère n'osa pas repousser, fut introduit dans le projet de loi. Il stipule que le payement des vingt-cinq millions ne sera effectué qu'après que le gouvernement aura reçu des explications satisfaisantes sur le message du général Jackson.

Si la France n'eut pas été déjà édifiée sur les errements de l'Orléanisme, les complications de la créance

---

[1] Dans cette solennelle discussion, M. Berryer fut si entraînant que le duc de Fitz-James écrivait le jour même à son ami, le comte Humbert de Sesmaisons : « Si Berryer eût voulu conduire la Chambre à l'assaut des Tuileries, il le pouvait faire en descendant de la tribune. »

américaine ne lui auraient plus permis le doute. Elle était destinée à s'incliner sous la main des forts et à pressurer les faibles n'ayant pas de protecteurs. Ce rôle n'allait guère aux instincts généreux du peuple; Louis-Philippe l'impose constitutionnellement. Il subit, sans mot dire, le traité d'Unkiar-Skélessi, qui, le 26 juin 1833, ouvre à la Russie seule les Dardanelles et le Bosphore, première étape de la question d'Orient. Trois mois auparavant, le 22 mars 1833, il est atteint d'un accès de philanthropie, inspiré par l'ambition britannique. Pour exaucer le vœu de l'humanitarisme en faveur des nègres, il accorde à la marine du Royaume-Uni le droit d'examen et de visite sur nos bâtiments. Cette concession livre la paix ou la guerre à la merci du hasard. La brutalité d'un officier anglais, l'exaspération d'un marin français peut, au bout du monde et à l'heure la plus imprévue, soulever un sanglant conflit entre les deux rivales. Lord Palmerston ne témoigne sa reconnaissance à l'Orléanisme que par de plus mauvais procédés. Poursuivant beaucoup moins l'effacement de Louis-Philippe que celui de la France, l'Angleterre prend à tâche de l'isoler, de l'amoindrir, de l'afficher et de la ruiner à tous les points du globe.

Les trois cours protectrices de la Grèce émancipée, après lui avoir, en 1833, désigné pour souverain un prince bavarois, ont garanti un emprunt de soixante millions à la nouvelle monarchie des Hellènes. Les deux tiers de cet emprunt sont bientôt absorbés par des dépenses injustifiables. Cette nationalité opprimée, qui eut de la prose et des vers jusqu'aux genoux pour célébrer ses gloires passées, ne s'est pas contentée de cet enthousiasme aussi vide que sonore. L'Europe a chanté sur tous les modes académiques et libéraux ces cadavres de noms, essayant de reconstituer un peuple avec les restes de cinquante révolutions. Ils firent payer tribut à leurs admirateurs et à leurs sauveurs; puis ils organisèrent la profusion et sanctionnèrent le gaspillage. Les deux premières séries de l'emprunt étant épuisées, le gouvernement du roi Othon demande à la France, à l'Angleterre et à la Russie l'autorisation d'émettre la dernière. Les Grecs n'avaient des Miltiades et des Périclès que dans les cantates patriotiques et orléanistes dont on les satura. Corsaires de terre et de mer, pratiquant le système représentatif à leur temps perdu ou le fusil à la main, ils font de leur régénération politique un commerce assez lucratif. Louis-Philippe s'imagine qu'il peut sans danger les gratifier de quelques leçons d'économie bourgeoise; le duc de Broglie, ministre des affaires étrangères, est chargé d'en solliciter la permission auprès du gouvernement britannique. Le Foreign-office l'accorde; et, pour ne pas faire les choses à demi, il s'engage à joindre ses remontrances à celle de l'Orléanisme. Mais une question de prépondérance se débattait au même moment à Athènes entre les trois cours protectrices. La Russie conseillait aux Grecs de se défier des libertés modernes; l'Angleterre voulait les jeter dans les turbulences sociales et dans les exagérations révolutionnaires; Louis-Philippe, d'accord avec Coletti, ministre de Grèce à Paris, prêchait au roi ainsi qu'au peuple les béatitudes de son juste-milieu. Ce fut sur ces entrefaites que le cabinet de Saint-James et celui des Tuileries se concertèrent pour tenir au gouvernement des Hellènes un langage identique. Les dépêches furent rédigées; néanmoins Lord Palmerston ne renonce pas, même en cette occasion, au bonheur tout britannique de faire échec à l'alliance anglo-française. Il trace, en cachette, à M. Lyons, plénipotentiaire du Foreign-office, un plan, destiné à contrecarrer tous les projets des Tuileries. Il lui mandait : « Pressez le gouvernement grec d'envoyer un ministre à Paris pour y déjouer les intrigues de Coletti. Cet homme a inspiré à M. de Broglie la malheureuse idée de rendre la délivrance du dernier tiers de l'emprunt dépendante de l'établissement d'une Constitution en Grèce et du renvoi des troupes bavaroises. »

Frédéric le Grand disait que s'il avait l'honneur d'être roi de France, il ne se tirerait pas un coup de canon en Europe sans sa permission. Louis-Philippe, que ce génie du commandement aurait effarouché, se vantait, lui, de pénétrer les mystères de toutes les chancelleries et de connaître à fond leurs plus secrètes dépêches. Quand toutes les cours allemandes eurent commenté cette nouvelle manifestation de l'entente cordiale, le prince de Metternich, qui a ses motifs pour cela, — car il sait que la diplomatie est l'art de ne rien dire et de tout faire dire, — révèle au comte de Saint-Aulaire l'acte de malveillance de lord Palmerston. Louis-Philippe n'ose pas s'en montrer offensé. Les affronts glissaient sur lui comme l'eau ; ils le trouvent aussi insensible pour son pays que pour sa famille.

En France, on passe vite de la fureur à la moquerie. L'on finissait donc par prendre l'Orléanisme en railleuse commisération. Cette petite guerre de sarcasmes, s'attaquant au mal et vilipendant le bien, lorsque par hasard il apparaissait, n'épargne aucun des membres de la maison alors régnante. Le duc d'Orléans, fils aîné de Louis-Philippe et son héritier présomptif, est particulièrement dévolu aux épigrammes et aux gais propos de l'Europe. Elle l'a déclaré immariable, quoiqu'il soit jeune, élégant et spirituel tout comme un autre. Si ce prince, né sur les marches du trône, y était resté à la place que Dieu lui assigna, toutes les filles de sang royal auraient ambitionné l'honneur de sa main. Élevé au rang suprême par la fatalité des révolutions, il se voit, il se sait instinctivement repoussé par les familles souveraines. Ce blocus matrimonial, dont il découvre la trame et la preuve à chaque pas, est pour ses parents et pour lui une cause permanente d'amertume. Le duc d'Orléans subit avec des rages non dissimulées l'ostracisme dont il est le martyr. Mis en quarantaine conjugale par les cours, en butte soir et matin aux quolibets des journaux, allant faire rire à ses dépens le monde entier, ce jeune homme demande, il exige qu'on le marie à tout prix. Madame Adélaïde, sa tante, a pris la malencontreuse habitude de lui donner, dans son enfance, un de ces petits noms que l'intimité autorise et fait accepter. Madame Adélaïde l'appelait Grand-Poulot. Ce surnom, que les échos du Palais-Royal et de Neuilly murmuraient seuls avec une respectueuse discrétion, tombe dans le domaine public. Il devient pour le duc d'Orléans une source de mystifications et d'obstacles. La presse le vulgarise et le prince s'exaspère des grandes douleurs d'une aussi petite blessure. Les portes des résidences royales paraissent murées devant ce Grand-Poulot; Louis-Philippe et M. Thiers, son ministre, s'ingénient pour rompre le charme. Les cours de Berlin et de Vienne furent habilement sondées par la duchesse de Dino, la Sunamite du prince de Talleyrand et par la princesse de Leignitz, l'épouse morganatique du roi Frédéric Guillaume III. Leur réponse fut une invitation pleine de cordialité officielle et de courtoisie de gentilshommes. Les ducs d'Orléans et de Nemours se présentent à Potsdam et à Schœnbrunn, le cordon bleu de l'ordre du Saint-Esprit sur la poitrine et les fleurs de lis rétablies sur leur écusson. C'était annoncer qu'à l'étranger, du moins, ils s'honorent des traditions françaises et ne partagent pas la servilité démocratique de leur père. Ils furent les bienvenus en Prusse de même qu'en Autriche, et ne firent repentir personne de l'accueil qui leur était fait. Mais là devaient s'arrêter les complaisances et les démonstrations. Il existe bien à la cour de Vienne une archiduchesse, âgée de vingt ans, Marie-Thérèse-Isabelle, fille de l'archiduc Charles, dont les guerres de l'Empire popularisèrent le nom glorieux. Cette archiduchesse a été le but secret du voyage. Le comte de Saint-Aulaire, ambassadeur de Louis-Philippe, se voit autorisé à communiquer officieusement au prince de Metternich les désirs et les espérances de la famille d'Orléans.

L'Autriche a pour règle de ne reculer devant aucun mariage qui doit augmenter sa prépondérance ou sauver la monarchie d'une crise imminente. L'Autriche épouse en désespoir de cause ; c'est ce qui la fera surnommer heureuse par les poëtes. Dans la circonstance, la maison de Habsbourg-Lorraine n'avait pas besoin de recourir à ce moyen extrême ; le prince de Metternich se rejette sur de douloureuses sentimentalités. Il prétend qu'après l'épreuve de Marie-Antoinette et de Marie-Louise, l'une mourant sur l'échafaud, l'autre vivant en exil, il ne faut pas songer à choisir une archiduchesse pour reine de France. Ce refus, ainsi motivé, ménage les susceptibilités de l'Orléanisme, mais ce n'en est pas moins un refus pénible pour lui, car, en évoquant le souvenir de la reine Marie-Antoinette devant le petit-fils du citoyen Égalité, le prince de Metternich, au nom de la maison de Habsbourg, ne met-il pas en présence le calomniateur et la calomniée, la victime et le bourreau? On en jugea ainsi dans les deux capitales. Les ducs d'Orléans et de Nemours ne tardèrent pas eux-mêmes à s'apercevoir que l'idée d'une alliance de famille ne serait jamais acceptée à Vienne. On décida qu'il valait mieux y renoncer de prime abord que de la poursuivre à travers les mille impossibilités morales entrevues.

L'Almanach de Gotha, interrogé, fouillé dans ses profondeurs, n'offrait au duc d'Orléans aucune fille de roi, aucune princesse de maison souveraine daignant condescendre à s'asseoir sur le trône de France. M. Thiers et son maître avaient perdu leur peine et leur temps; ils se déterminèrent à prendre un parti héroïque. Une circulaire confidentielle, mais qui sera communiquée, sous le sceau du secret, à toutes les chancelleries germaniques, est adressée aux envoyés français près des différentes cours d'au delà du Rhin. M. Thiers, déguisé en agent matrimonial, déclare, dans cette circulaire, que le duc d'Orléans, ne tenant compte que du mérite personnel des princesses allemandes, fixera son choix sur la première qui consentira à l'épouser. L'exiguïté des États ne fera pas plus obstacle au mariage que la différence des cultes.

A la lecture de ces instructions de fiançailles ambulatoires, que les archives de la Confédération gardent comme un document unique en son genre, le roi de Prusse se prend d'un beau zèle piétiste et luthérien. L'Orléanisme fait proclamer que la croyance religieuse lui est indifférente, pourvu qu'il puisse parvenir à marier l'aîné de sa race. Le roi de Prusse, entiché de prosélytisme, lui garantit la main de la princesse Hélène de Mecklembourg-Schwerin. C'est le premier fils de France, et le dernier infailliblement qui, pour trouver femme, passe à pieds joints sur toutes les considérations nationales, considérations dont les cours, retranchées de l'unité catholique, ne se départent jamais. La Russie ne veut que des princesses qui, au jour de leurs fiançailles avec un grand-duc, embrassent le schisme grec ; l'Angleterre et la Prusse n'acceptent pour l'héritier de la couronne ou pour les descendants de la maison royale que des épouses professant la religion de l'État. Et, dans le royaume de saint Louis, où il n'y a qu'un honneur, qu'une foi et qu'une conscience, l'Orléanisme vicie cette règle que respectent les cultes même les plus entachés d'un tolérantisme voisin de l'indifférence.

Au milieu des événements de juillet, la Révolution avait établi en dogme qu'afin d'orléaniser la patrie commune, il fallait la protestantiser[1]. Dans l'espoir d'accomplir cette œuvre impossible, Louis-Philippe, qui a placé sa majesté sous la sauvegarde d'une loi, permet de mêler l'outrage à l'encens dû à son Dieu. Il essaye, par des subsides publics ou par des trames occultes, de raviver dans le Royaume le calvinisme

---

[1] Pour rester fidèle à cette tradition de famille, M. le duc d'Aumale s'est empressé, au mois d'octobre 1862, de placer son fils aîné, prince de Condé par espagnolette, chez M. Aubert, républicain suisse et protestant bien entendu, ainsi que madame Aubert. Ce jeune d'Orléans suit les cours du collége de Lausanne et se trouve ainsi élevé dans un milieu tout calviniste. Sous ce rapport, son éducation ne doit rien laisser à désirer. Ses professeurs et ses condisciples le nomment tout simplement Condé. Lorsqu'ils veulent faire acte de courtisannerie démocratique, ils l'appellent le petit Égalité.

divisé et expirant. A l'ombre de la liberté des cultes, qui n'existe jamais lorsque la Révolution se charge d'en proclamer et d'en appliquer le principe, on multiplia les temples et les prêches dans des contrées où il n'y avait que de très-rares brebis séparées du Pasteur. On les combla de tendresses administratives et de faveurs budgétaires, afin de les amener par une propagande subventionnée à faire concurrence à l'Église. L'abbé Châtel lui-même, sacré primat des Gaules par un pédicure, grand maître anonyme des Templiers de la droguerie parisienne, jouit, dans les beaux jours de sa religion française, de la faculté de créer des renégats et de se composer un clergé d'apostasie. Lassé de tant d'efforts, dont la dispendieuse stérilité lui devenait à charge, Louis-Philippe a cru que le pays se conformerait à l'exemple du roi. Déjà ses deux filles aînées, Louise et Marie d'Orléans, se sont vues dans la nécessité d'épouser Léopold de Cobourg et Alexandre de Wurtemberg, deux protestants. Une mort prématurée ne tardera point à frapper ces princesses ainsi sacrifiées à la raison d'État orléaniste, aux mariages mixtes et à une neutralité religieuse dont le scepticisme a quelque chose d'effrayant pour la foi des peuples et le bonheur des familles.

Hélène de Mecklembourg est à peu près sans charmes et absolument sans dot. L'Harpagon royal, qui a le culte des petites affaires de famille, passe sur ce défaut, en toute circonstance capital à ses yeux. Le beau Léandre épouse de confiance. La maison d'Orléans se soumit avec une gratitude, éloquente d'empressement, à toutes les clauses qu'il plut à la princesse de formuler. Les obstacles à une alliance si disproportionnée ne vinrent que de la famille de Mecklembourg et de la noblesse germanique. A la nouvelle que, sans consulter ses frères, ses proches et ses amis, Hélène s'est brusquement décidée à renier ses croyances politiques, il y eut, dans toutes les cours d'Allemagne, un étonnement mêlé de colère. La fiancée orléaniste entendit de sombres présages; elle recueillit de lugubres souvenirs. A toutes ces évocations, elle ne répondait que par un sourire d'illusion ou par l'espérance bien vaine de goûter, aux Tuileries, sous la protection de l'idée révolutionnaire, ces joies paisibles et cette céleste sécurité de la famille qui seules ont survécu à la chute de l'homme.

Retirée dans sa solitude de Ludwigslust, Hélène, presque déjà vieille fille, n'a jamais reçu de proposition de mariage. A la demande inespérée de l'Orléanisme, sa raison s'exalte bien longtemps avant son cœur. Romanesque à froid, elle se croit destinée tout à coup à devenir une Clotilde luthérienne ou la reine Blanche du protestantisme. Ce n'est évidemment point l'amour qui lui inspire cette résistance aux prières de sa famille. Hélène ne connaît pas, elle n'a jamais vu le duc d'Orléans. S'il faut tout dire, elle n'a point, jusqu'à ce jour, témoigné aux usufruitiers de la révolution de Juillet une estime très-sympathique. Ses préférences étaient ailleurs, et madame la

Dauphine en savait quelque chose. Mais ces préférences pour la fille de la reine Marie-Antoinette et pour la sœur du jeune Louis XVII durent se taire devant le mirage d'un trône. L'ambition fit naître la passion. Immariable à cause de sa pauvreté, Hélène accepte le duc d'Orléans, que d'autres motifs ont rendu aussi immariable qu'elle. Le 30 mai 1837, ces deux impossibilités conjugales s'unissent à Fontainebleau. Des fêtes de toute nature, fêtes intimes, fêtes populaires, fêtes artistiques, se succédèrent à Saint-Cloud, à Neuilly, au Champ de Mars et à Versailles, pour célébrer des noces que tant de catastrophes allaient suivre.

Sept mois auparavant, le 6 novembre 1836, le roi Charles X, plein de jours et de vertus, avait rendu son âme à Dieu. En bénissant le duc de Bordeaux, son petit-fils, l'exilé chrétien, sur son lit de mort, a pardonné au proscripteur de sa famille les trahisons, les parjures et l'ingratitude qui firent de Louis-Philippe d'Orléans un roi de Juillet. Dans sa résignation sereine, Charles X a tout oublié. Louis-Philippe s'obstine à se souvenir. Quand toutes les cours de l'Europe, et la France monarchique entière prennent le deuil de celui qui régna avec tant d'affectueuse majesté et de glorieux patriotisme[1], Louis-Philippe seul refuse de donner à son Roi, à son bienfaiteur, à

[1] Un écrivain sceptique, mais fonctionnaire de la royauté de 1830, Beyle-Stendhal a fait, sans le vouloir peut-être, la plus belle et la plus juste de toutes les oraisons funèbres pour Charles X, si digne d'être aimé et si lâchement trahi. Beyle-Stendhal s'exprime ainsi (*Promenades dans Rome*, 1re série, page 27 (1853): « Il faudra peut-être des siècles à la

son parent ce dernier témoignage de respect, passé dans les convenances et dans les mœurs de la famille. Louis-Philippe ne veut point pleurer Charles X, ni prier pour lui; mais il a résolu, dans ses injustices préméditées, que la France ne prierait pas davantage. Son ministre des cultes enjoint au clergé de Paris de s'abstenir, pendant un certain laps de temps, de célébrer aucune messe en noir. Les autorités départementales suivent l'exemple. De par le roi de l'Orléanisme, le deuil fut supprimé dans toutes les églises pour tous les morts et pour toutes les classes de citoyens, sous le prétexte que Louis-Philippe, craignant de déplaire à la Révolution, se condamne à une insensibilité réfléchie, mais odieuse.

Les fêtes du mariage furent assombries par un désastre. Le 14 juin 1837, une foule immense était agglomérée dans le Champ de Mars afin de voir un feu d'artifice, la joie suprême et le bonheur éternel du Parisien. Après le bouquet, la plus horrible et la moins explicable des confusions a lieu à la grille de l'École militaire. On s'y presse, on s'y étouffe. Les mourants s'entassent sur les morts, et plus de trente cadavres sont relevés sur ce Champ de Mars devenu un champ de suffocation. Le peuple aime les rapprochements lugubres. Il se souvient aussitôt de la cata-

---

plupart des peuples de l'Europe pour atteindre au degré de bonheur dont jouit la France sous le règne de Charles X. »

Après cela, que dire du *roi parjure* et du *dernier tyran* inventé par l'insurrection orléaniste de 1830?

strophe qui attrista les noces de Louis XVI et de Marie-Antoinette. L'esprit frappé d'une calamité soudaine, il se livra à de sinistres pressentiments.

Louis-Philippe n'avait guère la superstition des présages; cependant il s'inquiétait des doutes populaires et du peu de foi que sa dynastie inspirait. La durée problématique de cette dynastie lui est fatalement démontrée. Son œil, encore perspicace, découvre les écueils lointains, et ce n'est pas dans un accident fortuit qu'il va puiser le motif de ses frayeurs raisonnées. Après sept ans de règne, son pouvoir lui apparaît plus précaire que le premier jour. Les difficultés naissent autour de lui aussi bien par la force des choses que par la faute des hommes. Quand son chevet a une épine, il est obligé de la briser ou de l'user à force d'y piquer ses membres palpitants.

Roi constitutionnel par métier plutôt que par vocation, il a cru, en sentant la glace se rompre, que, pilote expérimenté, il saurait échapper à la débâcle. Puis, oubliant que les Saintes Écritures disent[1] : « La maison des méchants sera détruite, » il s'efforce de la récrépir et de la consolider, comme si elle devait perpétuellement l'abriter. Louis-Philippe a bien tenté de verser l'huile de sa patience dans la lampe de ses féaux de Juillet, dont il surexcite toutes les ambitions. Néanmoins, en présence de tant de vanités affamées, que peuvent les timides efforts d'un prince aussi affamé qu'elles? Les orateurs de ses parlements, les ministres

[1] *Proverb.*, xiv, 2.

de son choix, pour la plupart mesurant leur génie à la longueur de leurs phrases, se sont pris d'une naïveté d'orgueil représentatif à faire peur. En parlant des grands politiques de son temps, Cicéron écrivait à Atticus[1] : « Ils ne pensent à autre chose qu'à leurs champs, à leurs petites maisons, à leur petit pécule. » Le roi-citoyen fait la même épreuve, il la constate chaque jour; mais il se garde bien de la divulguer.

Ne négligeant pas l'art des complaisances utiles, surtout quand elles ne sont pas honnêtes, Louis-Philippe se fera un jeu de semer la corruption pour mettre en œuvre le sophisme des cœurs. Quand il s'aperçoit que, par ces compétitions honteuses et par ces misérables tripotages, le pouvoir, allant d'une main faible à une main souvent indigne, ne laisse à découvert que l'orgueil de l'homme qui monte aux prises avec l'orgueil de l'homme qui descend, Louis-Philippe, selon la parole d'Isaïe[2], « se heurte en plein midi comme s'il était dans les ténèbres : il se trouve dans l'obscurité comme les morts. » Il aimerait à reculer ou à maîtriser; son principe, son esprit, ses paroles et ses actes étaient, malgré lui, un appel aux passions révolutionnaires et aux ambitions non repues. Il ne fallut songer qu'à satisfaire les unes et à gorger les autres. Insatiables d'autorité et de fortune, parce qu'elles se placent en dehors des lois de l'ordre éternel et que la logique du

---

[1] *Epist.*, viii, 13.
[2] *Isai.*, lix, 10.

mal est implacable, ces passions et ces ambitions s'agitent autour du trône de 1830. Pour arriver à la domination, c'est-à-dire à la richesse, elles établissaient la bataille des rues dans les conseils du souverain et à la tribune des deux Chambres. Un avocat quelconque, transféré par le coche électif de la barre de son petit tribunal à la Chambre des députés, se juge de plein saut apte à tous les emplois. Les finances et les travaux publics, les affaires extérieures et les cultes, l'instruction publique et la marine sont bien plus de son ressort que la justice. Les professeurs de toutes les facultés, les industriels de toutes les banques, apprenant à parler aux autres et non pas à eux-mêmes, se croient doués d'un semblable privilége, car ce qu'on voit influe à la longue sur ce qu'on fait.

Aussi jamais, sous aucun régime et dans aucun temps, on ne signala une pareille consommation d'hommes d'État de toute espèce, de fonctionnaires de tout rang et d'orateurs de tout genre. Il ne s'agit pas de gouverner, mais de parler. Les cabinets succèdent aux cabinets avec une rapidité sans exemple. Ministère Dupont (de l'Eure), ministère Laffitte, ministère Casimir Périer, ministère Montalivet, ministère du maréchal Soult, ministère du maréchal Mortier, ministère de Broglie, ministère du maréchal Gérard, ministère Sébastiani, ministère Thiers, ministère Molé, ministère Guizot font chacun son relais. Il y a même le ministère Cunin-Gridaine, les ministères d'intérim et celui des Trois-Jours, sempiternelle nomenclature qui, étiquetée et désignée par la date du mois et de l'heure, offre autant d'anniversaires au calendrier que de crises gouvernementales.

La crise est l'état normal de cette monarchie végétant entre les partis et se divisant, se subdivisant à l'infini, pour mieux éparpiller ses forces. Il n'existe ni homogénéité de principes ni homogénéité de caractères et de vues. Tout est fiction, la couronne, la représentation nationale et le vœu du peuple. Tout est livré au hasard et à l'intrigue. Une lutte, tantôt sourde, tantôt patente, entretient la discorde dans les esprits et manifeste la misère des âmes. On est toujours en quête d'une majorité et l'on se heurte à des découragements, à des refus, à de honteux marchés ou à des cadavres. Les ministres, nés ou à naître, moribonds ou défunts, se coalisent pour faire obstacle au système personnel. La couronne se ligue avec des ambitieux subalternes afin de renverser ceux qu'elle a élevés. La prérogative royale empiète sur les priviléges constitutionnels. Le centre droit, le centre gauche, le centre pur, le tiers parti, les doctrinaires et toutes les fractions orléanistes mettent forcément en discussion, par le vague de leur rhétorique, la majesté souveraine. C'est le régime constitutionnel dans son épanouissement. Il enfante le désordre intellectuel; et alors on souffrit autant des lois que jadis on souffrait des crimes. Ce qu'on appelait les grands pouvoirs de l'État ne s'entendirent que sur un point. Tous s'acharnèrent à faire rendre à l'impôt plus qu'il ne devait rendre. Tous, ministres, députés ou agents du Trésor, mirent leur ferveur dynastique dans la recherche de la matière imposable, et on se créa pour tâche de mesurer avec une sordide parcimonie l'air, la lumière et la vie à l'ouvrier et au laboureur.

Dans cette guerre civile des portefeuilles conduisant tout naturellement à la guerre civile des hauts et petits emplois salariés, il est impossible de discerner le vrai d'avec le faux, le juste d'avec l'injuste. Personne ne peut suivre dans leurs mystérieuses péripéties les combinaisons avortées, les piéges tendus, les défections méprisantes, les promesses mensongères et les servilités orgueilleuses. Tous s'accordent le génie du commandement; aucun n'ose se résigner à la gloire d'obéir. Aucun n'obéit en effet. La vanité de ces hommes, qui se sont servi de l'échelle représentative pour devenir quelque chose, tient du prodige. Ils se disent tous amis de la liberté, mais ils ne sont réellement que les amants de la puissance. Néanmoins il serait difficile de trouver, sous un seul règne, autant de talents dans les fonctions, autant de grandes intelligences qui, comme Périer, Soult, Molé, Broglie, Guizot, Thiers, Humann et Duchâtel, se vouent au périlleux honneur du gouvernement. Par le malheur de la situation, tous ces talents si divers sont condamnés à l'insuffisance, à la jalousie, à d'obscures rivalités. Pour se faire des prosélytes et se recruter des partisans, il leur faut encourager et glorifier, dans la presse et à la tribune, ces médiocrités indiscrètes et stériles, sans cesse travaillées d'un besoin immodéré de se produire. Il faut acheter des votes à tout prix, escompter des tendresses et solder de chancelantes fidélités. La traite des blancs se pratique aussi bien aux Tuileries que dans les ministères. L'on s'avilit à qui mieux mieux, car, selon le juste jugement de Tacite[1], « l'opprobre incombe surtout à celui qui préfère donner de l'argent pour corrompre que pour prévenir la corruption. »

Au milieu de cette anarchie de tous les pouvoirs, les Saint-Simon et les Dangeau surnuméraires de la cour citoyenne recueillent pour la galerie les bons mots ou les personnalités qui s'échangent. M. Thiers définit ainsi son roi : « Louis-Philippe, c'est la gravure en creux; Napoléon était la gravure en relief. » Et le roi de M. Thiers réplique : « M. Thiers à la tribune me produit l'effet d'un melon sur une borne. » M. Thiers a surnommé le maréchal duc de Dalmatie : « l'illustre fourreau. » Le maréchal Soult ne l'appelle militairement que : « le petit Foutriquet. » Ces rivaux d'eux-mêmes qui, tout en usant ou en perdant la France, l'amusent plus par leurs discordes intestines que par leur fraternité constitutionnelle, dérangent, à chaque instant, le commerce interlope de Louis-Philippe. Ballotté de scrutin en scrutin, tiré à quatre ministères et livré aux voraces de ses corps électif, législatif et municipal, il intrigue, trompe et trahit, à lui seul, plus que tous les compétiteurs ensemble. Il

---

[1] Tacit. Annal., lib. XIV, 14.

discute avec les uns, il pérore avec les autres. Il marchande ici, il achète là. Il éperonne les dévouements incertains et récompense l'ardeur du zèle; puis, il fait à tous les révélations les plus imprévues et les confidences les moins sincères. Il s'agite dans cette tour de Babel dont l'Orléanisme est l'architecte et l'orateur. Quand les avocats, les généraux d'antichambre et les industriels formant son cénacle, l'interrompent pour placer leur mot, Louis-Philippe semble toujours leur répéter avec Job[1] : « Souffrez que je parle, et, après cela, moquez-vous, si vous voulez, de ce que je dis. »

Sa conversation ne tarissait sur aucun sujet, mais elle n'en éclairait aucun. Dans un pays aussi original que la France, où l'on ne s'aborde qu'en s'interrogeant sur ce qu'il y a de nouveau et où personne ne met d'intérêt à la réponse qu'il a provoquée, ce monologue, interminable et insaisissable, était à la longue pour ses auditeurs une corvée mélangée de curiosité. On s'ennuyait tant avec lui que cela finissait par devenir une occupation. Plus d'une fois l'occupation trouva sa récompense dans un ministère ou dans une grasse sinécure. Ce ne fut pas sous de pareilles conditions que M. Thiers, le duc de Broglie, M. Guizot et le comte Molé arrivèrent au pouvoir.

Ce dernier « représentant partout avec autorité et gravité, ainsi que l'écrivait Montaigne en parlant de Commynes, l'homme de bon lieu élevé aux grandes affaires, » exerçait même sur le roi bourgeois une

[1] Job., xxi, 3.

certaine influence. Molé n'était pas sans doute le favori de ses privautés et de son choix. Il le tenait à respectueuse distance; mais Molé, ministre de Napoléon et de Louis XVIII, grand seigneur littéraire répandant sur la tribune le parfum des salons de l'Europe, savait se faire accepter de haute lutte. Son administration, née sous d'heureux auspices, ouvrait un nouvel horizon à Louis-Philippe. Tout lui arrivait à souhait. Molé, ayant l'art de persuader qu'il était modéré lors même qu'il agissait sans ménagement, s'était empressé d'évacuer Ancône, où le drapeau français, flottant sur la citadelle, devenait, malgré la France, un appel aux révoltes et un encouragement mis à profit dans les États pontificaux par les Sociétés secrètes. Molé avait obtenu des Chambres une dotation en faveur du duc d'Orléans. Il avait conclu le mariage du prince et signé une large amnistie, qui ne coûta guère plus au roi des Français que l'ingratitude. Molé a vu terminer le gigantesque musée de Versailles, les amours de bric-à-brac de Louis-Philippe et le joujou de sa vieillesse. Sous la main tour à tour caressante ou dédaigneusement superbe de ce ministre, les passions politiques parurent se calmer. Les esprits se rassérénaient en effet. Cette éclaircie entre deux tempêtes ne pouvait pas durer. Les Légitimistes et les Républicains ont tacitement accordé à l'Orléanisme la trêve du Seigneur; l'Orléanisme voit surgir de son propre camp des amis de la veille et du lendemain, qui se changent en adversaires implacables. Le bonheur du comte Molé peut

l'éterniser à la présidence du conseil. M. Thiers et
M. Guizot battent le rappel des factions qu'ils ont tant
de fois anathématisées. Ils en réunissent le ban et l'arrière-ban; ils les disciplinent aussi bien dans le journalisme que dans les Chambres. Ils se jettent à leur
tête, puis la coalition s'avance à l'assaut du ministère
pour le compte de MM. Thiers et Guizot, mais en réalité à la ruine du trône de Juillet pour le bénéfice des
partis belligérants.

Placé entre ces deux rivalités politiques, oratoires
et littéraires, comme un isthme entre deux mers,
Louis-Philippe, devant ce César doctrinaire et ce Pompée de centre gauche, a dû plus d'une fois s'écrier
avec le poëte de la *Pharsale*[1].

> Nec quemquam jam ferre potest, Cæsar ve priorem
> Pompeius ve parem.

César-Guizot ne veut rien qui le domine : Thiers-Pompée ne veut rien qui l'égale. C'est du bon sens public que M. Guizot attend la popularité; M. Thiers
l'accapare et s'en décerne les honneurs dans les colonnes des journaux. Coalisés tous deux contre un
ennemi commun, ils ont déposé sur l'autel de leur
ambition les sourdes rancunes qui les animent et les
hostilités jalouses qui les divisent. Molé avait espéré
qu'à l'aide de son beau nom, de sa haute position de
fortune et de société, que par son caractère principalement, il lui serait plus facile qu'à tout autre de concilier tant d'intérêts opposés et de satisfaire, dans une

---

[1] *Phars.*, lib. I.

juste mesure, tant de passions insatiables. Molé avait étudié le mécanisme constitutionnel et pesé le fort et le faible du système représentatif. Il voyait le pays sans cesse à la veille d'une crise, et attendant chaque matin son salut ou sa perte du pugilat de paroles auquel s'étaient livrés, le soir, les orateurs en renom ou les ministres en disponibilité. La loi et l'autorité ne sont honorées que lorsqu'elles savent se faire respecter par la crainte. Le mépris engendrait la désobéissance.

Pacifier les esprits avec de tels éléments de trouble parut au comte Molé chose impraticable. Il s'agissait donc avant tout de réglementer les effervescences libérales et de leur apprendre à savoir ce qu'elles disaient[1]. Le souffle de Dieu avait plus d'une fois balayé la place où peuples et souverains s'arrachaient misérablement quelques lambeaux d'autorité. Les myrmidons parlementaires, médiocrités inconnues, qui se fagotent en grands hommes, avaient fait ou brûlaient de faire leur fortune à la suite des révolutions. Ils s'imaginèrent et se persuaderont toujours que Dieu

[1] Un jour, sous la Restauration, le comte de Marcellus proposa à la Chambre des Députés de placer au-dessus de la tribune l'image de Jésus-Christ comme témoignage de justice, de respect et de foi. L'assemblée restait indécise et muette. Le comte Beugnot demande et prend la parole : « Je viens, déclare-t-il très-gravement, appuyer la proposition de notre pieux et honorable collègue ; mais je me permettrai d'y ajouter un amendement qui sera toujours de circonstance ici. Je prie la Chambre de faire inscrire en lettres d'or, aux pieds du Christ, ces paroles de grâce et d'oubli que Jésus mourant adresse à Dieu : « Mon père, pardonnez-leur, car ils ne savent ni ce qu'ils font ni ce qu'ils disent. »
Un éclat de rire universel enterra la proposition.

ne produit ces cataclysmes que pour rappeler aussitôt, dans la même arène, les mêmes combattants aux mêmes combats. Molé chercha quel remède il fallait appliquer aux envahissements de ce mal périodique. Il trouva le remède dans l'absorption du tiers parti et dans le démembrement du centre gauche, aspirant toujours à être pilote lorsque la mer est calme. Déranger l'équilibre parlementaire et imprimer au va-et-vient constitutionnel un cours plus réglé, était le plan adopté et suivi par le ministère. MM. Thiers et Guizot n'entraient dans cette combinaison qu'à titre de princes de la parole. Leur orgueil d'hommes d'État s'effaroucha de cette retraite anticipée. Une belle nuit, le cabinet Molé fut jugé insuffisant. Tous les séditieux de la Chambre et de la presse se mirent en campagne contre lui. Tous déclarèrent à l'envi, comme Tertullien, « que la loi est suspecte, dès qu'elle ne veut pas qu'on l'examine. » Ils l'examinèrent si bien qu'ils rendirent impossibles la loi et le législateur.

La lutte s'engagea dans des conditions qui, nécessairement, devaient tourner au préjudice de l'Orléanisme, car les révolutions ont basé son pouvoir sur le droit de l'anéantir qu'elles se réservent. Louis-Philippe eut l'intuition des calamités qu'une telle guerre présageait; il s'efforça de les conjurer. Son intervention était méconnue, ses prières furent impuissantes. Il ne s'agissait plus d'inviolabilité de la couronne ou de respect à l'égard de la prérogative royale. Les amours-propres individuels, l'égoïsme des uns, l'orgueil des autres s'étaient surexcités au contact de tous les adversaires de la monarchie de 1830. Avec eux, les coalisés, en quête de places et d'honneurs, foulaient aux pieds la couronne et la prérogative. Le gouvernement personnel de Louis-Philippe, ses caressants apartés, ses finesses répréhensibles, ses coups de Jarnac, ses distributions de poignées de main pour former ou pour déprécier un ministère, tout était révélé, tantôt à la tribune, tantôt dans les bureaux de la Chambre. Débarrassés de leur costume d'emprunt et de leur éloquence officielle, les acteurs du drame orléaniste se faisaient un plaisir de vengeance de raconter en mille anecdotes plus vraies qu'intéressantes le pourquoi et le comment des choses. Ils initiaient les partis aux mystères de la diplomatie, aux affronts éprouvés, aux colloques secrets, aux lâchetés commises, aux négociations entamées; puis les orateurs de couloirs, dont M. Léon de Malleville fut le type, allaient de l'un à l'autre, répandant sur tout curieux cette manne de petits scandales qui tombait du ciel de M. Thiers ou de l'empyrée de M. Guizot. Louis-Philippe dut s'apercevoir alors que l'on a plus de peine, dans les partis, à vivre avec ceux qui en sont qu'à agir contre ceux qui y sont opposés.

Ces querelles de ménage n'avaient qu'un but. Pour reconquérir l'autorité, les confidents de la pensée immuable mettaient à nu cette pensée. A l'esprit insolent, sceptique et envieux de notre siècle, ils en déduisaient les petits moyens, la force comique et les ingénieuses roueries. Après l'avoir servie, ils venaient, dans l'espoir de la servir de nouveau, l'exposer au feu roulant de ses ennemis et proclamer que le roi était aussi désireux de régner que de gouverner. M. Thiers n'est plus appelé à nouer des intrigues avec Louis-Philippe, ou à signifier des ordres impitoyables; M. Thiers s'improvise le champion de la prérogative parlementaire. M. Guizot ne peut plus être courtisan; il maudit les courtisans et prouve, dans son beau langage, qu'ils vont infailliblement perdre la monarchie et les institutions de 1830. Berryer et Garnier-Pagès, préférant se montrer plus dignes des honneurs qu'ambitieux de les conquérir, acceptaient cet augure. Odilon Barrot, solennel comme le désert, et se tenant sur les confins de l'utopie républicaine, formait de son opposition et du centre gauche un dernier rempart à la royauté qui s'effondre sous tant d'efforts combinés. Le ministère Molé succombe. Louis-Philippe se met à l'affût d'un nouveau cabinet, d'une majorité et d'un gouvernement. C'est le rocher que du matin jusqu'au soir doit rouler ce Sisyphe constitutionnel.

Assailli par cette bourrasque de phrases qu'il n'a pas prévue, qu'il n'a pas conjurée, mais dont il calcule toutes les conséquences, le roi de Juillet a, dans le même temps, perdu le conseiller et le véritable directeur de sa politique étrangère. Le prince de Talleyrand vient de mourir, et ce génie clandestin, qui sut mettre de la grâce dans l'impertinence et faire de la grande diplomatie avec de petits monosyllabes, lui manque à l'heure décisive. Louis-Philippe veut entourer d'hommages inusités le lit de douleur sur lequel ce maître en fait de parjures s'exerce au moment suprême à tromper Dieu, après avoir si longtemps trompé les hommes. Le ministre octogénaire, l'évêque apostat s'est déterminé à faire une fin convenable. Il pense, comme saint Jérôme[1], que « la conversion n'arrive jamais trop tard et que le larron a passé de la croix au paradis. » Il se berce de la même chance. Le 17 mai 1838, Louis-Philippe déroge à l'étiquette des rois et va visiter son ami agonisant. Cet ami, dont les transes de la mort ne peuvent comprimer un dernier sarcasme, se soulève avec peine et, parcourant de son œil vitreux cet hôte royal qui le salue dans le trépas : « Sire, murmure-t-il, c'est le plus grand honneur qu'ait jamais reçu ma maison. » Talleyrand mourut quelques jours après, officiellement réconcilié avec l'Église[2], et prévoyant de nouvelles révolutions auxquelles il regrette mentalement de ne pouvoir plus s'associer après succès.

Pour la seconde fois, vainqueur de son auguste maî-

[1] Hieronym. *Epist. ad Læt.*

[2] Le corps du prince de Talleyrand devait, selon ses dernières intentions, être inhumé à sa terre de Valençay, château situé dans le département de l'Indre. Il fallait prendre la route d'Orléans. A dix heures du soir, quand le cercueil fut déposé sur la voiture des pompes funèbres, et que les personnes formant le deuil de famille eurent pris place dans les carrosses de suite, le postillon adressa la question d'usage : « Bourgeois, par quelle barrière? » Une voix lugubrement accentuée répondit : Barrière d'Enfer!

Il n'y eut pas d'autre oraison funèbre consacrée à cet homme qui, vivant, se serait empressé d'applaudir à un aussi laconique à-propos.

tre, M. Thiers entrait tambour battant à la présidence du conseil des ministres. Le 22 février 1836, en se proclamant, avec une tapageuse humilité, l'homme de la situation, il a commencé son premier cours de diplomatie. Il fait échec à Louis-Philippe dans la question espagnole et le force à intervenir d'une manière directe ou indirecte en faveur des constitutionnels. A cette époque, M. Thiers, indomptable professeur du principe : le roi règne et ne gouverne pas, s'aperçoit que les christinos de la Péninsule ne peuvent pas, à eux seuls, résister au mouvement légitimiste. De son autorité privée, il invite secrètement le général Bugeaud à se mettre à la tête d'un corps de volontaires recrutés dans l'armée française. Malgré le système de non-intervention, il va intervenir en Espagne, lorsque Louis-Philippe, qui ne veut pas avoir conspiré pendant les plus belles années de sa vie pour devenir, sous la protection de quelques théoriciens de faction, un monarque automate voué à une paresse éternelle, mais assez mal rétribuée, se jette dans les bras d'un ministère moins compromettant. Durant son semestre présidentiel du 22 février, M. Thiers n'a pas osé guerroyer contre la Suisse démagogique ou porter secours à l'Espagne révolutionnée. A sa seconde étape du 1er mars 1840, il va, après avoir tenté de mettre le feu à toutes les poudres, reculer devant la première menace d'explosion. Étourdissant de fatuité, de bonhomie et d'indiscrétion, il récitait son esprit et babillait d'avance ses discours; puis, paradant à la tête des centres comme un petit fifre dans les habits d'un tambour-major, il ne cessait de promettre à son roi qu'il allait sauver le coche orléaniste. Par les pétulances de sa politique, il le précipite dans les fondrières du représentatif.

La question orientale s'agitait déjà entre les grandes puissances. Elle est pour Louis-Philippe une source d'embarras évidents et de craintes fondées. M. Thiers, qui, empruntant les paroles sacrées, eût été de force à dire à la France ainsi que Dieu, dans les prophéties[1] : « Je vais faire venir l'Orient, qui est mon serviteur, » ne rassure pas complétement les terreurs royales. Un escamotage plus ou moins habile de portefeuilles, deux ou trois savantes jongleries de tribune toujours prises au même sac, peuvent, dans de certains cas, enrégimenter une majorité indécise et la conduire, les yeux fermés et les mains ouvertes, au scrutin d'une loi de finances ou à la conclusion équivoque d'un armistice législatif. Mais, en présence des difficultés extérieures que l'ambition des uns et l'incurie des autres laissèrent grandir jusqu'au point d'être un cas de guerre européenne, que devait-on espérer du spirituel babil de ce Mirabeau bourgeois s'épuisant pour arriver aux grandes choses et ne réalisant pas même les petites? L'Orléanisme se défiait des fantaisies de domination de M. Thiers; il avait peur surtout de ses bravades révolutionnaires et de ses complots oratoires. Son mépris audacieusement ou plaisamment affiché pour

[1] Zacha., III, 8.

toute espèce de scrupules, était la seule garantie offerte à la dynastie. Ce fut dans cette attitude de méfiance mutuelle que le roi et le ministre de Juillet abordèrent la question d'Orient.

Nous touchons à l'heure la plus solennelle du règne de Louis-Philippe. L'honneur de la France est mis en cause, son roi insulté, son gouvernement bafoué par les princes de l'Europe. La France a vu venir les jours de la visite du Seigneur, et, dans son désespoir, elle murmure[1] : « Apprends, ô Israël, que tes prophètes sont des insensés; tes sages, des fous, à cause de la multiplicité de tes iniquités et de la grandeur de ta démence. » A ce cri de la sainte Écriture, manifestant et expliquant les cris d'indignation que poussent le peuple, l'armée et la marine, nous allons voir de quelle incroyable manière répondent le roi, le parlement et le ministère; mais ce qui est incroyable est souvent vrai. Pour la première fois, roi, parlement et ministère prouveront que c'est sans cause que le chef de la nation porte l'épée.

Depuis longtemps cette question insoluble s'était offerte aux méditations des penseurs et des philosophes. L'histoire démontre que tout ce qui va vers l'Orient tend vers la servitude et la mort. Il importe donc, dès le principe, de trancher dans le vif et de ne pas adopter des demi-mesures ou des atermoiements qui, sans sauver le malade, doivent finir par compromettre le médecin. L'Europe n'adopta point cette sage

[1] Osias., IX, 7.

initiative. Elle ne discerna point ce que pouvaient les passions et les intérêts, les temps et les conjectures, les bons et les mauvais conseils. Heureuse de tenir en échec la révolution de 1830, qui tremblait devant les rois, après avoir voulu les faire trembler devant elle, l'Europe se contenta d'indiquer les difficultés et de les aggraver par d'impuissants palliatifs.

Les cinq cours, Autriche, France, Grande-Bretagne, Prusse et Russie, assistaient insoucieusement à la décomposition graduelle de l'empire turc. Sans se préoccuper des causes, elles espéraient naïvement en atténuer les effets, lorsque l'ambition de Méhémet-Ali, pacha d'Égypte, et les victoires d'Ibrahim, son fils, précipitèrent la catastrophe. Les grandes cours s'émurent, car, dans la fantastique intégralité du territoire ottoman, qu'elles aspirent à maintenir, elles cherchent toutes la proie qui leur agréera le mieux et qu'elles pourront saisir en temps opportun. Les Osmanlis savent cela de longue main. Petits Grecs du Bas-Empire, quoique sectateurs du prophète, ils ont expérimenté, dans le sérail, que les partis lâches se prêtent à tout, et que tout leur réussit. Ils établissent un système de ruses et de prolongements indéfinis sur ces convoitises dont la Sublime Porte a percé le mystère. Méhémet-Ali, sujet rebelle et novateur travaillant dans le vieux, fait du progrès à force de concussions et de la liberté à coups de despotisme. Il entretient les agents consulaires accrédités auprès de lui, les Saint-simoniens en quête de la femme libre, et les hommes à projets qui affluent dans sa capitale d'Alexandrie, de son désir lointain d'une constitution de forme anglaise ou française, selon l'interlocuteur. La presse révolutionnaire lui décerne, à beaux deniers comptants, un brevet de libéralisme. Ibrahim, que les poëtes et les prosateurs orléanistes de 1825 ont anathématisé comme le plus implacable adversaire de la nationalité grecque, Ibrahim-Pacha, le farouche Ibrahim, marche sur Constantinople afin de ressusciter l'Égypte au profit des ambitieux desseins de son père. Arrêté dans sa course victorieuse, et néanmoins maître de la flotte et de l'armée turques, Méhémet-Ali réduit le Divan à fléchir sous sa volonté. Le Divan s'est résigné. Un firman déjà libellé accorde à Méhémet-Ali le gouvernement héréditaire de l'Égypte et de la Syrie, avec les districts d'Adana, d'Orfa, de Diarbekir et l'île de Candie, lorsque, le 27 juillet 1839, les ambassadeurs d'Autriche, de France, de la Grande-Bretagne, de la Prusse et de la Russie remettent aux ministres du sultan une note ainsi conçue : « Les soussignés, conformément aux instructions reçues de leurs gouvernements respectifs, ont l'honneur d'informer la Sublime Porte que l'accord entre les cinq grandes puissances sur la question d'Orient est assuré, et qu'ils sont chargés d'engager la Sublime Porte à s'abstenir de toute détermination définitive sans leur concours, et à attendre l'effet de l'intérêt qu'elles lui portent. »

C'était arracher le couteau que Méhémet-Ali tient sur la gorge de son maître. Le maître a l'intelligence de cet acte; sa première pensée fut de retirer les concessions territoriales promises au sujet révolté. Dans ce coup de théâtre diplomatique, le jeu des puissances se développe et s'explique d'une manière toute naturelle. Il est impossible, en revanche, de comprendre le rôle que le gouvernement français veut s'attribuer. Louis-Philippe a pris sous sa protection le vice-roi d'Égypte. L'un des points essentiels de sa politique orientale, c'est d'assurer à Méhémet, indépendamment même du sultan, l'hérédité des provinces sur lesquelles le pacha a établi le régime du sabre, en attendant l'ère de la constitution. Par une inconséquence sans excuse ou par une impardonnable lâcheté, au moment où les Turcs viennent de leur propre mouvement consacrer leur défaite et leur spoliation, Louis-Philippe tourne le dos à cette bonne fortune inespérée. Il s'oppose à une solution conforme à ses désirs et à ses intérêts.

L'Orléanisme a peur de la guerre : il redoute un isolement qui est parfois une grandeur. Au point de vue dynastique, il lui faut marcher dans l'ombre des puissances, se faire humble afin d'être supporté et accéder à tout afin qu'on puisse dire que la France compte encore pour quelque chose en Europe. L'Orléanisme se trace sur le papier ou dans les harangues officielles un vaste programme d'influence. Les ministres et les porte-voix de la couronne brodent sur le même thème des variations patriotiques; mais tous ces rêves d'équilibre ou de prépotence ne dépassent jamais la rampe. La paix à tout prix, cette paix qui est un niveau, égalant les esprits actifs et les esprits paresseux, était la condition du règne. Pour se la ménager envers tous et avec tous, les sacrifices d'honneur ne coûtent rien à ce gouvernement. L'énergie n'est pas dans sa nature, et il voit perdre la sagesse des sages et anéantir la prudence des prudents. Suspect au pays et à l'Europe, il n'a trouvé qu'en Angleterre un appui conditionnel. L'Angleterre, aujourd'hui fatiguée de son alliance, a calculé qu'une monarchie de hasard ne pouvait jamais lui faire obstacle ou ombrage; elle l'abandonne pour infliger à la France un Waterloo moral. Empruntant les paroles du prophète, elle lui signifie en notes diplomatiques cette terrible menace [1] : « Votre fracture est incurable ; la gangrène est dans votre plaie et il n'y a plus de remède, il n'y a plus pour vous de baume ni de ligature, tous ceux qui vous aimaient vous ont oublié et ne vous rechercheront plus ; je vous ai frappé d'un coup d'ennemi. »

Dans une de ses dépêches, M. Guizot, ambassadeur à Londres, résume en ces termes la politique anglaise : « Elle redoute la Russie à Constantinople ; la France l'offusque en Égypte. » De cette double appréhension, le cabinet de Saint-James tire une conséquence fatale à l'Orléanisme. Les obséquiosités de Louis-Philippe, encore plus que ses manœuvres souterraines contre les Whigs au pouvoir, ont irrité le système nerveux de lord Palmerston. Elles donnent à son caractère fantasque une audace sans péril que les Anglais sont

---

[1] Jerem., xxx, 12, 13, 14.

tout fiers d'accepter comme un trait de génie. En faisant signer par l'amiral Roussin, son plénipotentiaire près la Sublime Porte, la convention du 27 juillet, Louis-Philippe n'avait qu'une pensée et un but. Son entrée dans le concert européen vivifie cette pensée et atteint ce but. Mais, dès que l'opinion publique lui eut fait comprendre par ses inquiétudes le danger et l'opprobre d'une telle mesure, il s'efforce par des faux-fuyants d'échapper à des conséquences dont l'Angleterre se charge de poursuivre la réalisation sans merci et sans pitié.

L'accord contre la dynastie de 1830, que la Grande-Bretagne n'a pas permis d'opérer à cette époque, se cimente en 1839 et 1840. L'Angleterre qui, selon une expression de Diderot, n'est jamais fausse pour peu qu'elle ait d'intérêt à être vraie, et jamais vraie pour peu qu'elle ait d'intérêt à être fausse, laisse la Russie se livrer à son rêve traditionnel sur l'empire des Osmanlis [1], et sur la domination moscovite dans les eaux du Bosphore. L'Autriche ne se souvient plus des immixtions et des invasions du czar à travers les provinces danubiennes; l'empereur Nicolas lui-même, heureux de voir l'Europe épouser ses ressentiments monarchiques, oublie, dans la satisfaction de ses justes griefs, les convoitises assez mal déguisées de l'Angleterre sur la Syrie, la Grèce et la mer Rouge. Un rap-

---

[1] On trouve dans les *Lettres édifiantes* (édition de 1780, tome II, page 239), ce curieux passage d'une lettre écrite par un jésuite résidant à Salonique : « Les Grecs sont persuadés, on ne sait sur quel fondement, que le czar de Moscovie les délivrera un jour de la domination des Turcs. »

prochement significatif a lieu entre ces trois cours, qui entraînent la Prusse dans leur orbite. Mis de côté par l'Angleterre, Louis-Philippe croit s'apercevoir que le prince de Metternich lui tend à la dérobée une planche de sauvetage ; il s'y cramponne.

Il fait à la chancellerie autrichienne toutes les avances et les concessions qu'elle peut désirer. Il la provoque à une alliance intime ; il parle, dans ses communications officieuses, de plans conservateurs et de projets antirévolutionnaires. Metternich, se tenant sur la réserve, écoute d'une oreille, charmée en apparence, les confessions de cet usurpateur pénitent. Il l'encourage dans son repentir, il l'entretient dans son ferme propos. Il n'y a pas de rupture à craindre, pas de mystères à l'égard de la France, pas de secrets envers son gouvernement. Les ambassadeurs de l'Orléanisme sont pour la forme admis aux conférences ; ceux de l'Europe viennent chaque jour aux Tuileries ou dans le cabinet de M. Thiers, président du conseil, apporter le tribut de leurs hommages ou le poids de leurs réflexions. On ne se cache point de la France ; on ne pratique aucune intrigue ; on ne trame aucun complot. M. Thiers et Louis-Philippe s'imaginent qu'en gagnant du temps, ils auront résolu le problème.

Le temps, encore cette fois, ne fit rien à l'affaire. M. Guizot écrivait à son gouvernement, le 11 juillet 1840 : « Il serait bien étrange de voir les puissances s'opposer au rétablissement de la paix, ne pas vouloir qu'elle revienne, si elles ne la ramènent pas de leurs propres mains et se jeter une seconde fois entre le suzerain et son vassal, pour les séparer de nouveau au moment où ils se rapprochent. Il y a un an, cette intervention se concevait; on pouvait craindre que la Porte, épuisée, abattue par sa défaite de la veille, ne se livrât pieds et poings liés au pacha et n'acceptât des conditions périlleuses pour le repos de l'avenir. Mais aujourd'hui, quand la Porte a retrouvé de l'appui, quand le pacha prend lui-même, avec une modération empressée, l'initiative du rapprochement, quel motif aurait-on pour s'y opposer? »

M. Guizot, esprit élevé, sérieux et honnête, le seul peut-être des hommes de Juillet que le pouvoir aura rendu meilleur, s'adresse cette question révolutionnaire presque à son corps défendant; il n'ose pas s'avouer que la situation anormale faite à la France en 1830 autorise les représailles. La France a procédé démagogiquement contre l'Europe; dix ans plus tard, l'Europe réagit monarchiquement contre elle. Les puissances l'enveloppent dans des égards étudiés, elles la garrottent dans des subterfuges pleins d'une cruelle délicatesse. On ne lui laisse ni le droit d'écouter, ni l'occasion de se plaindre. La coalition s'avance les armes à la main et le sourire aux lèvres. Pour mieux abuser Louis-Philippe et ses agents, elle les convie, par des paroles trompeuses, à une sécurité plus trompeuse. L'Orléanisme, qui dressa tant de piéges, est pris à celui-là. Confiant dans les embûches amicales de la chancellerie autrichienne, il n'ose jamais se persuader que l'Angleterre renoncera de gaieté de cœur à cette entente qui, selon lui, a préservé le monde d'une crise sociale.

Ce fut dans cet aveuglement que le traité du 15 juillet 1840 le trouva. Le secret avait été si bien gardé, que Louis-Philippe et ses ministres, que M. Guizot à Londres et tous les ambassadeurs français dans les diverses cours n'en eurent pas même un vague pressentiment. Quarante-huit heures après, lord Palmerston, au Foreign-office, en notifie à M. Guizot l'existence et non pas la teneur. Ouverte et débattue par les cinq puissances, la question d'Orient se vidait à quatre. Les quatre, par cette insolente et brusque séparation, signifiaient virtuellement à la France qu'après l'avoir retranchée du concert européen, elles étaient disposées à lui faire subir l'insulte, sans que l'Orléanisme pût ou voulût s'en formaliser. Isolé chez lui, isolé chez les autres, impopulaire chez tous, il n'a que l'excès de son étonnement pour légitimer l'excès de sa crédulité. Mais, après s'être si longtemps joué de la conscience publique, l'Orléanisme peut-il s'accuser d'avoir laissé surprendre sa candeur et mis son ingénuité au service de ses adversaires? Une pareille excuse semble un outrage et un défi à la raison universelle. La raison universelle ne les accepta point.

Les partis avaient étudié à fond la dynastie de Juillet. Ils savent qu'elle reculera devant toute guerre sérieuse qui, en lui mettant l'Europe sur les bras, ne les rallierait point autour de son trône menacé. Moi-

tié par patriotisme sincère, moitié par bravade, ils
somment l'Orléanisme de répondre à une injure si
clairement préméditée. Ils lui répètent avec une cha-
leureuse insistance que l'empire de la terre, que la domination même des esprits est l'apanage des violents.
Ils lui enseignent que le ciel appartient à ceux qui le
ravissent et que l'audace plaît toujours aux hommes.
De pareilles leçons étaient pour le combattant couronné de Jemmapes et de Valmy un artifice dont il ne
consent pas à être sérieusement dupe. Acculé dans ses
derniers retranchements, Louis-Philippe balbutie qu'il
est de taille à en appeler à l'épée de la France. La
France lui répond qu'elle n'a jamais prétendu confier
son honneur à la vieille rapière dynastique. La Révolution ameute alors ses clubistes ; la Révolution annonce
qu'elle ramassera pour son propre compte le gant
que l'Europe lui jette d'une manière incidente. Puisque Louis-Philippe reste insensible à tant d'affronts,
la Révolution se propose d'entrer en campagne, d'agiter les peuples et de prêcher une guerre de propagande. Ces rodomontades étaient inopportunes, car les
puissances connaissent aussi bien que l'Orléanisme la
situation intérieure du pays. Elles n'ignorent point
que les arsenaux militaires sont vides et que les bud-
gets de la guerre et de la marine n'ont jamais pu suppléer au gaspillage.

Gênés dans leurs aspirations pacifiques par ce sentiment de fierté nationale dont ils n'osent pas régulariser l'essor, Louis-Philippe et M. Thiers se distribuent

les rôles dans la comédie de la guerre qu'ils s'apprêtent à jouer. M. Thiers, qui se complaît à l'inoffensif plaisir de publier chaque matin ses bans de mariage avec la gloire militaire, a pratiqué des reconnaissances parmi les Républicains. Il leur promet la liberté; il leur parle de l'honneur national froissé, des frontières du Rhin à conquérir, des fortifications d'Huningue à relever, d'un nouveau passage du Saint-Bernard et de la haine de l'Anglais, toujours vivace au cœur de la France. La *Marseillaise* a hurlé ses sanglants refrains dans les rues; Louis-Philippe les psalmodie comme aux beaux jours de 1830. Il arme et fait armer; il met ses flottes à la mer, et ses troupes sur le pied de guerre. Puis le *Chant du départ* annonce une reculade. Les Anglais en sont si bien convaincus que, sur tous les théâtres de Londres, on répète chaque soir, aux applaudissements de la foule, ce refrain insultant : « Le coq gaulois chante, mais ne se bat pas. » Pour amortir ce défi, le vieux jacobin insinue au corps diplomatique qu'en cherchant un peu, il saurait encore retrouver dans sa poche son bonnet rouge de 1793. Le roi de Juillet n'oubliait qu'une chose, c'est que ce symbole du terrorisme a déteint sous son diadème d'emprunt.

Belliqueuse même avec un prince qui, doué d'un vrai courage personnel, ose cyniquement se faire d'une paix mendiée la seule condition de son existence, la France s'avoue instinctivement que Louis-Philippe n'aura jamais l'audace de Cromwell, et qu'il sera toujours prêt à sacrifier l'orgueil du pays au succès de sa politique intérieure, comme si l'on gagnait quelque chose à s'accommoder de tout. Elle sait que l'Europe ne cédera pas à ses fanfaronnades militantes; elle voit donc la dynastie orléaniste obligée, dans un temps plus ou moins rapproché, de rendre aux rois coalisés l'épée qu'elle n'aura pas tirée contre eux. Un souffle de guerre passe alors sur la grande nation ; elle se révèle même au milieu de ces Lilliputiens de gloire. Elle a pris au sérieux tous les élans factices. Elle se croit le jouet des souverains et des peuples; elle veut que son gouvernement en obtienne satisfaction ou prouve à chacun que la France n'a pas dégénéré. Une crise au dedans complique la situation au dehors. Louis-Philippe est débordé, et M. Thiers, reconnu incapable, ne demande pas mieux, en battant la chamade, que d'abandonner à d'autres ministres le fardeau d'une pareille responsabilité. M. Thiers, vaincu sans combat, se plaint de ne pas être assez sincèrement secondé par son roi, et de l'être trop vigoureusement par le peuple. Le roi n'a plus confiance dans son ministre, le ministre se défie du roi. Tous deux hésitent au moment décisif, car il n'y a rien de plus difficile en des affaires d'importance que de prendre sur-le-champ une dernière résolution. Il ne leur restait plus qu'à tabler sur la sauvage énergie de Méhémet-Ali : sa résistance aux injonctions diplomatiques peut changer la face des choses. Les quatre cours préviennent cette résistance en appliquant un nouveau soufflet à l'Orléanisme sur la joue du vice-roi d'Égypte. Le 19 août 1840, leurs consuls à Alexandrie lui présentent une note dans laquelle on lit :

« Croire encore à la possibilité d'un changement ou d'une modification des conditions de la convention du 15 juillet, ce serait se bercer d'un vain espoir. Ces stipulations sont inaltérables et irrévocables ; les termes péremptoires qui ont été fixés pour leur acceptation sont une preuve de l'impossibilité de tout changement ultérieur.....

« Une conséquence immédiate d'un tel refus serait l'emploi de mesures coercitives. Le vice-roi est trop éclairé, et connaît trop bien les moyens et les ressources dont les quatre grandes puissances peuvent disposer, pour se flatter un seul instant de pouvoir, par ses faibles moyens, résister même à l'une ou à l'autre d'entre elles, et ce serait se bercer d'un espoir bien funeste que de compter, dans les circonstances actuelles, sur un appui de l'étranger. Qui pourrait arrêter la décision des quatre grandes puissances ; qui oserait les braver ? Loin de lui être favorable, une telle intervention, en sa faveur, ne ferait que hâter sa perte, alors devenue certaine.

« Les quatre grandes puissances développeraient des forces plus que suffisantes pour combattre tout ce qui pourrait s'opposer à l'exécution de la convention. On portera là où le cas l'exigera une force suffisante pour rendre toute résistance impossible et pour l'anéantir d'un seul coup. »

Ce n'était point à un misérable pacha, devenu tout à coup un homme qui cherche, en automne, des raisins après la vendange, que l'Europe prenait la peine d'adresser cet ultimatum. D'aussi arrogantes mesures allaient frapper plus haut; la France le sentit bien. Pour lever sa dernière incertitude, l'Angleterre, toujours expéditive en fait de destruction, s'empare de plusieurs bâtiments égyptiens dans le port de Beyrouth. Sir Charles Napier, un ami de Louis-Philippe, un de ces marins anglais qui font la guerre régulière ou la piraterie, selon les calculs des marchands de la Cité, s'est embossé devant cette ville. A la tête de dix mille hommes, choisis sur les vaisseaux anglais, autrichiens ou turcs, Napier s'avance dans les terres, tandis que l'amiral Stopford, le 11 septembre 1840, bombarde Beyrouth.

Quelques jours auparavant, la flotte française, sous le commandement de l'amiral Lalande, croisait dans ces parages. Résolue à soutenir l'honneur du pavillon en face d'une aussi brutale aggression, elle n'a besoin ni de conseils, ni d'ordres; les canons seraient partis d'eux-mêmes. Louis-Philippe et son ministère en ont eu le pressentiment. Afin de laisser place libre à l'Anglais, la flotte est condamnée à une déplorable inaction. Maîtresse de la mer, il faut qu'elle se retire dans les eaux de Salamine, d'où elle ne peut pas plus conjurer un désastre que frapper un grand coup. L'Angleterre avait l'opprobre : l'Orléanisme n'a pas voulu que la France eût la gloire. A cette nouvelle, les sourdes colères qui remplissaient les âmes débordent enfin. Louis-Philippe tremble; il y a même de ses officiers d'antichambre, le général Jacqueminot, entre autres, qui, dans leurs états de service, ne manquèrent pas d'énumérer leur peur de 1840. Les vœux collectifs de la presse et du pays ne sont pas exaucés ; la garde nationale de Paris, l'élément de force dynastique et de salut orléaniste, se prépare à manifester ses vœux. Depuis dix ans elle a fait assez pour le maintien du trône ; elle exige qu'en récompense de ses sacrifices et de son dévouement, Louis-Philippe fasse à son tour quelque chose en faveur du peuple, avili malgré lui.

Les baïonnettes citoyennes ne doivent être intelligentes que lorsqu'elles font de la révolution au profit de l'Orléanisme, et de l'ordre public au service de la dynastie. Le maréchal Gérard, un ami de la maison, est à la tête de la garde nationale. Il refuse de recevoir ses chers camarades, prêts au bien quelquefois, au mal toujours. Gérard dédaigne d'écouter, encore moins d'apprécier leurs doléances. C'est le règne des faits accomplis et l'ère des lâchetés consommées. Louis-Philippe se renferme dans un mutisme prudent, et charge son ministère de la responsabilité qui incombe à tous. Depuis que l'Europe ne coupe pas dans son jeu de la guerre, M. Thiers sonne de la trompette devant lui. Il porte armes à ses combinaisons stratégiques, il prépare ostensiblement la paix militante, et, à voix basse, il implore une paix qui ne sera point une paix.

Ses audacieuses turbulences se résument en camouflets ; ses fanfares triomphales annoncent à la patrie qu'elle peut prendre le deuil de ses grandeurs. Belliqueux dans ses notes diplomatiques, mais plein de réserve dans ses *casus belli*, M. Thiers, au nom de l'Orléanisme, enseigne l'art d'abandonner, à l'heure du péril, les alliés qu'on a compromis. Méhémet-Ali-Pacha en fait la dure expérience. Les victoires qu'il a remportées ne servent qu'à son abaissement ; l'Europe le dépouille de la Syrie, dont Louis-Philippe lui avait garanti la possession. Mais, pour ne pas réduire aux mesures extrêmes un pays aussi chatouilleux sur les choses de l'honneur que la France, l'Europe enjoint au Divan de signer l'exclusion de Méhémet-Ali, même en qualité de vice-roi d'Égypte. Cette exclusion est, aux yeux des quatre cours, un en cas de conciliation préventive : elles savent que la France n'en voudra pas plus qu'elles. Les quatre cours se montreront heureuses d'accéder à ses prières en faveur de la vice-royauté.

Une condescendance de plus ou de moins, de la part de l'Orléanisme, était si bien dans son caractère, que la Grande-Bretagne voulut avoir le dernier mot du roi de Juillet. Lord Palmerston ne manquant pas d'élévation dans l'esprit, mais n'en ayant aucune dans l'âme, fit le matamore quand même. Pour calmer ses arrogances, Louis-Philippe s'adresse en ces humbles termes à Léopold de Belgique-Cobourg, son gendre et son intermédiaire officieux : «...Qu'on sache donc bien à Londres, lui mande-t-il secrètement à la date du 6 novembre 1840, quelle est la nature de la lutte dans laquelle (je ne récrimine pas sur la cause, que je crois pourtant avoir été si futile, ou du moins si facile à éviter; n'importe, je prends les faits accomplis sans m'occuper du passé), dans laquelle, dis-je, nous sommes engagés *neck or nothing*. Cette lutte n'est ni plus ni moins que la paix ou la guerre; et si c'est la guerre, que lord Palmerston et ceux qui n'y voient peut-être que dangers pour la France sachent bien que, quels que puissent être les premiers succès d'un côté ou de l'autre, les vainqueurs seront aussi immaniables que les vaincus; que jamais on ne refera ni un congrès de Vienne, ni une nouvelle délimitation de l'Europe; l'état actuel de toutes les têtes humaines ne s'accommodera de rien et bouleversera tout. *The world shall be unkinged*, l'Angleterre ruinée prendra pour son type le gouvernement modèle des États-Unis, et le continent prendra pour le sien l'Amérique espagnole.

« Mais laissons cela; si c'est la paix qui l'emporte, tout se calmera, non sans doute sans beaucoup de craintes et de dangers; mais la leçon de l'impuissance des partisans de la guerre nous donnera des forces. Nous commencerons, comme je le fais depuis dix ans, par gagner du temps, et le temps aujourd'hui c'est tout. Cela nous ramènera d'abord les fins observateurs de la girouette; et plus on se persuadera que nous sommes les plus forts, plus nous aurons de facilité pour continuer à l'être.

« Ne nous y trompons pas. Le point de départ, c'est le renversement ou la consolidation du ministère actuel. S'il est renversé, point d'illusions sur ce qui le remplace; c'est la guerre à tout prix, suivie d'un 93 perfectionné, etc. S'il est consolidé, c'est la paix qui triomphe, ce n'est que par la paix qu'il peut l'être; mais il faut se dépêcher, car vous savez que les têtes gauloises sont mobiles. On va soutenir ce ministère, parce qu'on croit qu'il apportera la paix; mais s'il ne l'apporte pas tout de suite, on ne tardera pas à croire qu'il ne l'apportera pas du tout, et alors on croira aussi que la guerre est inévitable, et qu'il faut l'entamer bien vite pour prendre les devants sur ceux qu'on appellera tout de suite les ennemis. Dépêchons-nous donc de conclure un arrangement que les cinq puissances puissent signer, car alors, croyez-moi, c'en est fait de la guerre pour longtemps, pour bien longtemps... »

Lorsque le gouvernement d'une grande nation faiblit une seule fois, chaque pas accélère la rapidité de sa chute. L'empereur Nicolas et le cabinet de Saint-James prirent date, puis ils laissèrent Louis-Philippe rompre des lances avec M. Thiers. Ils se disputaient entre eux les tristes débris d'un patriotisme rétrospectif. Mais, dans ces querelles du ménage orléaniste, la sincérité ne dominait pas plus qu'un courroux sérieux. En ravaudant la situation, en s'arrangeant tantôt pour tourner la difficulté, tantôt pour la faire naître, ces deux hommes, qui furent d'habiles prestidigitateurs constitutionnels, ne renoncèrent jamais à l'espoir de tromper encore une fois le pays. Leur petit commerce de victoires et conquêtes ne va plus au dehors; leur association à l'intérieur ne se ressent point de cet orage passager. Louis-Philippe, duc de Chartres, avait assisté et applaudi à la prise de la Bastille. Louis-Philippe, roi des Français, éprouve le besoin d'entourer Paris d'une enceinte continue, formée deci et delà de forts détachés et de citadelles qui, selon les nécessités politiques ou sociales, peuvent avantageusement remplacer une vieille prison d'État.

M. Thiers, qui se joue de l'argent comme s'il était né dans l'abondance, et son roi décrétant des économies aux dépens des contribuables, ont la démangeaison de la truelle. Ils bâtissent pour eux, ils bâtissent contre les autres; ils auraient bâti durant un tremblement de terre. Sans rechercher les motifs qui poussaient les Spartiates à prier les Dieux de ne leur donner comme ennemis que des souverains et des peuples tourmentés du prurit de la construction, M. Thiers et son roi ne s'effrayent d'aucune entreprise téméraire. L'un se croit artiste, l'autre est maçon. Dans le but d'offrir un dérivatif aux préoccupations, ils complotent d'urgence l'embastillement de la capitale. Le vœu le plus ardent de Louis-Philippe roi a toujours été de tenir en respect cette partie de la population parisienne si remuante, si indisciplinée, et qu'il appelle « ses aimables faubourgs. » L'occasion de

donner le change sur ses intentions était trop belle
pour qu'il ne la saisît pas. La France est menacée
d'une troisième invasion ; et, en 1814, Bonaparte a
plus d'une fois regretté de n'avoir point fait de Paris
une place de guerre, afin de pouvoir y attendre l'ennemi. Cette idée de puissante conception, mais d'exécution impossible, que le grand homme a léguée à
la postérité, M. Thiers l'a recueillie ; Louis-Philippe
se détermine à la mettre en œuvre. C'est contre leurs
adversaires de l'intérieur qu'ils la tournent. Les fortifications n'ont pour but, dans la pensée orléaniste,
que de jeter autour de Paris une ceinture de pierre et
de fer qui enserrera la capitale et la bouclera sur les
reins. Le despotisme légal voudrait avoir à tout événement une sorte de terrier d'où il tiendra tête à
l'insurrection, et permettra à la dynastie de se retirer dans une citadelle pour rallier l'armée et les
corps de l'État. Le 24 février 1848, au moment où
cette pensée doit préserver la dynastie de Juillet d'une
chute et d'une fuite incompréhensibles, Louis-Philippe, éperdu, passe au pied du Mont-Valérien. Dans la
prostration de son esprit, il ne se souvient plus qu'au-dessus de sa tête s'élèvent des bastions menaçants,
son œuvre privilégiée et sa dernière ancre de salut.

Il était vaincu et chassé par ceux même qui l'aidèrent dans ce gigantesque travail. Après avoir coopéré à l'enceinte continue et aux forts détachés, qui
devaient protéger Louis-Philippe et sa dynastie, les
ouvriers se mirent, pendant une nuit, à élever des

barricades contre l'Orléanisme. Cette nuit-là se vérifièrent les paroles de Balzac. En 1840, l'auteur de *la Comédie humaine*, légitimiste par principe et par tempérament, avait prodigué aux usufruitiers de Juillet des conseils qui furent méprisés. Ces conseils portent avec eux un tel degré de divination et de prescience, qu'ils appartiennent à l'histoire. Balzac écrivait[1] : « Le jour où les deux cent cinquante mille ouvriers qui campent dans Paris, et qui vont arriver au nombre de trois cent mille, par le fait de l'entreprise des fortifications, seront sans ouvrage, vous n'aurez aucune force morale pour repousser leur agression : la force militaire sera tout à fait impuissante, parce que les ouvriers chanteront ce chœur des amis de la liberté que vous savez, et seront appuyés par le plus énergique des partis, par le parti républicain, que vous combattez depuis dix ans, sans avoir su ni osé l'atteindre. Les ouvriers sont l'avant-garde des barbares. »

Deux fois président du conseil au milieu de circonstances que ses fautes aggravaient encore, M. Thiers, en 1836 comme en 1840, a jeté l'Orléanisme dans d'inextricables difficultés. Il va les accroître en faisant au cabinet de M. Guizot, son rival, une opposition si savamment dirigée, que, du même coup, elle tuera le ministère et la dynastie.

Dans cette complication d'événements, où Louis-Philippe ne met jamais la main que pour porter

[1] *Revue parisienne*, par Honoré de Balzac (1840).

malheur à ceux dont il s'est fait un moyen d'action révolutionnaire, l'Espagne avait été oubliée. Mais l'Angleterre, qui se dispose à affaiblir le prestige du nom français en Orient, ne veut pas le laisser subsister dans la Péninsule. Les discordes civiles y ont créé des généraux plus ambitieux qu'héroïques, et des illustrations de caserne procédant beaucoup plus de don Quichotte que du Cid Campéador. Ces généraux, que le traité dérisoire de la quadruple alliance garantit contre les revers, n'ont vaincu les carlistes qu'à l'aide de la trahison. Ils ne cessent d'invoquer le concours de mercenaires français, italiens et anglais, guerroyant pour l'honneur du libéralisme espagnol, au nom du principe de non-intervention. Marie-Christine, régente du royaume, lutte comme elle peut contre le torrent qu'elle déchaîna.

Tour à tour maîtresse du terrain ou reine sans autorité, elle se voit exposée aux insurrections des sergents de la Granja ou au dévouement imposteur des chefs de son armée. Des rivalités de corps de garde succèdent aux rivalités de palais. Christine a foi dans les promesses de Louis-Philippe, son oncle, se faisant à Bourges le geôlier de don Carlos et de ses enfants. Elle aspire, ainsi que le roi-citoyen, à concentrer la Révolution dans un juste milieu idéal, et à la placer en tutelle sous la sauvegarde d'un parlement qui fera du libéralisme à l'encan. La Grande-Bretagne s'est fait un plaisir et une loi de lutter d'influence avec les Orléanistes. Les agents du cabinet britannique, répan dus sur tous les points du territoire, se mettent en rapport avec les Sociétés secrètes. La France a eu ses sans-culottes; l'Espagne a ses sans-chemises, ses *descamisados*, créant un progrès révolutionnaire dans la nudité. Il n'y a entre eux qu'émulation de crimes. Le général Espartero, qui aime mieux battre les cartes que l'ennemi, a souscrit aux conditions que les Sociétés secrètes et l'Angleterre lui imposèrent. Son dévouement s'est transformé en révolte. Quelques succès insignifiants, enrichis de bulletins pompeux et que Brantôme aurait recueillis avec joie pour son livre des *Rodomontades et gentilles rencontres espagnoles*, l'ont improvisé duc de la Victoire. Les Sociétés secrètes le consacrent régent d'Espagne, s'il ose, par la plus flagrante des ingratitudes, leur offrir des gages d'insubordination. Espartero, un La Fayette racorni, accepte ce rôle de duplicité. Il entraîne dans sa défection une partie de l'armée; puis Christine, à bout de subterfuges et d'intrigues, renonce au pouvoir, quitte la Péninsule, et vient demander à Louis-Philippe les causes de son abandon.

L'année 1840 était peu favorable aux usurpateurs. Louis-Philippe chancelait sur son trône. Mis dans l'impossibilité de se protéger lui-même, il n'a pu songer à secourir une princesse dont l'Angleterre avait résolu la perte. C'était la seule explication plausible; le roi-citoyen ne s'en fit pas faute. Une pareille excuse, dans un pareil moment, dut inspirer à la reine Christine des sentiments pleins d'amertume.

Elle comprit qu'il n'y avait rien à attendre d'un homme faisant à sa propre conservation des sacrifices aussi peu avouables. Christine, exilée à Paris, ne cacha ni ses dédains, ni son opulence. En roi philosophe, mais en oncle peu soucieux des vivacités d'une nièce, Louis-Philippe ne se formalisa point de cette irritation de femme qu'il espère amadouer par des projets de mariage. Après avoir conjuré la tempête par toute espèce de palliatifs, il cherche, dans le spectacle d'une cérémonie nationale, à raviver sa popularité.

Sans prévoir l'avenir, M. Thiers a voulu offrir les gloires napoléoniennes pour base et pour holocauste à sa ferveur dynastique. Il s'est imaginé d'abriter ses reculades derrière le cercueil impérial; il demande aux cendres de Sainte-Hélène de protéger les faiblesses du roi de Juillet. Geôliers de ce tombeau, que l'inquisition du Foreign-Office ouvrit avant l'heure, les Anglais n'ont pas refusé à l'Orléanisme de se laver par une splendide mise en scène de tous les affronts qu'ils lui réservaient. Louis-Philippe et son ministère sollicitent la grâce d'être les derniers fossoyeurs du conquérant. Le cabinet de Saint-James n'a plus que faire d'un ennemi mort depuis vingt ans. Son cadavre sent toujours bon. La Grande-Bretagne trouve assez doux d'arriver à l'oubli du supplice par les hommages rendus au martyr. Elle croit effacer ainsi devant le ciel et devant le monde le dernier anathème du testament de Napoléon : « Je lègue l'opprobre de ma mort à la maison régnante d'Angleterre. » Cet anathème se perd dans une double hypocrisie. Méditant de blesser les Français par l'humiliation de leur roi, le cabinet de Saint-James consent à ce que Louis-Philippe fasse trophée du retour des cendres. Le prince de Joinville sur la frégate *la Belle-Poule*, traverse les mers afin d'accomplir le pèlerinage des pompes funèbres.

Désigner pour l'apothéose du grand empereur l'année même où la grande nation va subir le plus douloureux des abaissements par le fait de l'Orléanisme, c'était le comble de l'impudeur. Le peuple ne se laissa point abuser par un solennel mensonge. Il se défia autant de la colonne de Juillet que de la colonne Vendôme, au sommet desquelles Louis-Philippe élevait la liberté ailée et la statue de l'Empereur, comme si l'idée insurrectionnelle et révolutionnaire pouvait s'abriter sous l'idée napoléonienne. Le peuple n'accepta point ce monstrueux amalgame. Il répudia de même la pensée dynastique, excluant de la commémoration bonapartiste l'héritier de l'Empereur, prisonnier à Ham, et tous les Bonaparte maintenus en exil par le gouvernement de Juillet. Le peuple fut un plus éloquent, un plus juste interprète du sentiment national et des convenances de famille. Le 15 décembre 1840, lorsque à travers une foule prodigieuse, le cortège pénétra dans les Champs-Élysées, une interminable acclamation salua le char triomphal. Cette acclamation, retentissant autour des restes mortels de Napoléon, était un réquisitoire contre l'Orléanisme; il ne s'en aperçut qu'au dernier moment. La poussière d'un tombeau avait effacé l'éclat de la couronne; la puissance de la petitesse disparaissait sous cette grandeur légendaire. En face de l'ombre héroïque, qui a si noblement représenté et défendu la dignité du pays, chacun s'interrogeait, chacun se demandait ce que la France avait fait au ciel pour être ainsi conspuée devant les nations. Il n'appartenait pas à Louis-Philippe de répondre.

Travaillé de ce stupide besoin d'une immobilité impossible, qui croit arrêter le monde en s'arrêtant soi-même, Louis-Philippe feignait d'ignorer que, pour les Français, vivre c'est changer. Il n'a pas vu que cette année, si funeste à la dynastie de 1830 et s'achevant dans une apothéose bonapartiste, marque le commencement d'une nouvelle ère. Les insurrections sans motifs ont fait leur étape; les partis mieux avisés se réservent pour de meilleures occasions. La France souffre du régime auquel les d'Orléans l'appliquent constitutionnellement, mais elle sait, avec Isaïe [1], « qu'ils n'ont été ni plantés ni semés; que leur tronc n'a pas jeté de racines dans la terre et qu'un souffle les enlèvera comme la paille. » La France attend ce souffle. Au moment le moins prévu, ce souffle passe sur la maison d'Orléans; et, comme le Pharaon du temps de Moïse, Louis-Philippe se voit subitement frappé dans l'aîné de sa race.

Fils peu respectueux surtout envers sa mère, le duc d'Orléans n'accordait à son père qu'une affection

---

[1] Isaïe, *Proph.*, XL, 24.

conditionnelle. Enfant du siècle et élevé avec son siècle, il en avait adopté les idées sceptiques et les préjugés humanitaires. En sa qualité de prince courtisant les passions de la foule, le duc d'Orléans, qui ne fut jamais revêtu des armes de lumière, avait outré en public ces idées et ces préjugés. La politique, les hommes et les choses de Louis-Philippe, tout lui était à charge : tout lui fournissait matière à opposition. Dans l'intérieur de la belle et nombreuse famille, il portait, notamment depuis son mariage, un visage contraint et embarrassé. Fier de se croire et surtout de se dire Bourbon, il rougissait au souvenir des crimes de son aïeul, qu'à certains moments il se prenait à excuser, quelquefois même à célébrer par esprit d'indifférence ou par calcul dynastique. Mais son supplice de tous les jours était de voir accolé à son nom le sobriquet d'Égalité. Il n'avait étudié la Révolution que dans les livres ; il s'en faisait une nécessité politique, une théorie sociale et une garantie de règne, car il était trop d'Orléans pour ne pas chercher, par des expédients, à endormir sa conscience et celle des autres. Dans son attitude, dans son silence, et même dans le flux de ses paroles aussi prolixes que celles de son père, il y avait une certaine impertinence, moitié despotique, moitié libérale, qui est le cachet distinctif de la génération de Juillet. Ainsi que ces Perses dégénérés dont parle Montesquieu, cette génération s'est crue trop grande pour se corriger, et elle a suivi dans sa conduite la vanité de ses pensées.

Protecteur des arts plutôt que des lettres, ami des artistes dont il se fit un moyen et non pas un plaisir, le duc d'Orléans mesurait la chaleur de son radicalisme sur la température de sa popularité. Il souffrait visiblement des appétits vulgaires et des airs bourgeois que le sans-gêne de 1830 introduisit à la cour. Il en riait avec ses frères ou avec les jeunes gens de son intimité; mais plus d'une fois ce mécontentement prit des proportions sérieuses et s'éleva jusqu'à la menace. Le duc d'Orléans pressentait vaguement un sombre avenir. Il espérait le conjurer, en ne créant pas plus obstacle à la Révolution qu'aux idées folles ou malsaines dont elle a l'art de composer l'évangile du progrès.

Avec ses qualités et ses défauts, qui en faisaient un revenant de 89, atteint de la monomanie des grands principes, ce fils aîné de la race aurait peut-être eu la chance de voir l'usurpation se continuer par l'hérédité. Dieu ne permit pas qu'il en fût ainsi. Le 13 juillet 1842, le duc d'Orléans, prêt à partir pour une inspection militaire au camp de Saint-Omer, va prendre à Neuilly congé de sa famille. Tout à coup à la hauteur du bois de Boulogne, les chevaux de sa voiture se cabrent. Effrayé de leur course vertigineuse et se fiant à sa souplesse gymnastique, il ouvre la portière et saute à pieds joints sur la route. L'élan fut si irréfléchi, le contre-coup si rapide, que la tête du prince retomba lourdement sur le pavé. Le duc d'Orléans n'est qu'un souffle qui passe et qui ne revient plus.

Cette lamentable mort retentissant comme un coup de tonnerre dans un ciel serein, fut pour la famille d'Orléans une douleur aussi légitime que profonde. Il y eut bien des larmes versées autour de ce corps si prématurément refroidi ; et la France s'associa par des paroles de compassion à un deuil royal, qui était le précurseur de celui de la dynastie. Mais la pitié, que les grandes catastrophes provoquent tout naturellement, cherchait dans celle-ci plus qu'une émotion passagère. Les partis y découvrirent de mystérieux enseignements. En rapprochant les circonstances de cette chute, ils leur attribuèrent une terrible signification. C'était la veille de la prise de la Bastille, dans ce mois de juillet, le mois des révolutions, que le fatal événement avait eu lieu sur le chemin de la Révolte. La tête de l'héritier de la monarchie des barricades s'était brisée sur un tas de pavés. Il avait été recueilli, il avait rendu le dernier soupir dans une boutique d'épicier, l'emblème et la force du gouvernement de 1830. Et le duc d'Orléans qui, afin de s'emparer de la couronne, donna pour mot d'ordre : « Surtout point de régence et pas d'enfant! » se trouve, par une sublime ironie du ciel, obligé d'avoir recours à un enfant et à une régence. Mais dans cette famille toujours pleine d'ingratitude et de folie, le berceau, dérogeant à la loi commune, ne peut pas faire oublier la tombe.

Affaissé sous un châtiment sans consolation, ce châtiment réservé à ceux qui vivent longtemps, le malheureux vieillard a soutenu de son bras chancelant la malheureuse mère, suivant à pied jusqu'au château de Neuilly, le cadavre de son premier-né, de ce fils qu'en 1810, à Palerme, elle salue, dans ses entrailles[1], du titre, déjà convoité, de roi de France. Durant ce lugubre trajet, les larmes se mêlèrent aux prières; les tristes images se confondirent avec les tristes souvenirs. Bientôt cependant le désespoir paternel dut céder la place aux préoccupations terrestres. Le coup était rude, l'enseignement implacable : Louis-Philippe ne voulut pas recevoir sans contrôle la leçon que Dieu lui infligeait. Ses plus longs chagrins faisaient à peine le tour du cadran. Il était trop enseveli dans la matière pour s'avouer que la douleur seule compte dans la vie, et qu'il n'y a de réel que la douleur. Aussi le vit-on, après s'être persuadé qu'on ne remplace rien ici-bas, songer à maintenir son œuvre dynastique.

Quatre fils majeurs lui restaient; mais le duc d'Orléans en laisse deux en très-bas âge. Quoique l'Écriture Sainte et les annales des peuples aient plus d'une fois démontré la justesse de ce cri[2] : « Malheur à la terre qui a pour roi un enfant! » Louis-Philippe n'a pas même la pensée de choisir son héritier parmi ses propres fils. Le principe de la légitimité est, disent les novateurs, un dogme usé et inconciliable avec les progrès de la raison et le génie des sociétés modernes. Cependant ce dogme se trouve repris en sous-

[1] Voir au 1er volume de cet ouvrage p. 269.
[2] *Ecclésias.*, X, 16.

œuvre à l'instant même que, du chaos révolutionnaire, surgit un nouvel état de choses. Comme tous les usurpateurs ou les parvenus qui combattirent l'hérédité, tant qu'ils n'en bénéficièrent pas, Louis-Philippe veut la perpétuer dans sa famille, car le vieux dogme devient toujours neuf selon les circonstances et les hommes. La succession de mâle en mâle, et par ordre de primogéniture, est une garantie de durée et une consécration du temps. Après l'avoir altérée chez les autres, il ambitionne de la rétablir à son profit. Et, chose qui ne sera jamais assez signalée, tous les praticiens de la légalité fictive qui, en 1830, se rendirent les complices de sa rébellion, viennent se rallier autour du trône de Juillet, afin de sanctionner par une loi ce principe qu'ils ont oblitéré par une autre loi. L'inconséquence de ces génies procéduriers était flagrante, elle ne trompa que ceux qui avaient besoin d'être trompés. Le comte de Paris, à qui monseigneur de Quélen souhaitait si ardemment et si spirituellement l'héritage de la couronne des cieux, fut le successeur très-hypothétique du roi Louis-Philippe.

Au moment de partir pour l'expédition des Portes-de-Fer, le duc d'Orléans avait, dans une heure de mélancolique abandon, rédigé quelques pages sous forme de testament. Ces pages, qu'il aurait peut-être mieux valu anéantir, par respect pour la mémoire du mort, étaient l'expression d'une âme vouée au doute et incertaine de l'avenir. L'inexpérience du jeune homme, ainsi que les troubles de sa foi religieuse et monarchique, s'y font jour à chaque phrase. Dans un temps où la Révolution attribue tous les droits au peuple, c'est-à-dire à elle-même, et où les princes se plaisent à ne s'en reconnaître que le moins possible, une pareille profession d'anarchie fut acceptée comme un déplorable phénomène. On lit dans ce document :

« J'ai la confiance que, lors même que les devoirs d'Hélène vis-à-vis des enfants que je lui ai laissés ne l'enchaîneraient plus au sort de ma famille, le souvenir de celui qui l'a aimée plus que tout au monde l'associerait à toutes les chances diverses de notre avenir et à la cause que nous servons. Hélène connaît mes idées ardentes et absolues à cet égard, et sait ce que j'aurais à souffrir de la savoir dans un autre camp que celui où sont mes sympathies, où furent mes devoirs. C'est cette confiance, si pleinement justifiée jusqu'à présent par le noble caractère, l'esprit élevé et les facultés de dévouement d'Hélène, qui me fait désirer qu'elle demeure, sans contestation, exclusivement chargée de l'éducation de nos enfants.

« Mais je me hâte d'ajouter que si, par malheur, l'autorité du roi ne pouvait veiller sur mon fils aîné jusqu'à sa majorité, Hélène devrait empêcher que son nom ne fût prononcé pour la régence, et désavouer hautement toute tentative qui se couvrirait de ce dangereux prétexte pour enlever la régence à mon frère Nemours, ou, à son défaut, à l'aîné de mes frères.

« C'est une grande et difficile tâche que de préparer le comte de Paris à la destinée qui l'attend ; car personne ne peut savoir, dès à présent, ce que sera cet enfant lorsqu'il s'agira de reconstruire sur de nouvelles bases une société qui ne repose aujourd'hui que sur des débris mutilés et mal assortis de ses organisations précédentes. Mais que le comte de Paris soit un de ces instruments brisés avant qu'ils aient servi, ou qu'il devienne l'un des ouvriers de cette régénération sociale qu'on n'entrevoit qu'à travers de grands obstacles et peut-être des flots de sang ; qu'il soit roi, ou qu'il demeure défenseur inconnu et obscur d'une cause à laquelle nous appartenons tous, il faut qu'il soit, avant tout, un homme de son temps et de la nation ; qu'il soit catholique et serviteur passionné, exclusif, de la France et de la Révolution. »

Quand Louis XIV, dans tout l'éclat de la jeunesse, et déjà radieux de majesté, s'adressait, comme le duc d'Orléans, à son fils au berceau, il ne faisait point appel aux idées sociales nouvelles. Il ne conseillait point à cet enfant d'être serviteur passionné, exclusif, de la Révolution. Il n'aurait jamais osé déclarer : « Ma foi politique m'est encore plus chère que mon drapeau religieux. » Blasphème royal, préférence aussi absurde que sacrilége, dont un père et une épouse n'auraient pas dû se faire les éditeurs. Louis XIV s'exprimait en ces termes[1] : « Nos sujets, mon fils, sont nos véritables richesses et les seules que nous conservons proprement pour les conserver, toutes les autres n'étant bonnes à rien, que quand nous savons l'art

---

[1] *Œuvres de Louis XIV*, tome I, page 155.

d'en user, c'est-à-dire de nous en défaire à propos.

« Que si Dieu me fait la grâce d'exécuter tout ce que j'ai dans l'esprit, je tâcherai de porter la félicité de mon règne jusqu'à faire en sorte, non pas, à la vérité, qu'il n'y ait plus ni pauvre ni riche, car la fortune, l'industrie et l'esprit laisseront éternellement cette distinction entre les hommes; mais, au moins, qu'on ne voie plus, dans tout le royaume, ni indigence ni mendicité; je veux dire personne qui ne soit assuré de sa subsistance, ou par son travail ou par un secours ordinaire et réglé. »

Ce n'est pas, on le sent bien, une comparaison que nous tenons à établir, c'est un simple rapprochement qui, mieux que toutes les paroles, expliquera la différence des hommes et celle des siècles. Au milieu de sa phraséologie démocratique, allant caresser les idées socialistes et les identifiant à l'Orléanisme, comme un nouvel élément perturbateur, le duc d'Orléans ne place point le pouvoir dans les lois, mais dans la Révolution. Il n'a été prince que par une recommandation adressée à la duchesse son épouse. Cette recommandation ne fut pas respectée. « Hélène, écrit-il, devra empêcher que son nom ne soit prononcé pour la régence. » Au 24 février 1848, peut-être même auparavant, Hélène, veuve d'un d'Orléans, et vivant parmi les d'Orléans, se voit entraînée par un besoin de famille. Elle succombe à un désir immodéré d'usurpation, que le centre gauche, commandé par M. Thiers, fit naître et entretint. Le dernier acte de cette princesse, à Paris, sera signalé par la violation de la dernière volonté de son époux.

Louis-Philippe avait à la compassion tous les droits que donne le malheur. Jupiter est lui-même soumis au destin; les partis ne lui en tinrent nul compte. Dans la discussion du projet de loi sur la régence, où le parlement n'avait qu'à pourvoir aux intérêts dynastiques, Louis-Philippe dut remarquer avec effroi que les partis ne désarmeraient jamais. La gloire militaire acquise en Afrique ne les touchait pas plus que les désolations de la famille d'Orléans. Immédiatement après la révolution de Juillet, ils s'étaient imaginé ou ils avaient inventé que, pour reconnaître la monarchie de 1830, la Grande-Bretagne avait stipulé l'abandon de l'Algérie. Admettant sans examen la possibilité des conditions et des sacrifices, la France s'était tout d'abord passionnée en faveur de la dernière victoire des Bourbons; mais, étourdie bientôt de cette existence au jour le jour, que lui faisaient tant de calamités sociales, industrielles et politiques, la France, n'ayant plus ni règle, ni tradition, se désenchanta peu à peu de sa conquête. Elle ne se sentait émue que lorsqu'un désastre venait la frapper au cœur et lui fournir l'occasion de maudire l'Orléanisme, car quand le prince est devenu odieux, ce qu'il fait bien, ce qu'il fait mal, tourne également contre lui. En cela les partis n'étaient ni justes ni sages[1]. La colonie africaine

---

[1] Le 11 janvier 1841, la *Gazette de France* publia trois lettres écrites par Louis-Philippe durant son émigration. Ces lettres datées de Palerme

a été pour la mère patrie une source de gloire et une pépinière de généraux, un champ de bataille toujours ouvert, sur lequel l'armée a reçu le baptême du sang et de Cagliari, révélaient de si coupables aversions contre la France impériale et la gloire de ses armées que, dans le premier moment, les ennemis les plus acharnés du roi de Juillet n'osèrent pas croire à des paroles si brutalement anti-françaises. Mais l'authenticité de ces documents ne tarda pas à être démontrée et mise hors de doute par le silence du principal accusé, comme par l'attitude de ses ministres et de ses magistrats. Personne ne réclama, personne ne poursuivit. Cet aveu tacite fut la plus écrasante des preuves. Le coup retentissait encore, lorsque, le 24 janvier de la même année, *la France*, autre journal légitimiste, produisit, sous le titre : LA POLITIQUE DE LOUIS-PHILIPPE EXPLIQUÉE PAR LUI-MÊME, trois autres lettres adressées au prince de Talleyrand. Ces trois lettres n'étaient que des fac-simile dont les autographes se trouvaient à Londres entre les mains d'une espèce de femme que l'Orléanisme et le Libéralisme avaient popularisée sous le nom de la *Contemporaine*. Veuve de la Grande-Armée, Ida Saint-Edme avait exercé tous les métiers, même celui de femme de lettres au service de la Révolution. Après avoir tout vendu, elle trafiquait de l'honneur des autres. Il n'est pas besoin de raconter par quelle série de scandales domestiques ces autographes tombèrent du portefeuille de Talleyrand dans celui d'Ida. Ces détails sont trop du domaine de la vie privée; mais ce qui ne doit pas être oublié, c'est que l'ambassade française à Londres fut chargée de marchander et d'acheter au plus bas prix ces pièces originales, d'une compromission si étrange. Elles étaient au nombre de cent cinquante au moins ayant toutes la même source. Louis-Philippe recula seulement devant les exigences pécuniaires de *la Contemporaine*.

Ces faits, alors connus de quelques initiés, donnaient aux lettres royales un cachet suffisant d'authenticité pour les ennemis du trône de Juillet. Ils prenaient Louis-Philippe en flagrant délit. Ils jouaient contre lui une partie de vie ou de mort; ils le faisaient mourir à coups d'épingle, puisqu'ils n'avaient pu le tuer à coups de canon. A la lecture, elles produisirent une émotion telle que le ministère, pour se tirer d'embarras ou ajourner la difficulté, ne put que les arguer de faux en les déférant à la justice. Le moyen était extrême ; le résultat fut désastreux. On traduisit devant la cour d'assises de Paris le journal révélateur; et M. Partarieu-Lafosse, avocat général de l'Orléanisme, posa ainsi la question au nom même du gouvernement : « Il résulterait de ces lettres que le roi, élu en 1830, pour

et celui plus précieux d'une discipline exemplaire. Louis-Philippe a voulu que ses enfants y fissent leurs

répondre aux sympathies patriotiques, les aurait trahies de tout point ; qu'il aurait consenti à l'écrasement de la Pologne dans l'intérêt de la Russie ; qu'il serait disposé à abandonner Alger en faveur de l'Angleterre ; que, pour lui, l'avenir de sa dynastie serait le seul point important, et non la conservation du régime constitutionnel ; enfin que le projet de fortifier Paris, loin d'être dirigé contre l'étranger, serait, dans les mains du roi, un moyen de tyrannie, et que les fortifications, loin de protéger les citoyens, seraient en réalité destinées à les opprimer. Voilà l'ensemble des idées contenues dans les passages incriminés. Comment donc faudrait-il appeler le roi qui aurait écrit de pareilles choses ? Il faudrait dire de lui que c'est un de ces tyrans qui ne marchent que par la voie de la dissimulation, qui établissent leur empire, non pas sur la sincérité de leur langage, mais sur la violation de tous leurs engagements. »

Après un pareil dilemme, déclarer le journal innocent, c'était proclamer la culpabilité du roi citoyen. Le jury acquitta, à la stupéfaction de tous, et même à celle des Légitimistes qui avaient préparé le coup contre la dynastie. Ce verdict fut une victoire pour les partis, un sujet de consternation pour les Orléanistes. Louis-Philippe et sa famille se sentirent frappés au cœur. Ils l'étaient effectivement, car la cour d'assises, dans son omnipotence légale, avait prononcé un jugement dont l'histoire ne peut pas et ne doit pas ratifier les sévérités relatives. Au vu de simples fac-simile, qu'un habile faussaire a pu confectionner en imitant l'écriture de Louis-Philippe, le jury affirme sur son âme et sa conscience que le journal n'est pas coupable. Louis-Philippe était donc, sans preuves directes, atteint et convaincu d'être l'auteur de ces lettres. Sa pensée, son style, ses tours de phrases usuels sont un indice accusateur ; ses ministres, ses dévoués eux-mêmes le confessaient avec de feintes indignations. Néanmoins, à nos yeux, tous les indices du monde ne valent pas une preuve probante. En pareil cas, la preuve, c'est l'exhibition des pièces originales. Elles n'étaient point au dossier ; elles n'y sont pas encore. Nous croyons donc qu'elles ne doivent pas déposer juridiquement contre Louis-Philippe. C'est un argument douteux et une arme prohibée ; il ne faut s'en servir qu'avec une extrême réserve. Les partis et le gouvernement anglais ne furent pas aussi discrets ; et ces lettres, que nous omettons à dessein comme apocryphes jusqu'à plus ample démonstration, restent une énigme dont l'opinion publique surexcitée n'eut jamais besoin de chercher le fin mot.

premières armes. Ils furent braves entre les braves ;
sur ce seul point l'Orléanisme s'est quelque peu racheté et se retrouve français.

Les incertitudes de la politique et les défaillances
du règne n'avaient pas d'abord permis de profiter de
la conquête d'Alger. Le foyer de la piraterie était détruit ; néanmoins, la France, campée sur cette vieille
terre africaine, ne devait pas s'arrêter en chemin. Elle
avait une mission civilisatrice à remplir et les Arabes
à soumettre ; mais, dans le principe, on s'efforça d'endormir les inquiétudes jalouses de l'Angleterre. La
langue, les mœurs, le climat, le sol, les productions,
les ressources et les dangers, tout était l'inconnu, aussi
bien pour l'armée que pour l'administration civile.
De là ces tâtonnements inséparables de toute nouvelle
entreprise. Les premières tentatives de colonisation
s'égarèrent dans l'anarchie des événements. Les beys
des provinces, qui craignaient de perdre leur autorité,
se mirent à prêcher la guerre sainte contre les infidèles. La lutte une fois engagée, il ne fut plus possible
de s'arrêter. Les systèmes variaient et se multipliaient
autant que les généraux. Du maréchal de Bourmont,
Bélisaire vainqueur et proscrit par l'Orléanisme, on
passait au maréchal Clauzel, de Clauzel à Berthezène,
à Savary, duc de Rovigo, à des Michels, à Drouet
d'Erlon et à Voirol, pour revenir encore à Clauzel,
allant compromettre vingt années des grandes guerres
de la Révolution et de l'Empire dans l'aventureuse attaque de Constantine. Ce fut au milieu de cette retraite,

véritable désastre militaire, que le commandant d'un bataillon du 2ᵉ léger sauva l'armée d'une perte à peu près certaine. Changarnier est à l'arrière-garde, protégeant avec les débris de son bataillon les débris du corps expéditionnaire. Assailli à chaque instant par la cavalerie musulmane, Changarnier forme sa troupe en carré; puis, d'une voix vibrante : « Soldats, s'écrie-t-il, ils sont six mille, vous êtes trois cents; la partie est donc égale. Attention à mon commandement! » Le commandement fut si bien exécuté par ces trois cents, diminués de nombre, et grandissant de cœur, que leur audacieuse intrépidité arrêta l'élan de l'ennemi.

Il fallut réparer cet échec; Constantine bientôt tomba au pouvoir de l'armée, car le courage ne fit pas plus défaut à nos soldats que l'intelligence. Ils créèrent, pour leur usage particulier, un nouvel art de la guerre, celui de regarder comme très-facile tout ce que l'ennemi vous croit hors d'état de tenter. Ils l'ont si merveilleusement perfectionné que cet art est devenu un objet d'admiration et d'envie. Mais un plus indomptable ennemi leur était né. Abd-el-Kader, tour à tour général, négociateur ou prophète inspiré, se présente pour délivrer la terre d'Afrique et venger l'Islamisme. Il combat, il traite, il domine les Arabes par l'ascendant du génie, et les vainqueurs par une astuce inépuisable. Pendant dix ans, ce fanatique lutta sans trop de désavantage contre Trézel et Bugeaud, Damrémont et Valée, Lamoricière et Changarnier, Bedeau et Duvivier, le duc d'Orléans et le duc de Nemours, Pélissier et Mac-Mahon, le duc d'Aumale et Cavaignac, d'Arbouville et Bosquet. Sous eux, ou avec eux, se forma cette génération de brillants officiers et de soldats intelligents qui ira porter à tous les coins du monde et sur les champs de bataille les plus lointains la gloire du nom français.

Avec ses alternatives d'insuccès partiels et de conquêtes, étendant et affermissant à chaque campagne l'empire de nos armes, la guerre fut pour le pays une consolation, une espérance, et, selon la parole de Bossuet, « comme un bain salutaire où se retrempent et se régénèrent les nations. » Louis-Philippe s'y prêta bien plus par spéculation que par amour du drapeau. Ses fils y recueillaient la popularité des camps, et à ce noviciat de fatigues, de privations et de maladies incessantes, l'armée apprit à surmonter tous les périls. La gloire militaire se compose de la discrétion assurée des morts et de l'avancement de ceux qui survivent aux batailles. Un coup de main vigoureusement conduit, un beau triomphe en Algérie servirent de compensation aux pertes les plus douloureuses. L'Orléanisme, tout radieux de Mazagran, de Cherchell, du col de Mouzaïa, d'Isly ou de la prise de la smala d'Abd-el-Kader, montrait à ses amis et à ses ennemis que la France guerrière ne dégénérait pas, même sous son règne. Amis et ennemis étaient parfaitement convaincus de cette vérité. Aussi, à ces deux titres, le gouvernement britannique s'occupait-il d'une manière toute spéciale du progrès de notre marine et des succès de notre armée.

Un ministère tory, succédant au cabinet whig avait offert à l'Orléanisme la chance inespérée de reconquérir les faveurs de l'Angleterre. C'est l'Angleterre qui donna aux autres cours l'exemple de le mettre en quarantaine; c'est elle qui, avec son amitié de loup, lèvera les arrêts. Le roi-citoyen désire passionnément que cette réconciliation soit marquée par un spectacle inusité. Avant 1830, Paris et la France étaient déjà le songe doré des souverains, le centre privilégié des plaisirs et des affaires. Malgré les distances, que la vapeur et les chemins de fer n'avaient pas encore supprimées, les majestés et les altesses affluaient aux Tuileries, tantôt pour faire acte de royale fraternité avec les Bourbons, tantôt pour se distraire des soucis du trône. Quand l'insurrection de Juillet eut élevé Louis-Philippe sur le pavois des barricades, ces visites cessèrent tout à coup. Un prince, qui aurait eu le plus léger contact avec la dynastie orléaniste se serait vu, par le fait même, mis au ban de toutes les royautés : la pensée seule du contact eût été un crime irrémissible. Cette espèce d'exil à l'intérieur était le châtiment que Louis-Philippe endurait avec le moins de résignation. Léopold de Belgique, son gendre, a plus d'une fois reçu de poignantes confidences sur ce sujet. Léopold s'entend avec la duchesse de Kent, sa sœur et la mère de la reine Victoria, pour faire naître dans l'esprit de cette princesse la fantaisie d'une excursion maritime et d'une descente sur les côtes de France. Le ministère de sir Robert Peel ne s'y oppose pas. Le Tréport offre le mouillage, le château d'Eu l'hospitalité.

Circonvenue par d'habiles tentateurs, la Reine ne refuse point d'accorder au roi de l'Orléanisme la grâce de sa présence qu'il sollicite avec tant d'amicale flagornerie. Le 2 septembre 1843, Victoria est en vue du rivage. Elle touche la terre que, depuis Jacques II trahi, aucun souverain britannique n'a eu l'honneur de fouler. L'Orléanisme éclate en transports d'allégresse. Louis-Philippe est si peu habitué à ces témoignages de courtoisie royale qu'au milieu des somptuosités de la réception, il veut que Vatout, son législateur du Parnasse, donne à la Reine un échantillon de l'esprit français et un souvenir des muses galantes. Comme si le château d'Eu ne devait abriter que des poëtes de rue et des Benserade de cabaret, Vatout sue une laborieuse improvisation de neuf couplets, sous le titre du *Maire d'Eu*. Ce titre est ce qu'il y a de moins nauséabond dans cette malpropreté rimée qu'on ne sait trop avec avec quelles pincettes ramasser [1].

---

[1] Nous avons longtemps balancé pour recueillir de pareilles immondices poétiques ; mais la famille d'Orléans les a si souvent chantées en chœur devant la reine d'Angleterre que nous n'avons pas cru pouvoir nous dispenser de leur accorder un petit coin dans l'histoire de l'Orléanisme. Cette débauche d'esprit est un témoignage de l'état des âmes et de l'état des mœurs sous le règne du roi citoyen.

LE MAIRE D'EU.

L'ambition c'est des bêtises,
Cela vous rend tout soucieux.

Saluer ainsi la bienvenue d'une jeune femme et surtout d'une Anglaise, devant à ses sujets l'exemple de

Pourtant, dans le manoir des Guises,
Qui ne serait ambitieux?
Tourmenté du besoin de faire
Quelque chose pour ce bas lieu,
J'ai brigué l'honneur d'être maire,
Et le roi m'a fait maire d'Eu.

Notre origine n'est pas claire.
Rollon nous gouverna jadis ;
Mais César fut-il notre père?
Ou descendons-nous de Smerdis?
Dans l'embarras de ma pensée,
Un mot peut tout concilier :
Nous sommes issus de Persée,
Voyez plutôt mon mobilier.

Je ne suis pas fort à mon aise.
Ma mairie est un petit coin ;
Mon trône est une simple chaise
Qui me sert en cas de besoin.
Mes habits ne sentent pas l'ambre,
Mon équipage brille peu.
Mais que m'importe! un pot de chambre
Suffit bien pour un maire d'Eu.

Cette garde-robe modeste
Me suffit et remplit mes vœux.
Fasse le ciel qu'elle me reste!
Et je serai toujours heureux.
Puisse le prince dont sans cesse
La France bénit les bontés,
Me conserver dans ma vieillesse
Mes petites commodités!

On vante partout ma police ;
Ce qu'on fait ne m'échappe pas.
A tout je rends bonne justice,
J'observe avec soin tous les cas ;
On ne peut ni manger ni boire
Sans que tout passe sous mes yeux.
Mais c'est surtout aux jours de foire
Qu'on me voit toujours sur les lieux.

Grâces aux roses que l'on cueille
Dans mon laborieux emploi,
Je préfère mon portefeuille
A celui des agents du roi.

la pruderie, était, aux yeux de Louis-Philippe, le plus charmant des à-propos et la plus délicate de toutes les surprises. La Reine eut le bon goût de ne pas comprendre; lord Aberdeen, son ministre responsable, celui de ne pas sentir. Mais les d'Orléans, émerveillés de leur faste de cinq jours, plus émerveillés d'avoir renoué le fil de l'entente cordiale, se crurent en droit de tout obtenir de la cour de Windsor. Ils étaient heureux à la sueur de leur front. Le voyage à Londres du petit-fils de Charles X leur parut une occasion de prouver à l'Europe que la dynastie de

> Je brave les ordres sinistres
> Qui brisent leur pouvoir tout net;
> Et plus heureux que les ministres,
> J'entre en tout temps au cabinet.
>
> Des flatteurs vantent leur science
> Et la beauté de leurs budgets;
> Mais souvent leurs plans de finance
> Compromettent nos intérêts.
> Moi, j'ai la visière plus nette,
> Et vous en serez étonnés ;
> Lorsque je me sers de lunettes,
> Je ne les mets pas sur mon nez.
>
> Je me complais dans mon empire.
> Il ne me cause aucun souci ;
> J'aime l'air pur qu'on y respire,
> On voit, on sent la mer d'ici.
> Partout l'aisance et le bien-être ;
> Ma vie est un bouquet de fleurs :
> Aussi j'aime beaucoup mieux être
> Maire d'Eu que maire d'ailleurs.
>
> Vieux château, bâti par les Guises,
> Mer d'azur baignant le Tréport,
> Lieux où chacun fit des bêtises,
> Je suis à vous jusqu'à la mort.
> Je veux, sous l'écharpe française,
> Mourir en sénateur romain,
> Calme et tranquille sur ma chaise
> Tenant mes papiers à la main.

Juillet comptait pour quelque chose dans le monde.

Au mois d'octobre 1843, le duc de Bordeaux arrive en Angleterre. Ce n'est ni un prétendant qui vient faire valoir ses droits ni un conspirateur qui recrute des complices. Souriant à l'espérance, et portant sur son front avec une dignité sans orgueil toutes les splendeurs de cette royale maison de Bourbon, si privilégiée par la fortune et par le malheur : « On le voit, ainsi que s'exprime Bossuet[1], plein des secrets de Dieu ; mais on voit qu'il n'en est pas étonné comme les autres mortels à qui Dieu se communique. Il en parle naturellement comme étant né dans ce secret et dans cette gloire. » Son enfance et sa jeunesse s'écoulèrent sous la pression d'un exil immérité; exil que, par un respect peut-être exagéré pour des erreurs vulgarisées à dessein, il ne consentit jamais à abréger, en commettant des fautes qui sont quelquefois une destinée. Après l'avoir suivi et apprécié, au milieu de cette existence de calme, d'intelligentes études et de résignation qu'il s'est faite, on s'aperçoit aussitôt que, dans ce détrôné au berceau, il y a un principe qui pourra mourir avec lui, mais qui vivra toujours en lui. Duc de Bordeaux, Henri V ou comte de Chambord, il représente le droit des nations, garanti et sanctionné par le droit des monarques. Sa beauté a reçu un si grand éclat, que tout le monde en est ravi. Doux au malheur, mais fort contre la félonie et la Révolution, il a trouvé un

---

[1] *Discours sur l'hist. univers.*, 2ᵉ part., ch. XIX, p. 270.

agrément immortel dans l'honnêteté. Son âme est enrichie de tous les trésors de la science et de la grâce. Plus haut que son temps, il a souvent entendu ses ennemis eux-mêmes rendre justice à une vertu qui ne se dément pas plus dans l'âge mûr que dans la jeunesse. C'est à lui, et à lui seul de tous les princes vivants, que l'on doit appliquer ces belles paroles d'Horace[1] : « Fuir le vice est déjà une vertu, et la première sagesse est d'être guéri de la folie. »

> Virtus est vitium fugere ; et sapientia prima
> Stultitia caruisse.

Les d'Orléans avaient tant de reproches à s'adresser, qu'ils ne consentirent jamais à pardonner au successeur de Charles X les crimes commis par eux. Le pire des coupables est effectivement celui qui viole une loi sociale, n'importe la provocation derrière laquelle il lui plaît de s'abriter. Le voyage de Londres développa cette persécution, se compliquant d'un remords inavoué. Ce fut un Rohan-Chabot, premier secrétaire de l'ambassade, qui eut la charge, assez étrange pour son nom, de venir réclamer en cette circonstance les bons offices du cabinet de Saint-James. Louis-Philippe n'ose pas demander, mais il fait timidement insinuer. Le but de ces commérages souverains et diplomatiques est de bouleverser toutes les lois de l'étiquette, et d'empêcher le chef de la maison de France d'être reçu par une petite descendante de

---

[1] Horat., *Epist.*, lib. I, 1.

la maison de Hanovre, greffée sur Cobourg. Sans savoir s'il conviendra au duc de Bordeaux de briguer une banale faveur qui se prodigue au palais Buckingham avec trop peu de discernement, lord Aberdeen et M. de Rohan-Chabot établissent leur négociation sur une hypothèse, qui ne se réalisa pas. Le duc de Bordeaux fit semblant d'ignorer qu'il y eût à Londres ou à Windsor une reine de la Grande-Bretagne. La haute noblesse française ne s'en aperçut pas plus que lui.

Sir Robert Peel et lord Aberdeen voulaient amener Louis-Philippe à résipiscence. Le cabinet britannique riait des inquiétudes et des craintes inspirées par le duc de Bordeaux, et le Foreign-Office demandait un acte. L'Orléanisme y souscrivit par procureur fondé, et alors le ministre de la reine Victoria notifia la déclaration suivante au comte de Rohan-Chabot : « Maintenant je vous dirai que, livré à moi-même, et si l'on était indifférent à Paris, je voudrais que, s'il le désire, la reine reçût le jeune prince ; il me semble que nous ne pouvons pas faire moins pour le petit-fils de Charles X, qui revient en Angleterre avec son simple titre de prince exilé, que nous ne nous sommes crus obligés de le faire pour un aventurier comme Espartero. Cette réception serait évidemment *scrictly private*, une simple présentation, sans dîner, etc. ; mais si vous m'en exprimez le désir, je le répète, je déconseillerai même cette simple prévenance de notre cour. »

Léopold de Belgique servit encore d'intermédiaire. Comme Louis-Philippe aura toujours la malheureuse chance de démasquer ses batteries, plutôt par des lettres officieuses que par des négociations officielles, c'est aux minutes de sa correspondance intime, jetées à tous les vents des révolutions, qu'il faut demander le secret de ses terreurs. Le 4 novembre 1843, il écrit au roi des Belges : « Je crois que dans les grandes affaires politiques il n'y a qu'une base, c'est la vérité. Le duc de Bordeaux va en Angleterre, pas comme *visitor abandoned and interesting*, mais comme *pretender*, cela est certain. Dès lors il faut qu'il ne soit pas reçu par la reine. Il est impossible de prévoir quel serait le résultat d'une réception. Si ce n'était que quelque coup de tête de quelques carlistes sur les côtes de la France, la tranquillité actuelle serait troublée, et l'impression des plus nuisibles. Le voyage de Nemours devient, outre cela, impossible. Le public en France dirait qu'il a été envoyé en Angleterre pour empêcher la réception du duc de Bordeaux, mais sans réussir. Pour résumer, je dois donc franchement dire qu'on doit poser le cas de la manière la plus conclusive, que le duc de Bordeaux ne doit pas être reçu par la reine. Qu'on mette le plus de formes dans cette décision que l'on voudra, cela on le pourra, pourvu qu'on ne cède pas sur le fait. »

Les tribulations du père de famille et du roi se manifestent avec la même âpreté. Huit jours après, le 12 novembre, sa reconnaissance éclate en verbeuses démonstrations. Il adresse de Saint-Cloud la lettre suivante à son « très-cher frère et excellent ami. »

« C'est au moment d'entrer au conseil que je reçois votre bonne lettre d'hier, et je m'empresse de vous remercier de vos bons efforts auprès de la reine Victoria pour l'entretenir dans les bonnes dispositions qu'elle avait manifestées à Eu, relativement à la réception du duc de Bordeaux. Elle y a *most nobly persisted*, et lord Aberdeen nous ayant donné l'assurance qu'il en donnerait le conseil officiel à la reine, nous n'avons plus d'inquiétude sur ce point, puisqu'on a exigé que nous le demandions, et qu'à présent c'est un engagement pris avec nous. Il est incontestable que la réception par la reine d'Angleterre ne serait pas un acte de pure et simple courtoisie, mais un acte politique, et qui en aurait toute la portée. Au surplus, mon cher frère, veuillez faire parvenir à la reine Victoria combien je suis touché, ainsi que toute ma famille, des sentiments qu'elle nous a manifestés sur ce point, et de la ténacité qu'elle y a mise. Veuillez aussi, si vous en avez l'occasion, faire savoir à lord Aberdeen ce que j'ai déjà bien chargé Nemours de lui exprimer, combien j'apprécie, ainsi que mon gouvernement, ses procédés envers nous tous dans cette circonstance. »

Perfide sans art et hypocrite sans talent, Louis-Philippe a fait fermer à son roi légitime les portes de Windsor, auxquelles ce roi ne daignera pas frapper. L'Orléanisme respecte toutes les majestés à l'exception de la majesté de l'exil. Dans ses lettres privées, qui maintenant sont sa condamnation, il s'applaudit d'un succès, inutile à la France, frivole aux yeux de la raison publique, et que le cabinet de Saint-James ne tardera pas à faire payer. Les prières qui ménagent ce succès ne sont pas restées un mystère. Louis-Philippe a sans cesse besoin d'auditeurs et de confidents. Sa douleur lui échappe comme son plaisir; et la haute aristocratie du Royaume-Uni apprend bientôt qu'elle doit dégager son renom d'hospitalité de toutes les réticences des Cobourg et des d'Orléans. Afin de complaire à cette double lignée de souverains de pacotille, la reine Victoria veut, autant qu'il est en elle, faire peser une nouvelle proscription sur la tête d'un proscrit, aussi digne d'avoir des amis que des ennemis. Les lords anglais environnent ce proscrit de tous leurs hommages. Il est pour eux le représentant des vieilles races, le premier gentilhomme du monde, le prince que les révolutions peuvent tenir éloigné du trône, mais qui partout et toujours aura droit au respect. L'aristocratie anglaise lui prépare, lui offre dans ses châteaux une fastueuse réception.

Pendant ce temps, Louis-Philippe se trouvait exposé à d'autres déboires plus personnels. Ainsi qu'à tous les parvenus à la couronne, il lui aurait été doux de voir les vieilles familles de la Monarchie faire cortége à sa puissance et l'entourer de leur prestige historique. La noblesse avait repoussé ses avances et dédaigné ses cajoleries[1]; mais à peine l'arrivée à Londres du

---

[1] Durant ses dix-huit années de règne, l'Orléanisme n'a provoqué dans la noblesse que de très-rares défections; un duc de Montmorency

comte de Chambord fut-elle connue, que le parti légitimiste jugea qu'il devait au prince et à lui-même une royale démonstration. La résidence de Belgrave-square fut un lieu de pèlerinage, le rendez-vous des fidélités anciennes et des nouveaux dévouements. S'obstinant à espérer, en dépit même de la fortune, ils accourent des diverses parties de la France, et, comme au I*er* *livre des Machabées*, ils répètent à ce Grandisson de l'exil [1] : « Heureux le jour où vous rentrerez dans la terre de vos pères, et où vous serez assis sur le trône de leur royaume. »

De même que tous les rois et les empereurs de passage, Louis-Philippe aime à proclamer que les vieux partis sont à tout jamais vaincus et qu'ils ne renaîtront plus de leurs cendres. Les journaux officieux ou serviles acceptent ce mot d'ordre, et il circule parmi les intéressés. Il s'y accrédite même jusqu'à la prochaine explosion, car, au dire du cardinal de Retz [2], « rien ne persuade tant les gens qui ont peu de sens que ce qu'ils n'entendent pas. »

entre autres. Ce duc était maire de son village. Un jour de 1*er* mai, après avoir assisté à une fête dynastique et à un *Te Deum* de commande, il était reconduit à son château par le conseil municipal. Ceint de l'écharpe tricolore, il traversait ses salons où resplendissent dans leur auréole les nobles et fières images des premiers barons chrétiens. A l'aspect de toute cette lignée de connétables et de maréchaux de France, une pensée, sœur du repentir, frappe son esprit. Il détache avec précipitation son écharpe aux trois couleurs et s'écrie en courant : « O mon Dieu? si tous ces vieux-là pouvaient descendre de leurs cadres, quel coup de pied ils me flanqueraient. »

[1] Machab., liv. I, chap. x, 55.
[2] *Mémoires du cardinal de Retz*, tome II, page 11.

Cette tactique, qui ne trompe sérieusement personne, absorba durant quelques années le roi de Juillet dans la contemplation de ses mérites. Mais quand il vit tous les noms illustres de la France ancienne et de la France moderne traverser le détroit, il ne put dissimuler ses déconvenues. Alors il se baigna dans sa rage. Afin d'établir une diversion, Louis-Philippe a résolu d'opposer au *prétendant* le duc de Nemours, régent problématique du royaume orléanisé. Le duc de Nemours ne se prêta qu'à contre-cœur à la politique paternelle. Sa réserve excessive, son air de prince et la distinction de ses manières l'ont rendu suspect à cette tourbe de bourgeois enrichis ou affamés qui s'appelle la cour. On le disait passé mentalement à l'ennemi ; c'est pour ce motif qu'on l'expose au feu des regards et à la mitraille des épigrammes. Placé en face du proscrit, que les traditions de famille et de monarchie saluent sur la terre étrangère du titre inaliénable de roi de France, le duc de Nemours se voit seul, isolé, au milieu de ce perpétuel concours de Français. Pour la première fois peut-être, les hommages de la multitude ne s'adressèrent pas à la puissance, mais à l'exil. Le prestige du pouvoir eut son éclipse. Cette déception, au-devant laquelle l'Orléanisme marchait avec tant de téméraire confiance, ne fut pas un de ses moindres sujets d'alarmes. L'Europe avait été mise à même de juger sur pièces ; la comparaison était écrasante.

Il y avait là, autour du prince, les plus illustres et

les plus beaux noms de l'histoire, des femmes de tout âge et de tout rang, des avocats, de riches industriels de l'Est, du Nord et du Midi, des ouvriers de diverses contrées, des écrivains, des artistes, des prêtres, des magistrats et des paysans vendéens, bretons ou normands. Tous avaient au cœur cet ardent patriotisme, et ce courage de la foi que rien n'ébranle et que les événements les plus contraires ne font jamais chanceler. Ils croyaient ; ils espéraient donc.

Il fallait amortir l'effet de cette manifestation, que tous les efforts de l'Orléanisme n'ont servi qu'à rendre plus éclatante. Belgrave-square trouble ses rêves dynastiques ; Belgrave-square démontre aux plus incrédules que treize années d'occupation du trône n'ont en rien modifié la conscience des partis. Ils vivent de la vie qui leur est propre au milieu de leurs funérailles, si pompeusement célébrées par le gouvernement en exercice. Et, comme dans Isaïe, l'Orléanisme stupéfait peut s'écrier[1] : « Mes morts vivront; ceux que j'ai tués ressusciteront. » Louis-Philippe aux Tuileries reste aussi complétement isolé que son fils, le duc de Nemours à Londres. Cette expérience est pour l'orgueil du roi de Juillet le plus amer des désenchantements ; il espère s'en venger par une circulaire à ses diplomates. Ce morceau de papier contenait, dans l'entortillage du style officiel, une menace indirecte dont l'Europe s'amusa beaucoup. A la date du 2 jan-

---

[1] Isaïe, xxvi, 19.

vier 1844, le ministre faisait les recommandations suivantes :

« Ce qui s'est passé à Londres pendant le séjour que vient d'y faire M. le duc de Bordeaux, a changé la situation de ce prince. Ce n'est plus un jeune prince malheureux et inoffensif, c'est un prétendant déclaré.

« Dans cet état de choses, l'intérêt et la dignité de la France imposent au gouvernement du roi de nouveaux devoirs. Nous ne voulons point exercer sur les démarches de M. le duc de Bordeaux une surveillance inquiète et tracassière qui aggrave le malheur de sa position, mais nous ne saurions voir désormais avec indifférence les démonstrations dont il pourrait être l'objet dans les pays étrangers. Quelques vaines que fussent, en définitive, ces démonstrations, elles pourraient, au dehors, placer les représentants du roi dans une situation peu convenable, et fomenter, au dedans, des passions ou des espérances criminelles. Nous avons le droit de compter que partout où paraîtra à l'avenir M. le duc de Bordeaux, l'attitude des cours alliées de la France ne permettra pas que ni l'un ni l'autre de ces inconvénients en puisse résulter. S'il en était autrement, la présence simultanée du représentant du roi ne serait ni convenable ni possible, et vous n'hésiteriez pas à le déclarer. »

A la lecture de cet interdit, frappant du même coup les puissances étrangères et le duc de Bordeaux, un rire universel éclata dans tous les palais et dans toutes les chancelleries. Des invitations, pleines de royale et fraternelle courtoisie, furent adressées au jeune prince, comme une réponse péremptoire à un communiqué dont personne n'avait à prendre acte ou souci. L'Orléanisme, vaincu sur le terrain des procédés, n'eut plus qu'à mettre en cause devant sa majorité les députés légitimistes. Dans les conditions d'un gouvernement où la liberté individuelle était entourée d'un certain respect, l'Orléanisme ne pouvait pas faire incriminer par ses procureurs généraux les trop nombreux pèlerins de Belgrave-square. Quelques membres de la Chambre des députés, ayant Berryer à leur tête, s'étaient crus en droit de participer à cette expression du sentiment monarchique. Louis-Philippe fait peser sur eux le poids de son courroux. Lui qui s'est, pendant une longue vie, joué de tous les serments prêtés à la République et à la Royauté, lui qui, en 1793, déserta le drapeau tricolore en face de l'ennemi, lui qui, à peine couvert du pardon royal si généreusement accordé aux crimes de son père et à ses erreurs personnelles, fit de la conspiration libérale ou bonapartiste pour son propre compte, il reproche à ces députés de s'être parjurés. Il prétend, il exige que, dans l'adresse votée par les Chambres, en réponse au discours de la Couronne, ces députés soient publiquement anathématisés. Cette réprobation atteindra, par la même occasion, tous les Français fidèles au grand principe social. Les commissaires de l'adresse étaient orléanistes pour la plupart. Ils épousèrent les fureurs de la dynastie, portèrent l'excès du zèle jusqu'à l'outrage et minutèrent leur arrêt en ces termes : « La conscience publique flétrit de coupables manifestations. »

Sans songer qu'une flétrissure est comme une pierre lancée en l'air et qui retombe sur la tête de celui qui l'a jetée, Louis-Philippe et ses adhérents s'obstinent dans cette inqualifiable malédiction[1]. Fiers de leur

[1] Il serait très-difficile maintenant de retrouver les noms de tous les honorables citoyens que l'Orléanisme a prétendu flétrir. Nous prenons au hasard parmi toutes ces notoriétés. En les déclarant ses ennemies les plus irréconciliables, l'Orléanisme se séparait à tout jamais des vieilles familles qui, par les services rendus dans la paix et dans la guerre, ont conquis ou mérité des titres que la reconnaissance nationale a sanctionnés. Il prouvait par la même occasion que, dans le haut commerce la bourgeoisie et les classes agricole et ouvrière, sa dynastie rencontre d'énergiques et nombreux adversaires. Un roi de France faisant déclarer par un acte législatif que tous les royalistes français lui sont hostiles, c'est un spectacle que l'histoire n'avait pas encore eu à enregistrer dans ses annales. On cite parmi ces privilégiés de l'ostracisme orléaniste : Chateaubriand, le général Auguste de la Rochejaquelein, Berryer, Villaret-Joyeuse, les ducs de Levis, de Fitz-James, de Guiche, d'Avaray, de Richelieu, de Tourzel, de Caylus, de Berghes, des Cars, de Rohan, de Mirepoix et ses deux fils, Guy et Sigismond de Mirepoix, de Rivière, de Valmy, de Lorge, les princes de Broglie, de Chalais, de Croy-d'Havré, de Lucinge, de Léon, de Montmorency, le comte de Brissac, le vicomte de Damas, Jankowitz, de Nugent, de Lépine, de Tocqueville, de Rancher, de Boutray, de Charnacé, le marquis et le comte de Durfort, le comte du Lau, le comte de Biencourt, le comte de Béthune-Sully, de Blancmesnil, de Boisgautier, le comte de Caux, le général Brèche, le vicomte de Flamarens, le marquis de Malet, le comte de Cosnac, Grimouard de Saint-Laurent, le marquis de la Haye-Montbault, les comtes Charles et Gaspard de Bourbon-Busset, de Quinsonnas, de Nouaillan, le marquis de Vibraye, de Chaulieu, de Banville, de Fontaine, le marquis de Monterot, le marquis du Quesnoy, de Chênedollé, le comte de Canisy, de Pracontal, le marquis de la Ferté-Meun, de Carondelet, de Cacheleu, de Malart, de Brimont, le comte de Riencourt, de Lamarre, le baron de Viviers, le marquis Desmoutiers de Mérinville, le statuaire Flatters,

majorité, forts de leur audace sans péril, ces législateurs, qui vendaient leurs consciences en gros et leurs suffrages en détail, se font un devoir de ne regarder
le comte d'Imécourt, le marquis de Sommery, Pichon de Longueville, le comte de Rastignac, Ragon de Kerkaradec, de Sévoy, le comte de la Motte-Rouge, le marquis d'Argence, le comte de Beaurepaire, le comte de Vandœuvre, le comte de la Barthe, le comte d'Espieds, le vicomte de Baulny, Arthur de Jobal, le baron de Torsy, le comte de Montbrun, le baron d'Argenton, le comte de Bouillé, le comte Olivier de Sesmaisons, le comte de Bonneval, le comte de Divonne, le comte de Château-Villars, de Kermenguy, le comte de Calonne, de Courteille, Bérard des Glajeux, le comte de Bourmont, le comte de Marcillac, le comte de Favernay, le comte d'Auger, le marquis de la Rochetulon, le marquis de Nicolaï, le général de Lamalle, le comte de Chaumont-Quitry, le comte de Nadaillac, le vicomte Walsh, le comte de Neuville, le marquis de Langle, le comte de Maupas, le général vicomte de Saint-Priest, le vicomte de la Salle, le comte de la Fare, le marquis d'Ecquevilly, le comte d'Osseville, le comte de Bourdeille, le comte de Sainte-Aldegonde, le comte de Chastellux, le comte de Montholon-Sémonville, le comte d'Oillamson, le comte d'Amboise, le marquis de Frotté, le comte d'Autichamp, de Taverny, de Montaigu, de Montbreton, Laville-Baugé, le marquis de Barbançois, le comte de Meyronnet, de Tarades, Charles de Fitz-James, le marquis d'Hervilly, le marquis de Charnois, le comte de la Bédoyère, le comte de Tramecourt, le marquis de Villette, le comte de Lambertye, le comte de la Roche-Aymon, le général de Farincourt, le comte de Gomer, de Conny, le comte de Rocheplatte, de Laage, de Solérac, le comte de Germiny, le vicomte d'Astorg, de la Fruglaie, Albert de la Boëssière, le comte du Couëdic, de Kergariou, le comte Le Mintier, de Lorgeril, de Trégomain, de Trobriand, le comte de Chabannes, le baron d'Hautecloque, le comte de Drouet, le comte d'Anglade, le marquis de Balleroy, le comte de Maupou, de Sepmanville, le comte de Béarn, d'Autane, le comte de Nieuwerkerke, le vicomte de Richemond, Louis Paira, le comte de la Ferronnays, le comte de Malartic, Guy de la Tour-du-Pin, le vicomte d'Arguzon, Ludovic et Émile de Franqueville, le comte de Montesquiou, le marquis de Roncherolles, de Triqueville, le comte de Buisseret, d'Haussonville, Postel d'Ivry-la-Bataille, Alfred Nettement, le marquis de Rochefonteuille, le comte de Valori, le comte de Lostange, le vicomte de Quélen, le baron de Larcy, le marquis Henri de la Rochejaquelein, Blin de Bourdon, le comte de Boissard, La Villatte, de

ni en avant ni en arrière. Ils ne réfléchissent pas que les révolutions sont aussi mouvantes que les sables de la mer, et qu'un jour les d'Orléans peuvent aussi bien connaître les misères de l'exil que les Bourbons ou les Bonaparte. En 1848, les d'Orléans furent proscrits à leur tour. Alors on vit les plus ardents flétrisseurs

Fayet, de Villebois, le comte de Quatrebarbes, le comte d'Indy, de Cornulier, le comte d'Aubeterre, le marquis de Saint-Amand, le comte de Lichy, le baron de Marilhac, le vicomte de Saint-Didier, de Matharel, Espivent de la Ville-Boisnet, le vicomte de Cussy, le comte de Montmorency-Luxembourg, le vicomte d'Orglande, le marquis de Croismare, le comte de la Rochefoucauld, Gagelin, le vicomte d'Albon, le colonel Thuebet, Boscal des Réals, le marquis de Catuélan, le comte de Carné, le comte d'Andigné de Mayneuf, le comte de Boispéan, Urvoy de Closmadeur, le comte d'Erlach, le comte de la Châtre, le marquis de Goulaine, le comte de Montrichard, le marquis d'Hérouville, le marquis de Lastic, de Turet, le baron de Colbert, Hector, Louis et Eugène de Rosny, le comte de Jumilhac, le comte de Rosambo, le comte de Grasse, le comte d'Auberville, le comte de Dampierre, Raoul de Poix de Fréminville, le comte de Kerdrel, de Boncourt, de Corbière, le marquis de Béthisy, le comte de la Bourdonnaye, de Courzon, le marquis de Gontaut-Saint-Blanquart, vicomte de Gontaut-Biron, Jules d'Adhémar de la Baume, de Morogues, le baron de Pierres, Victor du Hamel, le marquis Anjorrant, le comte du Boberil, le comte Hay de Nétumières, le vicomte de Crevecœur, Emmanuel de Dreux-Brézé, général marquis d'Hautpoul, de Vaufreland, le comte de Florac, le général Dutertre, le comte de Lardemelles, Bertier de Sauvigny, de Veauce, le vicomte de Pleumartin, le comte de Cossé, le marquis de Champigny, le comte de Fressinet, le marquis de Beaumont-Villemanzy, le comte de Beaucorps-Créquy, le vicomte de Puy-Ségur, le comte de Trogoff, le marquis de Sainte-Maure, le vicomte de Bonneuil, le vicomte d'Armaillé, le comte de Périgord, etc.

Nous arrêtons ici cette liste des flétris de l'Orléanisme, qui pourrait s'étendre indéfiniment, toujours avec les noms les plus considérés et les plus considérables du Royaume. On voit ceux que la dynastie de 1830 anathématisait : il n'est pas besoin de dire ceux qu'elle honorait. La comparaison se fait d'elle-même.

de 1844 prendre en très-petit nombre le chemin de Claremont ou d'Eisenach. Ils allaient saluer Louis-Philippe sur son lit de mort, et le comte de Paris dans les joies de sa majorité. Personne en France ne demanda raison à ces saint Remy de l'usurpation exilée de leurs larmes ou de leurs vœux, qui étaient évidemment attentatoires à une loi quelconque. On respecta leur douleur ; mais on ne partagea point leurs espérances, et les flétrisseurs ne furent pas flétris.

Louis-Philippe avait décidé qu'une bataille en règle serait livrée à la tribune : la bataille eut lieu. Jamais tempête parlementaire ne jeta autant d'écume oratoire sur un trône et sur un ministre. M. Guizot était l'arc-boutant du gouvernement. Dans cette querelle, qu'il soutenait sans conviction politique, mais non sans dignité personnelle, son rôle le force à dire tout au plus la moitié de ce qu'il pense, et au moins le quart de ce qu'il ne pense pas. Louis-Philippe l'a chargé d'être l'exécuteur de ses hautes et basses justices. Une stratégie ordinaire aux tribuns transforme l'accusateur en principal accusé. Les pèlerins de Belgrave-square, secondés par l'opposition républicaine et dynastique, font expier au légitimiste de 1815 son pèlerinage de Gand. La diversion était heureuse peut-être, mais inique sans aucun doute; car, en 1815, M. Guizot fit œuvre de bon français, l'œuvre que Louis-Philippe n'accomplit qu'après la catastrophe de Waterloo.

Il ne restait plus aux députés flétris qu'à en appeler de l'outrage orléaniste au pays légal. Leur démission fut donnée ; puis, malgré les emportements royaux et les objurgations administratives, la souveraineté des électeurs fit triompher au scrutin la fidélité légitimiste.

Dans ce voyage du duc de Bordeaux à Londres, élevé par Louis-Philippe à la hauteur d'une affaire d'État, le cabinet de Saint-James a tenu à lui prouver que la Grande-Bretagne savait, elle aussi, pratiquer l'entente cordiale. Elle a servi les passions de la dynastie de 1830 ; il faut maintenant que cette dynastie acquitte la dette contractée. C'est le droit de visite et l'indemnité Pritchard que les Anglais se proposent comme salaire ou comme récompense. Dans leurs arsenaux et à leur Foreign-Office, ils ont des chaînes à fournir à tous les tyrans ; dans leurs manufactures ils fabriquent des poignards ou des bombes pour tous les conspirateurs. Tracassière avec les forts, impérieuse avec les faibles, la Grande-Bretagne aime à s'attribuer sur les mers une suprême juridiction. Cette juridiction doit être universelle, autant pour flatter l'orgueil des Anglais que pour développer leur commerce. Naturellement, elle se formalise et prend ombrage de tout ce qui peut offrir à la France une occasion d'accroître sa puissance maritime. L'avénement de Louis-Philippe au trône des barricades fut pour la cour de Windsor une bonne fortune à exploiter contre sa rivale. Dès le 30 novembre 1831, cette cour lui impose un acte qui, sous prétexte d'empêcher la traite des nègres, accorde aux croiseurs de la marine britannique le droit de visite sur nos bâtiments de commerce. Cet acte, que le tumulte des émeutes fit passer inaperçu, est, par une convention supplémentaire, du 22 mars 1833, modifié de telle sorte que les Anglais peuvent, à tout moment, à tout propos et sur le moindre soupçon, détourner un navire de sa destination, le séquestrer dans le premier port venu, en attendant une enquête et un procès. C'était, de parti pris, abaisser la marine française et permettre de la ruiner par philanthropie.

La Révolution aime à déployer le charlatanisme d'une humanité furibonde, qui caresse les assassins et déchire les victimes. Elle avait prononcé sa fameuse sentence : « Périssent les colonies plutôt qu'un principe ! » Nos colonies ont péri, mais les principes ne s'en trouvèrent pas mieux. Bonaparte vint, qui heureusement annula le décret du 16 pluviôse an II, et les Bourbons, dans l'intérêt du commerce, ne voulurent jamais adhérer aux sollicitations britanniques. Louis-Philippe n'eut pas de ces réserves. Le Libéralisme était négrophile par tempérament, anglomane par système. Tout orgueilleux de briser les chaînes des noirs, il laissait assez facilement opprimer les blancs ; il les opprimait lui-même au nom du progrès. L'Orléanisme se mit à la dévotion du cabinet de Saint-James et des industriels de la Grande-Bretagne dans une question qui touchait à l'honneur de notre marine et à la liberté de notre négoce. Tyrans humanitaires de la mer, les Anglais, sous une hypocrite roideur, qui est le déguisement de leur vie, cachent des abîmes d'immoralité; ils ne tardèrent pas à porter l'insolence aux dernières limites.

Une clameur de haro était sortie des ports de France. A la nouvelle de tous les outrages subis par notre pavillon, les esprits les plus modérés avaient demandé, coûte que coûte, l'abolition du droit de visite réciproque. Ce droit de visite aboutit nécessairement à une faiblesse ou à une folie : l'Orléanisme le maintenait dans l'une ou l'autre alternative. De crainte de froisser l'Angleterre, l'Orléanisme s'obstine à fermer les oreilles aux vœux de la France ; la France enfin l'emporte sur de faux calculs dynastiques. Malgré les objurgations de Louis-Philippe, la Chambre des députés arrache au ministère la promesse qu'un pareil état de choses ne se renouvellera point. Il fallut quatre années de luttes oratoires et de persévérance nationale pour arriver à un traité moins dangereux et forcer la main au gouvernement.

Ce gouvernement, si désireux de complaire à l'Anglais, se trouve à chaque instant, par la seule force des choses, entraîné dans un courant opposé. La France se révolte contre cet abaissement continu ; les ministères whig ou tory, qui se succèdent à Londres, se font tous un cas de conscience britannique d'afficher des prétentions insoutenables. Plus leur exagération est injuste, plus le cabinet de Saint-James met d'entêtement à les faire prévaloir. En 1838, la France, poussée à bout par les républicains du Mexique, véritables écumeurs de terre et de mer, toujours prêts au pillage, songe à tirer vengeance des déprédations dont ses nationaux furent les victimes. L'Angleterre ne voit cette expédition qu'avec dépit; elle tente de s'y opposer par toute espèce de moyens dilatoires et de menaces indirectes. Les opérations des fabricants de Liverpool et de Manchester se sentent gênées par le blocus établi à la Vera-Cruz et sur le littoral mexicain. Des cris de désolation se font entendre, comme si l'honneur et les droits de la Grande-Bretagne étaient violés. La prise du fort de Saint-Jean-d'Ulloa détermina les Mexicains à être équitables et à payer enfin leurs dettes par extraordinaire.

Le prince de Joinville, en sa qualité de marin, est obligé de ne pas montrer envers l'Anglais cette humilité de déférence, qui sera l'un des plus cruels griefs adressés par l'histoire à Louis-Philippe, son père. Le prince de Joinville a bravement combattu dans les mers du Mexique; six années plus tard, il va bravement commander sur les côtes du Maroc. Tanger et Mogador sont bombardés sous les yeux des Anglais, et malgré leur ingérance diplomatique. Louis-Philippe a vu avec autant de déplaisir qu'eux ces écoles buissonnières d'indépendance; il en redoute l'effet, car mieux que personne il connaît les embarras de la situation. Il sait de science certaine que l'Orléanisme n'a duré et ne durera que par la grâce du cabinet britannique.

Afin de venger les insultes faites au pavillon français, le canon de la France retentit sur des rivages lointains. Le hasard des événements, plus forts que la volonté de Louis-Philippe, toujours pacifique dans ses complaisantes faiblesses, a réveillé les susceptibilités d'outre-Manche. L'Angleterre met à profit un incident ridicule pour prouver qu'en temps et lieu elle règne sur le roi de 1850 et le domine plus que jamais par la crainte d'une rupture.

Au mois d'avril 1843, l'amiral Dupetit-Thouars accepte le protectorat des îles de la Société et des îles Marquises. Cet établissement dans l'Océanie n'est pas plus un coup de fortune pour la France qu'un présage de ruine pour l'Angleterre. Notre marine doit avoir sur les mers la même égalité de prépondérance que la marine britannique. Tous les territoires, anciens ou nouveaux, sur lesquels le pavillon anglais est arboré appartiennent dûment ou indûment à l'Anglais ; il s'en empare à titre de conquête, d'épave ou de protectorat. La France veut et doit exercer, dans la mesure de ses intérêts, la même autorité du premier occupant. Elle l'exerce à Taïti ; et Pomaré, « la reine infortunée, » selon une expression de lord Aberdeen dans ses dépêches à lord Cowley, s'est volontairement soumise au régime du protectorat français. Au sein des îles de l'océan Pacifique l'Angleterre entretient, pour son trafic de Bibles et l'écoulement de ses produits manufacturiers, des agents marrons, ouvriers émigrants ou porte-balles évangéliques. Sous prétexte d'acclimater le Christianisme parmi ces peuplades, ils y implantent les vices de la métropole, la guerre civile entre les chefs, et le baptême marchand.

Dans ce temps-là, il se trouvait à Taïti un nommé Pritchard, moitié consul, moitié apothicaire, mais prédicant britannique et accoucheur juré avant tout. Ce singulier personnage, légalisant l'impudeur ou tarifant la volupté, avait établi son prêche, son industrie, et sa domination sous le couvert de Pomaré. Il régentait la multitude et soufflait au cœur des indigènes les plus absurdes préjugés contre les Français. Taïti était le champ clos où l'Angleterre laissait développer par ses méthodistes et par ses quakers les dernières effusions de l'entente cordiale.

Lord Aberdeen, ministre des affaires étrangères, donne ses instructions à Pritchard : « Vous surveillerez avec une vigilance incessante, lui mande-t-il, la conduite des Français à l'égard de nos missionnaires, et vous ne manquerez pas de rapporter minutieusement au gouvernement de Sa Majesté toutes les circonstances qui vous paraîtraient à cet égard dignes d'attention. » Et pour obtenir à ce Pritchard plus de crédit auprès de Pomaré, lord Aberdeen intercale dans sa dépêche un compliment de condoléance à l'adresse de cette femme. On y lit : « Le gouvernement de Sa Majesté déplore sincèrement l'affliction et l'humiliation que la reine Pomaré a souffertes. »

Au-dessus de la reine Pomaré et du consul missionnaire, il y a dans ces parages deux grandes puissances, représentées par des officiers de marine, cachant sous la politesse des formes une hostilité qui, pour éclater, guette son heure et l'occasion propice. L'amiral Dupetit-Thouars et le capitaine de vaisseau Bruat ne sont pas gens à reculer devant les injonctions du commodore Toup Nicholas. Une insolence épistolaire du capitaine Tucker ne les assouplira certes point. Pritchard avait exagéré et envenimé cet état de choses auprès de Pomaré. Tout en se répétant à lui-même ce mot du *Mariage secret* de Garrick[1] : « Ah ! Lovewell, un marchand anglais est le plus respectable type qui soit au monde, » il était parvenu, à force de basses intrigues et de feintes terreurs, à fomenter chez les indigènes une révolte intentionnelle. Sous la pression de ces flibustiers, commis voyageurs en protestantisme et sentinelles avancées de l'industrie britannique au fond des baies les plus ignorées, on organise la disette contre les Français. On les affame, on les maudit, on se dispose peu à peu à les faire attaquer. C'est Pritchard qui est la tête et la main du complot, c'est lui qui agite les populations, lui qui inspire et dirige les officiers de la marine britannique. Afin d'échapper aux embûches du méthodiste et aux armes de l'apothicaire, un acte de vigueur est indispensable. L'attendre de l'Orléanisme serait peine inutile. Le capitaine d'Aubigny fait arrêter et expulser Pritchard sous le canon anglais. C'est un cas d'expropriation pour cause d'utilité nationale; l'expropriation s'opère aussi légalement que lestement. Le canon anglais est mis en demeure de venger son consul et

---

[1] *The clandestine Marriage*, acte I, scène I.

son pavillon; il reste muet devant notre artillerie prête à faire feu.

Les provocations avaient été outrageantes pour la France; la réparation fut une véritable insulte à l'Angleterre. Sa marine, habituellement si susceptible, excepté contre ses frères ennemis d'Amérique, ne crut pas devoir en demander raison les armes à la main. Elle chargea de cette mission le cabinet de Saint-James, les meetings, les sociétés évangéliques, le parlement, les cokneys, les journaux, et toutes les sectes de *Saints* qui pullulent dans le Royaume-Uni, et s'y forment aux commerces les plus interlopes. Une tempête de récriminations gronda sur les Tuileries; un concert d'imprécations sortit de tous les centres bibliques ou industriels. Ce concert menace Louis-Philippe d'une guerre à outrance. Il avait fait tant de sacrifices pour éviter une crise européenne, qu'un dernier ne doit pas lui coûter. Les Anglais savent que le roi-citoyen met sa gloire ou plutôt son désir de conservation dans le maintien d'une paix systématique; ils battent le rappel et sonnent la charge. Louis-Philippe se confond en excuses; ils parlent d'un second Waterloo et brandissent déjà l'épée de Wellington, leur Achille septuagénaire. Louis-Philippe avait imposé aux ministres et aux repus de l'Orléanisme une obéissance passive à sa volonté; cette volonté est parfaitement connue du gouvernement britannique. Le roi des Français n'a-t-il pas écrit au roi des Belges, sous la date de : Neuilly, dimanche,

1844. « La dépêche de Guizot sur Taïti et ses tristes bêtises doit avoir été communiquée hier à lord Aberdeen... Je n'ai pas de patience pour la manière dont on magnifie si souvent des bagatelles de misère en *casus belli*. Ah! malheureux que vous êtes! si vous saviez comme moi ce que c'est que *bellum*, vous vous garderiez bien d'étendre, comme vous le faites, le triste catalogue des *casus belli* que vous ne trouvez jamais assez nombreux pour satisfaire les passions populaires de votre coupable soif de popularité. »

Ces exclamations, qui auraient charmé le bon abbé de Saint-Pierre dans ses rêves de paix universelle, étaient plutôt l'expression des craintes dynastiques de Louis-Philippe qu'une conviction basée sur un besoin moral. Les tristes bêtises de Taïti, pour nous servir du langage orléaniste dans sa crudité native, ne touchaient pas le roi-citoyen; mais dans le pays elles produisirent une vive émotion. En effet, dès qu'on entend certains hommes discuter s'il est ou s'il n'est pas de leur honneur ou de leur devoir envers la patrie de faire telle ou telle démarche, on peut être assuré qu'ils sont déjà convaincus que cette démarche est à leur avantage. Chacun connaissait son Louis-Philippe par cœur; chacun s'avoua que ce n'était pas Louis-Philippe que l'Angleterre s'efforçait d'abaisser, mais la France. Louis-Philippe accepte l'abaissement; la France refuse de s'y soumettre. Elle passe par-dessus la tête de Pritchard pour répondre au défi lancé. Les deux peuples se mitraillent aux deux tribunes; ils ne demandent pas mieux que de vider la querelle parlementaire sur les champs de bataille. Mais pour les besoins de son égoïsme, le roi de Juillet s'est créé une école de diplomates ambulants qui doivent, surtout à Londres, chanter un hymne sans fin à la paix. Ces diplomates éprouvent quelques scrupules; ils s'aperçoivent à la longue que l'affaire Pritchard et l'indemnité Pritchard sont un hors d'œuvre mis en avant dans le but de couvrir des menées plus inquiétantes.

Pritchard n'est qu'un effet; le Maroc est la cause. L'empereur du Maroc, écrasé par nos armes, trouve un allié et un avocat dans le gouvernement britannique. Le cabinet de Saint-James discute pour lui, stipule pour lui, se porte garant pour lui, sans même daigner consulter le vainqueur. Le prince de Joinville et le maréchal Bugeaud brûlent de tirer parti, l'un de ses heureuses attaques sur la côte, l'autre de sa victoire d'Isly. Tous deux se font un devoir de dicter la loi aux Marocains battus. Les Anglais ont promis à Abder-Rhaman qu'il serait aussi indemne après la guerre qu'auparavant. Louis-Philippe considère comme vertu de ratifier ces promesses. La France orléaniste a désavoué l'amiral Dupetit-Thouars; elle acquitte entre les mains de Pritchard le solde de ses Bibles et de son épicerie. Elle se décide à ne pas même réclamer du Maroc les frais de la guerre, à défaut de plus honorable compensation; et elle entend le *Journal des Débats* s'écrier : « La France est assez riche pour payer sa gloire. » L'éclat outrecuidant des mots dissimulait à peine la honte des complaisances. Ce traité du 10 septembre 1844 pesait beaucoup plus sur la conscience publique que sur celle de Louis-Philippe. L'armée, la marine, les deux chambres, le peuple tout entier viennent, par le fait de l'Orléanisme, de passer sous les fourches de l'Anglais. Le léopard, en jouant avec le coq gaulois, l'a broyé dans ses griffes. Louis-Philippe, bravant tout respect national, traverse le détroit pour savoir si les exigences britanniques sont enfin satisfaites.

Une visite à la cour de Windsor, dans un pareil moment (8 octobre 1844), était peu de nature à calmer les irritations populaires. Le roi-citoyen ne mesure plus le fardeau aux épaules, et se croyant constitutionnel parce qu'il s'est façonné une majorité légale, il court en aveugle sans s'apercevoir du précipice. La reine Victoria et son gouvernement le reçurent avec une cordialité notée d'avance. Radieux de bonheur et se félicitant à haute voix d'être rentré dans les bonnes grâces de l'Angleterre, Louis-Philippe s'enivre des hommages trompeurs dont il est l'objet. Ne régnant que pour lui et pour les siens, il communique à la reine Victoria des projets longtemps caressés. L'Europe ne lui a pas encore permis de conclure un mariage sortable en faveur de ses enfants. La reine d'Espagne est nubile, sa sœur aussi; mais Louis-Philippe, en matrone dont l'avenir déjouera l'expérience, se persuade à tort que la jeune Isabelle est vouée à une stérilité forcée. C'est donc sur l'infante qu'il jette le dévolu du duc de Montpensier. Avec leur intime allié, les Anglais ont pris à contre-sens le précepte d'Horace[1] :

> Percontatorem fugito, nam garrulus idem est.

Les Anglais n'évitent pas le curieux sous prétexte qu'il est indiscret ; les Anglais le font parler et l'écoutent. Louis-Philippe initie la reine Victoria et ses ministres à des songes dynastiques et à des projets matrimoniaux. Il interroge l'un, il chapitre l'autre ; et supposant que tout homme qui interroge fait l'homme de bien, car il fait semblant de chercher la vérité, Louis-Philippe les consulte tous. « Mais, sous ce calcul extérieur, ainsi que le dit si excellemment Bossuet[2], on cache souvent beaucoup d'artifices. On tend des piéges aux autres, on en tend à soi-même, et il n'y a rien qui soit plus mêlé de fraudes que les consultations, parce que chacun veut qu'on lui réponde selon sa passion. »

La passion du roi des Barricades était l'agrandissement des siens et la prise de possession d'un trône dans des éventualités que le cant de la pudique Angleterre ne pouvait jamais autoriser. On le laisse développer ses plans au milieu des fêtes consacrées à la réconciliation ; puis, afin de savoir jusqu'à quel point l'amour de sa race allait l'égarer, le cabinet de Saint-James, qui veut toujours qu'il y ait des Pyrénées, ne

---

[1] Horat. *Epist.*, lib. I, 18.
[2] Bossuet. *Méditations*, tome II, page 456.

répondit à ses ouvertures que par d'évasives promesses de bon accord. Bientôt les tories de lord Aberdeen passeront parole aux whigs de lord Palmerston ; ils feront expier à Louis-Philippe ses velléités d'émancipation de famille.

Nous ne l'avons encore vu que régnant et gouvernant ; il importe d'étudier de quelle manière il s'est révélé moralisateur. Venu en des temps mauvais, le roi-citoyen, — et c'était le vice radical de sa nature et de son usurpation, — ne pouvait exercer aucune salutaire influence sur les mœurs et les impétuosités irréfléchies de cette génération de 1830. On l'avait rassasiée des crimes et des excès de la démagogie de 1793, que l'histoire, ameutée contre la vérité, offre comme des grandeurs nationales ; cette génération se fit révolutionnaire par un stupide orgueil ou par un incurable besoin de parodie.

N'ayant pas assez la conscience de son audace pour marcher à la tête du siècle ou pour l'enrayer, Louis-Philippe ne s'arrêta jamais à la pensée qu'il était de son devoir de maîtriser ces impatientes extravagances qui ne parlaient que d'affranchir l'esprit humain et de manipuler à la hâte le redressement de tous les griefs. Des imaginations en délire, des enthousiasmes naïfs, de fiévreuses inexpériences se jetaient à la poursuite de la perfectibilité indéfinie. On se flattait d'ouvrir des voies plus commodes à l'apostolat de la rébellion, et d'innover tout à la fois, aussi bien en politique et en économie sociale qu'en matière religieuse. Devant cette disposition maladive des intelligences, Louis-Philippe, ne se sentant pas de force à réglementer la dangereuse ivresse de la liberté, essaya d'asservir ou d'énerver une fougue qui multipliait les obstacles et dédaignait les conseils.

Les temps de révolution sont des temps d'ignorance et de barbarie, quoique l'on y parle beaucoup de génie, de lumière et d'humanitarisme. La souveraineté de la raison individuelle s'était affirmée à la tribune et dans les cénacles, au fond des bureaux de rédaction ainsi que parmi les enfants perdus de l'idée. Elle produisit le fanatisme de l'indifférence. De l'utopie saint-simonienne, du mysticisme panthéiste ou des théories du phalanstère, elle arriva sans transition à la république des Égaux, au Communisme et aux absurdités de l'Icarie. Au milieu de cette moisson de désordres, Louis-Philippe assistait à la décomposition sociale que la révolution de Juillet inaugure et consacre.

Comme ces enfants menteurs dont Isaïe a tracé le portrait, et qui ne veulent point écouter la loi de Dieu, la jeunesse de 1830 disait aux historiens, aux sophistes, aux orateurs, aux poëtes et aux idéologues[1] : « Racontez-nous des choses qui nous agréent : que votre œil découvre des erreurs pour nous. » Et, dans une improvisation effrénée, historiens, sophistes, poëtes, orateurs et idéologues se prenaient à renverser les fondements de la société. Barbares qui maçonnaient de petites constructions de terre ou de brique au pied

---

[1] Isaïe. *Proph.*, xxx, 10.

des beaux marbres de l'antiquité, ils n'avaient pas, ainsi que lord Byron, l'impitoyable ironie du mauvais cœur ; mais, pour flatter les plus misérables penchants de la foule, ils diffamaient la probité, la foi, la gloire, la vertu, les mœurs et le courage. Pétris d'une argile épicurienne, ils allaient à la célébrité et au luxe par tous les chemins, et leur style, plein d'images incohérentes et de soubresauts inattendus, ne coula jamais, comme celui du grand siècle, avec la pureté des eaux d'un beau fleuve. Les plus heureusement doués ne furent que des moitiés avortées de grands écrivains. On les entendait se dire entre eux, afin de le persuader au public, qu'il y avait du neuf et du vrai dans leurs ouvrages ; mais le neuf n'était pas vrai et le vrai n'était pas neuf. N'étant pas « trop espargnants à parler de soi, » selon l'expression de Montaigne, c'étaient des géants qui offraient le bout de leur ongle pour la mesure de tout leur corps, et que le public devinait à l'instant même. Romanciers, philosophes ou dramaturges, ils s'attribuaient une mission. Ils avaient tous quelque chose à créer ou à régénérer, et ils prêtaient tant de beaux sentiments à leurs héros qu'il ne leur en resta pas pour eux-mêmes. Dans le délire de leur orgueil, ils souffletaient sur les deux joues la religion, la liberté et l'indépendance des autres, afin de faire un sort à chacune de leurs phrases ; puis on les voyait propager cette tristesse de l'âme qui donne la mort. Parce qu'ils avaient chargé la vérité de menottes, ils se croyaient aptes à tout enseigner, même avant d'avoir appris les premiers éléments de la science. La parole ridiculement sacramentelle : l'art pour l'art! était sans cesse sur leurs lèvres, et ils faisaient du métier pour gagner à la hâte le plus d'argent possible. Dans ce but, ils mettaient le génie en commandite et l'imagination en société industrielle. Écrivant toute la journée et n'ayant pas d'esprit tous les matins, les gens de lettres fondèrent de petites boutiques assez mal famées. Alors, avec l'attache du gouvernement, de leurs feuilletons et de leurs romans, d'où le blasphème découlait comme un miel empoisonné, ils se formèrent un commerce peu considéré, mais très-lucratif. La littérature eut son marché des Innocents et sa rotonde du Temple, ainsi que les revendeuses à la toilette. Elle créa l'amour du laid, la tendresse pour la trivialité, la dépravation du cœur et la poésie des croque-morts. C'est tout au plus si, dans ce branle-bas universel de l'entendement humain, un petit nombre de muses honnêtes et de génies qui se respectent osèrent apparaître, comme ces fleurs brillantes qui flottent à la surface des eaux noires et bourbeuses.

Voué dès sa naissance à l'étiolement, ce siècle a hérité de l'épuisement successif de ses prédécesseurs, et, superbe dans sa débilité, il ne s'aperçoit pas avec Sénèque[1] « que depuis que l'on voit tant de savants, il n'y a plus de gens de bien. » Dans leur langage plastique, où l'épilepsie semble prêter une attitude à chaque période, les polémistes et les écrivains, es-

---

[1] Senec. *Epist.*, 95.

prits éminents, mais dangereux, égaux à tout et impropres à tout, cherchèrent à sanctifier les passions. Leur étude spéciale consista à chanter un hymne sans fin en l'honneur du crime et de la débauche. Depuis l'académicien, vivant de son immortalité à courte échéance, jusqu'au plus infime des dramaturges et des romanciers, il y eut une émulation coupable dans la perversité. Le théâtre, ramené au tombereau de Thespis par la cour des Miracles, se tacha de sang et de boue; il immola, sous l'odieux de ses fantaisies, la tiare et le diadème, le christianisme et les lois, la vertu des reines et l'honneur des princes. Il sacrifia tout cela à d'ignobles amours de laquais ou à des grandeurs imaginaires de bâtards. Dans cette réhabilitation de l'enfant naturel et de la femme pécheresse, la Religion subit le sort de la Royauté. Elle fut conspuée sur toutes les scènes et décrétée d'accusation en prose ainsi qu'en vers, en opéra comme en ballet. L'hérésie ou la révolte, l'erreur ou la mauvaise foi, le larcin ou l'impureté eurent seuls droit à l'apothéose des tripots comiques et aux larmes tarifées des conventicules de bas-bleus. Drames et romans, affectés d'asthmes oratoires et perclus de rhumatismes littéraires, enchantèrent les vicieux et firent le bonheur de tous ces modérés qui, sans aimer officiellement le vice, se complaisent à l'idée de le voir de près. Les écrivains qui s'enorgueillissaient d'une folle rage contre la morale ne connurent plus rien de sacré que leur incommensurable orgueil. Ravageurs artistiques, ils se prirent à n'étaler que ces mauvaises joies de l'âme, *mala mentis gaudia*[1], placées par Virgile à la porte des enfers, et ils se galonnèrent de respect sur toutes les coutures.

Un jour, Mirabeau, à bout de raisons, s'écriait : « Je méprise l'histoire ! — Elle vous le rendra bien, » répliqua un membre de l'Assemblée nationale. Pareil dialogue s'établissait souvent entre les gens de lettres à la mode et le public honnête. Ils affectaient de se mépriser réciproquement ; mais, sans tenir compte de ces répulsions, l'aristocratie et le menu peuple de l'écritoire se lançaient à fond de train dans l'immoralité. L'immoralité, même poussée par le torrent démagogique, n'avait pu souiller le sanctuaire de certains foyers privilégiés ; elle s'y glissa sous le couvert du roman-feuilleton.

Les écrivains condamnés à perpétuité aux travaux forcés de la production passèrent la corde au cou de l'espérance, et voulurent jouir dès le soir des arbres qu'ils avaient plantés le matin. Ils se livrèrent à de monstrueux égarements. On inventa des adultères furibonds, des tableaux cadavériques, des incestes effrayants et des forfaits impossibles qui, dans ces multitudes blasées ou avides d'émotions alcooliques, acclimataient les plus sanglantes menaces contre la société. On étala des misères inénarrables; on établit le parallèle de la vertu en haillons et du vice en habit noir. L'inégalité des conditions, des souffrances et

---

[1] *Æneid*, lib. VI.

des mérites fut le cancer que tous les faux monnayeurs d'apostolat entreprirent d'extirper en stimulant contre le riche la haine et la jalousie du pauvre. Ces parallèles, mis en action ou vulgarisés sur la scène à coups de métaphores échevelées, engendrèrent les mauvaises idées. Lacenaire et Peytel, deux types d'assassins, rimeur déclassé ou tabellion ambitieux, vinrent donc travailler au dictionnaire de l'échafaud comme Escousse et Lebras, meurtris par les sifflets du parterre, se réfugiaient du désespoir dans le suicide, afin de se préparer une réclame suprême.

Avec un peu de bon vouloir et quelques généreux instincts, Louis-Philippe aurait pu refréner ou diriger toutes ces effervescences. Le pape Jules II disait : « Les belles-lettres sont de l'argent pour le peuple, de l'or pour les nobles, du diamant pour les princes. » Le roi-citoyen, Louis XIV de l'épicerie, ne fut à l'égard des lettres ni peuple, ni noble, ni prince. Il leur était antipathique sous toutes les formes, et ne comprenait même pas qu'il n'y eût des Virgiles que là où se rencontraient des Mécènes. Le rôle de Mécène était trop dispendieux ; il laissa les Virgiles naissants vaguer dans les broussailles du dévouement orléaniste ou se faire les croupiers de ses gloires hypothétiques. Lorsque, à force d'obsessions, le gouvernement de Juillet s'était décidé à se montrer prodigue en faveur d'écrivains bien numérotés par un bon scandale ou par une absence totale de mérite, on inscrivait leurs noms à la caisse des fonds secrets ou sur le livre rouge de la police, succursale patibulaire de la Liste civile ou de l'Académie. Ils se prétendaient alors pensionnés du roi-citoyen, et ces avilissants honoraires, émargés sans pudeur, furent plus d'une fois le point de départ de services compromettants. Quand les fonds secrets étaient épuisés, la croix de la Légion d'honneur se vit malheureusement obligée d'y suppléer : on la distribua tantôt comme avance, tantôt comme arrérage, toujours comme pis-aller[1].

Pour ne pas avoir à encourager royalement le génie et le talent, Louis-Philippe les abandonna au cynisme du hasard ou à la tentation des appétits sensualistes. Par avarice ou par faux calcul, il ne se mettait point à la tête des idées ; les idées le traînèrent à leur remorque. Impuissant pour le bien, il n'eut d'autre occupation que d'assister, les bras croisés, au triomphe du mal. Il permit de corrompre et de tuer l'âme, afin de pouvoir veiller plus attentivement sur le corps que l'impôt rendait son tributaire.

[1] Un homme de plume qui, sous Louis-Philippe et sous les autres gouvernements, aurait toujours dû rester un homme de plumeau, s'était, en désespoir de cause, rattaché à l'Orléanisme. Il s'imagina de faire élever gratuitement ses filles à la maison royale de Saint-Denis, et communiqua cette idée au ministre de l'intérieur. « Mais, s'écrie le ministre étonné, vous ne savez donc pas, mon pauvre X..., que la maison de Saint-Denis n'ouvre ses portes qu'aux filles des chevaliers de la Légion d'honneur. — Eh bien ! répond le besogneux pétitionnaire, sans se déconcerter, faites-moi nommer chevalier de la Légion d'honneur... » Il l'est encore.

CHAPITRE IV

LA FIN D'UNE USURPATION

Louis-Philippe et le clergé. — Premiers choix pour l'épiscopat. — Les timorés et les complaisants. — La liberté d'enseignement promise par la Charte de 1830, et refusée par l'Orléanisme. — L'Université et les Jésuites. — Conspiration de publicité. — Panique des journaux, de la tribune et du roman. — Les interpellations. — La reine des Français et les Jésuites. — Les prières et la peste. — Rossi à Rome. — Sa mission. — Lettre de Louis-Philippe au pape Pie IX. — Les subterfuges légaux et les majorités législatives. — Situation du royaume en 1846. — Politique matrimoniale de Louis-Philippe. — Les mariages espagnols. — Lord Aberdeen et lord Palmerston. — Prétendants dynastiques à la main de la reine Isabelle. — La France et l'Angleterre à Madrid. — Diplomatie de subterfuges et de corruption. — La simultanéité des deux mariages. — Feinte colère de Louis-Philippe. — Il n'y a plus de Pyrénées. — Les Sociétés secrètes en Suisse. — Réfugiés et Corps francs. — Louis-Philippe et le prince de Metternich. — L'Angleterre se range du côté de la révolution. — Elle intervient moralement contre l'intervention armée. — Les rêves de bonheur et de durée de Louis-Philippe. — Le futur congrès du 15 mars 1848. — *Flora est*. — Lettre du prince de Joinville au duc de Nemours. — Antagonisme et misères de la famille d'Orléans. — Louis-Napoléon Bonaparte au château de Ham. — Son évasion. — La disette et les mauvaises mesures. — L'agiotage. — Commencement des grandes lignes de chemin de fer. — Les promesses d'actions et les titres nobiliaires. — Apparition du Communisme. — La Jacquerie et le désordre moral. — Les assassinats de Buzançais. — Les plaies honteuses de l'Orléanisme. — Incendie du Mourillon. — Concussions à Rochefort et à Paris. — Le pays légal se met en vente réglée. — Pots-de-vin et promesses de pairie à l'encan. — Juiverie et philanthropie. — Comment opère la bienfaisance orléaniste. — L'adultère, la folie, le suicide, l'immoralité et la prévarication dans les hautes classes. — Procès Teste et Cubières. — La concussion organisée. — Le duc de Praslin assassine sa femme. — Il s'empoisonne ou il est empoisonné. — Crédulité du peuple. — La fête du château de Vincennes et le faubourg Saint-Antoine. — Changement de front des partis. — L'Orléanisme évincé du pouvoir se charge de renverser les orléanistes qui gouvernent. — M. Thiers et le rôle de Mazarin sous la régence de la princesse Hélène. — La réforme électorale et la réforme parlementaire acceptées comme drapeau d'opposition. — L'adjonction des capacités. — Les partis inoculent la fièvre des banquets. — Dernier discours de Louis-Philippe. — Les passions ennemies ou aveugles. — Apothéose de 1830 devenue un reproche pour l'Orléanisme. — Le banquet du XIIe arrondissement. — Marrast, en rédigeant l'ordre et la marche du cortége, compromet tous les récalcitrants. — Louis-Philippe se croit maître de la situation. — Le banquet est interdit. — Les ouvriers et leur cours de fraternité. — Attitude de la garde nationale. — La commune de Paris sous les armes. — Ses protestations révolutionnairement pacifiques. — La garde nationale livre à l'émeute naissante ses fusils et ses munitions. — La journée des dupes. — Le ministère Molé et les lampions. — Le coup de pistolet du boulevard des Capucines et ses conséquences. — La collection de cadavres. — Le tocsin et les barricades. — Le ministère Thiers et Odilon-Barrot. — Le maréchal Bugeaud destitué. — Il n'y a plus de gouvernement, il n'y a plus d'armée. — La crosse en l'air. — Abdication de Louis-Philippe. — La duchesse d'Orléans se croit régente du royaume. — La minorité royale de 1830 et la minorité de 1848. — L'Orléanisme à la Chambre des députés. — Les plaidoiries pour ou contre. — L'insurrection envahit la salle et la tribune. — Fabrique de gouvernements provisoires. — Les Tuileries, hôtel des invalides civils. — L'Orléanisme passe à la République. — Il souscrit pour les blessés de Février et sert la force ouvrière. — Louis-Philippe abandonné de tous. — La première étape de l'exil à Dreux. — Le caveau funèbre. — Comme Charles X! comme Charles X! — Les aventures de la proscription. — Louis-Philippe émigré pour la troisième fois. — Les faux noms et les faux passe-ports. — Son arrivée en Angleterre. — Le duc d'Aumale à Alger. — Il accepte les faits accomplis. — Sa résignation expliquée. — Louis-Philippe à Claremont. — Son monologue éternel. — Il demande quatre millions d'indemnité à la France pour les dégâts commis dans ses palais. — La pension de retraite du plus ancien général de la République française. — Mort de Louis-Philippe. — La Révolution c'est l'Orléanisme. — Cas d'indignité.

L'Orléanisme, qui aimera toujours à tirer des

mauvaises passions plus qu'elles ne peuvent rendre, accepta comme la meilleure part de son héritage l'indifférence en matière de foi. De 1815 à 1830, les Libéraux, enfants adultérins de la République et de l'Empire, prirent pour mot d'ordre la haine au Sacerdoce. Après avoir inventé la Congrégation, créé le parti prêtre et agité contre les empiétements de l'Ultramontanisme les foudres de l'éloquence et les grelots de la chanson, ils s'étaient arrangé au gouvernement une espèce de religion dont un commissaire de police ou un avocat, esprit-fort déguisé en ministre des cultes, pouvait très-bien être le souverain pontife. Intolérants par système et se faisant de l'arbitraire un droit et une volonté, ils osaient affirmer qu'afin de mieux défendre la cause du peuple, il fallait attaquer la cause de Dieu. Ils combinaient à la même heure et dans le même laboratoire des dogmes ou des constitutions; ils fabriquaient des principes ou des formes de bon plaisir, et n'aboutissaient qu'à mettre des doutes à la place des croyances, des fantaisies à la place des devoirs. Ces parleurs de toute catégorie, hypothéquant leur amour à gros intérêts et prêtant leur cœur à bénéfice, se glorifiaient de faire niche au sacré. Leur but avoué était de provoquer un schisme et d'ébranler à coups de subterfuges légaux cette Jérusalem qui se bâtit comme une cité et qui ne fait tout entière qu'un seul corps. Le choix des premiers ecclésiastiques, appelés à l'Épiscopat par l'insurrection de Juillet, dut nécessairement se ressentir de ces dispositions. Le vent soufflait contre le Clergé. On se promettait de le séduire ou de l'effrayer ; on désigna pour évêques certains abbés qui n'avaient que le moins possible les vertus de leur état. Devant cette moquerie jetée comme un défi, l'Église de France, profondément humiliée, ne cacha point sa légitime émotion. Les diocèses, honteux d'être régis par des chefs à la hauteur des idées du siècle, ainsi que la Révolution les baptisait dans ses journaux, firent entendre leurs plaintes. Ces chefs, accueillis avec défiance et tenus en suspicion par les prêtres et par les catholiques, s'aperçurent bientôt de l'inutilité et du danger peut-être de leur présence sur des lieux où les incrédules seuls les entouraient d'une vénération aussi menteuse que provocatrice. La leçon avait été donnée et saisie ; les élus de Juillet se laissèrent déposer au chapitre royal de Saint-Denis. Par leur retraite ainsi fâcheusement motivée, ils révélèrent au pouvoir qu'il y a, en France, quelque chose qui survit à tous les gouvernements et que, dans l'esprit du peuple, ce quelque chose l'emporte sur toutes les dynasties et sur toutes les chartes. C'est la foi qui, après avoir sommeillé dans les jours de calme, se réveille plus active et plus vivace à l'approche des périls dont elle se sent menacée par le gouvernement ; la foi, qui, ne tenant pas plus compte des pusillanimités cléricales que des intimidations politiques, proclame avec les saintes Écritures[1] : « Le Seigneur est

---

[1] *Reg.* Lib. I, cap. II, v. 5.

e Dieu des sciences et c'est lui qui prépare toutes nos pensées. »

Malgré les concessions antireligieuses qu'il ne cessa de faire pour ne pas séparer sa cause de celle de la Révolution, marchant, front découvert, à l'assaut de l'Église romaine, Louis-Philippe n'était pas éloigné de cette idée qui traverse et illumine si admirablement les diverses phases de nos annales. On lui avait imposé deux ou trois prélats répudiés par le clergé et par les populations, de ces hommes qui devraient être dans Éphraïm des sentinelles pour leur Dieu, mais qui deviennent des filets de ruine sur toutes les voies. Il s'attacha à recommander des choix moins suspects ; il n'osa plus se démasquer en appelant à l'épiscopat des hommes dont la vie, les opinions et la doctrine se trouvaient en désaccord avec le sentiment chrétien. Ses ministres reçurent ordre de ne présenter que des vicaires généraux ardents à la fortune, des ecclésiastiques poussant la prudence jusqu'à la faiblesse de caractère ou accessibles à de reconnaissantes frayeurs. On espérait les enguirlander par de bonnes paroles, les enchaîner par des bienfaits législatifs, et obtenir ainsi la concession du silence. Il y eut quelques rares et regrettables compromis. Des désirs ambitieux furent signalés dans les profondeurs du sanctuaire. On cita certains prêtres qui rampèrent jusqu'à l'évêché ; mais la plénitude du sacerdoce, le soin tardif de leur dignité, le ferme maintien du clergé et du peuple rendirent inutiles tous ces calculs chez les élus purement orléanistes. La grande majorité de ceux qui avaient trop âprement brigué la crosse et la mitre parlèrent avec plus d'assurance peut-être que leurs collègues la parole de Dieu. Leurs lèvres purifiées furent les dépositaires de la science, et c'est de leurs bouches que l'on rechercha la connaissance de la loi. Un je ne sais quoi, dont l'Église romaine a le secret, ne redressait pas seulement les intentions des hommes et ne se contentait pas de leur donner des vues plus hautes; elle leur inspirait de se servir de ses lumières, elle dirigeait les volontés et les actions de ces prélats. Ils devenaient, comme on lit dans les saintes-Écritures[1], « la vapeur même de la vertu de Dieu. » On en vit même racheter par de longs combats pour la justice et par un glorieux martyre des complaisances d'une heure faites en vue d'une promotion inespérée[2].

Les prêtres sont semblables à la vigne. Ils ne sauraient se tenir debout et subsister par eux-mêmes; ils ont besoin d'un appui. Cet appui, dont les gouvernements forts peuvent retirer les plus larges bénéfices de moralisation populaire et d'ordre matériel, ne doit jamais être accordé à des conditions avilis-

---

[1] *Sapient.*, VII, 24.

[2] C'est ce changement, toujours signalé et toujours inévitable, qui a fait le désespoir des héritiers de Juillet. En cherchant à expliquer une pareille transformation, un ancien avocat orléaniste, devenu par mégarde ministre de l'instruction publique et des cultes, disait, dans son style de basoche gallicane : « Ces prêtres ! Une fois qu'ils sont évêques, on ne les reconnaît plus. Dès que l'Esprit-Saint est descendu sur leurs têtes, ils ont le diable au corps. »

santes. Dans un accès de mauvaise humeur, le cardinal de Retz a écrit[1] : « Le clergé, qui donne toujours l'exemple de la servitude, la prêchait aux autres sous le titre d'obéissance. » Ces paroles, dont l'amertume frondeuse dissimule assez mal l'injustice, n'étaient pas plus vraies au dix-septième qu'au dix-neuvième siècle; et Louis-Philippe l'expérimenta souvent[2]. Ne tenant à rien par choix et à tout par circonstance, il n'entrait pas dans sa pensée, il ne devait pas entrer dans ses projets de persécuter la Religion ou de se faire un ennemi du Clergé. Mais, à ses heures de soupçon ou d'embarras, quand il se vengeait par de bonnes petites impiétés des témoignages ou des semblants de foi que les convenances royales lui arrachaient, la Révolution lui insinuait que les prêtres étaient les adversaires nés de sa dynastie. Pour rejeter sur les autres la responsabilité des malheurs à venir, Louis-Philippe, dans ces circonstances, délé-

[1] *Mémoires du cardinal de Retz*, tome I, page 93.
[2] Au milieu des discussions soulevées en France par la question de la liberté d'enseignement, le roi de Juillet voulut consulter un archevêque qui lui devait sa nomination, et qui, par les femmes, avait peut-être une parenté très-éloignée avec un exécuteur des hautes et basses œuvres d'avant la révolution de 1789. Louis-Philippe s'aperçut bien vite que le prélat, quoique plein de respectueuse gratitude, était peu disposé à sacrifier ses principes et ses devoirs à une stratégie universitaire et sans heureux résultat. La lutte d'arguments devint plus pressante et la résistance plus vive. Louis-Philippe, mécontent de lui-même et irrité contre son interlocuteur impassible, perdit patience : « Ah! c'est inouï, s'écria-t-il. Comment, vous que j'ai tiré de la poussière, vous descendant du bourreau, vous osez me tenir tête! » A cet outrage, l'archevêque répondit froidement : « Sire, mieux vaut encore être arrière-neveu d'un bourreau que fils d'un assassin. »

guait aux sophistes de son entourage et à ses professeurs d'incrédulité la charge de morigéner le Sacerdoce. Il aurait, selon la parole de saint Augustin[1], « poussé l'égoïsme jusqu'au mépris de Dieu. » Mais il fallait le violenter quelque peu au nom du salut public. Son thème favori était de dire qu'il se sacrifiait pour préserver la société. Il se plaisait à envelopper dans une même réprobation et ceux qui combattaient pour le bien et ceux qui participaient au mal; avec cette différence significative, néanmoins, c'est que son gouvernement accepta de grand cœur d'être solidaire du mal et de se montrer toujours l'ennemi du bien. Dans ce temps de doute sur les vérités religieuses, morales et politiques, dans ce temps qui n'a vu d'entier et de hardi que la scélératesse, on a si effectivement méprisé l'héroïsme de la conscience, que tous les grands hommes fabriqués par le siècle légal furent des hommes de transaction et d'accommodement.

Faite, par l'indépendance et pour l'indépendance, l'insurrection de 1830, après avoir promis la liberté d'enseignement, la refusait d'une façon aussi persistante qu'hypocrite. Elle prétendait que ce serait d'un côté le triomphe du parti prêtre et de la famille, de l'autre, la ruine de l'Université. La Révolution, qui vit beaucoup plus sur des mots sonores que sur des choses pratiques, s'est arrangé un thème dont elle n'aime point à se départir. A force d'invectives surannées et de grossières flagorneries à l'adresse du clergé

---

[1] *De Civit. Dei*, lib. XIV, p. 378.

secondaire, elle s'imagine avoir enrégimenté sous son drapeau ces bons curés de campagne, ces pauvres desservants et vicaires, dont elle déplore pharisaïquement le sort et qu'elle appelle de tous ses vœux à une émancipation idéale. Les ténébreuses manœuvres qu'elle ourdit dans ce sens depuis la Constitution civile de 1790, les échecs qu'elle essuya ne l'ont point corrigée : elle persévère dans ses fausses appréciations. Inintelligente, parce qu'elle ne s'appuie que sur le mensonge et la violence, elle ne s'aperçoit pas que c'est au contact du clergé secondaire que les Évêques vont retremper leur énergie. Dans ces humbles prêtres, vivant au fond de quelque obscur village, il y a de hautes vertus, une profonde connaissance des choses du ciel et de la terre. N'espérant rien des hommes, et ne plaçant leur confiance qu'en Dieu, ils ne se laissent séduire par aucun mirage ; leur attitude devient souvent un conseil, un reproche ou un encouragement pour les administrations diocésaines. Cette vérité, que les événements ne cessent de mettre en lumière, échappe à tous les ennemis de l'Eglise. Ils se sont tracé ou ils ont reçu un plan ; ils ne veulent pas en dévier. Ils rôdent donc à l'aveugle autour du sanctuaire.

Proclamée à grands cris par le Sacerdoce, implorée par l'Épiscopat comme une garantie des familles et un droit naturel, la liberté d'enseignement est pour l'Orléanisme une dette qu'il faut acquitter. A la vue des désordres moraux et physiques signalés dans les établissements universitaires, désordres que propagent et qu'accréditent les orateurs et les écrivains le plus en vogue, le Clergé ne pouvait garder un silence coupable. Il parla avec des ménagements infinis et une autorité qui, chez quelques-uns des plus modérés, ne demandait pas mieux que de s'excuser. Cette persistance à réclamer l'accomplissement d'une promesse consacrée par la charte de 1830 devenait inquiétante pour les vétérans du Libéralisme. Ils ne savaient alléguer aucune bonne raison au Clergé et aux pères de famille; ils inventèrent comme dérivatif la question des Jésuites. Du commencement de 1843 à la fin de 1845, cette question passionna les journaux, les chaires de collége, les parquets, la Sorbonne, le théâtre, la tribune, le roman, l'Académie française et les estaminets de la banlieue.

Sans s'en douter, les citoyens de tous les âges et de toutes les conditions se trouvèrent, le même jour et à la même heure, avoir un jésuite sur le nez, ainsi que le disait plaisamment le duc de Choiseul en parlant du fameux marquis de Pombal. Le Jésuite fit irruption partout : on ne vit que lui, on ne s'entretint que de lui. La Franc-maçonnerie universitaire et la Sorbonne philosophique se livrèrent à de telles débauches de terreur, que les plus effrayés ne purent s'empêcher d'en rire. Le cinquième acte de la grande comédie de quinze ans avait été interrompu par la révolution de Juillet. Le rideau se leva pour achever cet acte au bénéfice d'une révolution nouvelle. Dans un siècle qui a déifié Voltaire et donné la Convention de 1795 à la fraternité des peuples et à l'égalité devant l'échafaud, les libres penseurs du journalisme, de l'Académie, des cafés et du barreau se mirent à trembler à l'évocation d'un fantôme de jésuite. Une croisade fut prêchée contre les disciples de saint Ignace, et afin de ne pas accorder la faculté d'enseigner, l'esprit d'insurrection décida qu'on poursuivrait, selon la belle expression de Tertullien[1], un nom innocent dans des hommes innocents.

La crainte fut aussi savamment organisée que l'impudence. Des romanciers tels qu'Eugène Sue, des professeurs à la façon de Michelet, de Libri et de Quinet, des écrivains de toutes les nuances dynastiques, des orateurs de toutes les oppositions constitutionnelles, des magistrats même, ligués avec le personnel de toutes les émeutes, favorisèrent un complot ne tendant à rien moins qu'à établir l'intolérantisme en permanence et l'inquisition en expectative. Des rêves de plus d'une espèce se coalisèrent avec des folies de plus d'un genre. Une terreur feinte répandit dans les esprits un simulacre de peur. La presse, qui a la liberté de tout faire, excepté le bien, arrangea des fables absurdes; et en se grisant de leurs alarmes, l'on vit tous ces champions de l'idée arriver à demander à la persécution le droit de sanctionner la proscription.

Dans cette panique de deux années dont les au-

---

[1] Tertul. *Apolog.*, III.

teurs et les complices méritèrent si bien du ridicule, Louis-Philippe et son gouvernement avaient repoussé les conseils qu'on leur prodiguait et l'intimidation qu'on faisait autour d'eux. Louis-Philippe et M. Guizot surtout connaissaient de longue date avec quelle facilité les Éoles d'écritoire et de tribune soulèvent des tempêtes religieuses. Dans le principe, ils eurent le tort de ne pas s'en préoccuper assez; dans la suite, ils eurent le tort plus grave de s'en préoccuper beaucoup trop. La question des Jésuites était un pis-aller d'opposition; il ne fallait pas en faire un cas gouvernemental et laisser solennellement porter à la tribune des deux Chambres les vieilles balayures du journalisme et du roman-feuilleton. MM. Thiers et Dupin, les chanterelles de la Révolution de Juillet, avaient soif d'un prétexte à bons mots constitutionnels et à figures de rhétorique. Les 2 et 3 mai 1845, ils interpellèrent le pouvoir et lui demandèrent compte de l'existence des Jésuites.

Cette existence n'était un mystère pour personne, car elle est un droit et la sanction du principe de liberté. Aux Tuileries même, ce droit se discutait si peu, que la reine des Français ne craignit pas d'entrer en communauté de prières avec les parias de la Société de Jésus. Depuis sa nouvelle fortune et ses récents malheurs, Marie-Amélie ressemble par la tristesse à une âme du purgatoire. Le 6 avril 1843, un homme de sa confiance adresse au général des Jésuites la lettre suivante :

« Mon très-Révérend Père,

« Notre auguste et pieuse reine, toujours préoccupée, toujours inquiète du sort réservé à l'âme du fils bien-aimé qu'elle a si malheureusement perdu, ne cesse de demander pour lui des prières. Elle a appris qu'une fois chaque semaine tous les prêtres de la Société de Jésus, en célébrant le saint sacrifice de la messe, doivent unir leur intention à celle de leur Père général, et tout aussitôt la pensée lui est venue d'obtenir, s'il se pouvait, que vous voulussiez bien, dans votre charité, faire monter au pied du trône de la miséricorde divine le concert de tant de bonnes prières pour l'âme de son pauvre fils.

« Je me suis chargé, mon très-révérend Père, de vous transmettre le désir de Sa Majesté. Le Père de Ravignan m'a assuré que vous condescendriez de tout votre cœur à ce vœu d'une mère, et je puis vous affirmer qu'elle en gardera une profonde et fidèle reconnaissance.

« Signé : Trognon, secrétaire des commandements de S. A. R. Mgr le prince de Joinville. »

Ce vœu d'une mère fut pleinement rempli. L'Orléanisme a eu la sainte pensée de prier et de faire prier pour les morts. L'Orléanisme prend frayeur de ces communications secrètes, et, dans le *Journal des Débats* du 10 mars 1845, il insulte les vivants. M. Trognon, secrétaire des commandements du prince de Joinville, écrit sous la dictée de Marie-Amélie ; M. Cuvillier-Fleury, secrétaire des commandements du duc d'Aumale, s'exclame en se voilant la face : « Qu'importe que les moines de la rue des Postes ou de la rue Sala soient des saints, s'ils cachent dans les plis de leur robe d'innocence le fléau qui doit troubler l'État ? Qu'ai-je affaire de vos vertus si vous m'apportez la peste ? »

Les deux courants de l'Orléanisme sont ainsi parfaitement indiqués et affirmés. Il campe sur les confins du bien et du mal. D'un côté on réclame pieusement, mais discrètement, des prières ; de l'autre on s'exalte publiquement jusqu'au paroxysme. On parle de peste et de martyre, comme si les Jésuites allaient frapper dans l'ombre des victimes imaginaires[1]. Pour réduire le Clergé en servitude et infliger la peine de l'exil à des religieux mentalement coupables de tous les crimes prévus ou imprévus, la Révolution offre au

---

[1] Ce n'est ni la première ni la dernière fois sans doute que toutes ces absurdes paniques seront à l'ordre du jour. En 1852, le père Augustin Theiner (de l'Oratoire), et préfet des archives secrètes du Vatican, avait jugé bon et salutaire de publier une *Histoire du pontificat de Clément XIV*. J'étais assez malmené dans ces trois indigestes volumes et le père Theiner m'y suscitait plus d'une querelle d'Allemand à propos de mon livre sur *Clément XIV et les Jésuites*, cet ouvrage qui, en 1847, à l'heure des périls, déchira tous les voiles. Le père Theiner se drapait, lui aussi, en martyr futur, et il disait : « Quoi qu'il nous en puisse arriver, calomnies ou persécutions, nous les recevrons avec joie, bénissant ceux qui nous les auront préparées et priant pour eux. » L'occasion était trop belle ; je crus devoir la saisir. En répondant au préfet des archives secrètes, je me permis de passer la revue de tous ceux qui s'étaient ima-

gouvernement les pouvoirs illimités qu'elle tient en réserve et qu'elle s'adjuge dans ses bons jours. Louis-giné, comme M. Cousin, que la Société de Jésus allait les empoisonner ou les forcer à émigrer. Reproduire ce fragment de polémique, c'est rester plus que jamais dans l'histoire de l'Orléanisme. On lit donc aux pages 47, 48, 49, 50 et 51 de la *Première lettre au père Theiner* :

« Puisque vous appelez le martyre sur votre tête, il faut pourtant bien s'entendre même avec les bourreaux. Or, où sont-ils ces farouches inquisiteurs toujours prêts à torturer les ennemis de la Compagnie de Jésus? où se trouvent leurs auto-da-fé? quelle plante recèle les poisons de ces Locustes en soutane? dans quels cachots ténébreux ensevelissent-ils leurs victimes? à quelle pierre affilent-ils leurs poignards? sur quel rivage inhospitalier souffrent leurs proscrits?

« Vous n'en savez rien, je suppose, mon Révérend père; et moi, qui pourrais avoir un peu le droit de dire que j'ai pénétré dans les secrets de l'Ordre, croiriez-vous que je n'en sais pas davantage?

« J'ai bien vu dans l'histoire que ceux qui, de près ou de loin, touchèrent à la Société de Jésus, ainsi qu'à la hache, ont, un jour ou l'autre, éprouvé sur la terre d'étranges vicissitudes. Sans remonter très-haut, et nous contentant de prendre seulement nos contemporains comme point de départ, savez-vous, père Theiner, que vous n'auriez peut-être pas trop grand tort de vous préparer au martyre ou tout au moins à une bonne petite persécution?

« Par la pensée, faites avec moi le dénombrement des adversaires sérieux que les Jésuites ont comptés dans ces derniers temps. Louis-Philippe d'Orléans s'est ingénié à les disperser. Il a eu son 24 février 1848 et il est allé mourir en exil, sans être poursuivi, sans être suivi. Charles-Albert a trahi au dernier moment leur cause, la cause du droit et de la liberté. Cette *spada vittoriosa* que l'Italie invoquait comme son palladium s'est brisée dans les champs de Novare; et le roi révolutionnaire, Judas Machabée présomptif transformé en Varus du Piémont, a fui jusqu'en Portugal, où le désespoir l'attendait dans la mort.

« Pour ne pas citer de plus augustes exemples, rabattons-nous sur la plèbe des orateurs, des avocats, des écrivains, des professeurs qui tous ont guerroyé contre les Jésuites. Il n'y a pas encore huit ans que ces hostilités commençaient. Alors M. Cousin, qui s'imaginait être pair de France, s'écriait à la tribune au milieu des rires de l'assemblée [1] : « Re-« marquez bien que je ne suis pas l'ennemi de ces religieux pris indivi-

[1] *Moniteur* du 15 avril 1845, p. 976.

Philippe, mieux avisé ou mieux conseillé, recule devant ces énormités qui lui paraissent aussi illégales

« duellement; mais je n'hésite pas à me déclarer l'adversaire de la cor-
« poration. Il en arrivera ce qu'il pourra. »

« Et M. Thiers, grand homme qui vient à la taille d'un sifflet, et l'abbé Gioberti, et M. Sue, et M. Rossi, et MM. Michelet et Quinet, les frères Siamois de la déraison, et M. Libri, et M. Dupin et tous leurs adhérents s'amusaient à trembler devant la persécution absente, et à reculer d'effroi en face des poisons dont ils faisaient escompter par le public la saveur nauséabonde.

« La persécution n'a pas tardé à atteindre ces martyrs sauveurs qui prenaient la batte d'Arlequin pour l'épée de Roland. M. Cousin a perdu l'une après l'autre toutes ses sinécures; M. Thiers a subi la prison et l'exil; l'abbé Gioberti, contrefaçon d'Aristide, a renoncé à sa patrie pour venir s'éteindre obscurément dans un faubourg de Paris; M. Sue émigre comme un père Ventura; M. Rossi est assassiné à coups de stylet démocratique; MM. Michelet et Quinet sont voués au silence; M. Libri se voit, par arrêt de cour d'assises, flétri comme escroc; et M. Dupin, l'inflexible Dupin, le Dupin de toutes les libertés gallicanes, se trouve enfin dans la cruelle nécessité de garder un dernier serment.

« Or, père Theiner, dans cette nomenclature, que je pourrais indéfiniment étendre — car ce ne sont ni les noms ni les enseignements qui manquent en Italie et ailleurs, — je vois bien des persécutés, mais, j'éprouve pour vous une certaine contrariété à le dire, je ne sais pas trop où pêcher les persécuteurs dans la Société de Jésus. Mettons-nous d'accord pour un moment, si vous daignez y consentir. Marchons de conserve, ainsi que deux compères qui ont intérêt à surprendre un Jésuite ou un de leurs amis en flagrant délit. Ne précipitons rien; sondons le terrain avec les précautions exigées par le martyrologe susmentionné, et tâchons de saisir la main d'un enfant de Loyola préparant une de ces expiations qui, coup sur coup, sont venues frapper leurs adversaires les moins mal famés ou les plus dangereux.

« Dans tous ces mirages de noms propres, d'exils, de mort subite, de flétrissure et d'oubli éternel que je fais scintiller à vos yeux, est-ce que par hasard Votre Révérence n'aurait point pu arrêter au passage la dextre de quelque Jésuite? Si nous cherchions bien, nous serait-il tout à fait impossible d'appréhender au corps un héros de février, un invalide civil qui aurait banqueté au nom de la Compagnie de Jésus pour usurper sur un usurpateur? Est-ce que nous ne pourrions pas à toute force trouver

qu'inutiles. Il ne veut pas se donner un vernis de tortionnaire ; mais, à l'aide d'une finasserie de juste dans les juges de M. Libri, dans les commissaires qui arrêtèrent M. Thiers, dans le chef de l'État qui eut le bon sens de faire taire un Michelet et un Quinet, dans les gendarmes qui conduisirent complaisamment jusqu'à la frontière M. Sue, le Juif errant de la littérature antijésuitique, dans les quarante assassins de M. Rossi, dans les hommes qui privèrent M. Cousin de toutes ses prébendes universitaires, dans la mort subite qui précipita inopinément devant Dieu l'âme de ce malheureux abbé Gioberti ; est-ce que nous ne pourrions pas avec un peu de savoir-faire glisser quelque mixture de Jésuite ? Tout bien pesé, serait-il donc impossible de tourner à mal contre eux ces revirements de fortune, ces abandons de la Providence que les uns appellent des crimes et les autres des remèdes ?

« En voici des persécutés, mon Révérend père ! en voilà des martyrs ! Tous, chacun dans l'ordre de ses idées, ils avaient pris à partie la Société de Jésus. En parlant des tribulations qu'ils affrontaient, tous, et je n'en fais aucun doute, relevèrent la tête avec une sécurité encore plus grande que la vôtre. Où sont-ils maintenant ? Ce n'est pas à la Compagnie de Jésus, encore moins à vous, qu'il faut le demander. Ils ont été enlevés comme le vent du désert emporte la paille sèche. Ils ont disparu parce qu'il vient un jour d'expiation où les finesses, où les supercheries, où les attentats à la pensée et à la dignité humaine, où la calomnie cachée sous le masque de la charité doivent enfin recevoir un dernier salaire.

« Ces princes, ces ministres, ces écrivains dont le nom a probablement plus d'une fois retenti à vos oreilles, ils avaient voulu proscrire tout en se dévouant à la proscription et ils sont persécutés à leur tour. Idoles d'un moment, héros de journal, d'athénée, de tribune ou de livre, qui allaient exhumer dans le cimetière de l'histoire des momies embaumées ou empaillées pour les faire marcher au milieu des générations vivantes, ils avaient essayé d'accabler les Jésuites sous le poids d'une factice, d'une constitutionnelle réprobation. Le poids s'affaisse sur le trône de juillet. Il l'aplatit, il le brise en éclats. Et dans cette tempête universelle dévorant les hommes et les choses, les fortunes et les princes, savez-vous ce qui surnage, ce qui, sans efforts et sans lutte, devient populaire ?

« La Compagnie de Jésus dont on invoque l'appui, la Compagnie de Jésus à laquelle tous les pères de famille veulent confier l'éducation de leurs enfants, la Compagnie de Jésus qui ne peut suffire à remplir tous

milieu, il va demander aux complaisances habituellement assez prévoyantes du Saint-Siège de le sauver du mauvais pas dans lequel il s'est engagé. Un tardif respect de la liberté individuelle tendrait à faire du pape Grégoire XVI le complice indirect d'un coup d'État d'université. Pellegrino Rossi fut chargé de cette mission. Le carbonaro italien, devenu ambassadeur de France, s'en tira par un stratagème et par un mensonge. Néanmoins la liberté triompha de l'astuce des légistes et de la fureur des pamphlétaires de l'Orléanisme.

Le temps n'a jamais épargné ce qui a été fait sans lui. On s'apercevait déjà que le trône de Louis-Philippe penchait vers sa ruine et que l'agitation religieuse, si péniblement manœuvrée par les écrivains révolutionnaires, ne pouvait qu'accélérer sa chute. Louis-Philippe en était si convaincu qu'il ferma les yeux sur l'exécution des mesures préventives non obtenues par Rossi, et qu'il se mit plus que jamais en communication directe avec Grégoire XVI ou avec son successeur. Louis-Philippe n'ignore point que la souveraineté apostolique est la clef de voûte. Il lui demande ses bonnes grâces, et quand le Pontife refuse,

les vœux, à satisfaire à toutes les demandes des populations, libres enfin de manifester leurs désirs. La pierre que ces rhéteurs d'État, de tribune ou de club avaient rejetée en bâtissant est devenue, comme dit le Psalmiste, la pierre angulaire. Depuis que Dieu laisse les nations aller dans leurs voies, les nations reviennent à la Compagnie qui se multiplie par la chasteté et par la mort. L'épreuve avait chez elle produit l'espérance. Après avoir passé par l'eau et par le feu, elle entre dans un lieu de rafraîchissement. »

par des motifs de conscience, d'obtempérer à ses souhaits, voyons en quels termes le roi de Juillet s'adresse au Saint-Siége. Le 23 février 1847, il écrit au pape Pie IX.

« Très Saint-Père,

« Le nonce de Votre Sainteté m'a remis la lettre qu'Elle a bien voulu m'écrire au sujet des motifs qui lui font désirer d'ajourner la promotion au cardinalat des archevêques de Bourges et de Cambrai. Je viens déposer dans le sein de Votre Sainteté le pénible étonnement que m'a causé la lecture de cette lettre. Je m'étais flatté qu'Elle aurait été plus frappée des graves considérations que j'avais exposées personnellement à son auguste prédécesseur, tant pour le bien de notre sainte Religion que pour l'intérêt et la splendeur de l'Église de France, réduite, par la mort de celui qui nous a été enlevé si promptement après sa promotion au cardinalat, à n'avoir plus que deux cardinaux dans son sein. Votre Sainteté a prouvé, par les premiers actes qui ont suivi son avénement, qu'elle connaissait bien les temps où nous vivons; et la bonté qu'elle m'a témoignée me donne la confiance que je trouverai toujours en Elle le puissant appui dont je sens si profondément le besoin pour l'accomplissement de la grande tâche que Dieu m'a imposée. Rien ne peut être plus efficace pour me la faciliter que le parfait accord de nos deux gouvernements, et surtout que les apparences soient telles que personne ne puisse les mettre en doute. Or, la prompte nomination des deux cardinaux que je lui ai demandée en aurait été un témoignage éclatant; et je ne saurais dissimuler à Votre Sainteté que le retard apporté par votre auguste prédécesseur à la nomination de l'archevêque de Bourges a fait en France un effet regrettable, et qu'un nouveau retard l'aggraverait encore sensiblement. Je souscris de tout mon cœur à l'éloge que Votre Sainteté daigne faire de l'archevêque de Cambrai. C'est parce que je l'ai jugé digne, à tous égards, d'une aussi haute distinction que celle de la pourpre romaine, qu'il m'a été doux d'appeler sur lui ce précieux témoignage de l'estime et de la bienveillance de Votre Sainteté. Mais des vertus et des qualités non moins éminentes recommandent aussi l'archevêque de Bourges. Il est un des plus anciens évêques de France, comme il est un des plus méritants sous tous les rapports, et c'est à ces titres que l'auguste prédécesseur de Votre Sainteté m'avait promis de l'élever au rang des membres du sacré collége. J'attache le plus grand prix à cette promesse, que la mort seule a empêché Grégoire XVI d'accomplir. Je viens aujourd'hui la réclamer de votre affection paternelle pour l'Église de France et pour moi, et j'ose espérer, Très-Saint-Père, que mes vœux seront pleinement exaucés dans le plus prochain consistoire.

« Quant à l'abbé de Falloux, que j'ai recommandé à Votre Sainteté pour un titre d'évêque *in partibus*, je regretterais d'autant plus qu'Elle vît des difficultés à l'accorder à ce prélat, qu'il ne serait pas possible de lui accorder en France la position qu'Elle croit préférable dans son intérêt. Mais les sentiments qu'Elle veut bien m'exprimer me donnent l'espoir que sur ce point encore je n'aurai qu'à la remercier d'avoir daigné condescendre à mes vœux. Je suis heureux, Très-Saint-Père, de vous offrir, dès à présent, l'expression de ma profonde gratitude; et c'est en vous demandant toujours votre bénédiction apostolique pour tous les miens et pour moi que je vous prie d'agréer l'hommage du respect filial et du tendre attachement avec lesquels je suis, Très-Saint Père, de Votre Sainteté le très-dévoué fils.

« Louis-Philippe. »

Tout en faisant son petit ménage constitutionnel, le roi citoyen sollicitait des chapeaux de cardinal et des mitres *in partibus infidelium*, pour des services assez peu ecclésiastiques. Il cherchait, par toute espèce de subterfuges légaux et de prières épistolaires, à endormir les passions, à calmer les esprits et à travailler à un apaisement qu'il ne devait pas plus obtenir des partis que du clergé. L'Orléanisme les avait tous trompés; ils se tenaient tous en défiance de lui. Et, durant ce temps, grâce à un singulier effet d'optique royale et ministérielle, la majorité dans les assemblées législatives allait toujours en s'augmentant, et le pays légal n'avait pas d'autres vœux à former que de voir se perpétuer un tel état de choses.

Ces félicités industrielles, financières, agricoles et commerciales, stéréotypées au *Moniteur*, n'abusaient personne sur la durée de la dynastie de 1830. Louis-Philippe seul croyait à l'éternité de sa race. Plus le danger approchait, plus sa sécurité paraissait complète. La grande parole de Bossuet traçant les causes de la ruine de l'Égypte allait encore une fois se vérifier, et l'on devait voir [1] « que Dieu redresse, quand il lui plaît, le sens égaré, et celui qui insultait à l'aveuglement des autres tombe dans des ténèbres plus épaisses, sans qu'il faille souvent autre chose pour lui renverser le sens que ses longues prospérités. » Le roi de Juillet arrivait à ce point fatal. Afin de l'étourdir plus sûrement, tout au dehors lui succédait à souhait; tout à l'intérieur se présentait sous d'heureux auspices, ou s'interprétait avec un sourire de béatitude. Par un amendement resté célèbre dans les fastes parlementaires, le comte de Morny prétendait que les grands corps de l'État étaient satisfaits. Avec ce bon billet, Louis-Philippe, en La Châtre couronné, ne leur en demandait point davantage. Pendant ce temps, la Révolution passait parole aux Orléanistes mal pourvus ou aux dynastiques irrités. Elle les mettait sur la piste de renverser un trône, tout en croyant ne battre en brèche qu'un ministère rival et de vie trop dure.

Voir ses enfants condamnés par la force des choses à des unions funestes ou disproportionnées avait été la plus sanglante des humiliations pour l'orgueil de

---

[1] Bossuet. *Discours sur l'histoire universelle*, 3ᵉ partie.

Louis-Philippe, le plus cruel des supplices pour son cœur de père. Le duc de Montpensier restait seul à établir, et le chef de la maison d'Orléans jugea l'occasion favorable pour prendre une revanche de ses déboires matrimoniaux. Les rois ne l'isolaient plus autant du concert européen. L'empereur Nicolas lui-même, en prévision des catastrophes, paraissait se rapprocher insensiblement de lui. Fier de ces faveurs inattendues, le roi de Juillet voulut en profiter, et donner par là au monde diplomatique une preuve de son audace et un témoignage de sa modération. Ferdinand VII avait laissé deux filles, la reine Isabelle et l'infante Louise-Fernande. Ces deux princesses étaient nubiles. Leur mère, Marie-Christine, dans ses luttes égoïstes pour ou contre la Révolution, dans ses succès ou dans ses revers, avait toujours nourri la pensée de rattacher, par un mariage, les deux branches de la maison de Bourbon qui, afin de régner, violèrent le principe d'hérédité. Cette pensée est aussi celle de Louis-Philippe ; mais l'Angleterre ne la partage pas.

Quand la reine Victoria, dérogeant à toutes les règles de l'étiquette britannique, vint au château d'Eu visiter son bon frère de l'Orléanisme, Louis-Philippe, au milieu de ses splendeurs bourgeoises, lui détailla à voix basse ses petites confidences. Lord Aberdeen en avait entendu quelque chose ; il se retire du Foreign-Office pour céder la place à lord Palmerston, qui aura le droit d'être Anglais sans encourir un reproche de connivence. Lord Palmerston éprouve à l'égard de Louis-

Philippe un indéfinissable sentiment de jalousie et de dédain. On eût dit que les ruses de l'un devaient faire concurrence aux perfides boutades de l'autre. Les mariages espagnols sont une intrigue en partie double ; Louis-Philippe et lord Palmerston se trouvent dans leur élément. En 1840, les deux adversaires ont lutté à forces inégales sur la question d'Orient ; en 1846, le roi des Français veut essayer d'émanciper ses intérêts de famille et de les soustraire à la tutelle britannique. Hostile à tous ses projets, le cabinet de Saint-James se plaît à en prendre la contre-partie. Il use l'homme avant de briser le monarque. La jeune reine Isabelle n'a pas les apparences d'une santé florissante ; on a même persuadé à Louis-Philippe qu'elle pourrait rester stérile. L'Orléanisme a donc résolu d'épouser l'infante, qui est l'héritière de la couronne d'Espagne. L'Angleterre, mieux informée, ne s'oppose pas directement à ce que le duc de Montpensier obtienne Louise-Fernande ; mais il lui faut ses sécurités. Le Foreign-Office met pour condition que ce mariage franco-espagnol ne sera déclaré qu'après celui de la reine et la naissance d'un enfant. Arrivé au pouvoir, sur ces entrefaites, lord Palmerston ne songe qu'à brouiller les cartes.

Afin de fortifier la maison de Bourbon en Espagne et de préparer l'union des deux branches divisées par de longues guerres civiles, Louis-Philippe et Christine jetèrent les yeux sur le fils aîné de don Carlos. Le comte de Montemolin écarté ou non acceptant, leur choix s'était fixé sur d'autres descendants de Philippe V. Les comtes d'Aquila et de Trapani furent mis en avant par la reine Christine, leur demi-sœur. Ces choix n'allaient pas au gouvernement britannique; son ambassadeur à Madrid fit jouer les grands ressorts. La presse libérale et les progressistes parlementaires sont circonvenus. Bientôt M. Bulwer peut savoir à quel taux se cote l'orgueil castillan, et quelle somme il faut dépenser pour apprivoiser la farouche indépendance d'un journal. Louis-Philippe, peu disposé à surenchérir, souriait à ces vénalités; mais elles ne devaient pas faire son compte. Lord Aberdeen a louvoyé à travers ce dédale d'intrigues; lord Palmerston du premier coup démasque ses batteries. Sans s'inquiéter des engagements antérieurs, il pose nettement la candidature du prince Léopold de Cobourg à la main de la reine Isabelle. Cette candidature était une déception pour l'Orléanisme et le renversement de ses espérances. Son but caché a toujours été de marier les deux sœurs à la même heure, afin d'assurer au duc de Montpensier les éventualités désirées. L'Angleterre, qui a vu clair dans ce jeu, ne se laisse pas abuser par de vaines promesses. Elle a encore un Cobourg à placer; il importe que, malgré l'Espagne et malgré la France, ce Cobourg fasse souche, comme en Portugal, de rois moitié libéraux et moitié protestants, mais avant tout créatures de l'Anglais.

M. Bulwer, à Madrid, s'était payé un parti remuant

et dont les effervescences ne manquaient pas de docilité. M. Bresson, ambassadeur de Louis-Philippe, se décide à tenter un coup d'audace. Don François d'Assise, duc de Cadix, est le cousin de la reine et son futur époux en seconde ligne. Bresson brusque les choses, passe à travers les obstacles diplomatiques et les querelles de famille, puis propose, sans désemparer, la simultanéité des deux mariages. A cette mesure de vigueur que Louis-Philippe conseilla peut-être, tout en se réservant le droit de la désavouer au besoin, un cri d'étonnement s'échappe des Tuileries. Il va porter à Londres et à Madrid les feintes indignations du roi des Français. Louis-Philippe s'est engagé : Louis-Philippe respecte sa parole. Il ne veut, sous aucun prétexte, qu'on puisse la mettre en doute. La simultanéité n'est ni son fait ni son espoir. Mais lorsqu'il a pris connaissance de la note du 19 juillet 1846, par laquelle le cabinet anglais déclare officiellement que ses vœux sont en faveur d'un Cobourg, Louis-Philippe modifie quelque peu son langage. Il écrit, le 25 juillet, à M. Guizot, ministre des affaires étrangères : « La lecture des pièces que j'ai reçues de vous ce matin, à neuf heures et demie, et que je vous envoie immédiatement, me laisse sous l'empire des plus pénibles impressions, non pas que je m'attendisse à mieux de lord Palmerston, mais parce que j'espérais qu'il ne se serait pas mis si promptement à découvert. Mon impression actuelle est qu'il faut lui rendre coup pour coup et le prendre tout de suite corps à corps...

« Tout ceci doit nous presser encore plus de faire parvenir à la reine Christine le désaveu de la simultanéité. Plus nous avons de mauvaise foi à craindre, plus il importe que les cartes que nous avons en main soient nettes, et qu'on ne puisse pas nous accuser d'avoir deux langages, et d'être exposés au parti qu'on pourrait en tirer contre nous. »

M. Guizot, qui n'a pas tous les secrets du père, mais qui devine le roi, s'empresse de lui répondre : « Je suis tout à fait d'avis que le roi ne doit pas s'engager à la simultanéité des deux mariages, et que, tout en manifestant l'intention de faire celui de monseigneur le duc de Montpensier, c'est seulement lorsque celui de la reine sera conclu, qu'on doit traiter définitivement de l'autre; mais je prie en même temps le roi de réfléchir combien la situation est en ce moment délicate, tendue, critique. Il va se faire évidemment un grand effort pour le Cobourg. Notre parade contre ce coup, c'est *Cadix et Montpensier*. N'affaiblissons pas trop cette parade au moment même où nous avons besoin de nous en servir. »

Les deux politiques et les deux influences se révèlent au grand jour; la duplicité s'y étale avec bonheur. Forcé de renoncer à son Léopold de Cobourg, que l'Espagne repousse dans un intérêt national et catholique, Palmerston a réclamé l'accomplissement de la promesse orléaniste concernant la simultanéité. Louis-Philippe, radieux de sa victoire, joue sur les mots comme un enfant. Il équivoque comme un rhéteur du

Bas-Empire et laisse à M. Guizot un rôle aussi indigne de ce ministre que de la France. L'homme d'État en est réduit à argumenter sur des faux-fuyants, à balbutier des réticences devant lord Normanby et à équilibrer des subterfuges sur la différence du jour et de l'heure où les mariages espagnols doivent être célébrés. Lord Palmerston, vaincu, mais irrité de sa défaite, ne cache pas plus à l'Angleterre qu'à l'Europe le dépit qui l'emporte. Parodiant le mot de Louis XIV : « Il n'y a plus de Pyrénées ! » le roi de Juillet s'exagère ce triomphe, qui est plutôt celui de son amour-propre que de son pays. Les cours étrangères ont assisté à ce duel, et, malgré les incitations de lord Palmerston, elles refusèrent d'y participer. C'est appeler la France orléanisée à des grandeurs encore inconnues ; c'est accepter sa dynastie et rendre au trône son éclat traditionnel. La presse anglaise a osé répéter sérieusement que, à l'exemple de Charles-Quint et de Napoléon, Louis-Philippe aspirait à la monarchie universelle, et Louis-Philippe ne dit pas tout à fait non. Le 10 octobre 1846, le même autel reçut les deux royales fiancées. Elles épousèrent au même instant don François d'Assise et le duc de Montpensier.

Louis-Philippe avait battu lord Palmerston et les Anglais sur le terrain d'une intrigue matrimoniale. Il les retrouvera faisant partout échec à sa politique. Les Anglais sont à l'œuvre pour reconquérir la prépotence qu'il leur disputa dans une affaire de ménage où l'honneur, la dignité et la paix de la France n'avaient rien à voir. Cette funeste passion de la famille, signalée chez lui comme la cause de tant de crimes et d'erreurs, s'était accrue avec l'âge ; elle lui faisait oublier son passé. A ses yeux, elle rachetait bien des fautes. L'Europe, qui va toujours au succès, se déshabituait peu à peu de chercher un usurpateur dans ce prince dont la verte vieillesse a si pleinement triomphé de lord Palmerston. Elle l'entourait d'une sorte de respect, parfois même elle s'ingéniait à le surnommer le Nestor des rois et le modérateur de la Révolution. Par ordre de leurs cours, les ambassadeurs étrangers se faisaient les complaisants échos de ces flatteries. Pris à la glu, Louis-Philippe se croyait, en réalité, l'arbitre des souverains et des peuples. Ce fut dans cette infatuation de lui-même qu'il tenta de régulariser, malgré la Grande-Bretagne, le mouvement depuis longtemps préparé dans les cantons helvétiques.

A la suite de la révolution de Juillet, des insurrections, soudoyées ou patronnées par l'Orléanisme, éclatèrent sur divers point de l'Europe. Tous les éléments sociaux furent secoués et fouettés de l'écume à la lie. Ces insurrections engendrèrent des générations sans cesse renaissantes de réfugiés portant le désordre moral et l'esprit de rébellion partout où l'hospitalité leur fut accordée. La Suisse leur avait généreusement offert un asile ; ils s'y constituent à l'état de société secrète. Mazzini propage la théorie de l'unitarisme et la doctrine du poignard ; puis, au souffle de ces courtiers marrons de l'indépendance humaine, tous possédés d'une rage incroyable de domination, catholiques et protestants, radicaux et conservateurs, deviennent un peuple de frères ennemis. La liberté, les droits, les vieilles franchises et la souveraineté cantonale sont mis en cause. Il n'y a plus de confédération helvétique; on veut asservir la Suisse à coups de majorité, l'unifier par la violence et l'arbitraire. La lutte se prolongeait sur le terrain des principes. Les Sociétés secrètes ouvrent leurs magasins de révolution; elles se décident à faire appel à l'insurrection armée, et les corps francs sont votés comme moyen et comme avant-garde. Ils se recrutent parmi les réfugiés Italiens et Polonais. C'était inaugurer la guerre intestine. Les cantons primitifs répondent à cette provocation par un nouveau serment du Grütli et par une alliance séparée ou un Sonderbund.

La Révolution était en quête d'un champ clos pour essayer ses forces et relever son drapeau. En Suisse, la question politique se compliqua d'une question religieuse. Les corps francs et les exilés cosmopolites, disciplinant des multitudes avinées, ne cachaient ni leurs tendances ni leurs expédients ni leur étendard de subversion. Dans les cités et dans les hameaux, dans leurs conciliabules occultes ou dans leurs réunions tumultueuses, ils prenaient pour cri de ralliement : « A bas le bon Dieu! mort à ceux qui ont des domestiques! » Ils captèrent ainsi les applaudissements de l'Orléanisme. Évincé du pouvoir, M. Thiers leur accorda son estime lorsque déjà leur phraséologie humanitaire promettait à la blouse l'empire du monde et les fabuleuses jouissances du Communisme. Louis-Philippe ne s'abuse point sur ce nouvel élément de perturbation. Avoir à sa frontière une tourbe de conspirateurs, puisant leur audace dans l'effroi qu'ils inspirent à l'incurie des honnêtes gens, lui paraît un danger et une honte. Après avoir longtemps salarié par des voies détournées ces parasites de la liberté, transformés en manœuvres de la désorganisation universelle, il tâche de les endormir ou de les contenir par de bonnes paroles; mais son argent avait été mieux reçu que ses conseils. Fatigué d'être sans profit le porte-étendard des révoltes, il prétend apaiser puisqu'il n'a plus intérêt à troubler.

Ce revirement était significatif : il ne paralyse guère les projets à l'ordre du jour. L'Europe a besoin de calme; elle aspire au repos et elle demande à grands cris qu'on affirme sa tranquillité même par une intervention armée. Ce vœu est un appel direct à la France et à l'Autriche. Louis-Philippe l'a entendu ; le prince de Metternich en comprend la portée. Les deux gouvernements ont arrêté des résolutions en conséquence. Alors la Grande-Bretagne apparaît, couvrant de son pavillon tous ces écumeurs de terre ferme. Lord Palmerston, que les Anglais surnommèrent l'allumette chimique de l'Europe, a des représailles à exercer contre l'Orléanisme qui vient de le battre dans l'affaire des mariages espagnols. L'Orléanisme, pour la première fois, s'est résolûment rangé du côté de la justice sacrifiée et des droits violés. Il a tenté de faire ce que la France, à toutes les belles époques de son histoire, s'est montrée fière de réaliser : il a pris la défense du faible et de l'opprimé. L'Angleterre passe du côté des oppresseurs ; et, dans ce duel d'influence religieuse et conservatrice, elle a pour auxiliaires madame Adélaïde, sœur de Louis-Philippe, une partie de ses proches et certains membres du ministère.

En ces circonstances, la bonne volonté du chef de la dynastie d'Orléans ne peut être mise en doute. Il est évident pour nous qu'il prépara, qu'il souhaita ardemment le triomphe du Sonderbund sur la Révolution ; mais il nous est démontré aussi que ses efforts furent contrecarrés, même au sein de sa famille, et que l'Angleterre ne se fit si arrogante qu'après s'être nantie de plus d'un appui orléaniste. Le radicalisme suisse s'était insurgé contre les lois de son pays. Il avait fait sur tous les marchés de l'Europe provision de ces serviteurs de l'idée qui trouvent une patrie partout où s'élève une barricade ; et le radicalisme, aux gages du cabinet anglais, vociférait dans les orgies déclamatoires du club de l'Ours que l'intervention étrangère serait un crime de lèse-nation. La rédondance des métaphores civiques n'intimida point Louis-Philippe. Il y était fait et il en avait usé. Mais l'attitude provocante de lord Palmerston, celle de lord Minto, du jeune Robert Peel et de sir Strafford-Canning, ses émissaires, patronnant les excès démocratiques, est pour lui un sujet permanent d'hésitation. Il craint de s'attaquer à trop forte partie. Il se consulte, il tergiverse. Il donne des instructions mystérieuses et des ordres publics en opposition ; puis, de guerre lasse, il se croise les bras et attend les événements.

L'intervention de la diplomatie anglaise, arrêtant au passage l'intervention combinée de l'Autriche et de la France, amena militairement la chute du Sonderbund. Cette première victoire du mal, à laquelle le gouvernement britannique avait si puissamment contribué, apprit à tous les agitateurs le secret de leur force. Elle révéla que le concours officieux de l'Angleterre leur était à tout jamais acquis ; ils ne tarderont pas à l'exploiter. Une assurance mutuelle dans le crime social a été établie entre la Révolution et la Grande-Bretagne. Les alchimistes d'anarchie accueillent cette solidarité avec des joies sauvages et ils déclarent que le cabinet de Saint-James a bien mérité du Communisme reconnaissant.

Les derniers jours de novembre 1847 virent la défaite des Suisses, le triomphe de Palmerston et l'humiliation de Louis-Philippe. Cette catastrophe était le signal de beaucoup d'autres ; l'Europe y remédie après coup. Machiavel avait dit[1] : « Les gouvernements irrésolus ne prennent jamais un bon parti, parce que leur faiblesse les empêche de se décider dès qu'il se présente le moindre doute. Il faut qu'une violence extérieure les force à prendre une détermination. » La violence était flagrante en 1847. L'Autriche, la Prusse et la Russie jugèrent enfin que la loi des nations et la

---

[1] Machiavel. *Discours sur Tite Live*, liv. I, chap. xxxviii.

dignité des princes ne devaient pas rester désormais à la merci d'un caprice de l'Angleterre ou des rodomontades d'une poignée de tranche-montagnes radicaux. Louis-Philippe n'a jusqu'alors été appelé que par grâce dans le concert européen ; l'empereur Nicolas sent le premier qu'il est juste et nécessaire de l'associer en quelque sorte aux efforts communs. Le Czar fut l'adversaire le plus loyal et le plus implacable de la dynastie d'Orléans ; il écrit au chef de cette dynastie pour le féliciter et pour l'encourager.

Cette lettre d'une majestueuse sérénité avait été longtemps sollicitée et plus longtemps espérée. Elle arriva comme toutes les bonnes choses, à son heure ; elle ouvrit de nouveaux horizons au roi de Juillet. L'Autriche, la France, la Prusse et la Russie allaient traiter, en dehors de l'Angleterre, des intérêts et des périls de l'Europe, et c'était le règlement de la question Suisse qui servait de base à cette entente des quatre grandes puissances continentales. Le 18 janvier 1848, leurs ministres en Suisse adressèrent à la Diète de Berne une note collective où la souveraineté cantonale était réclamée d'une manière absolue et où l'indépendance de chaque État se trouvait la condition première de cet ultimatum. Afin de couronner l'édifice, le général de Radowitz et le comte de Colloredo se réuniront une seconde fois à Paris, le 15 mars 1848, avec l'ambassadeur de Russie. Ce congrès, d'où la Grande-Bretagne sera formellement exclue, a un but déterminé. Il établira l'accord conservateur des quatre cours pour étouffer la propagande démocratique et décréter en faveur de l'ordre européen des mesures aussi promptes qu'efficaces.

Au 15 mars 1848, un blocus continental, plus menaçant pour l'Angleterre que celui de Napoléon, l'isolera du monde diplomatique. C'était l'œuvre spéciale, le vœu le plus ardent de Louis-Philippe, s'introduisant dans la famille des rois par le péristyle d'une fédération souveraine. Il allait mettre un terme au chaos que le Libéralisme et la Révolution de 1830 avaient enfanté ; il n'hésitait plus entre le bon et le mauvais génie de la civilisation. Honoré au dehors et sacrifiant de tout cœur ses opinions de juillet au repos général, il se flattait de régner encore longtemps plein de jours et de richesses. Après avoir courageusement affronté le poignard des sociétés occultes et les balles des conspirateurs, il s'admirait dans ses prospérités, il les détaillait aux courtisans de sa fortune. Ainsi que l'homme de la terre de Hus, il répétait à tout venant :[1] « Je mourrai dans le lit que je me suis fait et je multiplierai mes jours comme le palmier. Je suis comme un arbre dont la racine s'étend le long des eaux, et la rosée descendra sur mes branches. Ma gloire se renouvellera de jour en jour et mon arc se fortifiera dans ma main. »

Ce fut à l'apogée de ses splendeurs que la Providence délégua la Révolution pour lui notifier la fatale sentence. *Hora est!* venait-elle lui annoncer dans un

---

[1] Job, xxix, 18, 19, 20.

orage, comme si Dieu, qui dissipe les projets du méchant, ne voulait pas lui permettre d'achever ce qu'il avait commencé. Cette heure était précédée de tous les signes avant-coureurs d'une catastrophe, de tous les symptômes qui annoncent la décomposition. Louis-Philippe ne voulait pas s'apercevoir que plus on étaye une maison, plus elle doit être près de sa ruine.

Le 7 novembre 1847, le prince de Joinville, à bord du *Souverain*, écrivant de la Spezzia au duc de Nemours, pressentait et précisait cette décomposition. Les fils du Noé de l'Orléanisme soulèvent entre eux le voile qui cachait la nudité de leur père ; et Cham l'accuse d'abandonner l'idée révolutionnaire. A entendre ces doléances on eût dit que, toujours brisées sous la meule démagogique, les têtes des d'Orléans doivent toujours renaître pour s'y faire éternellement broyer. Le frère mande au frère : « Je t'écris un mot parce que je suis troublé par tous les événements que je vois s'accumuler de tous côtés. Je commence à m'alarmer sérieusement..... Le roi est inflexible, il n'écoute plus aucun avis ; il faut que sa volonté l'emporte sur tout... Il me paraît difficile que cette année, à la chambre, le débat ne vienne pas sur cette situation anormale, qui a effacé la fiction constitutionnelle, et a mis le roi en cause sur toutes les questions. Il n'y a plus de ministres ; leur responsabilité est nulle ; tout remonte au roi. Le roi est arrivé à un âge auquel on n'accepte plus les observations : il est habitué à gouverner ; il aime à montrer que c'est lui qui gouverne. Son immense expérience, son courage et toutes ses grandes qualités, font qu'il affronte le danger audacieusement ; mais le danger n'en existe pas moins...

« Notre situation n'est pas bonne. A l'intérieur, l'état de nos finances, après dix-sept ans de paix, n'est pas brillant : à l'extérieur, où nous aurions pu chercher quelques-unes de ces satisfactions d'amour-propre, si chères à notre pays, et avec lesquelles on détourne son attention de maux plus sérieux, nous ne brillons pas non plus.

« L'avénement de Palmerston, en éveillant les défiances passionnées du roi, nous a fait faire la campagne espagnole, et nous a revêtus d'une déplorable réputation de mauvaise foi. Séparés de l'Angleterre au moment où les affaires d'Italie arrivaient, nous n'avons pu y prendre une part active, qui aurait séduit notre pays et été d'accord avec des principes que nous ne pouvons abandonner, car c'est par eux que nous sommes. Nous n'avons pas osé nous tourner contre l'Autriche, de peur de voir l'Angleterre reconstituer immédiatement contre nous une nouvelle Sainte Alliance. Nous arrivons devant les chambres avec une détestable situation intérieure, et, à l'extérieur, une situation qui n'est pas meilleure. Tout cela est l'œuvre du roi seul, le résultat de la vieillesse d'un roi qui veut gouverner, mais à qui les forces manquent pour prendre une résolution virile. Le pis est que je ne vois pas de remède... J'avais espéré que l'Italie nous fournirait ce dérivatif. Nous ne pouvons plus maintenant faire autre chose ici que de nous en aller, parce que, en restant, nous serions forcément conduits à faire cause commune avec le parti rétrograde ; ce qui serait, en France, d'un effet désastreux. Ces malheureux mariages espagnols ! nous n'avons pas encore épuisé le réservoir d'amertume qu'ils contiennent.

« Je me résume. En France, les finances délabrées ; au dehors, placés entre une amende honorable à Palmerston au sujet de l'Espagne, ou cause commune avec l'Autriche pour faire le gendarme en Suisse et lutter en Italie contre nos principes et nos alliés naturels. Tout cela rapporté au roi, au roi seul, qui a faussé nos institutions constitutionnelles. »

Les misères de famille et l'antagonisme intérieur, que cette lettre décèle, n'étaient un secret pour personne. Louis-Philippe a conspiré contre son roi, il trouve dans sa propre maison des mécontents qui lui reprochent de trop vivre. Et quand, mû par un sentiment de conservation ou de remords, il offre des gages à la paix générale, un de ses fils s'irrite contre lui, et, pour suivre son exemple de 1789 et de 1830, ce fils s'enrôle dans les rangs ennemis. Ce que le prince de Joinville entrevoit et prévoit ne manque pas d'une certaine justesse ; mais c'est moins le fait de la royauté que la conséquence d'une violation de tous les droits monarchiques. L'Orléanisme a voulu la Révolution ; elle le domine. Ce n'est pas à lui qu'il sera jamais donné de la diriger ou de la comprimer, car il n'appartient qu'aux prophètes ou au génie de remplir d'une vie immortelle quelques ossements arides. Le temps où Bossuet professait si magistralement la vénération envers les Rois était loin de nous; et, dans le cercle même de la famille d'Orléans, il ne se serait pas élevé une voix pour répéter avec le grand évêque de Meaux[1] : « Le prince peut se redresser lui-même quand il connaît qu'il a mal fait, mais contre son autorité il ne peut y avoir de remède que dans son autorité. »

A cette époque, Louis-Napoléon, captif au château de Ham, expiait, la plume à la main, ses complots militaires de Strasbourg et de Boulogne. Suivant non sans perspicacité les oscillations des partis, il se faisait de son encrier une tribune d'opposition, et se livrait avec ardeur à ce travail de la pensée que Plutarque appelle « une chose royale par excellence. » Rapproché des Républicains, estimant les Légitimistes, il réclamait des uns et des autres un peu de notoriété. Ses deux journaux, *le Capitole* et *le Commerce*, étaient morts à la peine. L'héritier de la couronne impériale savait les débris de sa fortune exposés au pillage des gagne-petit de la littérature ou de certains écrémeurs de mauvaises affaires s'arrangeant de leur dévouement d'aventure une position, tantôt à la caisse des fonds secrets, tantôt à la porte du fort de Ham. Le prisonnier contemplait toutes ces misères du haut de son impassibilité philosophique et chrétienne[2]. Il en souriait stoïquement, tout

---

[1] Bossuet. *Politique tirée de la Sainte Écriture*, p. 120.
[2] M. l'abbé Tirmarche, alors curé de Ham, est aujourd'hui évêque

en se réduisant à l'humble collaboration d'un journal de province. C'était sur l'airain peu retentissant du *Progrès du Pas-de-Calais* qu'il gravait ses œuvres et qu'il élucidait ses plans. Oublié du monde entier, — car vers la même année, l'ex-roi Jérôme, son oncle et le prince Napoléon, son cousin, sollicitaient personnellement de Louis-Philippe un titre de pair de France et des pensions de 300,000 francs, — mais ne s'oubliant pas lui-même, le prisonnier de Ham ne désespérait pas plus de sa ténacité que de sa destinée. Il lassait toutes les patiences par son imperturbable patience. En abandonnant aux niais à faire le texte, il se chargeait d'arranger les commentaires. On l'entendait prouver avec une véritable énergie de parole que ce qui établit la différence entre les bons et les mauvais princes, c'est que les bons aiment la liberté et les méchants la servitude. Il pouvait se blesser de ses propres flèches ; mais à coup sûr il ne le voulait pas. Sentant que l'Orléanisme s'appuyait sur un mur en ruine, il se réservait. Afin d'endormir le gouvernement et les

---

d'Arras, et aumônier de l'empereur Napoléon III. Ce prélat a réuni dans ses armoiries la citadelle de Ham et le palais des Tuileries. Un pareil contraste, déjà assez instructif par lui-même, le devient encore davantage par un rapprochement historique. Louis-Napoléon Bonaparte n'est pas le seul prince appelé à régner sur la France, qui aura subi les épreuves d'une longue captivité. Le roi Louis XII, justement surnommé le Père du peuple, fut, lui aussi, renfermé dans un château fort, ainsi que nous l'avons dit à la page 12 du premier volume de cet ouvrage. Quand il monta sur le trône, Louis XII ne se souvint que de son médecin, Salomon de Bombelles. Dans la prospérité, Louis-Napoléon n'a pas oublié les vertus de l'humble prêtre qui l'avait consolé et fortifié aux heures de l'abandon.

geôliers sur ses projets de fuite, il ne cessait de répéter à tous les échos de la publicité ce qu'il avait écrit le 18 avril 1843[1] : « Si demain on ouvrait les portes de ma prison, en me disant : « Vous êtes libre, venez vous asseoir comme citoyen au foyer national, la France ne répudie aucun de ses enfants, » ah! certes, alors un vif mouvement de joie saisirait mon âme ; mais si, au contraire, on venait m'offrir de changer ma position actuelle par l'exil, je refuserais une telle proposition, car ce serait à mes yeux une aggravation de peine. Je préfère être captif sur le sol français que libre à l'étranger[2]. »

Le 25 mai 1846, Louis-Napoléon commente et développe cette tendresse passionnée pour le foyer national, en organisant et en menant à bien son évasion vers l'Angleterre. L'événement passa inaperçu ; mais, après s'être rendu un compte logique des spectacles dont nous sommes frappés depuis quatorze ans, n'est-il pas permis de croire que cette évasion fut comme le

---

[1] *OEuvres de L. N. Bonaparte*, tome I, page 31.

[2] Il ne faut pas trop prendre au sérieux ces exagérations de sentiment, car autrement on ne pourrait les expliquer qu'en accusant de vantardise ou de mensonge prémédité des personnages historiques dont la sincérité ne devrait jamais être soupçonnée. Ainsi, le 7 février 1814, l'empereur Napoléon écrit de Nogent à son frère Joseph qui lui communique ses craintes sur une invasion de Paris : « Je vous ai répondu sur l'événement de Paris, pour que vous ne mettiez plus en question la fin, qui touche à plus de gens qu'à moi; quand cela arrivera, je ne serai plus. »

Et quelques lignes plus loin, l'Empereur se confirme dans cette idée : « Je vous répète donc en deux mots que Paris ne sera jamais occupé de mon vivant, j'ai droit d'être cru par ceux qui m'entendent. » (*Mémoires et correspondance du roi Joseph Bonaparte*, tome X, page 29.)

signal des calamités qui allaient battre en brèche le trône de Juillet?

Ces calamités fondent toutes à la fois sur l'Orléanisme. Une année de disette a succédé aux années d'abondance, et le gouvernement, empêtré dans ses statistiques alimentaires, ne prévoit rien, ne pourvoit à rien. Les pommes de terre souffrent d'un mal inconnu, et, comme au Livre sacré [1], « tout le pays est ravagé, la terre est dans les larmes parce que le blé est pourri : la vigne est perdue et les oliviers ne font que languir ; les vignerons jettent de grands cris parce qu'il n'y a ni blé ni orge et qu'on ne recueille rien de la moisson. »

Les esprits, si prompts à s'alarmer sur la question des subsistances, s'inquiètent encore plus de l'inertie royale que de la pénurie de froment. On eût dit que la France acceptait cette famine comme moyen d'opposition pour la venger de ses abaissements. Les illusions officielles étaient aussi grandes que peu motivées ; Louis-Philippe se résout enfin à les faire cesser. Les grains étrangers peuvent être admis en franchise, ils arrivent dans tous les ports du Midi. Au même moment, les fleuves débordent sur les routes ; des crues subites interceptent les voies de communication et le numéraire s'absorbe dans l'industrialisme et dans les spéculations sur les lignes naissantes des chemins de fer.

Les compagnies qui doivent présider à ce nouveau mode de locomotion ne sont encore ni autorisées ni

[1] Joel, I, 10.

constituées. Néanmoins l'amour du luxe et la soif de l'or poussent indistinctement toutes les classes et tous les sexes à cette vaste curée de la spéculation. Le règne de l'argent s'est substitué au règne des principes, et il s'élève « de ces audacieuses fortunes qui sont, au dire de Tacite [1], vouées de tout temps à l'exécration publique. » L'Orléanisme a démoralisé la France ; il veut la faire riche, en organisant une féodalité mercantile et la banqueroute comme corollaire [2]. On parle de semer sur le sable et de féconder le rocher. Les gentilshommes mettent à l'encan l'épée de leurs aïeux. Ils prêtent leurs titres à usure ; ils sont cotés à la Bourse et se disputent la faveur d'être les croupiers des Juifs et de la maltôte. La fièvre des primes imaginaires et des dividendes fictifs échauffe les têtes les plus calmes. Les épargnes de la famille, le salaire de l'ouvrier, la réserve du commerçant, tout s'engouffre, tout disparaît au milieu de la folie universelle. Personne ne voulut comprendre qu'à la longue le luxe des petits ruinait l'État. La régence de Philippe d'Orléans avait créé l'agiotage et vu le jeu sans frein de la rue Quincampoix ; Louis-Philippe assaisonne et rajeunit toutes ces saturnales. Il enseigne

---

[1] Tacit., *Hist.*, II, 317.

[2] Le dialogue suivant, qui s'établit un jour entre un honnête homme et un faiseur d'affaires, est trop instructif pour que l'histoire le passe sous silence. — Malheureux que vous êtes ! disait l'honnête homme avec un accent de reproche et de pitié, comment ferez-vous quand vous rencontrerez un de vos créanciers ? — D'abord, je ne les rencontrerai jamais, répondait le faiseur d'affaires, avec une cynique gaieté. Mes créanciers vont à pied et moi toujours en voiture. »

à solliciter de toutes voix et à recueillir de toutes mains.

Pendant ce temps la misère planait sur les villes et sur les hameaux où les céréales étrangères ne pouvaient arriver. Le travail était suspendu et l'ouvrier réduit comme le pauvre à invoquer la charité publique ou privée. La faim est une aussi mauvaise conseillère que la cupidité. Les doctrines antisociales avaient germé dans quelques départements du centre : les théories du chaos se font jour. En guise de boulets rouges, elles commencent à projeter sur le monde aux abois les rêves les plus incompréhensibles. Des hordes de malfaiteurs, des apprentis communistes, des villageois, dont le fanatisme ignorant est la seule excuse, se mettent à parcourir les campagnes. Ils interceptent la circulation des blés, taxent arbitrairement les propriétaires, exigent des rançons, pillent les magasins et menacent de l'incendie et même de la mort. On avait inoculé à la plèbe l'idée du droit au travail ; la plèbe en fait tout naturellement découler le droit à la propriété d'autrui.

Les vieilles guerres de la Jacquerie et des Compagnies franches allaient se reproduire en plein dix-neuvième siècle. A Buzançais, à Châteauroux et à Bélabre, des crimes furent commis. Le sang coula et l'assassinat vint attester aux moins clairvoyants à quels excès d'audace peuvent se porter les prédicateurs ou les séides de la loi agraire. Il n'y avait plus de doute à entretenir ; le désordre matériel n'est que la conséquence du désordre intellectuel. Il faut sévir sans pitié ou se résigner à voir la France livrée corps et biens aux truands de l'humanitarisme et aux vagabonds du prolétariat. La cour d'assises de l'Indre et la royauté d'Orléans furent implacables. Le 16 avril 1847, trois têtes roulèrent sur l'échafaud de Buzançais, et vingt-deux coupables durent expier au bagne leurs attentats contre la société.

Ces condamnations répandirent un effroi salutaire parmi les multitudes que de farouches enseignements dressaient au pillage et au massacre; mais ces enseignements furent perdus pour les fripons mieux apparentés ou pour les exacteurs privilégiés. Certains bénéficiaires de l'insurrection de Juillet, comblés d'infamie et de dignités, avaient des plaies honteuses que l'Orléanisme n'osait pas sonder. Chaque semaine, un scandale nouveau se produisait; à chaque instant se révélaient des déprédations ou des concussions de toute sorte. L'Orléanisme fermait les yeux comme s'il en eût été le moteur ou le complice. L'administration de la marine était surtout prise à partie. Une enquête est demandée, est exigée par la presse : la chambre des députés l'accorde. Tout à coup le Mourillon, arsenal et entrepôt maritime de Toulon, s'embrase en plein jour et sur plusieurs points à la fois. L'incendie délivrait les voleurs du contrôle et de la vérification; le feu apurait tous les comptes. Il cachait sous sa cendre la main et les traces des faussaires. A Rochefort, les dilapidateurs furent moins heureux. A Paris, à la Manutention générale des vivres, ils mouraient ainsi que Bénier, en laissant pour tout appoint de responsabilité des grains détériorés. Concussionnaire administratif, mais orléaniste brûlant de zèle, ce Bénier avait été, à la demande même de Louis-Philippe, dispensé de cautionnement.

A l'Hôtel de Ville, le trafic des plans et devis commençait à être en permanence. Tout était objet de lucre, tout devenait matière à spéculation. Ici, l'on brocantait les votes du pays légal; là, on achetait à prix débattu les suffrages des électeurs. Devant la cour d'assises de la Creuse, le procureur général de Limoges put donc s'écrier en toute sécurité de conscience : « La corruption électorale n'est plus un vain mot : le mal existe, il est flagrant. » Plus loin on s'entretenait de marchés équivoques, de pots-de-vin ignobles, de promesses de pairie mises au rabais, de priviléges de théâtre marchandés derrière la toile, de hautes fonctions de magistrature enlevées à la pointe d'une menace d'indiscrétion, et de recettes particulières négociées dans l'alcôve d'une femme adultère.

La juiverie et la philanthropie se faisaient concurrence. La juiverie ouvrait à deux battants les portes de la Bourse; la philanthropie aspirait à fermer celles des bagnes. Les Juifs se proclamaient les rois de l'époque. Par toute espèce d'industrie véreuse et de change interlope, ils accaparaient le plus clair de la fortune publique et des fortunes patrimoniales [1]; la

[1] Un financier israélite, que trois banqueroutes savamment combinées ont enrichi jusqu'au scandale, avait dans ce temps-là un fils, le Benjamin de la tribu. Il le chargeait d'acheter toutes ses menues four-

philanthropie usait de moyens encore plus coupables. Molière a peint le Tartuffe de dévotion; par malheur le philanthrope lui échappa. Cette tartufferie reste pour compte à la bienfaisance de l'Orléanisme. La philanthropie, invention moderne, orgueilleux larcin commis au préjudice de la charité chrétienne, avait été popularisée au Palais-Royal et aux Tuileries par une espèce de contrefaçon de l'Anglais Howard, courant les bagnes, visitant les prisons et distribuant aussi parcimonieusement que bruyamment les aumônes de la reine Marie-Amélie et de madame Adélaïde [1].

nitures de bureau; et, en parlant de cet enfant avec une tendresse commerciale, il disait : « Je sais bien que, lorsque le petit va faire mes emplettes, il me vole quelque peu ; mais ça le forme ! »

[1] Nous n'avons pas plus, on le sent bien, l'intention que la volonté d'établir des comparaisons entre la charité et la philanthropie. Il y a de la marge de saint Jean de Matha et de saint Vincent de Paul à M. Appert. Nous croyons, cependant, qu'il existe du bon, même dans la philanthropie, et nous avons connu un ancien orléaniste, le comte Boulay (de la Meurthe), qui nous aurait démontré la nécessité de cette distinction. M. Boulay (de la Meurthe) était un brave et digne homme, quoique philanthrope. Lorsque, par un jeu du sort, il fut appelé à la vice-présidence de la République de 1848, il ne cessait de dire à ses amis qui le félicitaient : « Je toucherai près de cinquante mille francs de traitement ; mais je ne veux pas, Dieu m'en garde ! qu'il entre un denier de cette somme dans mon escarcelle. Les ouvriers, nos frères du travail, ont plus besoin d'ouvrage que d'aumône. Le travail réhabilite les hommes ; je me ferai un devoir de leur en donner. — A quel monument public appliquerez-vous vos honoraires ? » lui demandait-on. Et M. Boulay répondait avec une solennelle naïveté : « Monsieur, je fais élever d'un étage ma maison de la rue de Vaugirard. »

L'Orléanisme n'eut pas pour ses philanthropes la main plus heureuse à l'extérieur qu'à l'intérieur. Il avait pris sous son égide et il citait à tout venant, comme digne de l'admiration universelle, un certain Nicolay, modèle de générosité après décès, et de son vivant commandeur de

Les organes du vieux libéralisme et des progrès du siècle ne tarissaient pas en dithyrambes sur les ineffables vertus de cet avocat des classes souffrantes, vertus qu'il appréciait et célébrait lui-même dans les jour-

l'ordre belge de Léopold, président honoraire de la Société royale de philanthropie, à Bruxelles, et baron par-dessus le marché. Ce commandeur Nicolay, Belge d'origine et franc-maçon par métier, s'était créé à très-peu de frais une douce et brillante existence en Belgique. Son nom de bienfaiteur de l'humanité retentissait jusqu'aux Tuileries, et les Orléanistes et les Libéraux l'opposaient avec une malice assez mal déguisée aux œuvres de la charité chrétienne. Le commandeur baron Nicolay avait trouvé l'ingénieux moyen de persuader aux frères et amis qu'il était immensément riche et qu'il accumulait des trésors, capital et intérêts, pour faire par testament entre-vifs le bonheur de toutes les communes de Belgique. Il donnait, il léguait, il prodiguait sa fortune à tous les bureaux de bienfaisance; mais magnifique seulement après le trépas, il se dispensait durant sa vie du plus simple acte de charité. Le commandeur était la providence future des pauvres et l'exemple le plus écrasant qui pût être proposé aux riches de la terre. Louis-Philippe lui accordait son estime, le roi Léopold des titres et des cordons. Quand il prenait fantaisie à ce commandeur philanthrope de voyager à travers les provinces de Hainaut, de Namur, de Luxembourg et de Limbourg, son testament, toujours ouvert et toujours prêt à recevoir de nouvelles donations, lui servait de passe-port et d'invitation à dîner. Les bourgmestres et les échevins des cités et des villages se précipitaient à sa rencontre. On lui offrait partout et à toute heure le vin d'honneur, les repas de corps, les mets les plus recherchés et les sérénades les plus cordialement officielles; on lui portait les toasts les plus filandreusement extatiques. Son buste couvert de rubans et de fleurs était promené par les rues et solennellement déposé dans chaque hôtel municipal. La carte à payer de ces banquets pantagruéliques n'inquiétait pas plus les échevins que les membres des bureaux de bienfaisance. On rognait sur la part du pauvre en avancement d'hoirie. Le menu fiduciaire du commandeur était là, s'accroissant chaque jour d'un nouveau témoignage de gratitude, et ses exécuteurs testamentaires, le général Chazal, aide de camp du roi Léopold, MM. Charles Rogier, ministre de l'intérieur, puis des affaires étrangères et Van Kerckhove, directeur général du trésor public, garantissaient naïvement ces splendides promesses d'outre-tombe. Vers l'année 1856,

naux, en sonnant de la trompette devant lui.

Mais peu à peu des rumeurs étranges se répandirent à la cour. Les intimes du château crurent avoir intérêt à descendre dans cette vie qui se cachait à tous les regards. L'on apprit que ce personnage, à force de se dévouer pour l'humanité, avait fini par aimer l'homme dans le forçat. Les bagnes lui rendaient tendresse pour tendresse; il était leur confident et leur secrétaire. La corporation des forçats lui avait réservé la garde de son trésor particulier, de cet *Ærarium sanctum* auquel il n'est permis de toucher que pour les frais de guerre contre la société. Aux bonnes fêtes, c'était l'ami par excellence qui désignait à Louis-Philippe ceux qu'il fallait gracier ou séduire par une commutation de peine. L'Orléanisme était pris dans ses œuvres pies. On élagua sans bruit le philanthrope de la liste des célébrités contemporaines. On le dé-

---

le commandeur Nicolay mourut. Alors les deux cent quatre-vingt-dix-huit bureaux de bienfaisance, dotés par lui d'un revenu annuel de quatre-vingt-huit mille six cent dix francs, et les hôpitaux et les administrateurs des provinces auxquels il avait légué des sommes imaginaires, arborent un deuil spontané et se présentent tous pour bénir le testateur et saluer la succession ouverte. L'actif de cette succession vraiment philanthropique se composait de trente-trois mille huit cent cinquante et un francs quarante-huit centimes; le passif s'élevait au chiffre de vingt-cinq mille sept cent onze francs vingt-sept centimes. Pour acquitter plus de quatre millions de bienfaits usuraires, le commandeur ne laissait, avec l'exemple de ses vertus problématiques et les apothéoses *bien senties* du journalisme belge, que huit mille cent quarante francs vingt et un centimes. Le coup était rude; la philanthropie et le libéralisme essayèrent de le parer en organisant le silence autour des mystifications posthumes de ce commandeur baron Nicolay qui avait vécu si largement de la crédulité des uns, de la cupidité des autres et des plantureux festins de tous.

porta dans le fond d'un village ; puis, le silence obtenu, on courut étouffer de nouveaux scandales, tels que celui du capitaine Gudin, officier d'ordonnance des princes et trichant même à leur jeu. Quelque temps auparavant, M. Lehon, un saint Vincent de Paul orléaniste du notariat, a ruiné sa clientèle et dissipé les épargnes de plusieurs dans l'assouvissement d'un amour, ne procédant ni de la bourse ni de l'industrie. La bienveillance dynastique, couvrant à Paris le notaire prévaricateur, multiplie les prévarications des notaires de province ; et l'on s'effraye à bon droit de cette épidémie de lucre et d'improbité qui atteint une classe d'officiers publics dont l'honneur n'avait jamais été soupçonné.

Dans les annales de l'humanité, il ne se présenta jamais une époque plus féconde en ignominies de toute espèce. On avait vu M. Victor Hugo, dramaturge, tonner sur les théâtres contre des adultères inventés par lui et qu'il mettait impudemment à la charge des rois et des reines. M. le vicomte Victor Hugo, arrivé à la pairie, grâce à la duchesse d'Orléans, est surpris par un commissaire de police en flagrant délit de conversation criminelle. Un autre pair de France, le baron Mortier, tend un guet-apens paternel à ses enfants ; il les tient pendant plus d'un quart d'heure sous la lame de son rasoir. Un ambassadeur très-mêlé aux tripotages secrets de la famille royale, M. Bresson, en appelle au désespoir du suicide des ingratitudes dont, à Naples, il lui plaît d'accuser les d'Orléans. M. Martin (du Nord), ministre de la justice et des cultes, est frappé d'apoplexie foudroyante, et des récits d'une douloureuse immoralité circulent partout, répandant la consternation.

A peu de mois d'intervalle, Jean-Baptiste Teste, président à la Cour de cassation, et, lui aussi, ministre de la justice et des cultes, venait s'asseoir sur la sellette de la Cour des pairs avec un ancien ministre de la guerre, le général Despans-Cubières. Tous deux sont inculpés du crime de concussion. L'un a corrompu, l'autre s'est laissé corrompre. Une somme de cent mille francs, — une bagatelle, quand le tarif des consciences sera protégé par les brutalités de l'arbitraire, — a été offerte et donnée à Teste, alors ministre des travaux publics, pour obtenir de lui une signature dans certaine affaire de mines. Le 14 février 1842, le général Cubières, écrivant à l'un de ses complices nommé Parmentier, lui disait : « N'oubliez pas que le gouvernement est dans des mains avides et corrompues. »

Une de ces mains se tendait pour recevoir. On paya à Teste le prix de sa complaisance, et ce ne fut qu'en 1847 que cette transaction éclata. Elle fit décréter de prise de corps les deux ministres orléanistes avec Parmentier et Pellapra[1], plus obscurs agents de cette ma-

---

[1] M. Pellapra était un vieillard, prodigieusement enrichi par des affaires faites avec tous les gouvernements et le premier venu à dater du Directoire. A ses bonnes heures, M. Pellapra aimait, en se frottant les mains, à répéter cette sentence : « Heureux les enfants dont les pères méritent d'être pendus ! » Quand il fut interrogé par les ducs Pasquier et Decazes sur les points relatifs aux mines de Gouhenans : « Ah çà,

nœuvre. Teste est un vieux conspirateur libéral, un avocat madré qui connaît, par une longue expérience, toutes les ressources de la chicane. Il ne s'effraye pas comme le général Cubières de l'appareil de la justice. Son sang-froid, son énergie et ses subtilités de basoche le servent admirablement devant cette haute cour où il siégeait la veille au milieu de ses pairs. Enfin, écrasé sous l'évidence des preuves, il cherche à se dérober à une flétrissure légale en se réfugiant dans le suicide. N'ayant pu réussir à commettre ce dernier forfait, il est condamné à trois ans de prison et à la dégradation civique. Ses coaccusés sont tous frappés de cette dernière peine.

Trente jours s'écoulent, et, le 18 août 1847, Paris et l'Europe entière sont saisis d'épouvante au récit d'un crime encore plus étrange. Le duc de Praslin, chevalier d'honneur de la duchesse d'Orléans, a, durant la nuit, égorgé sa femme, la mère de ses huit enfants. En France, où l'esprit de famille a survécu à la perte de toutes les traditions, cette nouvelle retentit comme un coup de tonnerre. Une foule immense assiége l'hôtel, témoin de ce lugubre drame ; puis, avec une fiévreuse avidité, elle en recueille les navrantes péripéties, elle en commente les détails les plus intimes. La duchesse de Praslin, fille du maréchal Sébastiani, s'était arrangée un roman d'amour dans le mariage. Le duc de Praslin n'y vit qu'une chaîne devenue plus

s'écria-t-il tout abasourdi, que me chantez-vous là ? est-ce que nous avons tous fait autre chose depuis plus de quarante-cinq ans ? »

lourde par la monotonie du bonheur. La présence d'une jeune institutrice vint troubler ce ménage. Le duc de Praslin, enivré d'adultère et fou d'ennui, résolut de se débarrasser de sa femme à coups de poignard. La lutte avait été aussi longue qu'affreuse, car le corps de la duchesse est couvert de plus de trente blessures, et celui de l'assassin porte des traces visibles de la résistance qu'il éprouva dans l'accomplissement de son crime.

Ce meurtre inexplicable était patent. La justice ne daigna même pas s'arrêter aux dénégations et aux équivoques réponses de l'assassin. La Cour des pairs est chargée de procéder, mais alors un empoisonnement volontaire, selon les uns, imposé par l'autorité et subi par la prostration, racontent les autres, accrut les soupçons et redoubla les angoisses. Le peuple refuse d'ajouter foi au suicide. Il imagine d'absurdes hypothèses; il croit à des relations coupables qui n'existèrent jamais. Le titre de chevalier d'honneur de la duchesse Hélène d'Orléans fut une occasion de calomnie contre elle. On alla plus loin; l'assassin se dérobait ou était soustrait à la vindicte publique. Il se rencontra des multitudes de gens bien informés, sachant de source très-sûre et révélant à tous que le duc de Praslin vivait dans le palais des Tuileries. L'idée de rattacher le mystérieux forfait à la dynastie régnante était si bien enracinée dans les esprits, qu'aujourd'hui encore il ne manque pas de robustes crédulités pour affirmer que cet homme a été vu et reconnu tantôt en Angleterre, tantôt en France, et toujours sous la sauvegarde de l'Orléanisme. Cette imposture, qui n'a jamais eu la moindre apparence de probabilité, s'est perpétuée dans les masses comme une légende, parce qu'elles sont plus vivement et plus durablement impressionnées que les classes prétendues supérieures.

L'année était aux désastres. Tous ces drames, dont nous n'avons besoin que d'indiquer les titres, frappaient coup sur coup l'imagination superstitieuse du peuple. Il croyait à des calamités prochaines, et, après avoir, dans son for intérieur, accusé le gouvernement, il allait jusqu'à s'en prendre à la société. Témoin de ces attentats impunis ou protégés, il s'exaltait dans sa misère ; il désirait, avec des rages impatientes, l'avénement d'un cataclysme espéré. Ses aspirations ainsi que ses vœux n'étaient plus un secret. Il les manifestait sans contrainte ; et, lorsqu'une grande fête, donnée par le duc de Montpensier, réunit au château de Vincennes l'élite du monde officiel, un spectacle imprévu porta la terreur parmi ces heureux du siècle. Le faubourg Saint-Antoine est debout avec ses ouvriers courroucés, ses femmes échevelées et ses enfants déguenillés hurlant le *Ça ira* de la lanterne, comme aux jours de 1793. La moquerie ou le blasphème aux lèvres, ils forment la haie sur le passage des voitures. De sombres colères rembrunissent toutes les physionomies. C'est un réquisitoire qui tombe de cent mille bouches, et qui, de malédiction en malédiction, retentit ainsi qu'un glas funèbre. D'indicibles outrages sont proférés. On insulte nominativement, on désigne aux vengeances populaires des personnages tristement célèbres. Quelques dames de la cour ou de la banque sont couvertes de lazzi et d'immondices.

Chacun de ces symptômes de mort est pour Louis-Philippe un nouveau sujet d'étonnement. Les crises d'un mal sans remède se produisent; ce d'Orléans, aveuglé par ses prospérités, croit avoir mis sa fortune et sa couronne à l'abri de la foudre. Il affirme que le peuple a signé sa démission entre ses mains, et il sourit à des catastrophes qui, tout compte fait, lui semblent la conséquence naturelle du progrès des idées. Son gouvernement a, dans les deux Chambres, une majorité que rien ne peut ébranler. Des fonctionnaires, audacieux de zèle et enfarinés de dévouement, brûlent d'en venir aux mains avec la fantasmagorie des partis; et, pleins de confiance officielle dans la durée de la dynastie, ils ne permettent même pas à leur pensée de concevoir un doute sur son éternité. Louis-Philippe a pour lui la garde nationale et le pays légal. Les classes moyennes lui ont voué un culte pécuniaire, car il fait tout pour elles. Afin de ne pas mécontenter les rentiers, il s'est opposé à la réduction de l'intérêt de la dette publique. Pour ne pas déplaire aux maîtres de forges et aux propriétaires de forêts, il n'a pas voulu consentir à l'abaissement des droits sur les fers étrangers. Dans la crainte de s'aliéner les éleveurs de bestiaux, il empêche la libre introduction du bétail allemand ou suisse. Ces mesures, prises en faveur de la classe moyenne, tournent au préjudice évident des agriculteurs et des ouvriers. Louis-Philippe ne tient nul état de leurs souffrances. Il est roi constitutionnel dans toute la force du terme.

Dix-sept ans de règne ont amoindri ou dispersé ses ennemis. Après avoir maîtrisé les tempêtes, il se flatte d'entrer dans l'heureux repos promis à ceux qui luttèrent avec succès. A tout au moins une fois l'an, les Pindares des corps constitués venaient lui psalmodier l'hymne de la reconnaissance publique; il s'applaudissait avec eux d'avoir préservé l'ordre social d'une ruine imminente.

Dans le même temps, les partis, opérant un changement de front, adoptaient, pour démolir l'édifice de Juillet, une tactique plus infaillible. Il y avait au Palais législatif des mécontents isolés, des fractions de tiers parti et de centre gauche, tenus depuis six années à l'écart du pouvoir et se morfondant sous une oisiveté qu'ils déploraient au nom de la France. On les convoquait bien à la curée des faveurs et des emplois, et ils ne manquèrent jamais au rendez-vous si avidement sollicité ; mais il répugnait à ces Cerbères d'opposition de partager le gâteau. Amis toujours menaçants, factieux incertains, agitateurs sans mouvement qui harcèlent le ministère jusqu'au jour où, à leur plus grande stupéfaction, ils ont démoli le trône, ces hommes étaient à moitié de toutes les routes, sans oser avancer, sans oser reculer. Les fins routiers de la République et de la Légitimité, mettant une sourdine à leur haine, comprirent que, afin de pousser aux extrêmes tous ces ambitieux irrités, il fallait les placer à leur tête. Par son talent oratoire comme par son besoin de domination, M. Thiers exerçait sur les députés et sur le journalisme une action prépondérante. Il avait à sa disposition, comme plus d'un habile prestidigitateur en finances, tant de manières de remuer, de grouper et d'expliquer les mêmes chiffres, qu'on arrivait toujours à une solution différente, selon les circonstances. Rival de M. Guizot, il s'était fait de cette passion une sorte d'hostilité personnelle contre le roi de son choix. Pour rentrer par la brèche, il préparait à petit bruit une abdication, et, bouleversant l'ordre de successibilité établi par la loi de régence, il se voyait déjà en songe le Mazarin de la princesse Hélène d'Orléans. M. Thiers fut établi chef de file des partis et général de toutes les factions. M. Odilon Barrot eut les honneurs de cette double sinécure.

Ne troubler la quiétude de personne était chose indispensable. Pour détourner l'attention du véritable but auquel ils tendaient, les partis convinrent de mettre leur drapeau dans leur poche et de ne marcher que sous la bannière de la réforme électorale. Cette funeste année 1847 avait vu à l'œuvre de la corruption, du suicide et de l'assassinat les plus hautes capacités de la magistrature, de l'armée, de la diplomatie et de l'administration. La réforme, se faisant modeste, demandait l'adjonction des capacités plus humbles, comme si les hautes classes seules eussent été entachées d'un vice radical. La réforme était un expédient plutôt qu'un moyen, un combat d'influences plutôt qu'une affaire de principes. Depuis longtemps discutée et mise à néant, elle se traînait dans l'ornière du lieu commun, lorsqu'on décida de lui offrir pour corollaire la campagne des banquets.

Elle fut inaugurée à Paris, où l'on dîna, où l'on pérora, au Château-Rouge, de tout ce qui était constitutionnel ou inconstitutionnel, et même de quelque autre chose encore. Puis les orateurs attitrés s'éparpillèrent dans les provinces, emportant la Révolution au fond de leurs sacs de nuit. Ils couraient au galop vers tous les carrefours où grinçait la broche réformatrice dont les sans-culottes de chaque arrondissement espéraient bientôt se faire une pique.

La mode ou plutôt la fièvre des banquets se communiqua. Chaque ville ambitionna d'avoir le sien ; chaque bourgade se disputa le parleur le plus en renom. Les députés du centre gauche, du tiers parti et de la gauche, ne sachant pas trop de quel esprit ils sont, faisaient les frais de cette éloquence voyageuse ; les avocats locaux servirent d'intermède. L'agitation se propagea, le verre en main. Les Sociétés secrètes la disciplinèrent ; et, le 28 décembre 1847, lorsque le roi-citoyen fit pour la dernière fois l'ouverture solennelle des Chambres, on l'entendit balbutier de timides récriminations et se bercer de chimériques espérances. Il disait : « Au milieu de l'agitation que fomentent les passions ennemies ou aveugles, une conviction m'anime et me soutient : c'est que nous possédons, dans la monarchie constitutionnelle, dans l'union des grands pouvoirs de l'État, les moyens les plus assurés de surmonter tous les obstacles et de satisfaire à tous les intérêts moraux et matériels de notre chère patrie. Maintenons fermement, selon la Charte, l'ordre social et toutes ses conditions. Garantissons fidèlement, selon la Charte, les libertés publiques et leurs développements. Nous transmettrons intact aux générations qui viendront après nous le dépôt qui nous est confié; elles nous béniront d'avoir fondé et défendu l'édifice à l'abri duquel elles vivront heureuses et libres. »

Trois jours après que ces paroles avaient été prononcées, madame Adélaïde, cette sœur dont Louis-Philippe sut faire son Égérie, descendait au tombeau comme pour ne point assister à la ruine de l'Orléanisme; et les partis ennemis, traînant à leur suite des chefs véritablement aveugles, se réunissaient en vue d'un suprême assaut. Le péril venait de tous les côtés à la fois. La mêlée parlementaire fut orageuse. Il y eut de formidables éclats de voix et de sournoises perfidies, des apostrophes brûlantes et de discrètes capitulations de conscience. Mais de tous ces vains mots qui enflamment les âmes il ne reste, après deux ou trois heures, que ce qui est resté de cet Haterius dont Tacite pèse ainsi la valeur littéraire[1] : « son intarissable éloquence, que l'action vivifiait, que refroidissait la composition, perdit beaucoup en passant de sa bouche dans ses écrits. »

[1] Tacit., *Annal.*, liv. IV, p. 7.

Ce n'était point la palme du bien-dire que convoitaient les ennemis et les aveugles. Sous le fracas des deux tribunes se trouvaient engagées des questions de vie ou de mort. Les révolutionnaires de Juillet hors du pouvoir dressaient le bilan de leurs frères et amis de 1830 installés au gouvernail. Tous s'accusaient réciproquement d'avoir conduit la France aux abîmes ; tous s'intentaient un procès devant l'opinion pour faire décider à qui incombe la responsabilité des crises que traverse le pays. Répudiée par les uns, tenue en quarantaine par les autres, la Révolution était sévèrement incriminée, plus sévèrement appréciée. Quand tout à coup Mauguin, député qui se rattache d'avance au Bonapartisme, vient, avec de brûlantes récriminations, faire la part de chacun : « Pourquoi, s'écrie-t-il, prononcer de si grands mots contre les Révolutions ? Mais notre gouvernement, nos Chambres, nos ministres, la couronne elle-même, est-ce que tout cela n'est pas révolutionnaire? Est-ce que vous n'avez pas ici jugé un roi? Est-ce que vous n'avez pas prononcé la déchéance de ce roi ? Est-ce que vous trouvez quelque chose de plus révolutionnaire que de prononcer la déchéance d'un roi, de déclarer la vacance d'un trône, de décerner une couronne? Vous êtes un gouvernement révolutionnaire. »

L'apothéose de 1830, faite au milieu de ce pugilat oratoire par un membre de la commission municipale de Juillet, était un appel aux passions et aux remords. Personne ne se l'avoua, parce qu'alors chacun combattait pour sa propre maison. Les fureurs de tribune s'éteignirent dans un scrutin favorable à l'Orléanisme régnant et gouvernant ; elles se réveillèrent dans la rue.

Un nouveau banquet avait été organisé à Paris au service du douzième arrondissement. Le ministère s'y était opposé en invoquant une loi puisée dans l'arsenal de toutes les mesures arbitraires de 1790. Après de longs pourparlers, d'interminables conciliabules et de méticuleuses hésitations, il fut décrété que la réforme électorale passerait outre et que le banquet aurait lieu aux Champs-Élysées. Marrast, dans *le National* du 21 février, rédigea l'ordre et la marche du cortége. Il tenait la ficelle par les deux bouts. A l'aide d'un stratagème auquel Machiavel aurait applaudi, il fit une tourbe d'émeutiers de tous ces opposants dynastiques qui ne songeaient qu'à devenir ministres. Acceptant l'initiative de la Fronde après boire, la Révolution avait convoqué pour son banquet la garde nationale et la jeunesse des écoles, la Chambre des pairs et la force ouvrière. Le 22 février, à l'aurore des trois jours, les blouses, cette avant-garde des barbares, descendent sur les places, sur les boulevards et dans les riches quartiers. On croirait qu'elles en prennent déjà possession au nom de la fraternité, expliquée par le droit au travail.

Louis-Philippe ne doute pas de la fidélité de l'armée. Il s'appuie sur ses chers camarades de la garde nationale, dont l'émeute va faire fermer les boutiques. Fort de ces espérances, il résiste aussi opiniâtrément aux prières qu'aux conseils. Cet homme, autrefois si prudent, et qui n'aborda jamais de front la plus minime des difficultés, avait eu pour principe de mettre toujours son pied dans deux souliers. Aujourd'hui il ne veut entendre parler ni de réformes ni de concessions. Des voix insidieuses lui murmurent aux oreilles de calmer les tempêtes; Louis-Philippe s'obstine à les déchaîner. L'opposition le circonvient jusque dans l'intérieur de sa famille; et ce vieillard, qui en a fait à tous les princes légitimes, s'irrite à la seule pensée qu'on va résister à ses volontés. Son expérience des transactions politiques et des faiblesses humaines est invoquée comme une égide. Soit fatigue d'esprit, soit habitude du commandement, il lui répugne de négocier avec les uns, de pactiser avec les autres et de se souvenir que le plus petit ennemi peut à la longue faire beaucoup de mal. La Révolution est partie de l'Orléanisme, il déclare qu'elle n'aboutira pas à l'Orléanisme. Plein de fureur et d'orgueil, il prétend rester roi et maître de la situation. En analysant de quels misérables éléments se compose cette tourbe qui ânonne l'émeute, il se sent plus que jamais enclin à nier l'action de la Providence sur l'humanité, cette action que, dans son *Socrate chrétien*, Guez de Balzac a si bien définie. « Dieu, écrivait-il[1], est le poëte et les hommes ne sont que les acteurs. Ces grandes pièces, qui se jouent sur la terre, ont été composées dans le

---

[1] *Socrate chrétien*, par Jean-Louis Guez, seigneur de Balzac, — VIII° discours, page 258 (édition de 1665).

ciel, et c'est souvent un faquin qui en doit être l'Atrée ou l'Agamemnon. Quand la Providence a quelque dessein, il ne lui importe guère de quels instruments et de quels moyens elle se serve. Entre ses mains, tout est foudre, tout est tempête, tout est déluge, tout est Alexandre, tout est César. Elle peut faire par un enfant, par un nain, par un eunuque ce qu'elle a fait par les géants, par les héros. »

Louis-Philippe a pris pour tâche civique de reléguer dans les superstitions du passé des pronostics qui ne sont pas prévus par sa Charte-vérité. Il espère que, comme au début du règne, les difficultés elles-mêmes finiront par devenir des ressources. Un coup de force avait suspendu les apprêts de la manifestation réformiste. On ne dînait pas. Les convives étaient suppléés par des escouades de sergents de ville, et les régiments, mis sur pied de guerre, écoutaient nonchalamment les périodes patriotiques de la révolte naissante. Des ouvriers, des bourgeois de Paris, des étudiants, des gardes nationaux en uniforme, des femmes surtout se glissaient dans les rangs et faisaient au soldat un cours de fraternité. Les gardes municipaux, qui ne paraissent pas se prêter aussi volontiers au jargon démagogique, sont accueillis par des pierres et par des huées. D'ici et de là quelques rares coups de fusil s'échangent, et les professeurs de barricades organisent une répétition générale à plein soleil.

Dans la matinée du 23 février, les gardes nationaux s'appellent d'eux-mêmes sous les armes. Cette milice, débonnaire et bruyante, peureuse et cruelle, a une horreur instinctive de la République et des Sociétés secrètes. Plus d'une fois elle en offrit des preuves sanglantes au roi-citoyen ; mais, gagnée aux idées de réforme électorale et parlementaire, elle ne se plaisait à jurer que par Thiers ou par Odilon Barrot. On lui a dit qu'une leçon serait nécessaire à la couronne ; la garde nationale est fière d'avoir été choisie pour la donner. Ces janissaires de comptoir, qui firent de l'ordre et de la violence au bénéfice de la dynastie de 1830, vont faire du désordre contre elle. Le souverain et le ministère ne sortirent jamais des limites constitutionnelles. La majorité dans le corps électoral, ainsi que dans les Chambres, leur est acquise, et les légions prétoriennes, de leur autorité privée, s'attribuent le pouvoir de créer et de détruire. En 1830, une usurpation royale s'est effectuée avec leur concours ; en 1848, elles tendent les mains à une usurpation populaire. C'est la Commune de Paris ressuscitée sous le drapeau ; elle signifie sa dictature en ces termes : « Nous, appartenant tous à la milice parisienne, et protecteurs de l'ordre public, nous allons nous rendre partout où nous serons dirigés, pour empêcher ou arrêter l'effusion du sang ; mais en même temps, protecteurs de la liberté, nous déclarons que notre réunion n'a aucunement pour objet d'approuver la politique ministérielle, au dedans ou au dehors, ni de donner un appui quelconque à un ministère que nous blâmons, au contraire, avec toute l'énergie de bons citoyens. »

Ces bons citoyens, auxquels, après Juillet, on persuada qu'ils seraient quelque chose dans l'État, protestent chez tous les marchands de vin de leur soif immodérée de réforme. Il chantent à plein gosier *la Marseillaise* dans tous les corps de garde. Sur toutes les places publiques ils proposent aux insurgés leurs fusils et leurs munitions. La milice bourgeoise intervertit les rôles, elle s'excite au désordre et à l'apaisement. Les insurgés la mettent à leur tête et, criant comme elle: Vive la réforme! à bas les ministres! ils s'efforcent de paralyser l'action des troupes, en jetant l'incertitude dans les rangs. Partout où des factieux mal engagés vont être dispersés ou battus par des municipaux et par la cavalerie, la garde nationale se présente, l'olivier à la main. Elle fait office de missionnaire de l'humanité; on la voit gonflée de son importance et superbe de médiation, distribuer à tout venant des baisers Lamourette.

Une Journée des Dupes, telle que l'histoire n'en aura jamais enregistrée, se prépare. Depuis que Louis-Philippe n'est ni l'instigateur ni l'usufruitier des révolutions, il ne croit plus à leur efficacité. L'esprit de rébellion s'étend partout. Il se glisse même aux Tuileries, où l'Orléanisme porta, comme au Palais-Royal, ses fruits d'ambition et de rivalité. L'émeute demande la tête de M. Guizot. La cour se contente d'exiger sa démission. Les hommes et les principes furent toujours très-secondaires pour Louis-Philippe; il ne tient qu'à son système. Hier, il jurait de ne pas céder à la pression des clubistes embrigadés et à la mise en demeure des Sociétés secrètes. Aujourd'hui, il livre son gouvernement pour ne pas exposer sa couronne. Molé succède à Guizot. La garde nationale a donné sa leçon ; elle a vaincu la royauté. Afin de se pavaner en son triomphe, elle se hâte de rentrer dans ses foyers, laissant la capitale à la discrétion de l'émeute. La garde nationale est en liesse. La nuit venue, elle illumine ses maisons. Des promenades aux torches s'organisent sur les boulevards. Ces attroupements se répandent dans les quartiers populeux. Ils annoncent la bonne nouvelle et l'ère des lampions aux bourgeois chancelant ainsi que dans les vapeurs de l'ivresse.

Ce spectacle, offert par des dupes à la badauderie parisienne, ne faisait pas les affaires de la Révolution. La démagogie n'a pas dit son dernier mot. Une colonne de plus de trois cents individus s'avance de la Bastille vers la Madeleine; elle a pour étendard un lambeau d'étoffe rouge. Le ministère des relations extérieures occupait alors le boulevard des Capucines. Cet hôtel, plusieurs fois attaqué, était protégé par quelques pelotons d'infanterie. Mille imprécations sortent des rangs de la colonne populaire. Elle vocifère et menace. Tout à coup une détonation de pistolet, qui est évidemment un signal d'attaque, retentit. La troupe riposte par un feu roulant, et plus de cinquante victimes tombent sur la chaussée. Une charrette est là, sous la main de ceux qui arrangèrent le guet-apens, comme tout se trouve à ces heures de perturbation. Ils s'emparent des corps mutilés; ils en découvrent les plaies saignantes, ils les mettent dramatiquement en vue; puis, après avoir fait collection de cadavres, la Révolution prend sa course à l'éclat sinistre des torches. Elle hurle : « Aux armes! on égorge nos frères! »

La tradition des sanglantes journées de 1792 ne s'est point perdue. A deux reprises différentes, elle a servi l'Orléanisme; ses complices de 1830 la tournent enfin contre lui. Le tocsin sonne, des cris de rage et de vengeance s'élèvent de tous côtés. Les insurgés promènent, à travers la ville, comme un drapeau cette charretée d'hécatombes. L'anarchie venait de passer entre les rangs de la garde nationale; l'anarchie arrive à son but. Mais, chose étrange, même pour ceux qui l'étudièrent pas à pas dans cette nuit d'épouvante, il n'y a point d'enthousiasme dans les cœurs, point de fanatisme dans les imaginations, point de colère sur les lèvres. A voir ce ramas d'aventuriers, de vagabonds, de repris de justice, d'existences souillées, d'hommes criblés de dettes et de jeunes gens imberbes, procéder machinalement avec des pavés à la démolition d'un trône sorti d'un tas de pavés, on eût dit que ce peuple des Sociétés secrètes était l'impassible exécuteur d'un arrêt providentiel. Les révolutions ne sont belles que le lendemain.

Des barricades s'élevaient dans chaque rue; des postes de combattants se formaient à toutes les mairies. Bientôt, la plupart des maisons se voient envahies. Les réfugiés italiens, allemands et polonais, que l'Orléanisme a si longtemps subventionnés, se sont répandus dans les divers quartiers. Au nom de la patrie en danger, ils heurtent à tous les étages, s'emparent des épées de luxe et des fusils de chasse, puis ils laissent les habitants sous le coup de ce désarmement par intimidation. Les Parisiens se font de cette contrainte un brevet de courage et un certificat de civisme. En inscrivant à la craie blanche, sur les portes et sur les volets des magasins, les mots fatidiques *Armes données*, ils pensent avoir satisfait à l'honneur et assuré leur tranquillité personnelle.

Durant cette même nuit, Louis-Philippe n'a été ni plus hardi ni plus sagace qu'un bourgeois de Paris. Ainsi qu'au Livre des Juges[1], « on a combattu contre lui du haut du ciel ; les étoiles, demeurant dans leur rang et dans leur cours ordinaire, ont combattu contre Sisara, » et le Sisara moderne ne s'aperçoit de rien. Le ministère Molé a sombré dans le massacre de la soirée ; M. Thiers se charge de préserver la dynastie d'Orléans des tempêtes qu'il suscita. M. Thiers, dont l'esprit est plus indépendant que le caractère, exige la coopération de M. Barrot ; elle lui est accordée. Ce n'était pas avec de pareils avirons que l'on pouvait échapper au déluge. M. Thiers subit la prostration de l'émeute. Indécis et consterné, il n'a pas plus de résolution que de vigueur. Le commandement des troupes a été confié par Louis-Philippe au maréchal Bugeaud. Le vieux soldat a sous ses ordres d'intrépides

---

[1] *Judicum*, cap. v, 20.

compagnons d'armes et des régiments d'Afrique. Sûr d'eux comme de lui, il promet de dompter l'insurrection et dispose tout en conséquence. Mais M. Thiers est saisi d'une subite horreur du sang; M. Odilon Barrot se flatte d'apaiser la foule avec quelques paroles d'un filandreux calmant.

L'Orléanisme était aux abois. Chaque médecin accourt vanter son remède; tous se retirent froissés de leur impuissance. Cette impuissance fait la force de la démagogie. Elle est aux barricades; et, le 24 février, elle y attend les princes de la dynastie. Bugeaud a été remercié de ses services et de sa fermeté, qui peut compromettre. Les ducs de Nemours et de Montpensier sont au conseil. Le conseil pactise avec l'émeute, en donnant ordre de suspendre le feu. Trahies en face de l'ennemi, les troupes fléchissent sous une humiliation inattendue. L'autorité et la couronne abdiquent devant l'émeute; cette abdication gagne les soldats. Aux élans d'une fraternité que des filles de vertu suspecte et des orateurs de taverne font métier de colporter dans les rangs, les soldats répondent par l'arme à volonté, le prélude de la crosse en l'air. La crosse en l'air est le mot de la multitude et des troupes. Les canonniers offrent de bonne amitié leurs pièces au peuple. De ses innombrables destructions, la France n'a jamais su faire sortir qu'une armée. Cette armée se dissout en l'absence de tout commandement. On dirait qu'une main invisible paralyse tous les courages.

A ces nouvelles, le roi-citoyen, frappé de stupeur,

ne sait à quel parti s'arrêter. Dans son abattement, il demande à l'un et à l'autre ce qu'il doit résoudre. Le principe de Juillet amenait les conséquences de Février. Afin de hâter l'abdication et le départ du roi Charles X, Louis-Philippe, en 1830, a poussé sur Rambouillet le trop plein de ses rebelles. Il voit la même manœuvre s'opérer contre lui. L'insurrection fait mugir son peuple courant à l'assaut des Tuileries. Comme toutes les femmes qui, en révolution, sentent redoubler leur énergie lorsque les hommes chancellent, seule, Marie-Amélie n'a rien perdu de sa fermeté. Au milieu de ces défaillances, elle est reine par le caractère. Elle veut que son époux monte à cheval et sache mourir. Louis-Philippe essaye de se conformer à ces mâles injonctions ; puis, dans cet intervalle, Marie-Amélie adresse à la comtesse de Rumigny ce billet dont chaque mot est une révélation de l'agonie orléaniste :

« Paris, le 24 février à midi et demi.

« Ma chère Lucie,

« Les affaires se gâtent horriblement et nous sommes à peu près bloqués ici. Cache tout ce que tu pourras, et sois sûre que je ne pense pas te rejoindre ce soir. Je crains que ce ne sera pas possible. La rage du peuple est poussée à l'extrême, et le roi est dans le plus sérieux embarras. Thiers est démonétisé ; Odilon Barrot est gardé chez lui par le peuple ; Crémieux parle et ne sait comment faire et comment agir.

« Adieu, le roi monte à cheval.

« Ton amie de trente ans,   MARIE. »

Ce billet, trouvé sur le bureau de la reine des Français au moment de l'invasion des Tuileries, n'arriva jamais à son adresse. Nous le publions parce qu'il peint en traits rapides l'état des choses et des esprits. Le roi de Juillet, descendu dans la cour intérieure, passe en revue et harangue deux ou trois régiments de ligne, mais il y a là des gardes nationaux rangés en bataille. A sa vue, ils l'ont salué de leur cri de guerre : Vive la réforme ! Ce cri est pour Louis-Philippe une espèce d'arrêt de mort. Il rentre dans ses appartements ; et, là, commence le drame de l'expiation.

Le Château-d'Eau, à la porte même des Tuileries, est assiégé et incendié. L'École polytechnique a pris, comme en 1830, la direction du mouvement. La garde nationale marche contre son roi ; les soldats, sans discipline et sans chefs, livrent leurs fusils et leurs cartouches. Les officiers se laissent enlever leurs épées ; ils errent par la ville comme atteints de folie. La confusion règne dans les rues de la capitale ; une plus incompréhensible confusion éclate aux Tuileries. Elles se sont ouvertes à tout venant. Chacun y développe ses pronostics, chacun y dicte ses arrêts. Ici, l'on somme le roi d'abdiquer sur-le-champ ; là, on parle d'investir la duchesse Hélène de pouvoirs illégaux. Louis-Philippe prend la plume. Il tremble, il hésite, il formule un projet d'abdication, il en rédige un autre ; puis des voix impatientes s'écrient autour de lui : « Mais, dépêchez-vous donc ! vous en faites trop long, vous n'en finissez pas. » La royauté de 1830 épuisait dans une seule heure le calice d'amertume des journées du 20 juin et du 10 août 1792.

Quand cet acte impérieusement arraché fut signé par Louis-Philippe, l'usurpateur déchu se prit à le lire à haute voix. Il était ainsi conçu :

« J'abdique cette couronne, que je tenais du vœu de la nation, et que je n'avais acceptée que pour amener la paix et la concorde parmi les Français.

« Me trouvant dans l'impossibilité d'accomplir cette tâche, je la lègue à mon petit-fils, le comte de Paris. Puisse-t-il être plus heureux que moi !

« Louis-Philippe. »

Il se couchait pour ne pas être abattu. Un pareil sacrifice à une pareille heure, c'était véritablement le couronnement de tant de crimes et la plus complète prostration de la force sans droit. Machiavel l'avait prévue depuis des siècles, car il écrivait[1] : « Les âmes faibles, enorgueillies et enivrées par la bonne fortune, attribuent tous leurs succès à des vertus qui leur furent toujours étrangères. Elles se rendent ainsi insupportables et odieuses à tout ce qui les environne. De cet excès qui amène bientôt un changement de fortune, à peine le malheur se montre-t-il à leurs yeux, qu'elles passent à un excès opposé et deviennent viles et lâches. Les princes de ce caractère songent plutôt à fuir qu'à se défendre dans l'adversité. »

---

[1] Œuvres de Machiavel. Discours sur Tite Live, chap. XXI, p. 505.

La Révolution a écrasé l'Orléanisme dans les Tuileries ; elle va maintenant, à la Chambre des députés, faire évanouir un fantôme de replâtrage. Au mépris des dispositions testamentaires du duc d'Orléans, son épouse, la princesse Hélène s'est, de son propre chef, instituée régente du Royaume pendant la minorité de son fils. A peu près seule avec ses deux enfants, elle traverse le jardin des Tuileries et la place de la Concorde pour se rendre au palais Bourbon. La Révolution lui succédait au Château ; la Révolution la devance dans le Parlement. Le duc de Nemours, qui s'effaça partout, excepté devant le danger, veille sur sa belle-sœur et sur ses neveux. Les quelques Orléanistes qui bercèrent la princesse d'espérances ambitieuses ne sont plus là pour lui déférer un titre, objet de ses longs rêves. Dispersés dans la tourmente, sans autorité ainsi que sans prestige, ils ne peuvent rien pour le comte de Paris ou pour elle. La parole est aux événements ; les événements précipitent la chute de l'Orléanisme. Il s'est élevé au souffle du premier caprice venu ; il tombe avec le bruit qu'apporte un autre caprice.

En 1830, l'Orléanisme a dédaigneusement passé outre quand le roi Charles X abdiquait en faveur de son petit-fils. Les liens du sang, les témoignages de confiance, les devoirs de sujet, les conseils de la prudence et les prières du dévouement n'ont pu arrêter Louis-Philippe sur la pente de l'usurpation. Aujourd'hui, la duchesse d'Orléans, veuve et mère, vient revendiquer les droits de son fils et le présenter à la Nation. La Nation, qui ne fut pas consultée au 7 août 1830, ne l'est pas davantage au 24 février 1848. Mais tout se fera dérisoirement par elle et pour elle ; tout sera improvisé au nom du peuple. Le peuple sanctionnera et ratifiera tout, selon le vainqueur.

Le vainqueur, ce fut Lamartine qui le désigna en s'inclinant harmonieusement devant les blouses.

Assise au pied de la tribune, ayant à côté d'elle ses deux jeunes fils, la duchesse ne recueille que de vagues respects et des sympathies douteuses. Étrangère à la France par son origine et par son culte, isolée de tous et tremblante de frayeur maternelle ou d'émotion dynastique, elle voit passer sous ses yeux le spectacle d'une révolution. La dernière séance de la dernière Chambre des députés Orléanistes s'ouvre enfin. Cette Chambre a mis des calculs à la place des croyances, de l'égoïsme à la place des devoirs, la fièvre de la licence à la place de l'ordre monarchique, et quand tout périt, elle s'aperçoit qu'elle a bien pu s'endormir dans les bras de la mort. Les plus intéressés au maintien de l'établissement de Juillet arrivent, se groupent en silence et ne sont pas éloignés de croire qu'avec un peu de savoir-faire ils escamoteront, dans un tour de scrutin ou par une acclamation péniblement spontanée, les votes de la majorité en faveur de la régence. Des recruteurs de suffrages circulent dans les couloirs et sur les bancs. D'autres s'introduisent dans la tribune des journalistes et s'efforcent de les attendrir sur les malheurs de ces orphelins à la recherche d'une couronne. La Révolution ne veut pas laisser à l'Orléanisme le temps de mûrir son œuvre. Lamartine enjoint au président de suspendre la séance, « par le double motif du respect que nous inspirent, dit-il, d'un côté, la représentation nationale, et de l'autre, la présence de l'auguste princesse qui est ici devant nous. » La sortie de la princesse était exigée au nom de la dignité législative. A ce même moment, l'irruption de la démagogie en armes est saluée comme le droit des factieux se transformant en peuple souverain.

Amis ou ennemis entourent la duchesse et ses enfants. Pour les séparer de cette invasion de piques triomphantes, de vainqueurs indescriptibles et de héros en guenilles, on transfère la régente et le jeune roi d'Orléans sur les bancs les plus élevés de la Chambre. Ils assistent ainsi à l'agonie de la royauté, dont les avocats plaidaient le pour et le contre et se partageaient déjà les dépouilles. M. Thiers seul, perdu dans ses remords ou dans ses épouvantes, ne prit pas la parole. M⁰ Dupin, M⁰ Marie, M⁰ Crémieux, ont épuisé le carquois des demi-mesures et la gibecière des moyens termes; M⁰ Odilon Barrot fait un nuageux appel à la modération et à la concorde. La duchesse se lève entre deux phrases. Belle de calme au milieu de tous les périls : « Je suis venue, dit-elle, avec ce que j'ai de plus cher au monde... »

Odilon Barrot, l'interrompant, poursuit son oraison. Elle concluait à la régence; mais la régence devait expirer avec la harangue. A la voix de M⁰ Ledru-

Rollin, de nouvelles bandes d'émeutiers se précipitent dans l'enceinte réservée et dans les tribunes publiques. C'est la Révolution qui, drapeau en tête et fusil à la main, fait sa trouée. La Révolution a ses parleurs à elle : ordre est intimé de manipuler et de mettre sur pied un gouvernement provisoire. Berryer, l'orateur légitimiste, pressé d'en finir avec l'Orléanisme, crie dans la joie de son âme à l'avocat républicain : « Concluez donc. »

A travers ce pêle-mêle d'apostrophes, d'incertitudes et de contradictions, la vie de la duchesse et celle de ses enfants peuvent être exposées ; on les entraîne au palais de la présidence. Durant ce court trajet, les jeunes fugitifs, séparés de leur mère, coururent quelques dangers.

Un gouvernement provisoire naissait de cette tumultueuse comédie. Il s'était créé au nom du peuple ; un autre s'installe à l'Hôtel de Ville. Un troisième s'avance vers la Grève, toujours et plus que jamais au nom du peuple[1]. Pendant ce temps, le peuple s'amuse à faire le sac des Tuileries, à dévaster le Palais-Royal, à incendier la villa de Neuilly, à brûler le trône de Juil-

[1] M. Crémieux, membre du gouvernement provisoire, s'exprime ainsi dans sa déposition devant la commission d'enquête : « Lorsque nous nous rendîmes à l'Hôtel de Ville pour notre installation, nous trouvâmes MM. Marrast, Flocon, Louis Blanc et Albert. Nous demandâmes : « Qui « êtes-vous ? » Ils nous répondirent : « Nous avons été nommés membres du gouvernement provisoire. — Par qui ? » Je crois qu'ils ont répondu : « Par la société démocratique. » Si l'on nous avait demandé à nous-mêmes par qui nous avions été nommés, nous aurions bien pu dire : « A la Chambre ; » mais non point : « Par la Chambre. »

let sur la place de la Bastille, et à s'affubler dans les rues de toutes les livrées et de tous les costumes de l'Orléanisme. Pour sanctifier démocratiquement la résidence des rois, le peuple ordonne que le Château sera désormais l'hôtel des invalides civils. A la même heure, dans un coin obscur de la Préfecture de la Seine, dix ou douze hommes, agglomérés en gouvernement, se résignent à proclamer que la France est soudainement métamorphosée en une colonie de quakers, formulant l'égalité sociale et fondant, à coups de décrets, la paix indéfinie. On pouvait, en cherchant bien, recontrer par-ci par-là deux ou trois républicains convaincus; il était impossible de trouver les éléments d'un république.

Mais, encore une fois, il arriva comme dans toutes les séditions. Ce que le plus petit nombre avait tenté, tous voulurent l'avoir accompli après le succès. Tous prétendirent qu'ils avaient affronté les balles des satellites de la tyrannie, afin d'aider le peuple à faire de l'histoire. Chacun, empruntant les paroles de Dieu même, qui furent la consolation et l'espérance, demandait aux Orléanistes[1] : « Qu'est devenu votre roi? qu'il vous sauve maintenant avec toutes vos villes; que vos juges vous sauvent, eux dont vous avez dit : Donnez-moi un roi et des princes. Je vous ai donné un roi dans ma fureur, et je vous l'ôterai dans ma colère. »

Généraux, magistrats, fonctionnaires publics, pairs

---

[1] Osée, xiii, 10 et 11.

de France, députés, administrateurs de tout rang, *trepidi et utrinque anxii*, selon l'énergique expression de Tacite, feignaient de s'incliner sous l'arrêt de la Providence; puis, en apartés fort indiscrets, ils affirmaient n'y avoir pas nui. Les événements avaient changé; les hommes aussi. La Révolution leur envoyait le cordon ; ils le mettaient dans leurs poches, et déclaraient vouloir à tout prix travailler à la souveraineté du but. Alors ouvriers, fils d'ouvriers, courant les candidatures du travail et caressant les assouvissements populaires, ils se déclaraient tous plus républicains que les bousingots de la veille ou les vétérans de la *Société des Droits de l'homme*. Nés démocrates de père en fils, ils juraient, sur l'autel de la patrie, de mourir démagogues : à ces titres, ils procédaient au convoi de la royauté orléaniste. Quand ils avaient jeté des fleurs sur les pas des insurgés montant au Capitole, ils inventaient des espèces de larmes pour couvrir le cercueil des héros de Février, morts au service de la liberté. Bientôt on les verra, dans les pastorales du Provisoire, accompagner les vierges d'occasion et saluer les bœufs de louage recrutés pour les fêtes patriotiques.

En France, on aime naturellement la nouveauté, et chacun ne veut jamais que ce qu'on lui fait vouloir. Cependant tout gouvernement qui tombe, après avoir fourni son étape de quinze ans, — cette étape dont Tacite a mesuré le long espace dans une parole immortelle, — entraîne avec lui des fidélités éprouvées et des dévouements toujours honorés. L'Orléanisme, qui n'est pas un parti, mais une agrégation de besogneuses individualités et d'égoïstes appétits, n'affiche point de pareils scrupules. Les dieux lui sont indifférents : il n'a souci que de vivre de la desserte du temple. Cette chute miraculeuse n'altère en rien ses sentiments de piété gouvernementale, pourvu qu'elle ne change rien à sa position. Il a contribué au suicide de la bourgeoisie ; il ouvre des souscriptions pour allécher l'héroïsme des barricadeurs de février ; et la peur le rend prodigue. Ces souscriptions de banquiers, de journaux, d'industriels et de commerçants sont des primes d'assurance contre l'incendie ou le pillage. L'Orléanisme va servir la force ouvrière et le droit au travail, en attendant de ressusciter avec les abeilles d'un nouvel Empire.

Il y eut des hontes ineffables et des abaissements inouïs. Ceux qui se trouvèrent déchus de leurs emplois se plaignirent de leur destitution comme d'une injustice et presque d'un larcin. L'armée, qui maudissait ses complicités involontaires, subit, dans un caprice du peuple, toujours plus majestueux que jamais, toutes les farandoles de la fraternité et l'ostracisme de l'exil. L'armée fut expulsée de Paris par ceux-là même qui, le matin, la chargeaient de bénédictions et de fleurs ; et elle vit la plupart de ses chefs, le maréchal Bugeaud lui-même, courir pour mettre leurs épées à la disposition du Provisoire. Avec le Clergé, ils se laissèrent traîner à la plantation des arbres de la liberté, loisirs pleins d'innocente ivresse, que la République faisait à ses ateliers nationaux. En ces jours de prétentieuses extravagances, de pouvoirs illimités, d'enthousiasmes factices, de dictature sans dictateur, et de rêves communistes, tout le monde se hâte d'adhérer à la chose établie. Ce Provisoire est encombré d'adresses, de projets et de vœux. Chacun lui apporte son tribut d'hommages ; chacun lui offre son concours plus ou moins désintéressé. Les Bonaparte, dont la dynastie va revenir, lui écrivent : « Le temps des dynasties est passé pour la France. »

L'édifice de 1830 s'effondre de la base au sommet. Il a croulé, et Louis-Philippe disparaît avec sa famille, sans recueillir un peu de cette banale commisération qui s'attache à toutes les grandes infortunes. La sienne a été si éclatante que les athées eux-mêmes voient dans ce 24 février 1848 un jour providentiel, un arrêt caché dans le trésor des vengeances divines. Moins d'une heure après que la tempête eut balayé cette race, qui s'était multipliée comme les grains de sable du désert, personne ne s'occupa d'elle. Nul, dans ce naufrage mérité, ne s'inquiéta du sort réservé à tant de princes. Il avaient été sans pitié ; les justices du ciel et de la terre ne permettent point qu'ils restent sans châtiment. Aussi, jamais on ne constata dans l'histoire une telle déroute royale; jamais on ne remarqua une pareille insensibilité de la part du peuple.

Charles II d'Angleterre, vaincu par Cromwell à la

bataille de Worcester, a gravé dans les annales de la royauté un souvenir qui ne périra pas. Le chêne de Penderell, qui reçut et abrita le Stuart proscrit, est encore célèbre sous le nom de Chêne Royal, même lorsqu'il n'y a plus de Stuarts. L'astronome Halley et les Anglais en firent une constellation. Les aventures de Charles-Édouard et le dévouement de Flora Macdonald ont retenti dans le monde entier ; ils provoquent toujours des émotions nouvelles. Le roi de Pologne, Stanislas Lesckzinski, fuyant de Dantzig, tantôt dans une frêle barque, tantôt à travers les campagnes inondées d'ennemis, a captivé l'attention publique. L'empereur Napoléon, s'exilant à l'île d'Elbe ou prisonnier à Sainte-Hélène, a pour escorte les commissaires des puissances ou les flottes anglaises. Quoique découronné, Charles X reçoit sur sa route, de Rambouillet à Cherbourg, tous les honneurs dus à la majesté souveraine : les siens l'entourent de leur tendresse et de leurs respects. Le monarque et sa famille sont accompagnés de la douleur des bons et de l'hommage involontaire des méchants. C'est le premier écho de la postérité.

Louis-Philippe et sa dynastie ne laissent, eux, aucun souvenir dans les esprits, pas un regret dans les âmes. De la place sans nom, de cette place où la tête de Louis XVI tomba sur l'échafaud, le Peuple les a vus s'acheminer vers l'exil, et le Peuple applaudit à cette lente, mais admirable justice. Les d'Orléans, pareils à des cendres qui restent après un embrasement, seront les seuls à la méconnaître. On ne sait ni s'ils vivent ni s'ils meurent ; ils se sont évanouis comme un songe après le réveil. L'indifférence générale les protége bien mieux que les déguisements et que les précautions. C'est tout au plus si on daigne sourire de ce jeune duc de Montpensier qui, sans avoir combattu, s'échappe, nouvel Énée, en abandonnant Créuse, son épouse, et en n'emportant même pas sur ses épaules, comme son devancier, le père Anchise et les dieux de la patrie.

Un oubli, sublime de spontanéité, pèse déjà sur les d'Orléans. Dans son numéro du 6 mars 1848, le *Journal des Débats*, réunit son courage à deux mains, et il raconte les burlesques détails de la fuite : « A Versailles, dit-il, Louis-Philippe et Marie-Amélie prirent une voiture pour les conduire à Dreux. Le roi prit un vieil habit et un vieux chapeau, après avoir coupé ses favoris et s'être grimé de manière à n'être pas reconnu. »

Cette déplorable odyssée d'une famille jusqu'alors si unie et se séparant afin de courir l'aventure des proscriptions idéales, a quelque chose de fatalement instructif. Le fils n'a pas songé à sa femme ; le père laisse sur son bureau trois cent trente mille francs en billets de banque. La fuite a été tellement précipitée que l'avarice elle-même se trouve en défaut. Louis-Philippe a toujours cru que l'argent était la solution de tous les besoins et de toutes les difficultés. A la crise suprême, dénué de ressources, il est obligé d'emprunter douze cents francs pour prendre la route de l'exil. A Dreux, ces vieillards, que la fortune combla de ses faveurs, descendirent dans les caveaux funèbres où dorment de l'éternel sommeil le citoyen Égalité père, madame Adélaïde, la princesse Marie et le duc d'Orléans, premier-né de la dynastie.

Entre ces tombeaux, si tristement visités dans cette nuit du 24 février, Louis-Philippe pleura et pria. Le roi déchu touchait de la main celui qu'il s'était construit en partage avec sa femme; et, comme à Sobna, le préfet du temple, on pouvait lui demander[1] : « Que faites-vous ici, ou quel droit y avez-vous ? vous qui vous êtes préparé ici un sépulcre, qui vous êtes dressé un monument avec tant d'appareil, et qui vous tailliez dans la pierre un lieu de repos ? Le Seigneur va vous faire transporter d'ici comme un coq, et il vous enlèvera comme un manteau qu'on met sur soi ; il vous couronnera d'une couronne de maux ; il vous jettera comme une balle dans un champ large et spacieux. Vous mourrez là, et c'est à quoi se réduira le char de votre gloire, vous, la honte de la maison de votre maître. »

Ces paroles des saintes Écritures, qui semblent faites pour l'homme et la situation, furent épargnées au roi de Juillet. Louis-Philippe s'en adressa d'autres, moins prophétiques, mais tout aussi poignantes. Depuis sa fuite des Tuileries jusqu'à la halte nocturne de Dreux, il n'a cessé de répéter à chaque incident :

[1] Isaïe, xxii, 16, 17, 18.

« Comme Charles X ! comme Charles X ! » A l'entendre murmurer ces mots, qui sont la sentence du ciel, on eût dit que, dans son âme bourrelée de remords, il s'établissait une comparaison et un rapprochement entre les malheurs de la royauté légitime et la punition d'un usurpateur. Cette punition était méritée, elle fut pleine d'angoisses.

La crainte s'était emparée de Louis-Philippe et de sa famille. Eux qui, selon la parole de l'Apôtre[1], « au lieu de faire servir leurs membres à la justice, les avaient fait servir à l'iniquité, » ils supposaient à la France et au gouvernement provisoire des sentiments qui n'existaient point. Heureuse d'être débarrassée de l'Orléanisme, la France marchait vers l'inconnu ; mais la pensée de se faire gendarme ou geôlière n'entra pas plus dans ses intentions que dans sa volonté. Les d'Orléans ne purent se croire à l'abri des poursuites ; ils souffrirent de tous les maux qu'ils rêvèrent. Ce fut leur premier châtiment. Louis-Philippe était obsédé de ce supplice comme d'une idée fixe. Il a peur de tomber sous la main des Légitimistes, peur de se voir prisonnier de la République. Sa mémoire, pleine d'images lugubres, lui retrace les sombres épisodes et les plus sombres conséquences du voyage de Varennes. Ses souffrances du corps et de l'esprit, dont Marie-Amélie ne peut calmer l'amertume, s'augmentent des inquiétudes de la paternité. Il ignore ce que devient sa famille, dispersée par le souffle des révolutions.

[1] B. Pauli *Epist. ad Rom.*, vi. 19.

Puis Rambouillet, Saint-Leu et Blaye, ces trois crimes que Dieu n'a point prévenus, mais qu'il punit enfin, s'évoquent, comme les trois Furies, pour agiter son sommeil. Errant sous le froid et sous la pluie, battu par tous les vents, en proie à ces supplices de l'âme qui dévorent les membres, il a hâte de mettre le détroit entre lui et ses persécuteurs chimériques. Il aspire à la mer, il tend vers la mer.

Cet homme qui n'a vécu, qui n'a régné qu'en flétrissant l'émigration et les émigrés, émigre volontairement une troisième fois. Il fuit à toute force le sol natal qui peut le dévorer. Les yeux tournés vers les côtes d'Angleterre, il use de faux noms, il se procure de faux passe-ports, il se grime à neuf afin de mieux dissimuler son identité. Les soins hospitaliers de M. de Perthuis, son ancien officier d'ordonnance, lui deviennent à charge sur le territoire français. Il attend, il désire l'*express*, ou, à défaut de vapeur britannique, la première barque de pêcheur qui lui fera franchir la Manche. Les usurpateurs déchus ont seuls de ces précipitations qu'en exil, à tête reposée, ils arrangent en stances patriotiques ou en élégie sur le mal du pays.

La mer n'est pas tenable; les pilotes les plus intrépides refusent d'embarquer, même à prix d'or. La tempête gronde sur les flots comme la Révolution dans les âmes, et Louis-Philippe, tremblant de frayeur, se livre aux plus noirs pressentiments. Enfin, le 2 mars, après sept jours d'incidents et de tribulations, un visage anglais se montre en messager de salut. C'est le consul britannique au Havre qui apporte la bonne nouvelle et le sauvetage. Par ordre de son gouvernement, il annonce que l'*express* est à la disposition de Louis-Philippe. Depuis Dreux, le roi de Juillet se nomma M. Lebrun ; en mettant le pied sur le navire anglais, il s'appelle William Smith.

Dans la matinée du 3 mars, les fugitifs abordèrent au rivage de Newhaven. Le 4, ils se trouvèrent au château de Claremont, dans les bras de leurs enfants et de leurs petits-enfants réunis après tant de catastrophes et de périls entrevus dans l'imagination.

Le prince de Joinville et le duc d'Aumale manquaient à ce rendez-vous de l'exil. Ils ont sous leur commandement, en Algérie, une partie de l'armée et de la flotte. Le duc d'Aumale exerce les fonctions de gouverneur général ; le prince de Joinville possède la confiance et l'estime de la marine. Jeunes et vaillants, ils pourraient, ils devraient prendre une salutaire initiative et prouver que les d'Orléans ne sont pas toujours les esclaves de la Révolution. Par un stoïcisme désespérant, le duc d'Aumale notifie, dans des proclamations successives, la déchéance de son père, la régence de sa belle-sœur et la minorité de son neveu, le comte de Paris, puis la formation d'un gouvernement républicain. Il termine par ces mots un étrange procès-verbal que des huissiers n'auraient pas aussi froidement rédigé : « Rien n'est changé dans nos devoirs envers la France. La population et l'armée attendent dans le plus grand calme les ordres de la mère patrie. »

Les ordres arrivent le 5 mars. Le duc d'Aumale les transmet en ces termes : « Habitants de l'Algérie ! fidèle à mes devoirs de citoyen et de soldat, je suis resté à mon poste tant que j'ai pu croire ma présence utile au service du pays.

« Cette situation n'existe plus. M. le général Cavaignac est nommé gouverneur général de l'Algérie. Jusqu'à son arrivée à Alger, les fonctions de gouverneur général par intérim seront remplies par le général Changarnier.

« Soumis à la volonté générale, je m'éloigne ; mais du fond de l'exil tous mes vœux seront pour votre prospérité et pour la gloire de la France, que j'aurais voulu servir plus longtemps.

« Henri d'Orléans. »

La dynastie s'est effacée. Il n'y a pas un regret pour elle, pas un mot de piété filiale qui perce dans ces lignes prodigieuses de fétichisme révolutionnaire ou de froid calcul. Les d'Orléans ne brûlent jamais leurs vaisseaux en face de l'insurrection. Pour se ménager de futurs attentats, ils savent courber la tête sous les faits accomplis et se tenir, bon gré mal gré, à la disposition de la France.

Mais, dans l'armée de terre et de mer, cette résignation n'est pas aussi philosophiquement envisagée. L'Orléanisme expulsé s'incline devant le gouvernement provisoire, et ce n'est pas dans le but d'éviter la guerre civile qu'il se soumet à la volonté générale, représentée par les insultes de la fortune. Le peuple, les officiers et les soldats se disent entre eux que la crainte de voir séquestrer les biens du prince de Condé est le secret mobile de cet inexplicable affaissement, de sorte que l'héritage des héros, accaparé par un crime, en 1830, aurait inspiré, en 1848, quelque chose approchant d'une lâcheté.

Tout est consommé pour la famille d'Orléans. Elle sait par l'épreuve que la richesse et la puissance sont des esclaves fugitifs toujours prêts à changer de maître. Louis-Philippe n'a plus qu'à se repentir et à mourir. Arrivé à ce certain degré où commence enfin la conscience, il se tourne et se retourne dans son cercueil politique. Ses lèvres trompeuses ne peuvent devenir muettes, et il veut porter son iniquité jusqu'au trépas. Les plus grands coupables n'osent jamais avouer la pensée d'un crime, quand ce crime n'a plus ni mobile ni lendemain. Le roi de Juillet discute avec le remords ainsi qu'avec un créancier. Dans son monologue sempiternel de Claremont, auquel personne n'échappe, il raconte les événements de son règne, son jeu contre ses adversaires et la fatalité qui, à l'heure décisive, lui arracha les cartes des mains. Il s'irrite contre la fortune, il accuse l'ingratitude des Français ; il prend à partie les Rois et les Peuples. Au milieu de ces intempérances de plaintes, on le voit dresser et grossoyer des mémoires, des comptes doubles et des devis approximatifs, qu'un commissaire priseur n'aurait jamais si adroitement imaginés. La Révolution du

24 février a porté la main sur les terres de son domaine privé et sur le mobilier de ses châteaux. Il y a eu du gibier tué, des bois coupés et des meubles brisés. Louis-Philippe se défend de la dignité dans le malheur comme d'une mauvaise pensée. Après avoir expertisé et supputé ces déchets et ces pertes, il sollicite de la France une légère indemnité de quatre millions, pour frais de déménagement forcé.

Un autre jour, c'est une autre pétition plus inconcevable. Les serviteurs de l'idée ont jugé opportun de mettre à la retraite un grand nombre de généraux. Cette mesure très-impolitique fournit à sa passion d'écrire un nouvel aliment. Il se souvient que lui aussi a figuré sur l'Almanach militaire au service de la République une et indivisible. Le citoyen Égalité fils se croit pauvre ; et, en accompagnant sa signature des titres « ex-roi des Français et le plus ancien général de la République française, » il prie le gouvernement provisoire de faire liquider sa pension de retraite. Un ami de la famille d'Orléans fut chargé de cette lettre. Par un respectueux sentiment de pitié, il la condamna au silence. N'ayant pas été remise, elle doit être non avenue pour la postérité.

Louis-Philippe avait de graves reproches à se faire ; la maison de Bourbon en a de plus graves à lui adresser. Des paroles de miséricorde et de consolation furent apportées du château de Frohsdorf au château de Claremont. L'exil immérité, prodigue de miséricordes, compatissait aux tortures d'un juste exil. En s'associant à ses douleurs de famille et à ses tristesses de la patrie absente, il lui disait avec le Prophète[1] : « Vous voilà blessé comme nous, et vous êtes fait semblable à nous. » Louis-Philippe, assure-t-on, comprit, malgré son affaissement sénile, la sainte noblesse de ce langage. Au triple point de vue de la famille, de l'ordre social et du droit monarchique, il avait commis des fautes irréparables. Indécis au bout de sa carrière ainsi que dans son âge mûr, il essaya de les racheter par une fin de non-recevoir. En parlant sur son lit de mort de la fusion des deux branches de la famille des Bourbons, il murmurait encore : « Henri V doit être le chef de la maison d'Orléans. »

Ce vœu, impossible par bonheur, fut peut-être la dernière espérance de ce prince, dont la vie est maintenant livrée aux sévérités de l'histoire. Dieu jugea qu'il était assez puni dans ce monde. Dieu ne permit pas qu'une main d'homme, la main d'un Bonaparte, aggravât son châtiment par le supplice, le plus terrible de tous les supplices pour sa race. Quand les décrets du 22 janvier 1852 enlevèrent aux citoyens Égalité l'apanage des ducs d'Orléans et les obligèrent à vendre tous leurs biens situés en France, Louis Philippe avait cessé de vivre depuis longtemps. Il était mort le 26 août 1850, en manifestant quelques sentiments chrétiens. Il laissait à une double génération des exemples déplorables. Ses fils et ses petits-fils, élevés par la Révolution et pour la Révolution, se font un de-

---

[1] Isaïe, xiv, 10.

voir de les suivre. Ils justifient le précepte d'Horace[1].
Le vase orléaniste a gardé l'odeur de la première
liqueur démagogique qu'on y versa ; il ne la perdra
jamais.

Les historiens, souvent plus discrets que leurs héros,
n'ont pas encore pu trouver dans les ressources de la
plus féconde imagination d'autre excuse en guise d'a-
pothéose que de dire que les d'Orléans descendent
d'un régicide et n'ont pour père qu'un usurpateur à
force de complots. La Révolution leur rend ce témoignage, et ils s'en font gloire. Devant Dieu et devant la
postérité, ce témoignage ne les absout pas. Une tache
de sang du juste et du royal martyr sur un écusson
princier ne s'efface que par les larmes du repentir ou
par de saintes et grandes actions. Les d'Orléans conspirent encore, ils conspireront sans cesse avec tout ce qu'il
y a de plus infime dans les bas-fonds de l'erreur.

Si un jour des calamités nouvelles — daigne Dieu
les épargner à la génération future ! — les ramenaient
sur le sol de la patrie comme un dernier opprobre ou
un châtiment suprême, s'il était encore donné à leur
nom fatal d'exercer l'influence sinistre qui, depuis
Charles VI jusqu'à nous, pesa sur le pays, la France ne
devrait plus leur permettre de se tenir à sa disposition.
A l'aide de la pierre de touche que l'expérience nous a
donnée, nous avons tenté de séparer les parcelles d'or
qu'on supposait renfermées dans cette masse impure.
Tous les essais n'ont abouti qu'à dégager l'élément

---

[1] Horatii *Epist.* lib. I.

antisocial. Leurs joies commencent toujours avec nos douleurs, et en voulant jouir éternellement de la colère du ciel, ils affectent de méconnaître que c'est par un bienfait de la Providence que les choses honnêtes sont aussi les plus utiles. Ils aspirent à demeurer, ils demeureront, malgré eux peut-être, les serviteurs passionnés de la Révolution, ainsi que, dans son testament, le dernier duc d'Orléans le recommande à ses fils.

S'inquiétant peu de leurs droits au trône pourvu qu'ils aient des chances, on les a vus, dans les différents âges et dans toutes les occasions, faire ce que les autres hommes rougiraient d'avoir rêvé. Eux à qui il ne devrait plus rester qu'un deuil sans fin et une lamentation sans bornes, ils courent au-devant du mal et lui offrent des gages. La Révolution, prise du mauvais côté, est leur mère nourrice; et cependant elle ne les tolère, elle ne les utilise que lorsqu'elle les sent loin du trône, car la Révolution n'ignore pas que, dans leurs espérances inassouvies, le passé redevient toujours l'avenir. Ils n'ont plus pour ancêtres que les citoyens Égalité père et fils, et Juvenal pourrait encore les marquer de son vers sanglant :

Grande et conspicuum nostro quoque tempore monstrum.

De ces deux êtres, l'un immola Louis XVI à sa stupide manie de régner; l'autre sacrifia Charles X à ses ambitions marchandes et le dernier Condé à sa cupidité. Dans ce siècle qui se prodigue à lui-même un encens perpétuel et qui bouleverse les traditions, les croyances et les monuments afin de ne faire dater l'histoire que des principes de 89, les événements vont si vite, que l'on trouve à peine le temps d'oublier. Souvenons-nous donc. En récapitulant ce sombre passé, que ma plume évoqua sans haine et sans crainte, dépouillons le vêtement de colère, mais tirons les justes conséquences de ces impardonnables attentats. Bossuet, portant un regard prophétique sur l'avenir, prévoyait qu'il viendrait une époque tout hébétée de matérialisme « où les libertins et les esprits forts seraient décrédités, non pour aucune horreur de leurs sentiments, mais parce qu'on tiendrait tout dans l'indifférence, excepté le plaisir et les affaires. » Il ne faut pas laisser aux d'Orléans même cette dernière chance.

Maintenant, frappés par un arrêt providentiel, comme ce malheureux qu'on exile de la salle du festin parce qu'il n'est point revêtu de la robe nuptiale, les d'Orléans se drapent en victimes. Ils se disent les précurseurs de la liberté, les évangélistes du tolérantisme et les apôtres de la promiscuité des cultes. Il n'y a de saint et de sacré pour eux que leur besoin de régner et leur soif inextinguible de l'or. Ils n'ont pas, ils ne peuvent pas avoir de plus vive joie que d'apprendre que leurs enfants marchent dans l'iniquité royale. Lorsqu'il ne leur reste que la puissance de haïr, ils soufflent au cœur de ces enfants la haine du vrai et du bon. Afin d'arriver au but auquel l'Orléanisme a toujours tendu, les d'Orléans, n'ayant de grand que leur égoïsme, sont prêts à tout faire, même le bien. La France monarchique les a répudiés d'instinct. Elle leur a souvent jeté la malédiction de l'Écriture [1] : « Entre nous et vous il y a un abîme, en sorte qu'on ne peut passer d'ici vers vous ni venir du lieu où vous êtes. » La France doit les répudier de science certaine pour l'honneur de la nation.

Le cas d'indignité a été posé une seule fois dans nos annales. En prévision de catastrophes futures, sachons l'appliquer une seconde fois.

Quand Louis IV, appelé Louis d'Outre-mer, mourut en 954, Charles de France resta l'unique héritier du sang de Charlemagne. Mais ce prince, en acceptant à titre de vasselage le duché de la Basse-Lorraine, avait reconnu pour suzerain l'empereur Othon II. Feudataire de l'Allemand, Charles fut accusé et convaincu, dans l'assemblée de Noyon, d'avoir rompu l'unité de famille et d'héritage souverain. Son exclusion du trône était une nécessité. Elle fut proclamée, et Hugues Capet fonda la troisième race.

Nos pères ont admis le cas d'indignité contre un prince français, leude de l'étranger. Pour sauver ce qui surnage du dogme monarchique, le royaume de saint Louis et de Henri IV doit léguer au monde un salutaire exemple. L'histoire est le pilori des traîtres et des usurpateurs. Les d'Orléans sont les hommes-liges de la Révolution; et la Révolution est l'implacable ennemie de toute société chrétienne, de toute idée

---

[1] Luc. XVI. 26.

conservatrice, de toute loi morale. En suivant la ligne du mal avec la ténacité d'un insecte qui veut arriver à son gite, ils ne servent la Révolution qu'en apparence, afin de se servir d'elle dans les jours de crise. Il est donc méritoire et politique de les condamner éventuellement à l'exclusion de la couronne pour cause d'indignité. C'est le droit éternel des peuples, exercé par la conscience publique; il n'aura jamais été plus justement appliqué.

FIN DU SECOND ET DERNIER VOLUME.

TABLE DES MATIÈRES

CONTENUES DANS CE VOLUME

CHAPITRE PREMIER
LES DÉBUTS DU RÈGNE

Nouveau rôle de Louis-Philippe. — La révolution à l'extérieur. — Les nationalités opprimées et la fraternité orléaniste. — Les réfugiés espagnols au Palais-Royal. — La Fayette, éditeur responsable des munificences orléanistes. — Les réfugiés espagnols à la frontière. — Déroute de Mina. — Insurrection de Belgique. — La Belgique en quête d'un gouvernement. — Affaissement moral des rois de l'Europe. — Le principe de non-intervention mis en avant pour la première fois. — Politique de l'Angleterre à l'égard de Louis-Philippe. — Metternich proteste contre le nouveau droit des révolutions. — L'empereur Nicolas et ses plans. — La Pologne insurgée. — Ce que c'est au vrai que la Pologne révolutionnaire. — Le grand-duc Constantin et les Polonais. — La révolution de Pologne accueillie par Louis-Philippe avec transport. — Il négocie secrètement avec le tzar. — Mission du duc de Mortemart en Russie. — Entrevue de l'ambassadeur français avec les chefs polonais. — Fausse lettre attribuée à Louis-Philippe. — Attitude de la France pendant la guerre de Pologne. — Fausse nouvelle d'une grande victoire polonaise sur les Russes. — Note de lord Palmerston. — La Pologne condamnée à un héroïsme improductif. — Napoléon et les Polonais. — Louis-Philippe et les révolutionnaires italiens. — Origine des proclamations et adresses aux peuples. — Ils lui demandent de l'argent. — Leur correspondance entre eux. — Maroncelli à Paris. — Le premier martyr de l'indépendance italienne. — Louis-Philippe veut des soulèvements en Italie, mais pas à Rome. — Motifs de cette politique catholique. — Bayle et l'orléanisme. — Napoléon et Louis-Bonaparte dans l'insurrection.—Tactique des Carbonari à leur égard. — Politique de Louis-Philippe à l'intérieur.— La misère et la banqueroute. — Prêts et avances au commerce et à l'industrie. — Ce qui en advient. — Benjamin Constant meurt de désespoir. — Lutte dans les conseils du Palais-Royal entre les diverses fractions du ministère. — Les fêtes nationales et la liberté de l'Église. — La Cour des pairs et les ministres de Charles X. — Destitution de la Fayette. — Un trône entouré d'institutions républicaines. — Sac de Saint-Germain l'Auxerrois et de l'archevêché de Paris. — Louis-Philippe et ses armoiries de famille. — Proscription des lys. — Chambre des pairs viagère. — L'anarchie et Casimir Périer.— Son portrait. — Son attitude envers Louis-Philippe et les puissances étrangères. — La conférence de Londres et le prince de Talleyrand.— Léopold de Cobourg, roi des Belges. — Enquête judiciaire sur la mort du prince de Condé. — Le peuple a déjà fait l'instruction du procès. — Madame de Feuchères au Palais-Royal. —Complaisante amitié de Louis-Philippe pour elle. — Les témoins et les interrogatoires. — Madame de Feuchères devant la commission d'enquête. — Ses explications et les démentis reçus.— Le rapport de M. de La Huproye, conseiller instructeur. — Madame de Feuchères va être mise en accusation. — Le procureur général chez M. de la Huproye. — La cour royale ne rend plus des arrêts, elle rend des services. — Intervention des princes de Rohan. — Madame de Feuchères et le duc d'Aumale.— Hennequin et Philippe Dupin. — Le legs du prince de Condé aux enfants des soldats de la Vendée militaire déclaré immoral et illégal. — Madame de Feuchères plaidant contre Louis-Philippe. — Elle veut accepter pour son propre compte la formation d'un collége condéen.— Les royalistes refusent.— Louis-Philippe aux Tuileries. — Il ne veut pas qu'un de ses fils habite le Palais-Royal.— Causes secrètes de cette politique.— Les fusils Gisquet. — La surprise d'Ancône. — Le mémorandum et l'Europe. — Les emplois publics et la fonctionmanie.—Louis-Philippe et Casimir Périer. — La famille d'Orléans et le choléra. — Le peuple et les excitations contre les riches. — Les calomnies de la préfecture de police. — Mort de Casimir Périer. — Origine de la réforme électorale et du suffrage universel. 1

CHAPITRE II

LES PARTIS ET LES COMPLOTS

Le gouvernement de Juillet en face des insurrections. — Leur légitimité relative. — Le parti républicain. — Son attitude devant la dynastie de Juillet. — Mécontentement et misère du peuple. — Louis-Philippe songe à apaiser les colères républicaines. — La croix de juillet *donnée par le roi* et refusée par les combattants. — Les artilleurs et les étudiants. — Émeutes de jour et de nuit. — Conspirations des tours de Notre-Dame et de la rue des Prouvaires. — Insurrection des canuts à Lyon. — Les ouvriers maîtres de la ville. — L'armée hésite devant le peuple. — Pourquoi ces hésitations. — Tableau du parti républicain. — Tableau du parti légitimiste. — L'alliance carlo-républicaine. — Louis-Philippe du côté de la faction démagogique en haine des Légitimistes. — Leur attitude dans les premiers moments de juillet. — Les Vendéens et les patriotes. — Les révolutionnaires poussent le gouvernement dans la voie des réactions. — Perquisitions et inquisitions de l'Orléanisme dans la Vendée et la Bretagne. — La duchesse de Berry. — Enthousiasme des femmes. — La conspiration royaliste. — Comment l'honneur s'était retiré dans les camps. — Prise d'armes partielle de la Vendée. — Ordre et contre-ordre. — Les funérailles du général Lamarque à Paris, et le cloître Saint-Merry. — Louis-Philippe au milieu de l'insurrection. — État de siége levé à Paris en faveur des Républicains et maintenu dans la Vendée contre les Légitimistes. — Les partis vaincus et non découragés. — La duchesse de Berry se retire à Nantes. — Lettre de Marie-Caroline à Marie-Amélie. — L'aventurière de buissons ou la veuve Berry. — Politique de la duchesse de Berry. — Thiers et Deutz. — L'achat d'une femme. — Louis-Philippe et ses devoirs constitutionnels. — Le siége d'une maison. — La duchesse de Berry prisonnière. — La famille d'Orléans au Théâtre-Français. — La citadelle de Blaye. — Madame sera-t-elle jugée? — *La séance aux aveux* à la Chambre des députés. — Le général Bugeaud et Saint-Arnaud. — La duchesse de Berry enceinte. — Duels des Légitimistes et des Républicains. — Louis-Philippe geôlier et sage-femme par procuration. — Le mariage secret. — Indignation des partis. — Moyens d'un gouvernement dynastique. — L'Orléanisme en liesse. — Insurrection des Mutuellistes à Lyon et la rue Transnonain à Paris. — Les sociétés secrètes et l'insurrection Barbès. — Les journaux et l'Orléanisme. — La guerre civile faite par les écrivains. — La peine du talion. — Les d'Orléans et les ministres des d'Orléans attaqués par les journaux. — La liste civile et les dotations. — Le codicille de Louis-Philippe. — Ses ingratitudes de parti pris. — Les avocats et les factieux. — Les Saint-simoniens et les Fouriéristes. — La liberté couvre la France de prisons. — Les procès politiques de toute espèce. — Fieschi et sa machine infernale. — La cour des Pairs et son cher monsieur Fieschi. — Les lois de sep-

tembre. — L'attentat d'Alibaud. — Alibaud devant la cour des Pairs.
— Sa profession de foi régicide. — Louis-Philippe s'appropriant les
gloires de l'Empire. — La reine Hortense et Louis-Napoléon Bonaparte. — Ce qu'était alors le parti bonapartiste. — Louis-Napoléon à
Paris. — Caractère de ce prince. — Ses *rêveries politiques*. — Les
nobles et les émigrés repopularisant l'Empire et l'Empereur. — Louis-
Napoléon au château d'Arenenberg. — Comment il se donne des par-
tisans. — Bade et Strasbourg. — L'espion Conseil en Suisse. — Louis-
Napoléon et les sociétés secrètes. — Complot de Strasbourg. — Arrestation du prince. — Son exil en Amérique et le procès de Strasbourg.
— Conspiration de Boulogne. — Le *Capitole* et le *Commerce*. —
La chasse aux canards. — L'aigle empaillé. — Louis-Napoléon à la
cour des Pairs. — Louis-Philippe a créé le parti bonapartiste. —
Acharnement de tous les partis contre la dynastie de Juillet. . 129

CHAPITRE III

LE NAPOLÉON DE LA PAIX

Louis-Philippe en face des puissances étrangères. — La princesse de
Metternich et le comte de Saint-Aulaire. — L'empereur Nicolas et les
ambassadeurs orléanistes. — Instructions qui leur sont données. —
L'entente cordiale exclut la France du concert européen. — Protection de l'Angleterre. — Le siège de la citadelle d'Anvers. — Le cabinet de Saint-James ne veut pas que les Belges combattent même pour
leur cause. — Dom Pedro et dom Miguel. — La lutte des frères ennemis. — Dom Pedro et les réfugiés italiens et polonais représentant la
nationalité portugaise. — Louis-Philippe et Léopold, comte de Syracuse. — Assortiments de sceptres constitutionnels. — Mort de Ferdinand VII, roi d'Espagne. — La reine Christine et M. Mignet, envoyé
orléaniste. — Négociations du Napoléon de la paix. — Le traité des
vingt-cinq millions d'Amérique. — Origine de la dette. — Le président Jackson et le roi des Français. — Le cabinet de Washington menace le cabinet des Tuileries. — Intrigues en partie double. — Le
brick *le d'Assas* à New-York. — Berryer, le duc de Fitz-James et
M. Thiers à la tribune. — Traité d'Unkiar-Skelessi. — Droit de visite
accordé aux Anglais sur la marine marchande française. — La Grèce
émancipée et les trois cours protectrices. — Lord Palmerston toujours
contraire aux projets et aux vues de l'Orléanisme. — Le duc d'Orléans
immariable. — Blocus matrimonial établi contre lui. — Son voyage
à Berlin et à Vienne. — Demande officieuse de la main de l'archidu-

chesse Marie-Thérèse. — Politique sentimentale du prince de Metternich. — Circulaire secrète de M. Thiers demandant à toutes les cours de l'Europe une princesse à marier. — Trois mariages protestants dans la famille d'Orléans. — La princesse Hélène de Mecklembourg. — Le roi de Prusse fait de cette union une affaire de prosélytisme luthérien. — La fiancée sans dot. — Les fêtes du mariage. — La première catastrophe. — Mort de Charles X. — Louis-Philippe fait défendre de célébrer des messes en noir. — Corruptions parlementaires et compérages représentatifs. — Les ambitions et la logique du mal. — Les ministères faisant leur relais. — Crises et fictions. — Le beau du régime constitutionnel. — Anarchie dans tous les pouvoirs. — Les bons mots et les scrutins. — Le comte Molé président du conseil. — Ses premiers bonheurs. — Son portrait. — Thiers et Guizot battant le rappel des partis. — Leurs rivalités. — Plans du comte Molé — La coalition. — Les orateurs de couloirs. — Les rouéries de Louis-Philippe divulguées. — La bourrasque parlementaire emporte le ministère Molé. — Mort du prince de Talleyrand. — La barrière d'Enfer. — M. Thiers président du Conseil. — La question d'Orient. — Les cinq puissances en quête d'un moyen pour assurer l'intégrité du territoire ottoman. — Les Turcs, Grecs du Bas-Empire. — Méhémet-Ali et Ibrahim-Pacha son fils. — Leurs victoires. — La France protége Méhémet-Ali. — M. Guizot ambassadeur à Londres. — Les combinaisons de Louis-Philippe avortent l'une après l'autre. — Les quatre grandes cours se séparent secrètement du cabinet des Tuileries. — Le traité du 15 juillet. — Exclusion de la France. — L'Orléanisme isolé et impopulaire. — La Révolution et les partis poussent Louis-Philippe à la guerre contre l'Europe. — La *Marseillaise* et le *Chant du Départ*. — Louis-Philippe menaçant l'Europe de son bonnet rouge. — M. Thiers et son cri de guerre. — Rappel de la flotte française. — Bombardement de Beyrouth par les Anglais. — Les indignations de la France. — La garde nationale de Paris mise en mouvement. — Abandon du pacha d'Égypte. — La Bastille ressuscitée et les fortifications de Paris. — Pensée immuable du règne. — Marie-Christine expulsée d'Espagne par son général Espartero. — Les cendres de l'empereur. — Son apothéose au milieu des abaissements de la France. — L'idée révolutionnaire et l'idée napoléonienne. — Le duc d'Orléans. — Ses qualités et ses défauts. — Sa mort sur le chemin de la Révolte. — Point de régence et pas d'enfant! — Les douleurs de l'Orléanisme. — Les usurpateurs refaisant pour leur compte le dogme de la légitimité. — Le testament du duc d'Orléans. — Les serviteurs passionnés et exclusifs de la Révolution. — Louis XIV et le duc d'Orléans. — L'Algérie et les partis. — Louis-Philippe avait-il promis aux Anglais d'abandonner la conquête de Charles X? — Les généraux et les administrateurs. — Nouvel art de la guerre. — Abd-el-Kader et ses combats. — La reine Victoria au château d'Eu. — Vatout et le maire d'Eu. — Le duc de Bordeaux en Angleterre. — Son portrait. — Négociations secrètes de Louis-Philippe pour que le jeune prince ne soit pas reçu à la cour de Windsor. — Le duc de Bordeaux ne s'y présente pas. — Fêtes que lui donne l'aristocratie anglaise. — Les pèlerins de Belgrave-Square. — Le duc de Nemours à Londres. — Son isolement parmi les Français. — Les flétrisseurs et les flétris. - Belgrave-Square, Eisenach et Claremont. — Le droit de visite et l'indemnité Pritchard. — Le consul anglais apothicaire, marchand de Bibles et législateur. — Les îles de la Société et Pomaré. — Le gouvernement français désavoue sa marine. — Les *casus belli* de Louis-Philippe. — Le prince de Joinville bombarde Tanger et Mogador. — La France est assez riche pour payer sa gloire. — Louis-Philippe au château de Windsor. — La morale et la littérature. — État des mœurs et des esprits. 290

CHAPITRE IV

LA FIN D'UNE USURPATION

Louis-Philippe et le clergé. — Premiers choix pour l'épiscopat. — Les timorés et les complaisants. — La liberté d'enseignement promise par la Charte de 1830, et refusée par l'Orléanisme. — L'Université et les Jésuites. — Conspiration de publicité. — Panique des journaux, de la tribune et du roman. — Les interpellations. — La reine des Français et les Jésuites. — Les prières et la peste. — Rossi à Rome. — Sa mission. — Lettre de Louis-Philippe au pape Pie IX. — Les subterfuges légaux et les majorités législatives. — Situation du royaume en 1846. — Politique matrimoniale de Louis-Philippe. — Les mariages espagnols. — Lord Aberdeen et lord Palmerston. — Prétendants dynastiques à la main de la reine Isabelle. — La France et l'Angleterre à Madrid. — Diplomatie de subterfuges et de corruption. — La simultanéité des deux mariages. — Feinte colère de Louis-Philippe. — Il n'y a plus de Pyrénées. — Les Sociétés secrètes en Suisse. — Réfugiés et Corps francs. — Louis-Philippe et le prince de Metternich. — L'Angleterre se range du côté de la révolution. - Elle intervient moralement contre l'intervention armée. — Les rêves de bonheur et de durée de Louis-Philippe. — Le futur congrès du 1ᵉʳ mars 1848. —

Hora est. — Lettre du prince de Joinville au duc de Nemours. — Antagonisme et misères de la famille d'Orléans. — Louis-Napoléon Bonaparte au château de Ham. — Son évasion. — La disette et les mauvaises mesures. — L'agiotage. — Commencement des grandes lignes de chemin de fer. — Les promesses d'actions et les titres nobiliaires. — Apparition du Communisme. — La Jacquerie et le désordre moral. — Les assassinats de Buzançais. — Les plaies honteuses de l'Orléanisme. — Incendie du Mourillon. — Concussions à Rochefort et à Paris. — Le pays légal se met en vente réglée. — Pots-de-vin et promesses de pairie à l'encan. — Juiverie et philanthropie. — Comment opère la bienfaisance orléaniste. — L'adultère, la folie, le suicide, l'immoralité et la prévarication dans les hautes classes. — Procès Teste et Cubières. — La concussion organisée. — Le duc de Praslin assassine sa femme. — Il s'empoisonne ou il est empoisonné. — Crédulité du peuple. — La fête du château de Vincennes et le faubourg Saint-Antoine. — Changement de front des partis. — L'Orléanisme évincé du pouvoir se charge de renverser les orléanistes qui gouvernent. — M. Thiers et le rôle de Mazarin sous la régence de la princesse Hélène. — La réforme électorale et la réforme parlementaire acceptées comme drapeau d'opposition. — L'adjonction des capacités. — Les partis inoculent la fièvre des banquets. — Dernier discours de Louis-Philippe. — Les passions ennemies ou aveugles. — Apothéose de 1830 devenue un reproche pour l'Orléanisme. — Le banquet du XIIe arrondissement. — Marrast, en rédigeant l'ordre et la marche du cortége, compromet tous les récalcitrants. — Louis-Philippe se croit maître de la situation. — Le banquet est interdit. — Les ouvriers et leur cours de fraternité. — Attitude de la garde nationale. — La commune de Paris sous les armes. — Ses protestations révolutionnairement pacifiques. — La garde nationale livre à l'émeute naissante ses fusils et ses munitions. — La journée des dupes. — Le ministère Molé et les lampions. — Le coup de pistolet du boulevard des Capucines et ses conséquences. — La collection de cadavres. — Le tocsin et les barricades. — Le ministère Thiers et Odilon-Barrot. — Le maréchal Bugeaud destitué. — Il n'y a plus de gouvernement, il n'y a plus d'armée. — La crosse en l'air. — Abdication de Louis-Philippe. — La duchesse d'Orléans se croit régente du royaume. — La minorité royale de 1830 et la minorité de 1848. — L'Orléanisme à la Chambre des députés. — Les plaidoiries pour ou contre. — L'insurrection envahit la salle et la tribune. — Fabrique de gouvernements provisoires. — Les Tuileries, hôtel des invalides civils. — L'Orléanisme passe à la République. — Il souscrit pour les blessés de Février et sert la force ouvrière. — Louis-Philippe abandonné de tous. — La première étape de l'exil à Dreux. — Le caveau funèbre. — Comme Charles X! comme Charles X! — Les aventures de la proscription. — Louis-Philippe émigré pour la troisième fois. — Les faux noms et les faux passe-ports. — Son arrivée en Angleterre. — Le duc d'Aumale à Alger. — Il accepte les faits accomplis. — Sa résignation expliquée. — Louis-Philippe à Claremont. — Son monologue éternel. — Il demande quatre millions d'indemnité à la France pour les dégâts commis dans ses palais. — La pension de retraite du plus ancien général de la République française. — Mort de Louis-Philippe. — La Révolution c'est l'Orléanisme. — Cas d'indignité. 422

FIN DE LA TABLE DES MATIÈRES.

PARIS. — IMP. SIMON RAÇON ET COMP., RUE D'ERFURTH 1.

www.ingramcontent.com/pod-product-compliance
Lightning Source LLC
Chambersburg PA
CBHW070946240426
43669CB00036B/1874